蘇州全書

甲編

《蘇州全書》編纂出版委員會 編

·尚書集注音疏

蘇州大學出版社
古吳軒出版社

召誥弟十八　周書十八　尚書十七

尚書今注音疏卷七　江聲學

惟二月既朢越六日乙未朢勿放反俗通作望朢字 注 鄭康成曰是時周公居攝五秊二月三月當爲一月二月不言正月者蓋待治定制禮乃正言正月也聲謂朢者月滿與日相朢㠯𦩍君也故其字从月从臣从𡈼〻𦩍廷也既朢十六日也乙未二十一日𢇍則是月乙亥朔己丑朢也𦩍直搖反𡈼天鼎反 疏 鄭注見周禮大司徒疏及詩文王正義云是時周公居攝五秊皆據伏生大傳言周公攝政五秊營成周此下文所言卽是營成周之事故知是時居攝五秊也云二月

三月當爲一月，二月皆謂此經當爲一月既望，下文當爲二月丙午朏也。鄭知然者，以洛誥戊辰烝是居攝七年十二月日，此是居攝五年事。計五年三月至七年十二月，凡三十四月，其間餘分積至二萬八千九百七十六有奇，以九百四十分之日法除之，則三十日有餘矣，則五年暮六年之終必置一閏。置一閏，則五年三月朔至七年十一月晦，以帀三十四月。暮三月丙午朏，則甲辰朔也。推之，五月當癸卯朔，七月當壬寅朔，率兩月而退一日，則七年十二月應丁亥朔，不得有戊辰。若此二月爲一月，下文丙午朏是二月，則七年十二月丁巳朔，戊辰乃其十二日。鄭說誠是也。但當爲一月之語出于鄭注，經則無一月之文，乃云不言正月云云，皆鄭自解以注當爲一月不言當爲正月之意也。蓋武王初有天下，以建子月爲年首，而稱一月，不云正月，武成篇一月壬辰是也。于時未皇制禮，故改月而不稱正。周公攝政，非正爲王，安敢遽言正月乎？至六年而周禮成，而洛誥當七年時猶詔王舉殷禮，以明必待七年反政之明年爲成王元年，乃稱正月，此事之必然者，故云蓋待治定制禮乃正言正月也。治定制禮，樂記文也。云望者，月滿與日相望，以朝君也。故其字從月從臣從𡈼，𡈼，朝廷也者說文壬部說也云既望十六日也者望是十五日則既望是十六日易小畜中孚皆云月幾望皆取覬象十六日越辛也云乙未二十一日者經言粵六日粵于也于既望也六日則二十一日也準此二十一日乙未推之則知是月乙亥朔己丑望也**王朝步自周則至于豐**（注）馬融曰周鎬京也豐文王廟所在朝者舉事上朝將即土中易都大事故告文王武王廟鄭康成曰從鎬京行至于豐就告文王廟告文王則告武王可知步行也堂下謂之步豐鎬異邑而言步者告武王廟即行出廟入廟不以遠為文慈也（疏）馬注見史記魯世家注云周鎬京也云豐文王廟所在者史記索隱云豐文王所作邑後武王都鎬于豐立文王廟是也云朝者舉事上朝者行事以昕為敬故告廟必以清朝以朝為上也鄭注見詩王風譜正義及禮記曲禮上正義與魯世家注云告

文王則告考王可知皆覲親于祖〻廟猶告自號告覲廟可知矣步从止𣥂止足也𣥂皆反止大一足也止𣥂接壚而肯故爲行也說文亦云步行也云堂下謂之步皆釋宮文云豐鎬異邑而言步皆告考王廟則行出廟入廟不以遠爲文恭也皆鄭箋文王有聲詩云豐邑在豐水之西鎬京在豐水之東是豐鎬異邑也經言步自周則至于豐落出廟入廟是近便不見異邑相遠之文皆以成王恭于父祖彝告連疾告考王廟則行不旋車纂故錄書皆不以異邑相遠爲文以見成王之恭也魯世家注引此注爲文誤作爲文茲據因而正義改正之

惟太保先周公相宅先悉薦反相悉匠反【注】太保召公也召公先周公往視可定居處鄭兼成曰相視也召上照反下召公並同處昌慮反【疏】敍言使召公先相宅此言太保先周公相宅故云太保召公也鄭注見魯世家注相視釋詁文

粵若來三月惟丙午朏朏方尾反【注】朏月未成光月三日也【疏】云朏月未成光據李善所引說文與徐本說文異也朏从月出

是初生霸故曰未成光云月三日也者漢書律厤志引古文月采曰三日曰朏案書正義引周書月令曰三日粵朏粵卽曰也則似漢書所引月采乃月令之譌然今逸周書月令敘目存而篇則亾矣其敘云周公制十二月賦政之灋作月令說者謂卽明堂月令戴氏采之入禮記者容或當然然卽明堂月令亦無三日粵朏之文不審鎬逢何自引也注不解粵著來之誼者㠯異解于是成篇矣

粵三日戊申

大保朝至于洛卜宅戊麥候反

注 戊申月五日也太保㠯五日之朝至洛相卜所凥相息匠反

疏 云戊申月五日也者承上丙午朏而言粵三日則是月五日也

厥既得卜則經營

注 得卜吉卜也經營度也南北爲經東西爲營度代洛反

疏 毛詩靈臺傳云經度之也鄭注義禮士喪禮云營猶度也是經營皆爲度誼故云經營度也云南北爲經東西爲營者王逸注楚詞九歎云然也然則經營雖同爲度誼而爲經橫之異故爲二名

粵三日庚

戌太保乃以庶殷攻位于洛汭

注　庚戌三月七日也能左右之曰以庶殷眾殷民也攻猶治也位城𩫏宮廟朝市之位逸周書作洛解曰乃作大邑成周于土中城方千七百二十丈郛方七十里南繫于洛水地因于郟山以爲天下之大湊又曰乃位五宮太廟宗宮考宮路寢明堂鄭康成曰汭隈曲中也𩫏古鑊反或作郭字朝直佋反丈直兩反郛方巫反郟今洽反湊七候反俗譌作湊

疏　上戊申爲三月五日則此庚戌爲三月七日矣云能左右之曰以者僖二十六年左傳文謂以之左以亓之右唯吾所使是爲能左右之也云攻猶治也者周禮攷工咅攻金攻木攻皮之工鄭注云攻猶治也云位城𩫏宮廟朝市之位者攷工記云匠人營國方九里旁三門國中九經九緯經涂九軌左祖右社面朝後市是建國必立城𩫏宮廟朝市故知此攻位謂治此等之位也引逸

書作洛解者逸周書也彼文所言卽此經營洛之事故引以爲說云城方千七百二十丈者古者六尺四寸爲步三百步爲里則一里之長百九十二丈依攷工記匠人營國方九里則當云方千七百二十八丈適符其數云方千七百二十丈者略其奇數尒云郛方七十里作洛解原文本作郛方七百里案郛謂郭也方九里之城方七百里之郭非度也且彼下文云制郊甸方六百里謂王畿也郛方七百里則出王畿之外四面各五十里必不然矣當云七十里庶幾近之故以意改之也云南繫于洛水則在洛水之北卽此經所謂洛汭也云以爲天下之大湊者孔鼂注云湊會也爲天下之所湊會謂四方道里均也云乃位五宮太廟宗宮考宮路寢明堂者孔鼂注云五宮府寺也太廟后稷二宮祖考廟也路寢王所居也皆是也鼂又云明堂在國南者則本潭于登之謬說非也孝經聖治章云周公郊祀后稷以配天宗祀文王于明堂以配上帝則明堂不在南郊明矣且明堂爲天子布政之宮凡諸大典禮无不行于其中不得在國南也鄭注見正義云汭隈曲中也者孫炎注爾足云隈水曲中也汭水水内則是隈曲中也

粵五日甲寅位成

注 宁寅月十一日成謂規畫有就緒著國中九經九緯左祖右社面朝後市之位定矣朝直遙反 疏 作邑大事豈能五日而成且下言庶殷丕作則此言成非謂功作畢也故云成謂規畫有就緒成之言就也云國中九經九緯左祖右社面朝後市皆周礼攷工記匠人文也

若翼日乙卯周公朝至于洛則達觀于新邑營 注 翼日明日也周公以十二日之朝至洛通觀新邑之營域 疏 云營域者鄭注周礼小宗伯職云兆為壇之營域是所規畫之處為營域也

越三日丁巳用牲于郊牛二 注 為營垗于南郊因用牲以祀天也作洛解曰乃設丘垗于南郊以祀上帝配以后稷牛二者帝牛一稷牛一也郊用特牲貴誠也垗治小反俗通用兆 疏 易乾鑿度云三

王之郊一用夏正據上言三月正夏正建寅之月安知此用牲于郊非是正祭而云爲營垗于雒郊因用牲以祀天也者著是正祭則王當以上旬行其禮于鎬京矣茲于新邑行郊祀之禮者以天子之郊必太郊祀之垗于是始太郊垗不容不祭故知是因始爲營垗而特祀也引作洛解者以證是時特太營垗以祀也以祀上帝配以后稷今本逸周書脫祀字又配下闕一字茲引其文不可云以上帝配后稷因據孝經周公郊祀后稷以配天之文以增成其詮云牛二者帝牛一稷牛一也者公羊宣三季傳云養牲養二卜帝牲不吉則扳稷牲而卜之帝牲在于滌三月于稷者唯具是視禮郊特牲太云帝牛不吉以爲稷牛帝牛必在滌三月稷牛唯具所以別事天神與人鬼也是帝稷各一牛也云郊用特牲貴誠也者郊特牲而社稷太牢以少爲貴貴誠之詮郊特牲云于郊故謂之郊牲用騂尚赤也用犢貴誠也特牲即犢也又禮器云禮之以少爲貴者以其內心者也德產之致也精微觀天下之物無可以稱其德者如此則得不以少爲貴乎是故君子眘其獨也內心者獨皆貴誠之詮

粵翼日戊午乃社于新邑牛一

尚書集注音疏

羊弌豕弌【注】太社㠯祭后土㠯句龍配佐洛解曰乃建太社亏國中其壝東青土南赤土西白土北驪土中央釁㠯黄土是也牛羊豕各一爲牢社用太牢降亏天也句果反【疏】云太社㠯祭后土㠯句龍配者孝經援神契云社者五土之總神禮記郊特牲云社祭土而主陰气是社祭后土也昭二十九年左傳云共工氏有子曰句龍爲后土后土爲社謂句龍生爲后土之官死則配祭亏社故鄭注周禮大宗伯云共工氏之子曰句龍食亏社是也引佐洛解者證是時特太社亏新邑也鄭注周禮宰夫云三牲牛羊豕具爲一牢故云牛羊豕各一爲牢韋昭注國語楚語云太牢牛羊豕也則此牛羊豕各一是太牢也郊特牲云郊特牲而社稷太牢貴誠之誼則太牢雖加多亏特牲亏禮爲降故云社用太牢降亏天也

越七日甲子周公乃朝用書命庶殷侯甸男邦伯【注】周公彙事朝計徒庸

慮材用書也亐冊㠯命役亐衆殷侯甸男服也邦伯**疏**昭三十二年左傳云士彌牟營成周計丈數揣高卑度厚薄仞溝洫物土方議遠邇量事期計徒庸慮材用書餱糧㠯令役亐諸侯此言量事期計徒庸慮材用皆文出彼傳厥既命殷庶庶殷丕作**注**衆殷率周公命大起趣功**疏**作訓起又訓爲云大起趣功兼此二詁也大保乃㠯庶邦冢君出取幣乃復入錫周公復扶又反**注**㠯猶與也鄭康成曰召公見衆殷也民大作周公德隆功成將反政也且亦欲顯之因大會天下故與諸侯出取幣使會成王太亐位㠯其命賜周公所賜也幣蓋璋㠯皮及寶王大弓**疏**鄭注見正義云所賜之幣蓋璋㠯皮及寶王大弓者舊秝定八年經云盜竊寶王大弓公羊傳云寶者何璋判白弓繡質龜青純是

魯有此璋及寶玉大弓也定四年左傳云分魯公以大路大旂夏后氏之璜封父之繁弱則璋與寶玉大弓非封魯公之分器當是此時所賜于周公者以无正文故云蓋以疑之也云以皮者周禮小行人合六幣璋以皮是璋必配以皮也案公羊傳璋卽寶玉繫以璋與寶玉大弓昧言之者何休注公羊云半圭曰璋白藏天子青藏諸侯魯得郊天故錫以白不言璋言玉者起圭璧琮璜璋五玉盡亡之也傳獨言璋者所以郊事天其彙發則舊物所言玉不止于璋以璋是祀天之玉特其異故繫小言之

曰拜手稽首旅王若公誥告庶殷越自乃御事

注　旅陳也言旅王若公則王在矣王蓋以既得周公所獻之卜而來也經不見王至之文者王于相宅无事也于時庶殷諸侯及治事之臣咸在召公欲大顯周公之功于天下故言敬拜手稽首以陳于王若公并以誥溥告庶殷

亐自乃御事葡呼𣪘殷及乃御事使俗明聽也見夷甸反相息匠反

疏 旅敶釋詁文言旅王若公則是王與公俱在而召公竝敶詞于其肯非託公轉達之王皆故云則王

杜臭云王蓋己既得周公所獻之卜而來也皆據洛誥王言公既定宅抨來〻視予卜休恆吉則相宅時王留函都未來當亐使來告卜之後而來洛也王己何月至洛雖不可攷大約總在新邑初成之時知皆詳召公誥詞則亿作邑功成臭當在是季烁冬之時王于是始至洛召公卽陳此誥也僞孔言王與周公俱至案洛誥言予惟乙卯朝至于洛師又言抨來已圖及獻卜若王與周公同己乙卯日至洛何用抨來獻卜乎僞孔說非也云經不見王至之文皆王于相宅无事也皆正義引鄭注云史不書王往皆王于相宅无事也茲用其證上文鄭注云召公見𣪘殷之民大作周公德隆功成吾反政之鄭而欲顯之因大戒天下則此言誥告庶殷越自乃御事皆是召公欲大顯周公之功于天下故葡呼𣪘乃使明聽也

於戲皇天上帝改氒元子茲大國殷之命惟王受

命天畺惟休亦天畺惟恤烏虖曷其奈何弗敬【注】元首也鄭康成曰言首子者凡人皆天之子天子為之首尒聲謂言天改其首子大國殷之命惟王其受之矣是無竟之美亦無竟之憂也其奈何不敬哉畺竟恤憂也【疏】元首釋詁文鄭注見正義畺竟者國語周語云候不在畺鄭注周禮候人引作候不在竟是畺為竟恤憂亦釋詁文

天既遐終大邦殷之命茲殷多先哲王在天粵厥後王後民茲服厥命厥終智藏瘝在夫知保抱攜持厥婦子以哀籲天徂厥亡出執瑕俗作遐說文無遐字毛詩泉水傳訓瑕為遠則遐字古作瑕𥏼今省作智瘝才鰥反注同俗

伀藏非鰥俗伀㷀非裒蒲保反俗作抱㔾字也 注 瑕遠鰥病知匹也保讀爲緥緥小兒衣也裒裦袒徃也亾讀爲无令天己遠緩殷命矣此殷先王业精爽在天亏其後繼世业王㩲爲其民服殯茲命天非不眘殷也其緩也賢智遐臧病民皆在位夫=爲匹偶皆緥裒其子攜持其妻己哀號吁天祈徃逋逃其无所出苦拘執嘆言天业緩殷命職是故緥百浩反夫=上房孚反下方无反號何刀反 疏 瑕遠鰥病知匹竝釋詁文云保讀爲緥皆保與裒裦聯文裒是裒負苦依保业訓爲安爲養二詼皆不毀裒聯屬論語云緥負其子緥毀緥裒毀負皆同詼故讀保爲緥=裒猶緥負也云緥小兒衣也皆說文糸部文裒裦衣部文也祖徃亦釋詁文云亾讀爲无皆古无字通作亾說見鴻

範疏 烏虖天亦哀亏亖匚民其眷命用

召誥

王其疾敬德【注】天大哀於四方之民其眷命用勉于敬德者以為民主王其敬疾于敬德哉相古先民有夏天迪從子保面稽天若今時既墜厥命相息匠反下同墜直類反下皆同【注】答曰先民視古答夏王天開道之使為天下又從其子而保右之使繼世為君面猶回向也為回向叶度天心而順之今時則已墜其命矣言天命无常不可恃也道徒到反下注同度代洛反下注同【疏】云答曰先民者國語魯語文也云又從其子而保右之使繼世為君者孟子萬章問曰人有言至于禹而德衰不傳于賢而傳于子孟子曰否不然天與賢則與賢天與子則與子則獨夏之繼世為天所使可也云面猶回向也者鄭注也見正義云言天命无常不可恃也者為雖回向叶度天心而順之今時則已墜其命

由後王昏亂不能常保天命是天命不可恃也

今相有殷天迪格保面卟天若今時既墜厥命

注 格量度也天開道殷使爲天下又量度所以保各殷皆亦如夏

疏 云格量度也皆蒼頡篇文見文選蕪城賦注·商家亦傳子孫與夏同上言從子保此言格保文雖變而意當同故云又量度所以保各殷皆亦如夏

今沖子嗣則无遺壽耇曰其卟我古人之德矧曰其有能卟謀自天 壽耇僞孔本作壽耇茲从漢書孔光傳元后詔所引

注 沖子謂成王言今沖子嗣位則无遺棄壽耇之人當曰是能卟攷我亐古人之德言能匡正君德也爲又自从也況曰其又能卟攷其謀以从天道亐卟謀自天猶面卟天若也壽耇或

爲嚚嚚育夷敍反【疏】叒又鄭箋終風詩誼也釋詁云從自也由與從雖兩字經典輒㠯從爲由則自亦可訓由也卟課自天謂攷謀㠯由天道是卽向攷天心而順之故云猶面卟天若也云嚚嚚或爲嚚嚚嚚昝謂僞孔本也

於戲有王雖小元子哉其丕能諴于小民今休王不敢後用顧畏于民碞

諴夷嵒反碞牛咸反【注】諴咊碞險也小民難保故曰民碞言王雖幼小乃天之適子哉其大能咊于小民則于今休美王其不敢後用顧念小民當畏于民之碞險丕或爲不【疏】諴咊說文言部文也書敘云高宗夢得說使百工夐求得諸傅巖史記殷本紀云得說于傅險中又公羊僖三十三季傳云必于殽之嶔巖何休注云其処險阻隘埶是巖爲險說文石部云碞磛碞也讀與巖同則碞亦爲險也云小民難保故曰民碞皆難保所㠯爲險也兼詁云小人難保小人謂小民也經言元子

哉寍知非謂成王爲孟王之元子而注云乃天之皆子哉皆據上文皇天上帝改氒元子茲大國殷之命惟王受命是謂王受天命爲天之皆子也云王其不敢後用顧念小民皆讀顧字屬上爲句也說文石部引此書于民嵒不聯引顧字則漢儒已顧字屬上讀僞孔讀顧字屬下非是云丕或爲不者說文言部引云不能諴于小民蓋古丕不字通也茲求仍說文佗不皆此經詮當仍舊也

王來紹上帝自服于土中

（注）紹繼自用服治也土中謂王城于天下土爲中也周禮大司徒曰以土圭之灋測土深正日景以求地中日南則景短多暑日北則景長多寒日東則景夕多風日西則景朝多霒日至之景尺有五寸謂之地中天地之所合也四時之所交也風雨之所會也陰陽之所和也然則百物阜安乃建王國焉深式禁反霒雲覆日

也衣今反俗誦作陰

疏

紹繼釋詁文自用皆正義謂鄭王皆以自爲用茲从其讀𠬝治說文又部文云土中謂王城于天下土[3]爲中也皆周禮大司徒求地中建王國彼馬融傳云王國東都王城今河南縣是：王城爲地中故卽引大司徒職文以證王城于天下土爲中也周禮皆周公致太平之書大司徒職所云正其作洛之事是此經之實證故引之也土圭皆鄭注云所以致四時日月之景是也測土深皆是求南北之中正日景皆求東西之中也鄭注云晝漏半而置土圭表陰陽審其南北賈公彥疏云侌陰陽皆東匚西匚是陰陽是也日南以下至地中皆鄭注云景短于土圭謂之日南是地于日爲近南也景長于土圭謂之日北是地于日爲近北也東于土圭謂之日東是地于日爲近東也西于土圭謂之日西是地于日爲近西也如是則寒暑陰風偏而不和是未得其所求凡日景于地千里而差一寸景尺有五寸者南戴日下萬五千里地與星辰四遊升降于三萬里之中是以半之得地之中也鄭司農云土圭之長尺有五寸以夏至之日立八尺之表其景適與土圭等謂之地中是也

旦曰其作大邑其自時配皇

而毖祀于上下其自時中乂王厥有成命治民今休 注 肅曰旦周公名也禮君前臣名故偁周公之言爲旦曰聲謂偁周公言爲大邑于土中自是可以配皇天而謹祀于上下神祇自是可以宅中圖治王其當天之成命以治民于今獲太平之美矣圖治直吏反 疏 肅注見正義引禮君前臣名者禮記曲禮上文者是言也叚鄭注云對至尊無大小皆相名王先服殷御事比介于我有周御事節性惟日其邁王敬作所不可不敬德 ◎ 比貧至反了介今誦作節 注 邁行也召公旣述周公之言因即陳治民之道王當於分土無分民王治民之先務當治

尚書今古文

殷之御事使以附介毀于我周之御事乃制其性使不失中則日行進于善矣王其敬爲之所哉言當處置之得所也不可不敬悳皆个寧戕戒己起下文毀爰茹反邁行繹言文上文其作大邑至今休文該相連知皆是稱周公之言此言及殷御事以介于我有周御事是即起該自是召公自陳己意故云召公繹述周公之言因即陳治民之道云王皆有分土无分民皆後漢書竇融傳光武帝賜融璽書有是言也有分土皆王皆分封諸侯是也无分民皆天下爲家率土皆臣來則受之无所見外是也光武之言此欲以融歸順之茲用其語取无分民之意治殷御事使以附介毀于我周御事一體治之无所分異是无分民也多士篇云予惟四方罔攸賓亦此意也云不可不敬悳皆个寧戕戒己起下文皆下言當監夏殷之不敬乎悳早隊乎命是申說此不可不敬悳之意則此言是个寧戕戒己起下文也我不可不監于有夏亦不可不監于有殷

我不敢知曰有夏服天命惟有歷年我不敢知曰不其延惟不敬厥德乃早墜厥命我不敢知曰有殷受天命惟有歷年我不敢知曰不其延惟不敬厥德乃早墜厥命（注）歷年多歷年所也延之言長不其延言短也言不可不監視夏殷以爲戒夏殷歷年修短我皆不敢知惟知其皆以不敬德故早墜其命此則所當戒也（疏）歷年對不其延爲言則歷年謂長久故云多歷年所也多歷年所君奭篇文也釋詁云延長也故云延之言長

今王嗣受厥命我亦惟茲二國命嗣若功（注）今王繼受其命我亦

思此二國命之所己隊己爲監而繼順夏殷先王定國之功也周禮曰國功曰功【疏】云我亦思此二國命之所己隊己爲監者承上夏殷之早隊氒命而言惟茲二國命則是謂思夏殷之所己隊命而監戒之也引周禮者夏官司勳職文己證功爲定國之功也

今王初服氒命於戲若生子网不扗氒初生自詒哲命今王初服氒命此王充論衡所引僞孔本作王乃初服【注】生子謂十五子初生意亏善緣己善初生意亏惡緣己惡令王初服命若生子然无不扗亏初生自詒哲命勉王早自厲亏善也哲命謂賢智也【疏】云生子謂十五子初生意亏善緣己善初生意亏惡緣己惡者論衡率性篇引此經而說之如此蓋今文家說也經言初生則生子安知非謂八生嬰孩之始而必云謂十五者己言自詒哲命是謂能自敕厲若嬰孩之時未有知識

安國曰屬十五則成僮書大傳略說曰十五始入小學
就學之始自太之基善惡之所從起故以生子爲十五
也云勉王當自屬于善也者言在初生是當言自詒則
見由己之意是自屬也云哲命謂賢智也者哲之言智
孟子盡心篇云智之于賢者也命也則
賢智是賤于命者故解哲命爲賢智也

今天其命哲命吉凶命秝秊知今我初服〔注〕知四也我=王也今天制此三命四配我王之初服亦命之言命雖自天實自詒之也吉凶秝言之則哲秝愚秝秊秝短折省文互見矣省所景反見夷甸反〔疏〕知四釋詁文云我=王也者上言今王初服厥命此言今我初服故知我是我王也四配我王之初服亦命之者謂王敬德則命己哲與吉且秝秊不敬德則反是召公言此欲見命雖由天授實王自操其務己申自詒哲命之意故云言命雖自天實自詒之推明召公之意也云省文互見者吉凶相對亦哲與秝秊亦丞愚與短折爲對茲吉凶並言亦言哲不言愚言秝秊

召誥　尚書今注音疏　卷七　十三

不言短折是省文也亏兼言吉凶則卽可見哲與秝季兼孟愚與短折是爲互見也宅新邑

肆惟王其疾敬悳王其悳㞢用祈天

永命注祈求也今王凥新邑其疾敬德哉王惟德用

所己求天長命也長命卽所謂秝季也疏說文示部云祈求福也故

云祈求也云長命卽所謂秝季也皆長命謂秝季長久是卽上文所謂秝季也言此皆欲見此言德用可己求

天長命亦卽上文自詒之意也其惟王勿己小民淫用非

彝亦敢殄戮用辥民若有功注亦〻勿

也敢讀如非祀也敢之敢言勿敢王勿己小民過用非

常戔典擾民亦勿敢用殄戮己治民戔典虐民也惟順

己導之乃有功效疏云亦〻勿也皆亦是承上之詞上句言勿下句云亦則是冢上勿字

而言本也云敍讀如非所也敍坐敍言多敍皆義所娉所記云辭曰非所也敍對曰非所也敍鄭注云二皆符卒曰敍言不敍是敍咎不敍之意此文本上多字而言敍則敍是謂多敍敍故讀同後文敍證云茲典擾民皆所記王初云用民之力歲不過三日周所均乃云凡均力二政㠯歲上下豐年則公旬用三日中年則公旬用二日焉无年則公旬用一日焉凶札則无力政是國家用民咎常初過用非常謂擾民也言多㠯是茲典擾民也

其惟王位在德元小民乃惟刑用于天下越王顯注德元天德乾元也王者體元尻正位乎天德故曰王位在德元易曰飛龍在天乃位乎天德塈濛也位在德元小民濃之㠯用于天下于王光顯矣延易文言傳云君子行此四德者故曰乾元亨利貞則元是乾之德乾爲天則乾元即天德故云德元天德乾元也葛洪說云王不上奉天文㠯太號則諸衛无原天不濛正其元則不能成其化何休公羊隱

召誥

元秊注云王者當繼天奉元故云王者體元尻正體元尻正者己乾元悳而尻九五之位是位乎天悳也此之謂王位在悳元也引易者文言傳文飛龍在天乾九五爻詞也虞翻注云文王書經繫庖羲于乾五則乾五是己聖人之悳而尻天子之位者故傳己位乎天悳釋之位乎天悳位在悳元同誼也故引己證埶法釋詁文俗本埶作刑非也依字當作埶

上下勤恤其曰我受天命丕若有夏曆秊式勿替有殷曆秊欲王己小民受天永命替天計反注言君臣相與勤勞憂恤其敬于夏殷曆秊之久欲王己小民受天長命葢民安樂則天說喜而增曆數故己小民受天永命也樂來各反說云拙反疏王符潛夫論正列篇云民安樂者天說喜而增曆數故書曰王己小民受天永命茲用其誼大誓云民之所欲天必从之故民安樂則天說喜也■

拜手稽首曰予

小臣敢㠯王之讎民百君子粵友民保受王威命明德王末有成命王亦顯

注　拜手稽首者召公既拜興曰也予小臣召公自偁謙詞也以猶與也讎猶應也百君子王之諸侯與羣吏皆爲王牧民者故曰讎民百君子友猶助也末猶終也言我小臣敢與王之應民之臣于以協助民之安受王威命明德助王終有天之成命王亦光顯矣讎或爲醻

疏　正義引鄭注云拜手稽首者召公既拜興曰我小臣以下召公拜訖而復言也兹節取以爲注云予小臣召公自偁謙詞也者節用王肅注也肅注亦見正義云以猶與也者義禮鄉飲酒禮云主人與賓三揖鄉射禮則云主人以賓三揖是以猶與也云讎猶應也者說文言部文云百君子王之諸侯與羣吏皆亦鄭

注也亦見正義諸侯羣吏皆有治民之任是皆爲王牧民者牧民助必與民相雝應且雝字或作醻〻亦應荅之詮故知雝當訓應雝民當屬百君子言之如此且與下文友民之詮適合也友从二又〻者又手也二又助爲協助之意故云友猶助也易繫詞下云其初難知其上易知本末也初詞擬之卒成之終言末言終皆謂卦之上爻是末爲終詮故云末猶終也言助民受王咸命明德則王終爲天之成命正與上文欲王以小民受天永命語意一貫故知經詮終也云雝或爲醻皆據釋文云終也

我非敢勤惟龔奉幣用龔王能祈天永命龔居容反給也俗作供

注勤讀如杕杜勤歸之勤〻勞也幣帛也太保取以入錫周公者也言我非敢勞公惟龔奉此幣也將用以龔待王能求天長命杕大計反勞力報反

疏云勤讀如杕杜勤歸之勤〻勞也者詩敘云歌采薇以遣之出車以勞還杕杜以勤歸是其文也詩敘又云杕杜勞還役也則勤歸爲慰勞之證此篇上文言太保乃以

庶邦冢君出取幣乃復入錫周公此言我非敢勤惟襲奉幣則勤是謂勞周公幣即所賜于周公之幣故讀勤如詩敘之謹訓爲勞而謂幣即太保取以人錫周公者也

洛誥弟七十九

周書十九　尚書十八

周公拜手稽首曰朕復子明辟辟賓亦反注及下同

注 復返辟君也周公常稱王命專行不報至是反政成王故言我復子明君也大傳曰周公攝政七年致政

疏 復返釋言文辟君釋詁文云周公常偁王命專行不報者漢書王莽傳文雖出于諭事莽者之言然其說實本于今文家博士所傳固是不謬君子不以人廢言也引大傳者洛誥傳文以證此復子明辟實爲致政也鄭注周禮天官太宰云七年致政成王用大傳說

王如弗敢及天基命

定命予乃廟諱保大相東土其基作民明辟相息匠反下同注基始也始命〻文王定命〻武王皆王若弗敢逮及文王武王所受天命我乃嗣事以保安國家追說初時成攝之意也王實年幼不能涖阼垂于序王不能故言弗敢使若謙沖遜託皆然東土洛邑也基謀也大相度洛邑其爲王謀作民明君之治度代洛反爲于僞反疏基始釋詁文大明詩云有命自天命此文王其下武敘云文王有明德故天復命武王也又下武敘云武王有聖德復受天命是文王武王皆受天命此基命定命竝言基之言始故以基命爲命文王定皆不易之謂武王定天下成王功故以定命爲命武王皆禮記文王世子云成王幼不能涖阼周公相踐阼而治是王實以年幼不能涖阼故周公攝燮杜周公不可謂王不能而我代之故云垂于序王不能故言弗敢使若謙

沖殷託皆然也基謀尒釋詁文

予惟乙卯朝至于洛師我卜河朔黎水我乃卜澗水東瀍水西惟洛食我又卜瀍水東亦惟洛食注

或說河朔黎水近于紂都為殷民懷土重遷故先卜近以說之鄭康成曰我以乙卯日至于洛邑之眾觀召公所卜處皆可長久居民使服田相食瀍水東既成名曰成周今洛陽縣是也召公所卜處名曰王城今河南縣是也聲謂春秋傳曰事不再令卜不襲吉澗東瀍西召公既得卜周公無煩更卜我乃卜者謂占視召公之卜然非重卜也河朔黎水及瀍水東乃周公所卜爾近其靳反

爲于僞反說也余拙反或說者顧彪說也見正義顧
縣曰絢反重卜直容反【疏】彪者隋人爲僞孔書作義跡
者也則其言似无足取據正義謂此說是用鄭兼成之
說則其證當是故取之鄭注見詩王風譜正義云觀召
公所卜處者鄭以召公先至洛得卜經營乃後周公
至洛徧觀新邑之營域未嘗改卜則經雖云我乃卜實
非周公更卜故以爲觀召公所卜處也云皆可居久居
民使及田相食者解經惟洛食之證爲及田相食也經
兩言惟洛食故云皆以詠之其實召公所卜惟澗東瀍
西爾云瀍水東既成名曰成周今洛陽縣是也召公所
卜處名曰王城今河南縣是也鄭舉漢地名以況也
後漢時洛陽河南皆屬河南尹郡國志云洛陽周時號
成周河南周公時所城洛邑也春秋時謂之王城是也
又馬融注周禮大司徒亦云王國東都王城今河南縣
是也與鄭此注說同營謂以下增成鄭證也引春秋傳
者哀十年左傳文假傳哀九年晉趙鞅卜救鄭遇水適
火史龜曰是謂沈陽可以興兵利以伐姜不利子商伐
齊則可敵宋不吉及十年夏趙鞅帥師伐齊大夫請卜
之趙孟曰吾卜于此起兵事不再令卜不襲吉是謂肯
卜以此伐齊之吉于此不當更卜引以況此召公既得

吉卜周公不煩更卜已證經言我乃卜者謂占視召公之卜兆非周公重卜也云河朔黎水及瀍水東乃周公所卜尒者敍云召公既相宅周公往營成周是成周非召公所營則召誥所云厥既得卜止卜王城未卜成周又鄭注以瀍水東與召公所卜處分言之則亦以瀍水東爲召公所未卜故知瀍水東是周公所卜也河朔黎水與瀍水東皆爲擬殷民而卜以河朔黎水不吉故更卜瀍水東是河朔黎水與瀍水東乃同時卜則皆是周公所卜矣

伻來以圖及獻卜伻普耕反 注 伻使也使人來示王所以其新邑之地圖及獻所卜之兆象必以圖者爲口說不了指圖乃了也爲于僞反 疏 伻使釋詁文云必了指圖乃了者漢書劉向傳引此伻來以圖亦兼注云伻使也使乃以圖來示成王明口說不了指圖乃了茲用其說了明也圖亦形象可指示故指圖乃了

王拜手稽首曰公不敢不敬天之休來相宅其作周匹休

注 言公不敢不敬天之美命來相度洛邑之居其作太周配匹配天之美命度代洛及公既定宅伻來來視予卜休恆吉我二人共貞注鄭康成曰伻來來皆使二人也聲謂視古示字恆常也常吉所卜皆吉也二人己與周公也言公已定宅所使人來示我已所卜之美所卜皆吉我與公二人共當其美事融曰貞當也疏鄭注見正義云伻來來皆使二人也皆謂先後所遣使非一時使二人也知皆召公先至洛相宅經得卜經營當即繪其地圖發使閒王未及發而周公至于時成周未營俟卜吉成周規畫其圖必須兼旬之事周公自然先已召公所卜及其地圖使人獻于王所及後卜吉成周乃更遣使此時王逆周公之所使人來故史錄王言兼言來來已見所遣使之意不然伻來視予豈不明順而必兼言來來于是知鄭讀不可易矣

云視古示字皆義而士昏記云視諸衿鞶鄭注云示之以衿鞶皆託戒使識之也視乃正字今文作示俗誤行之又而記因而云易子常視毋誑鄭注云視今之示字是今人所用示字之誼拄古人則作視字故鄭箋鹿鳴詩以視民不恌之視爲古示字而以示我周行之示爲寘也爾雅釋詁文云二人己毀周公皆言我二人是王數己毀周公爲二也馬注見釋文

公其以予萬億年敬天之休拜手稽首誨言

注　億十萬也一說數萬至萬曰億誨曉教也言公以我萬億年敬天之美故拜手稽首受公教誨之言也上拜手稽首是史官所記此則成王自道己拜非有二拜也數色主反　道徒到反

疏　說文心部云十萬曰億故云億十萬也云一說數至萬曰億皆毛詩豐年傳誼也億數不同皆韋昭注楚語云十萬曰億古數也今人乃以萬萬爲億是久矣此二說姑並存之云誨曉教也皆說文言部文云上拜手稽首是史官所記皆謂

洛誥

上文王拜手䭫首曰是史官記成王于是頫身下拜而言也云此則成王自䭫己拜皆此拜手䭫首謙言是成王之語也既拜起而爲是言是卽䭫此一拜經雖兩見拜手䭫首之文其實止一拜故云非有二拜也俗儒皆㠯此爲成王言訖又拜故特辯之

周公曰王肇稱殷禮祀于新邑咸豑無文稱尺陵反俗通作稱豑治質反今通作秩注肇舉也鄭康成曰王者未制禮樂恆用先王之禮樂周公制禮樂既成不使成王卽用周禮仍令用殷禮者欲待明年卽政告神受職然後頒行周禮頒訖始得用周禮故告神且用殷禮也咸讀咸徧也王肇殷禮祀于新邑徧㠯尊卑次豑之无有文也殷尚質用殷禮故无文今文云肇修殷禮祀新邑令力呈反疏肇舉釋言文但今爾疋肇作肈通俗字也鄭注見正

義云王者未制禮樂恒用先王之禮樂者白虎通禮樂篇云王者始起何用正民以為且用先王之禮樂天下太平乃更制作焉書曰肇稱殷禮祀新邑此言太平去殷禮是亦據此經以為用先王禮樂蓋漢時經師說然也云周公制禮樂既成者伏生大傳云周公攝政六年制禮作樂七年致政此上文言復子明辟則是將致政之時故知制禮樂既成矣若然則此時致政矣而鄭又云欲待明年即政者此篇末云戊辰王在新邑烝漢書律曆志引其文以為十二月戊辰晦周公以反政是周公反政在是年年終則成王即政在明年歲首矣云咸偏也者莊十年左傳云小惠未偏民弗從也國語則云小賜不咸不咸民弗歸也是咸為偏也風俗通山澤篇引傳曰五嶽視三公四瀆視諸侯其餘或伯或子男大小為差繼引此經咸秩無文而說之云王者報功以次秩之無有文也則咸秩謂次秩其尊卑無文謂禮義簡質無繁文也故云偏以尊卑次秩之無有文也禮記禮器云一獻質三獻文是祭固有質有文也偽孔以無文為不在禮文者非也云殷尚質者何休注公羊桓十一年傳鄭注禮記王制皆云春秋變周之文從殷之質是殷尚質周尚文也周既尚文而此云無文明為用

殷禮故知其質故云用殷禮故无文云今文云康修彝殷禮祀新邑者郊之白虎通所引以見上蓋當時博士之本故以爲今文予齊百工伻從王于周予惟曰庶有事今王即命曰記功宗以功作元祀惟命曰女受命竺弼日僞孔本作曰案釋文云曰音越一音人實反然則古本爲作日者僞孔改爲曰非是當知日竺東毒反與篤同俗作篤非

注爲事祭也春秋傳曰天子爲事于文武又曰爲事于武宮記者書于竹帛以銘識之也宗尊也祭爲功臣配食之典故以功作元祀周禮曰凡爲功者銘書于王之大常祭于大烝司勳詔之惟命者詔所祀者以詞也蓋艘者則禮所命之其稱者不豫命以艘後之典也竺厚弼輔也

言我整齊百官使從王于洛邑我惟勉之曰庶得與于祭事今王卽命于周之曰記識爲功而薦舉之以其功尊元祀惟命之曰今大女之祀者以女受命于先王早輔王室故識中吏反與爰茹反

疏 周公詔王祀于新邑而使百工從王于周是使從王往助祭則謂百工庶爲事是謂庶得與于祭事故云爲事祭也引昔姝傳者夕傳借九年及昭十五年文以證爲事之爲祭也祀記王制云太史典禮執簡記鄭注云簡記冊書也則記謂書以識之說文敘云箸于竹帛謂之書故云記者書于竹帛以銘識之也宗尊白虎通宗族篇詁也云祭爲功臣配食之典者商書盤庚告其臣曰茲予大享于先王尒祖其從與享之是功臣配食之明證也引周禮者司勳職文言銘書于王之大常是記功也祭于大烝卽以功作元祀也故引以證此承以功作元祀而言惟命曰則是卽命所大祀之人故云惟命者詔所祀者以詞也據君奭篇偁文王五臣其下言武王惟茲四人鄭君以爲並武王時爲輔者故四人以輔弼之輔者

洛誥　尚書集注音疏卷七　三十二

號叔說詳君奭疏僖五年左傳偁號叔勳在王室藏于盟府則號叔在所必祀也如閎夭散宜生泰顛南宮括及榮公輩其於殷不可知若太公召公畢公則是時皆在終以功作元祀則皆不容不豫太其祀則此時所命當於殷皆命故云蓋殷皆則祀而命之其於皆未豫命以殷後之典也竺厚釋詁文弼輔說文弜部文時在鎬京而言從王于周則周謂洛邑故云使從王于洛邑夫記功宗是八君之事因王如周遂詔王坐周之日行此事非謂王出是命也故云今王即命于周之曰記諸備功而與異之僞於改爲即命自則教王誰命乎僞於誼非是

不視功載乃汝其悉自學功學功僞於本作教工非是茲加代生大傳所引學弋孝反

注視古示字功載記功之載書也悉盡學效也謂記功太祀以功之載書大示于臣工天下諸侯來助祭者莫不自悉以奉其上莫不自悉以奉其祭祀是乃女盡其天下諸侯之忠而效天下諸侯之

𢎵也【疏】云視古示字者說詳上跡云𢎵載記𢎵之載書也者襄九年左傳云士莊伯爲載書史記伯夷列傳云載籍極博猶虞𠑹京聽云多識肯代之載皆謂書爲載上言記𢎵宗此言𢎵載則是即謂所記𢎵之載書也悉書盡學效伏生大傳該也其不自悉已奉其上云云用大傳所引舊傳該也大傳云書曰乃女其悉自學𢎵悉盡也學效也傳曰當其效𢎵也于卜洛邑營成周改正朔立宗廟敘祭祀易犧牲制禮作樂一統天下合和四海而致諸侯皆莫不依紳端冕已奉祭祀者其下莫不自悉已奉其上者莫不自悉已奉其祭祀者此之謂也盡其天下諸侯之志而效天下諸侯之𢎵也是其該也孺子其朋孺子其朋學古文子朋芃丞反【注】鄭兼成曰孺子幼少之稱謂成王也朋謂其朋其朋言者所與也少式照反【疏】鄭注見正義云其朋其朋言慎所與也者後漢書爰延傳延上封事云周公戒成王曰其朋其朋言慎所與也茲用其該其往無若火始燄燄厥攸灼敘弗其絕燄已林反灼字

洛誥　　尚書集注音疏卷七　　壬

絕句釋文云馬讀敘字屬下兹从之【注】燄燄火行尚𢼸也灼爇也我王自今以往常防𢼸杜漸毋使若火然火始然雖𢼸其所延爇浸敘廣及不可遏絕矣燄燄或爲熏熏爇始劣反【疏】說文炎部云燄火行𢼸燄燄然也故云燄燄火行尚𢼸也云灼爇也者鄭注周禮大卜云作龜謂以火灼之是灼爲爇也云燄燄或爲熏熏者漢書梅福傳福上書成帝引此作毋若火始熏熏蓋今文本也顏師古注云熏熏𢼸小皃則與燄燄同誼也

厥若彝及撫事如予惟以在周工

【注】以用也其順常灋及撫循政事當如我所爲惟用在周之官欲成王无改其政與其臣也【疏】以用說文以部文云厥若彝及撫事如予是欲成王无所紛更云惟以在周工是欲成王用其見在之臣故云欲成王无改其政與其臣也論語子張篇曾子述孔子稱孟莊子之孝其它可能其不改父之臣與父之政是難能也然則

爲治皆无改前人之政與其臣是所難也故公以是詔王也往新邑伻嚮即有僚明作有功惇大成裕汝永有辭嚮喜煬反俗書嚮下皆向非也僚[illegible]反注言今往新邑使臣工各向就其官僚明爲其事乃爲功敦斯則厚大以成寬裕女其居爲閒譽之詞矣詩曰庶幾夙夜以永終譽閒亞奮反幾吉衣反疏詩曰皆周頌振鷺篇文引之皆欲見名譽亦古人之所相期勉皆以譽勉女永爲詞是勉王居爲閒譽之詞也

公曰已汝惟沖子惟終注女惟沖子惟終成王業是任言其嘉大以警成王也疏終成王業是任大沖子當其任是爲難也故云言其嘉大以警成王也

汝其敬識百辟享亦識其有不享識中吏反辟必益反注識記也百辟諸侯也享獻

也。言當識小諸侯之亯與不亯。小私兆反，俗作[illegible]非。疏云識記者，鄭注周禮保章氏云：志，古文識。識，記也。釋詁云：辟，君也。諸侯各君其國，故云百辟諸侯也。亯，獻，亦釋詁文。亯多義，義不及物，唯曰不亯。義，古儀字也。先鄭司農注周禮云：古者書儀但爲義。注亯多義，言亯見之禮多義遷也。鄭康成曰：朝娉之禮至大，其禮之義不及物，所謂貢匪多而威義簡也。威義簡亦是不亯也。聲謂唯衍字也。見夷甸反，朝直佋反。疏孟子告子篇引此經，趙岐注云：亯多義，言亯見之禮多義法也。物，事也。義不及事，謂爲關也，故曰不成亯。訓物爲事，不若鄭注詭屈且不成言，是孟子之文不可用之于此，故止取其一語而刪節其餘也。鄭注見正義。聲謂唯衍字也，皆據孟子所引无唯字。按此文本不當爲唯字，故以爲衍字。唯不役志于亯，凡民唯曰不亯，唯事其爽侮。注唯不役

其志亏言故謂之不言凡民大惟謂是不言也惟然則

事其爽侮傷害矣侮傷也【疏】凡民惟曰不言多亡篇者其文亏此頗佀可省意實多亡之文誤衍之亏此然无明據不敢目爲衍文結解其誼云凡民大惟謂是不言也言凡民大己是義不及物皆爲不言也儒所傳乃云凡乃化之惟曰不奉上矣案此是斆騁之言乃諸矦之職亏凡民何者安得云凡乃化之其誼非也侮傷說文人部文

乃惟孺子頒朕不暇聽頒必民反正義本佀頒非古也茲从說文所引【注】頒分也言政事繁多孺子分其任我者所不暇聽鄭康成曰成王之才周公倍之猶未而言分皆誘掖之言也【疏】頒分說文攴部文也說文且引云書曰乃惟孺子頒則當讀坐頒字爲句故云孺子分其任己頒字上屬从說文讀也鄭注見正義云而言分皆則鄭亦解頒爲分與說文誼合云誘掖之言也皆詩衡門敘云佗是詩己誘掖其君也鄭徦箋云誘進也掖扶持也

朕敎

女于棐民彝女乃是不孟乃時維不永哉

孟，僞孔本作蘉，釋文云蘉徐莫剛反，馬云勉也。正義謂鄭王皆訓勉，然則蘉字雖謬于六書，而其音如芒，讀為勉，則舊矣。錢少詹事大昕據釋詁多孟勉之證，謂爾疋所以訓釋六經，必六經多是證，而後爾疋多是詁。發六經之中孟之為勉也未多見，意孟之古音近芒，洛誥蘉字本是孟字，故漢人皆訓勉。聲案：淮南氾論訓曰孟卯妻其嫂，高誘注云孟卯齊人也，戰國策作芒卯，是孟音如芒，此經作孟，音讀皆合。

注　棐，輔，孟，勉也。言我教女輔民之常，女不勉于是，乃不能久安長治哉。

疏　棐輔，說文木部文。孟勉，釋詁文。

竺敘乃正父

注　竺敘猶言惇敘也。正，長也。正父蓋父行所尊長，皆若曹叔、成叔、康叔、聃季以及召、芮、畢、毛之屬皆是。咎繇謨曰惇敘九族，惇敘長父而親之，躬行孝弟以化民，即所以輔民

常也長中兩反行何郎反釋詁惇竺同訓曰故云竺
[illegible]如舍反召上照反疏敍猶言惇敍也猶言皆猶
咎繇謨所言也正長釋詁文正訓長則正乂猶言長乂
故己爲乂行所尊長者云若轉尗成尗康尗[illegible]季己及
召芮畢毛业屬皆是者皆轉成康[illegible]皆武王弗弟成王业
尗乂也召芮皆召公芮伯論[illegible][illegible][illegible]篇云召公周公业
兄也史記燕世家云召公與周同姓讓周云周业支族
然則是武王族罤弟矣鄭注旅巢命敍㠯芮伯爲周同
姓當亣是武王族罤弟則亏成王皆乂行也畢公毛公
皆文王业子則亣成王尗乂也案僖二十四秊𠂇傳偁
文王业佋凡一十六國茲不及葡數故云业屬㠯該业
业屬云皆非直文王业子并太王王季业子亦庶暮虞號
业等亏成王爲祖乂族乂皆亣該业矣知正乂兼該
及亏䟽遠业族乂皆㠯言竺敍則是汎敍其親䟽而加
曰[illegible]是統於言业矣引咎繇謨者㠯惇敍況竺敍則可
見此正乂猶彼文所言九於故㠯爲證也竺敍正乂卽
是孝弟业謂故云躬行孝弟㠯化民康誥言不孝不友
天惟與我民彝大泯亂則孝弟是民业常謂故躬行孝
孝㠯化民卽所㠯輔民常也上言朕敎女亏棐民彝則
此言竺敍正乂卽是敎成王輔民常业謂故注云然也

尚書集注音疏

罔不若予不敢廢乃命【注】女无不順我之教則臣下不敢廢棄女之命矣女往敬哉茲予其明農哉彼裕我民无遠用戾【注】女往新邑其敬之哉我其退居以明農哉蓋周先公世修農業公以己功成當退託言欲修明先世之業也彼往者所加也戾來也往哉政于新邑寬裕我民則民无遠者而皆來矣【疏】國語周語云昔我先王世后稷又云先王不窋用失其官而自竄于戎翟之閒不敢怠業又詩七月篇皆言農事而其敘云陳后稷先公風化之所由是周之先公世修農業也云公以己功成當退者伏生大傳歸禾傳云成王之時有三苗同爲一采民得而上諸成王王召周公而問公曰三苗爲一采龢气所生意天下其龢爲一乎果有越裳氏重譯而來又云周公居攝六年制禮作樂天下龢乎越裳以三象重

九譯而獻白雉是周公功致太平之明驗也又禮記樂記云王者功成作樂治定制禮是時居攝七年周公制禮樂既成是功成作樂矣史記蔡澤列傳澤謂應侯曰夫四時之序成功者去又引書曰成功之下不可久處是功成當退也云誥言欲修明先世之業知此是公誥言皆以君奭篇公謂召公曰小子同未在位誕無我責收是既致政之後公猶謂己未可退則此言明農豈誠欲退畱哉時叚誥言之以覘成王意爾故下文成王畱公爲其兼事公多朁之言也云徦往爲所加也皆說文彳部文徦从彳是爲往誼也釋詁來戾同訓至是戾來同誼又公羊隱五年傳云登來之也鄭注禮記太學引作登戾之故云戾來也

王若曰公明保予沖子公偁丕顯悳以予小子揚文武之悳烈奉對天命和恆萬邦四方民居師

僞孔本對作答無之悳及萬邦字茲據伏生大傳所引補正之【注】偁大揚也成王欲畱周公錄周公輔相之功言公明保吾我

沖子公偁揚大顯之悳以我小子揚文武之悳烈謂追
祖文王而宗武王也烈光也對荅也上以奉荅天命下
以咊亙萬邦四方之民安處其眾亙久也咊則可久故
曰咊亙師眾也相息匠反
䟽說文人部云偁揚也茲以經卯
爲揚字故云偁亦揚也云逯周
公輔相之功皆以此經所云爲偁逯周公往日凥攝之
功非謂自今以後公當如此知皆以下文惟公悳明光
亏上下云云贊美公悳如此其盛是謂以號之故則知
此經是謂周公凥攝時輔相之功也禮記文王世子云
仲尼曰昔者周公攝政踐阼而治抗世子法亏伯禽所
以善成王也聞之曰爲人臣者殺其身有益亏君則爲
之況亏其身以善其君乎周公優爲之是周公明保成
王之明證實凥攝時事也云謂追祖文王而宗武王也
者祖文王而宗武王禮記祭法及國語魯語皆有其文
鄭注祭法韋注魯語皆云祭五帝亏明堂曰祖宗案孝
經云宗祀文王亏明堂以配上帝此云祖文王而宗武
王不同者韋注魯語云周公初時祖后稷而宗文王至

武王雖承文王之業，有伐紂定天下之功，其廟不可以
毀，故先推后稷以配天，而後更祖文王而宗武王，是也。
今于此經爲是說者，伏生大傳云：太廟之中，闠乎其猶
模繡也。天下諸侯之悉來進受命於周，而退見文武之
尸者，千七百七十三諸侯，皆莫不磬折，玉音金聲玉色，然
後周公與升歌，而弦文武。諸侯在廟中者，伋然淵其
志，和其情，愀然若復見文武之身。然後曰：嗟子乎！此蓋
吾先君文武之風也夫！及執俎抗鼎，執刀執匕者，皆負牆
而歌，憤于其情，發于中而樂節文，故周人追祖文王而
宗武王也。是故周書自太誓以名誥，而盛于洛誥，故其
書曰：揚文武之德烈，奉對天命，和恒萬邦四方民。是以
見之也。據此，則揚文武之德烈，謂追祖文王而宗武王
也。德烈，釋詁文。對，荅；鄭箋詩皇矣及江漢說也。恒，久；易
彖傳文。云和則可久，皆和則相親。易繫詞云：有親則可
久。師說，釋詁文。

惇宗將禮，稱秩元祀，咸秩無文。

注 將，大也。言公惇厚而宗之，大祀舉秩其元功以爲元
祀，而其餘皆從秩舉之。疏 將，大，釋詁文。云公惇厚而宗
之，大祀舉秩其元功以爲元

祀者此經所偁即上文周公數王記功宗以功作元祀之云也惟公悳明光于上下勤施于四方旁作穆穆迓衡不迷文武勤教予沖子夙夜毖祀旁鍾炎反御字音訝音同訝者偁孔氏解此爲迎唐開元時遂于正義本改御爲俗訝字釋文云馬鄭王皆音魚據反則馬鄭王本皆作御矣案漢獻帝禪位詔引作御衡不迷則作御爲是御衡不迷四字作一句讀

注　旁溥也穆穆美也稱上旨衡衡所以取平也灋度之器以諭政柄云言公之悳光于天墬于四方溥爲穆穆之美作操御乎天下之衡不爲迷錯又爲文爲武以勤教于下我沖子安受其成无待爲爲惟早夜者其祭祀而已稱出徵反

疏　旁溥說文上部文穆穆美也釋詁文也稱上旨衡者文遜介攸論注引鄭注尚書云數以于堯典采之于此又

采故不復解也漢書律秝志云奧亐也所已任權亓均物亐輕重也故云奧所已取亐也云法度之器者律秝志云權與物鈞亓生奧奧運生規規圓生榘榘匚生繩繩直生準是則此六者皆法度之器也伏生大傳云孜子旨吾亐洛誥也見周公之悳炗明亐上下勤㪟四匚旁作穆穆亞亐海表云云則此旁作穆穆當絕句御奧不迷所爲一句故云溥爲穆穆之美化操御亐天下之奧不為迷迷錯迷錯者陰陽於繆氛气克寍之謂不迷則風雨節寒暑時矣云又為文為武已勤教亐下者此經言文武語不莊重不當謂文王武王六月詩云文武吉甫松高詩云文武是憲毛傳皆解爲為文為武此經文武亦當如是解

王旨公功棐迪篤网不若時 注 言公之功輔道我者是我无不順是答公网不若予之言也 道代勑反 疏 上文公謂王网不若予今王言网不若時网文相𤋮故云答公网不若予之言

王旨公予小子其退即辟亐周命公後 辟賓亦反 注 辟君也王許周公之

請將往出治于洛故言我小子其退就君位于新邑我將命公後矣春秋傳以成王定鼎于郟鄏蓋杜此矜也命公後謂封伯禽也王意以爲大公後則可屈留公爲王翰相矣郟八洽反鄏如浴反翰直佋反相息匠反

【疏】辟君釋詁文上文周公謂王以予齊百工伻從王于周又以往新邑伻嚮即有僚是周公請王治洛此文王言予小子其退即辟于周則是从公之請故云王許周公之請將往出治于洛引春秋傳皆宣三年左傳文案漢書地理志河南郡河南縣故郟鄏地周武王遷九鼎周公致太平營以爲都是爲王城則郟鄏即此經所謂周也故引左傳以說彼志言武王遷九鼎皆據桓二年左傳武王克商遷九鼎于洛邑之文茲據成王定鼎之文且以爲杜此矜皆蓋武王有營洛之志而遷鼎于其地其位置此鼎之所必王城既建而後定則是成王定之也蓋于時王城初建周公欲尊異其城于天下故請成王正王位于其邑以重顯之則九鼎神物足爲國家重鎮皆成于是時定也但无明據故云蓋以

疑之尋經上下文意无旹于定鼎事而必引爲説者欲見此卽辭于周是爲各事而特衍定鼎及卽政須禮樂皆其時之大事事訖卽還西都也知者據史記周本紀贊云成王使召公卜居居九鼎焉而周復都豐鎬是也云命公後後謂封伯禽也者下文惟告周公其後卽是命公後之事鄭于彼注云告神以周公其宜爲後謂封伯禽也則此命公後是謂封伯禽也云王意以爲太公後則可庶留公爲王輔相矣者王意欲留公而又以公功大不可不封封則不能留公矣故知命公後是王留公之意也公羊文十三年傳云封魯公以爲周公也周公拜乎前魯公拜乎後曰生以養周公死以爲周公主然則周公之魯乎曰不之魯也封魯公以爲周公主然則周公曷爲不之魯欲天下之一乎周也是命公後爲留公之明證也

四方迪亂未定于宗禮亦未克敉公功

注　迪進亂治也宗禮者言禮爲天下所宗也周公所制禮于時未頒故曰未定敉撫也四方雖進于治猶未定于宗禮亦未能

擽循公功己言公不可去也治直吏反疏廸維亂治皆釋詁文云宗禮者言禮
爲天下所宗也者宗尊也新王制禮爲天下所尊毋敢韋倍故禮記中庸云非天子不議禮又云雖有其德苟
无其位亦不敢作禮樂焉是也云周公制禮樂亏時未頒者鄭云上文王肇稱殷禮注云周公制禮樂既成不
使成王即用周禮仍令用殷禮者欲待明年即政告神受職然後頒行周禮頒訖始得用周禮故告神且用殷
禮是此時禮尚未頒也敉據說文攴部文米象擽循公功意答謂公猶當爲輔不得遽委其貴故云己言公不
可去也

廸將其後監我士師工誕保文武

受民亂爲三輔將即梁反汗簡己爲古將字監吉銜反注將助士
事也公當維助其後監督我執事之衆官大保安文武
所受之民治爲我之四輔四輔者猶充弼承常扶王者
後之文者遒太于者周公爲之疏說文手部云將扶也扶爲助誼故云將助

士事說文士部文鄭注鴻範云卿士六卿掌事者是士爲事也云四輔者謂充弼承常扗王歬後𠂇又者謂立亏歬周公爲㞢者出大戴礼保傅篇其文云明堂㞢位曰竺仁而好學多聞而道慎天子疑則問應而不窮者謂㞢道々者導天子㠯道者也常立亏歬是周公也誠立而敢斷輔善而相誼者謂㞢充々者充天子㞢志也常立亏𠂇是太公也絜廉而切直匡過而諫衺者謂㞢弼々者拂天子㞢過者也常立亏又是召公也博聞彊記接給而善對者謂㞢承々者承天子㞢遺忘者也常立亏後是史佚也故成王中立而聽朝則四聖維㞢是㠯慮无失計而舉无過事

王曰公定予往已公功肅將祗歡公無困我予往已祗歡九字作一句讀我開元本作哉非也漢書元后傳及杜欽傳皆引作我茲乃也

（注）定止肅敬也將猶奉也祗大敬也公其留止我往日已公功敬奉之且敬說之言常倚公爲重公無若已困我說爰燗反

（疏）定止釋詁文說文聿部云肅持事振敬也故云肅敬也云

將猶奉也者鄭箋我將詩誼也釋詁云祗敬也此舉肅
敬之訓故云祗亦敬也㠯字訓爲肅又訓爲止又爲語
易誼不一而字則一後乃㠯訓肅者凡衆文佀叨亓訓
止及語易者則則佀己分爲兩字非也僞孔氏讀己佀
語易而于㠯字絕句謂往逆洛邑㠯矣俗本遂皆佀己
字案上文既言卿辟于周則此无煩更言往洛邑且皆
㠯孚往㠯爲句則公功肅將祗歡六字爲句豈成文理
乎僞孔氏彊爲之說云公功㠯進大天下咸敬樂公功
不詞甚矣故不可㠯往爲往洛㠯字不當絕句也論語
八溢篇云既往不咎又微子篇云往者不可諫皆謂旹
答爲往故此㠯往爲往日也往日㠯公功奉敬說則
予賴公㠯安抒之意故云言常倚公爲重倚公爲重則
公去必困故解公毋困
我謂公毋去去㠯困我

我惟无斁亓康事公勿替型亖匚亓世亯 斁替匚三字皆絕句替天計反

【注】斁解也我惟无多解斁亓安事公勿替㠯公義型于四匚亓世〻亯公之惪 解今賁反斁渠脊反

【疏】說文攴部云斁解也且引詩服之无斁而申說之曰

斁猒也。然則訓斁爲解者，非謂解釋，乃解斁也。故云我惟无斁，解斁二古假字也。云其安事公勿替者，替謂廢滅，言常奉事公，勿廢滅也。云以公義型于四方，皆以公爲四方之義表型法也。周公拜手稽首曰：王命予來承保乃文祖受命民，越乃光烈考武王，御名朕龔。【注】鄭康成曰：文祖者，周曰明堂，以稱文王。烈，威也。聲謂宏，大也。言王命我來承安文王受命之民，于武王之道大我龔承之，貴錄王留己之意，則以許王留矣。【疏】鄭注見詩維天之命及雖正義。云文祖者周曰明堂者，尚書帝命驗云：帝者承天立五府，以尊天重象也。五府者，五帝之廟。蒼曰靈府，赤曰文祖，黃曰神斗，白曰顯紀，黑曰玄矩。注云：赤帝熛怒之府名曰文祖，火精光明，文章之祖，故謂之文祖，周曰明堂。鄭注堯典亦云：文祖者，五府之大名，猶周之明堂是也。云以稱文王者，下文乃單文祖德，直謂明堂爲文祖，此言乃文祖則是偁文王㠯文王于成王爲祖也釋訓云烈烈威也故云烈威也案雝詩云既右烈考亦謂武王與此經同鄭彼箋用釋詁誼訓烈爲光此訓爲威者㠯此經光烈聯文不得㠯烈爲光故訓各異誼亦得兩通也宏大釋詁文

孺子來相宅其大惇典殷獻民亂爲四方新辟作周龔先相息匠反辟必亦反【注】典殷之舊典也孺子來相宅于新邑其大厚取典于殷之賢民㠯治爲四方之新君作太周邦㠯龔敬爲先務【疏】云典殷之舊典也者殷獻民必習知殷之舊典言惇典殷獻民則典是殷之舊典矣作周殷詩文王敘言受命作周相召故云作太周邦案周之王業基于文王故言文王作周成王宅文之君亦得云作周者擇土中建王國治爲四方新君是亦作太周邦也

曰其自時中乂萬邦咸休惟王有成績【注】能㠯龔敬爲先乃由其自是

宅中出治，萬邦皆被休美，惟王其有成功矣。續，功也。疏 續功釋詁文。

予旦以多子越御事篤前人成烈，答其師，作周孚先。注 多子，眾卿大夫也。烈，業。師，眾。孚，信也。言我以眾卿大夫與治事之臣皆先王之成業，以答眾庶之望治，作太周邦，以孚信為先務。望治直吏反。疏 多之言眾，子者男子之美偁，故云多子眾卿大夫也。烈業、師眾、孚信，竝釋詁文。

考朕昭子刑，乃單文祖德。單，多安反。注 考，成。昭，明。單，盡也。鄭康成曰：成我所用明子之法度者，乃盡明堂之德。明堂者，祀五帝太皞之屬，謂用其法度也。周公制禮六典，就其法度而損益用之。疏 考成釋詁文。昭明鄭箋鹿鳴詩說。單盡鄭箋天保詩詮也鄭注見詩維天之命正義云乃盡明堂之德者鄭于上文注云文祖者周曰明堂以此文祖大爲明堂也云明堂者祀五帝太昊之屬者明堂月令春帝太昊夏帝炎帝中央土帝黃帝秋帝少昊冬帝顓頊是五帝也孝經云宗祀文王于明堂以配上帝禮記祭法云祖文王而宗武王鄭彼注云祭五帝于明堂曰祖宗是明堂爲祀五帝之所也云謂用其法度也者自古帝王皆爲明堂凡大典禮皆舉行于其中是明堂爲法度經言乃單文祖德謂用明堂之法度也云周公制禮六典者謂周禮也周禮太宰職掌建邦之六典一曰治典二曰教典三曰禮典四曰政典五曰刑典六曰事典故云制禮六典云就其法度而損益用之者周禮言祀朝覲建官縣象正歲秊頒告朔辨雲物掌成均之等皆明堂之法度也其闕節文不必盡依昔代容有所損所益故云損益用之者馬融論語注云所損益謂文質三統是也

抨來毖殷乃命寧

注鄭康成以寧爲寧王云周公謂文王爲寧王成王太謂武王爲寧王蔡謂此寧王當謂武王蓋營洛邑撫殷

民由武王之意故言使我來治洛者教殷民者乃受命于武王也【疏】鄭注見詩何彼襛矣正義云周公謂文王爲聖王者君奭及其文大誥所稱聖王雖兼言文武然大是周公之誥則云成王大謂武王爲聖王者于尚書無文而鄭言此者鄭以下文禋于文王武王欲言武王大得稱聖王以說此經之聖兼稱文武也聲不加之而以聖爲事謂武王者蓋文王未克殷不得以營洛邑遷殷民爲文王之意安得以從殷爲受命于文王乎故知命聖當謂受命于武王也知營洛邑遷殷民由武王之意者逸周書度邑解稱武王曰我南望過于三涂北望過于嶽丕顧瞻過于河宛瞻于伊洛無遠天室史記周本紀稱武王營周居于洛邑而後去是營洛邑實武王之意也桓二年左傳云武王克商遷九鼎于洛邑誼士猶或非之俗說以誼士爲伯夷叔齊案夷齊扣馬而諫杜武王觀兵之日豈忍而逌遷鼎時乎其非夷齊明矣誼士即頑民也周以其梗化謂之頑民其不忘故君固其誼也且周公亦稱之爲多士目之爲獻民則謂爲誼士實爲兄協然則武王之時固以爲頑民梗化之事周公之遷殷民自是武王之意則此慎教

洛誥

殷民乃是受命于武王者也

予以𩰪鬯二卣曰明禋拜手稽首休亯予不敢宿則禋于文王武王𩰪君呂反與秬同鬯敕尚反卣夷久反

注 𩰪黑黍也一稃二米鬯釀𩰪爲酒芬芳條鬯故曰鬯卣中尊也絜祀爲禋故云明禋言進獻也宿經宿也敬于祀不敢經宿敬也鄭兼成曰明禋者六典成祭于明堂告五帝太皞之屬也既告明堂則復禋于文武之廟告成洛邑稃方亞反釀奴尚反芬孚文反或作芬同絜巾屑反復服救反

疏 云𩰪黑黍也一稃二米者說文鬯部文鄭注周禮鬯人敘官云秬如黑黍一稃二米秬即𩰪同字也案爾疋釋艸及毛詩生民傳皆云秬黑黍秠一稃二米說與異者鄭志張逸問云鬯人注云秬如黑黍一稃二米案爾疋秠一稃二米未知二者同異鄭君答云秠即其皮稃亦皮爾疋重言

己曉乃変无異稱也據鄭此說則秬秠實是一物郎謂秬一稃二米可也云鬯釀鬱爲酒芬芳條鬯故白鬯皆鄭注鬯乃云鬯釀鬱爲酒芬芳條鬯亏上下也云卣中尊也皆釋器文鄭注鬯乃職大云卣中尊且云尊皆彝爲上罍爲下卣說卣爲中尊之意也說文示部云禋絜祀也故云絜祀爲禋故云明禋言己絜故僃明也說文亯部云亯獻也从高省曰象進孰物形故云亯進獻也鄭注見正義鄭知明禋是祭亏明堂告五帝太皞之屬皆周禮大宗伯己禋祀=昊天上帝則禋是祀天帝之名明堂五帝是天帝與昊天上帝爲六天故知明禋是祭五帝堯典禋亏六宗六宗太郎六天也荅然則禋亏文王武王文武太言禋何葢承明禋之文而順言之介且精意己言之謂禋容禋或太可通言也

惠竺敘无有遘自疾萬年猒亏乃息殷乃引考遘工豆反猒一炎反又一豔反俗作厭了叺字

注　惠順也講讀爲冓自用疾惡猒飫引長考成也順其竺敘政之道推己昊敘其臣民使无爲冓隙

用相疾惡者則臣民萬年飽飫女德殷民當大觀感而化乃居成其治矣冓工豆反惡烏路反飫於據反治直吏反

【疏】惠順釋言文云講讀爲冓者說文冓部說冓象對交之形則冓爲交冓王粲七哀詩云豺虎方講患是以講爲交冓則古字講與冓通此經講字誼當爲交冓故讀爲冓毛詩執競傳云自彼成康用彼成安之道也是自爲用也公羊僖十七年傳云君子之惡惡也疾始是疾爲惡也猒飫馬融注也見釋文引居考成茲釋詁文肯文周公言之敘乃正文又言彼裕我民其下皆成王之言迪王命予來以下乃優是公言繇乃言從殷言之敘夫從殷必光自從其臣民則此之敘是繇懌肯文之敘正文而言推及跡逮以畀敘其臣民乃所謂裕我民也故云順其之敘正文之道推以畀敘其臣民云云也上言從殷下言扝殷乃懌敘則此殷乃引考是謂殷民亦化而成治故云殷民當大觀感而化乃居成其治矣

王扝殷乃懌敘萬年其永觀朕子懷德敘字絕句

【注】王使殷民懌順其敘將自是萬

秊其居觀灋我周家子孫而懷其悳矣戊辰王在新邑烝釋文云王在新邑烝丮絕句鄭讀王在新邑烝茲从鄭

注戊辰十二月日也或以爲晦日則非也烝祭名烝記之者記始祀于新邑也

疏劉歆三統秝云十二月戊辰晦周公以反政故洛誥篇曰戊辰王在新邑云云案以戊辰爲十二月日是也何者晏子春秋云天子以下至士皆祭以首時首時謂孟月也十二月于周爲季冬于夏正爲孟冬是首時矣以戊辰烝則戊辰爲十二月日矣案春秋隱六年經書秋七月公羊傳云此無事何以書春秋雖無事首時過則書是首時謂周之孟月必知晏子春秋所云首時是夏之孟月非周之孟月者祀記雜記云七月而禘獻子爲之也鄭注云記此者先祀所甹也此之宗廟猶以夏時之孟月爾明堂位曰季夏六月以禘禮祀周公于大廟又春秋桓八年春正月己卯烝公羊傳云譏亟也何休注云亟數也屬十二月已烝今復烝也又桓五年左傳云始殺而嘗閉蟄而烝是夏正之七月十月于周爲九月十二月也然則四時之祭皆

㠯夏正𡳿孟月此十二月正當烝月故知戊辰是十二月曰也然則何見其非晦日乎據伏生大傳云周公攝政五年營成周七年致政然則召誥是攝政五年事洛誥乃七年時事劉歆以召誥與此篇爲一年內事而據其三月丙午朏以推此戊辰爲十二月晦不亦謬乎故曰非也以曆推之戊辰蓋十二月之十二日說詳召誥延周禮大宗伯云以烝冬亯先王故云冬祭曰烝冬祭曰烝釋天文也孫炎注云烝進也進品物也云記之者記始祀于新邑也皆烝是常祭不必特記此則以洛邑新成始于是行烝祀故記之也

祭歲文王騂牛一武王騂牛一王命作冊逸祝冊惟告周公其後騂息營反俗作騂僞辛非祝之又反

注 祭歲者歲朝＝亯也于是成王卽政以正月朔旦行朝亯之禮遍祭祖廟告嗣位焉詩敘曰成王卽政諸侯助祭是其事也繇乃以二特牛祭文王武王告太周公後光

言祭而後言歲者殊異祭文使不于特牛之祭且使歲文就下已見告對公後大歲朔事也鄭康成曰歲成王元年正月朔日也用二特牛祫祭文王武王于文王廟使史佚讀所冊祝之書告神已周公其宜為後謂封伯禽也聲謂騂赤色周尚赤故用騂牛獻命諸侯必特假于廟示不敢專也歲朔之侶反朔言直侶反祫夷夾反

疏正義謂鄭以烝祭上屬釋文則云鄭讀王在新邑烝皆循鄭讀而說不同釋文是也蓋烝下不必言祭春秋桓八年春正月己卯烝夏五月丁丑烝又桓五年左傳云閉蟄而烝禮記月令云大飲烝皆烝下不言祭則此當如釋文所循鄭讀烝字絕句則祭字自當下屬歲為句也據伏生大傳言周公攝七年致政詩敘則為成王即政諸侯助祭之文而即政則必已朔言之矣于歲皆衍之此經于烝下言祭歲自是歲皆朔言之祭故云祭歲者歲朔二言也于是成王即

政以正月朔旦行朝享之禮徧祭祖廟告嗣位焉且即引詩敘以證之也詩敘者周頌烈文敘也鄭箋從敘大以爲新王即政必以朝享之禮祭于祖考告嗣位也朝享者鄭注周禮司尊彝云朝享謂朝受政于廟是也云既了以二特牛祭文王武王告太周公後者言朝享既訖了復舉此特牛之祭明其所是一祭其先爲即政後則爲封公後也知然者據正義謂鄭意以朝享之後特以二牛告文武封周公之後也云先言祭而後言歲者殊異祭文使小于特牛之祭且使歲文就下以見告封公後大歲朝事也者然是歲首之祭應先言歲而後言祭但是日有兩祭蒸祭文在歲下則嫌此祭即謂文武鮮牛各一之祭故使歲在祭下小異祭文與鮮牛各一之祭爲二事也且以歲與鮮牛之祭聯文則祭文武告封公後得冢歲文以見大歲朝之事故先言祭而後言歲也鄭注見詩烈文正義云歲成王元年正月朔日也皆上文烝是冬祭于烝下言祭歲明是冬後改歲有事而祭此時周公既反政則成王即政及封公後二事皆不容緩必于歲首即行故知是元年正月朔日也云祫祭文王武王于文王廟者此祫祭非謂三年一祫之祫知者公羊文二年傳說祫祭之禮云毀廟之主陳于太

祖未毀廟之主皆升合食于太祖此則惟合祭文武異于祫傳所謂祫也止取證于祫之言合尒文武異廟而合祭自殺禋咸就饗故知于文王廟也云使史佚讀所冊祝之書者史官名佚者與周公太公召公俱爲成王四輔者也云告神以周公其宜爲後者已言祝冊故知是告神即謂告文王武王之神也云謂封伯禽也者伯禽周公子也公羊文十三年傳云封魯公以爲周公也周公拜乎前魯公拜乎後曰生以養周公死以爲周公主是周公其後謂封伯禽也云騂赤色者周禮牧人云凡陽祀用騂牲毛之鄭彼注云騂牲赤色云周尚赤故用騂牛者禮記檀弓云周人尚赤大事斂用日出戎事乘騵牲用騂云齊命諸侯必特假于廟者周禮大宗伯云王命諸侯則儐鄭注云王將出命假祖廟立扆前南鄉儐者進當命者延之命使登內史繇王右以冊命之降再拜稽首登受冊以出此其略也諸侯爵祿其臣則于祭焉是天子命諸侯不因正祭之使必特假于廟也但此封公後與即政同日即政故假廟矣而云特假于廟者蓋即政止用朔言之則茲用二特牛祭文武是專爲封公後而特設此祭則亦是特假廟也云示不敢專也者不敢專謂不敢專惠使恩賞皆自祖考出者

洛誥　尚書集注音疏卷七　三十七

禮記祭統云古者明君爵有德而祿有功必賜爵祿于太廟示不敢專也假文明君雖謂諸侯而天子冊命諸侯于廟亦此意也

王賓殺禋咸假王人太室祼祼古玩反

注 王賓諸侯助祭者易曰初用賓于王詩叙曰成王卽政諸侯助祭禋之言煙周人尚臭殺牲則取膋合蕭與黍稷燔之煙臭陽達故曰殺禋王賓于殺禋之時皆至于廟矣肅曰太室清廟中央之室廟謂祼用圭瓚酌鬱鬯以獻尸膟呂戌反與膟同膋洛蕭反陽鋪兖反瓚才旱反鬱紆勿反俗混作鬱非

疏 禮記郊特牲云諸侯爲賓灌用鬱鬯謂諸侯來朝王以賓禮之之獻以鬱鬯之酒是諸侯爲賓于天子之證又詩臣工篇禮助祭諸侯也鄭君箋其詩云諸侯來朝天子有不純臣之誼是天子于助祭諸侯以賓禮待之者故云王賓諸侯助祭者引易者觀四爻詞也案觀彖詞云觀盥而不薦謂觀王者禘于明堂之禮也六

四新五爻位五為天子四為諸侯其詞曰觀國之光利用賓于王是助祭諸侯之象故引以證此王賓為助祭諸侯也又引詩敘者以往周公後與成王即政同日事故又引烈文詩敘以見此時為助祭諸侯即經所謂王賓也云禋之言煙者周禮大宗伯云以禋祀祀昊天上帝鄭注云禋之言煙周人尚臭煙氣之臭聞者茲用其證也周人尚臭者禮郊特牲文案郊特牲云蕭合黍稷臭陽達于牆屋鄭注云蕭香蒿也染以脂合黍稷燒之郊特牲又云取膟膋燔燎鄭注云膟膋腸間脂也與蕭合燒之亦為黍稷也故云殺牲則取膟膋合蕭與黍稷燔之煙臭亦達故曰殺禋與膟同字也雝者曰郊特牲云既灌然後迎牲致陰氣也蕭合黍稷臭陽達于牆屋故既奠然後爇蕭合羶薌是爇在灌後毛詩文王傳云祼灌鬯也則灌即祼也經先言禋而後言祼者以禋為煙則爇在祼前與禮文不合答曰祼為二節郊特牲所言是灌地降神之祼即所謂灌用鬯臭鬱合鬯臭陰達于淵泉所謂先求諸陰也馬融注易觀卦所云盥灌地以降神是也此經之祼非是之謂乃祼尸介祀記祭統所云君執圭瓚祼尸是也昔以此祼為灌地降神則時未迎牲何殺之為經何以先言殺乃蒸此祭之始

當自爲灌地降神之祼文不具尒茲亏殺後言祼自是祼尸矣夫祼既在殺後何不可在燔後乎且燔必取膟膋則殺與燔相因之事經既殺禋聯文則解禋爲煙奚爲不可難者又以予言祼爲二節爲說乎荅以爲之尸者生乃爲之祝延之入廟而君不出迎豈爲灌地以求尸者而祭統明爲祼尸之文則灌地與祼尸固非一矣且祼尸者以㱃尸也主乃獻之尸受以祭諸地乃後啐之㱃之嘗主乃灌地之祼安得以㱃尸乎故以祼爲二節又祭統云祭之日一獻君降立亏阼階之南南鄉所命北面史繇君右執冊命之鄭注云一獻一酳尸也此經祼下卽言王命周公後作冊逸誥與祭統所言一獻之後冊命其臣節次正同益足證此祼之爲祼尸矣肅注見正義案太室者明堂之太廟太室在四正堂之中央者天子宗祀之所也肅言淸廟中央之室者蔡邕明堂月令論云取其宗祀之皃則曰淸廟取其堂則曰明堂異名而同事其實一也然則淸廟卽明堂太廟太室卽其中央之正室肅說不謬姑采用之繹文引馬融注以爲廟中之夾室夾室則非正室矣恐非是故不用也云祼用圭瓚酌鬱鬯以獻尸者祭統云君執圭瓚祼尸鄭注周禮司尊彝職云祼謂以圭瓚酌鬱鬯始獻尸也

王命周公後作冊佚誥【注】王命封伯禽爲周公後作爲冊書王依戶牖間周公以圖伯禽後之大以圖史佚讀王又執冊誥之皆降拜登受冊著烼傳曰封者公已爲周公也周公拜手稽首者公拜手稽首後曰已養周公命已爲周公主者頌云王曰未文建介元子俾侯于者大啟介宇爲周室輔蓋皆其誥詞也依因豈反鄉喜羨反養弋向反

【疏】云王依戶牖間皆周禮司几筵職云凡封國命諸侯王位設黼依依戶牖間故知此封伯禽時王依戶牖間也案禮記祭統說爵賞之禮云君降立于阼階之間間不同皆蓋彼是諸侯命其臣之禮與此異也云史佚讀王又執冊誥之者禮記少儀云詔辭自右言凡爲君出命必讀君又也故祭統諸侯命其臣史讀君又執冊命之覲禮天子使諸公賜侯氏車服太史述命大自諸公又也云皆降拜登受冊者凡臣于君賜无不

洛誥

降階而拜登堂而受周公雖以未有之奠且當踐阼而此時則遜就臣位自然亦降繼或以成王之辭降而即再拜稽首不可知而方其聽命始訖自必歸降故云皆降拜即傳言周公拜手稽首亦不必堂上稽首也蓋炑傳皆公羊文十三年傳文言對者公以為周公也又言即以為周公主則封伯禽即此經所謂命周公後故引以證何休注彼傳云加白者成王始授其茅土之詞然則生以養周公二語是成王誥伯禽之言也引此頌者閟宮篇文稱王曰則是追錄此始受封時成王之命詞故云蓋皆其誥詞也

在十有二月

惟周公誕保文武受命惟七年

注 言在十二月則周公居攝弟七年也文武受命所謂基命定命周公皆言予乃胤保謂攝政以保是命也史書公意故曰誕保文武受命鄭兼成曰文王受赤雀武王俯取白魚皆七年而崩周公以文武受命皆七年不敢過其

數頫方荅反俗作乃侯府非疏篇皆周公言朕復子明辟謂反政也又言王如弗敢及天基命定命予乃胤保追說初時居攝之意也此上文言祭歲則是成王歲始即政而祭也故此于篇終記公居攝之年數必言十有二月皆明終是歲乃帀七年故云言在十二月則周公居攝盡七年也經備周公居攝必言誕保文武受命故注詳申其意云文武受命所謂基命定命皆已基命爲文王所受命定命爲武王所受命說具詳前文注疏已周公言予乃胤保爲攝政已保天命大解于前文之注然則此言誕保即周公所言胤保史官本周公之意而書之故云史書公意故曰誕保文武受命鄭注見詩文王正義及禮中庸正義及周禮天官疏云文王受赤雀皆中候我應云季秋之月甲子赤雀銜丹書入豐止于昌戶再拜稽首受此鄭所據也云武王頫取白魚皆事出太誓篇云皆七年而崩皆伏生大傳云文王受命七年而崩謂受赤雀銜書之命也說皆已受赤雀之明年爲文王元年則文王受命七年不數受赤雀之年也武王取白魚是觀兵時事後二年伐紂後二年有疾疾瘳後二年而崩是通數取白魚之年及崩年爲七年也然則文王受赤雀之後至秋八年實爲帀七年武王

得自負時四月也然在十二月則大幾而七年矣故云留七年周公致政在反攝七年之後是不過文王受命已後之年數故云不敘過其數

多士第八十

周書第十　尚書十九

維三月周公初于新邑洛用告商王士

注　鄭康成曰成王元年三月周公自王城初往成周之邑用成王命告殷之眾士以撫安之

疏　注見正義云成王元年三月者此篇敘于洛誥之後則事在致政後可知初時營成周即為安集殷民之意迄是閱三年矣王既即政公得閒暇則懸諭殷民必不再緩故知經言三月是成王元年三月也云周公自王城初往成周之邑者先是致政在王城故知此自王城往也

王若曰爾殷遺多士弗弔

旻天大降喪于殷（旻武巾反　喪息浪反）【注】弔讀爲綈﹦至也至猶善也言不善乎旻天大降喪亡于殷馬融曰秋曰旻天秋气殺也方言降喪故偁旻天【疏】云弔讀爲綈綈至也至猶善也者證具大誥疏馬注見釋文云秋曰旻天者乃今文家歐陽說也案釋天云秋爲旻天李巡注云秋萬物成孰皆有文章故曰旻天郭璞注云旻猶愍也愍萬物凋落二說皆非馬誼馬云秋气殺也者明堂月令孟秋云天地始肅仲秋云殺气浸盛是秋气殺也云方言降喪故偁旻天者馬意以上文言三月是季春建寅之月而舉秋時之天號故彼之言以言降喪故以取殺誼尒偁旻天也案詩大小疋凡三言旻天疾威是偁旻天者亦以取威怒之誼于雨无正則云降喪饑饉召旻則云天篤降喪二詩偁旻天大皆言降喪故馬云然明偁天號各以情趣也故鄭君駁五經異誼云六蓺之中諸偁天者以情所求言之非必于其時偁之浩﹦昊天求天之博故蒼天蒼天求天之高明旻天不弔求天之生殺當得其宜上天同云求天之所爲當順其時也此之求

天猶乃之說事各經其主爾此說正與馬誼合我有周右命將天明威致王罰敕殷命終于帝注將猶奉也我周右助天命奉天之明威致王者之罰以敕正殷命以終于上帝之事疏云將猶奉也者義而聘而云使者不叚借束帛將命于朝鄭注云將猶奉也肆爾多士非我小國敢翼殷命翼隸外本作弋釋文云馬本作翼正義云鄭王本弋作翼茲故加翼注肆今也鄭康成曰翼猶驅也非我周敢驅取女殷之王命聲謂周起于百里故言小國疏肆今釋詁文鄭注見正義云翼猶驅也者毛詩騶虞云壹發五豝傳云虞人翼五豝以待公之發又吉日詩云悉率左右以燕天子傳云驅禽之左右以安待天子是翼驅同誼也云周起于百里者孟子公孫丑篇云然而文王由方百里起是也案殷勑大國方百里而云周起于百里故言小國者以百里之國

滅殷對殷而言則爲小國也○惟天不畀允罔怙亂弼我我其敢求位畀必至反怙乎古反書古文訓本作悳怙異文同字疑字當以說文爲正茲故从說文作怙注畀与也罔誣罔怙或作悳俗讀爲固或且改作固字非也甚昧傳曰無怙亂惟天不與信誣罔而怙亂者故輔佐我我其敢求天位乎悳乎古反疏說文丌部云畀相付與之約在閣上也故云畀與也釋詁云畀予也予與音誼同也論語雝也篇云罔之生也幸而免何晏注以爲誣罔故云罔誣罔云怙或作悳者薛季宣書古文訓作悳也案孔穎達正義本乃開元時所改今文本非僞孔原本薛書古文訓乃僞孔本也說見金縢疑據書古文訓即可知僞孔本亦作悳也而其傳乃云信無固治是讀悳爲固矣後乃無知謬誤切悳爲古固字善明皇帝欲變古切今直改作固字穎達本遂作固故云俗讀爲固或且改作固字非也蓋信無固治之云緣誤以悳爲固而語又是不詞故曰非也鄭忠恕汗簡心部[illegible]古字釋爲固

多士

云見尚書蓋忠恕惑亐僞孔傳信天固治之云故誤釋怘爲固據此大可證僞孔本此文作怘矣怘从古下心怙从心旁古同是从心古聲實一字也依說文當作怙引萅秌傳皆𠂇氏僖十五年及宣十二年傳舀有其文㠯證怙亂之誼㠯申其是也

惟帝不畀惟我下民秉爲惟天明畏

注 帝亦天也秉執也畏讀曰威惟天之不与敢亐何驗之驗之亐民而已惟我下民所秉執所作爲即天之明威也天道幽微恐不免諭多士故指民言之所謂善言天者必有徵亐人也

疏 上言惟天不畀允罔怙亂此言惟帝不畀故云帝亦天也秉執釋詁文云畏讀曰威者古畏威字同說詳商書微子疑云所謂善言天者必有徵亐人也者所謂漢武帝冊賢良制文也見漢書董仲舒傳

我聞曰上帝引佚有夏不適佚則

注 上帝天也引佚謂引逸讚

佚之賢言天欲乃君任賢也此周公錄所聞之語也有夏謂桀也不適言不進賢也大傳曰一不適謂之過再不適謂之敖三不適謂之誣佚則引佚之則也則讀如又命賜則之則謂規頌也敖吾勞反

【疏】王充論衡語增篇及自紀篇皆引此上帝引佚一語而說之云上帝謂舜禹也舜禹承安繼治任賢使能恭己无爲而天下治案經典凡言上帝皆謂天帝未有稱古昔帝王爲上帝者如般庚肆上帝將復我高祖之德君奭假于上帝在昔上帝割勸上帝監民上帝不蠲詩皇矣上帝上帝不寧上帝是祇周頌昊天上帝易系傳聖人亨以享上帝孝經以配上帝大傳柴于上帝皆指謂天帝其它不及縷總无非稱天者故此不用王充說而云上帝天也云引佚謂引進遺佚之賢言天欲乃君任賢也者下云命成湯革夏俊民甸四方是言湯能任賢爲天所命則此引佚是謂欲乃君引進遺佚任用賢人也云此周公錄所聞之語也者欲見周公所稱我聞之言也此上帝引佚一語也引大傳者

伏生尚書大傳云古者諸侯之于天子也三季一貢士大國舉三人次國舉二人小國舉一人一適謂之逌將悳再適謂之賢賢三適謂之有功有功者天子一賜以車服弓矢再賜以秬鬯三賜以虎賁百人號曰命諸侯有不貢士謂之不率正者天子絀之一不適謂之過再不適謂之敖三不適謂之誣誣者天子絀之一絀以少絀以爵再絀少以地三絀而爵地畢也是其文也以證此不適爲不肖賢也云則讀如五命賜則之則謂規頌也者五命賜則周禮大宗伯文彼鄭注云則地未成國之名賜之以方百里二百里之地者方三百里以上爲成國王莽時以二十五成爲則方五十里此解則字雖有多寡不同要皆爲畫定之頌數又說文刀部云則等畫物也謂等量而畫其物爲數分是亦以則爲畫定之規頌也若大傳所云三季一貢士大國三人次國二人小國一人是引伸之規頌矣

惟帝降假鄉于夏鄉昕兩反注假叚也鄉讀爲肸鄉之鄉帝叚降鄉于是言下災異以譴告桀也肸昕乙反鄉昕兩反下瑕稼反疏假叚釋詁文云鄉讀爲肸鄉之鄉者晉大夫羊舌肸字赤鄉今少傳

國語皆作亦向而經典向字又通作鄉則鄉向嚮三字皆通也司馬相如上林賦云肸嚮布寫說文十部云肸嚮布也又思蜀都賦云天帝運期而會昌景福肸嚮而興作劉淵林注云言天帝之運期會慶建福也然則肸嚮是天神來至降布盛福之意惠則天帝降之己福不惠則亦之己盛故讀嚮爲肸嚮言下與己譴告災也

夏弗克庸帝大淫泆有辭泆私列反正義本作洪釋文云馬本作屑注屑動作切切也言有辭言皐然可指說也言災不爲用天義大肆其淫動作切切皐然有辭說也疏云屑動作切切也者說文尸部文切切者煩瑣之意也說文辛部云辭辭訟也从𤔔辛𤔔猶理辜也鄭注周禮鄉士云辭之爲其辜法之讞辭如今劾矣然則辭爲辜狀之辭也又傳襄二十三年臧孫紇出奔邾其乃白其罪我于臧孫曰無辭謂己辜無可指斥之狀己爲罪也則此有辭是謂有辜狀可指說也

惟時天罔念聞厥惟廢元命降致罰注元始也惟是

天无所念聞廢其始時之命下致滅亡也劉【疏】元始釋詁文

乃命尒先祖成湯革夏俊民甸三匚

【注】革更也俊民才悳過乃皆甸治也天旣廢夏命乃命湯更代之用賢才以治四匚更果行反【疏】說文革部云革獸皮治去其毛革更之是革爲更也馬鄭王注劉繇慕皆云才悳過孑乃爲俊故云俊民才悳過乃皆甸治毛詩信南山及韓奕傳詁也

自成湯至于帝乙罔不明悳恤祀自卽自字

【注】自湯至帝乙无不明悳以撫恤祭祀言殷先王皆賢

亦惟天丕建保辥又殷=王亦罔敢失帝罔不配天其澤

【注】亦惟天大建立安殷帀家治之殷先王亦无敢失天意言皆畏天命也故无

不配天亯其福澤詩曰殷之未喪師克配上帝喪色浪反【疏】云亯其福澤皆已言配天是謂保乂天休則其澤當謂延能居久亯其福澤與下文降若茲大喪反對僞孔氏謂帝其德澤非也引詩者文王篇文彼毛傳云帝乙上也鄭箋云殷自紂父之前未喪天下之時皆能配天而行故不怠也是與此經誼合故引已證在今後嗣王誕罔顯亏天矧曰其又聽念亏先王勤家【注】後嗣王紂大无明亏天猶況曰其又能聽念亏先王之勤勞國家乎誕淫氒佚罔顧亏天顯民祗佚正義本作泆茲从史記【注】馬融曰紂大淫樂其佚无所能顧念亏天顯猶亏民而敬之也樂勒各反【疏】注見史記魯世家注惟時上帝不保降若茲大喪喪色浪反下同【注】惟是天不保右紂

降如此大喪亡之罰惟天不畀不明厥德凡

四方小大邦喪罔非有辭于罰【注】大喪之所以降惟天不與不明其德者故也凡四方小大國之喪亡無非有辭于罰者言皆有可數之辠致罰之事明天不枉罰無辜數色主反【疏】言惟天不畀不明厥德是申說上文降喪茲大喪之事故云大喪之所以降惟天不與不明其德者故也云匪獨殷也者以言凡四方小大邦喪是推廣言滅亡之國皆然不獨殷矣逸周書世俘解云武王遂征四方凡憝國九十有九國是當時滅亡者正多也有辭于罰與上大淫泆有辭之說同又謂有辠狀可指斥故云言皆有可數之辠致罰之事

王若曰爾殷多士今惟我周王丕靈承帝事有命曰割殷告敕于帝【注】靈善割害敕也

言武王大善舉奉天事天亓命白剝殷國則往伐㞢

敕正殷命告事亐帝謂坶野祡亐上帝疏靈善詩定㞢方中鄭箋詮也劉剝說文刀部文告敕亐帝即篇首敕殷命終亐帝㞢謂故云敕正殷命告事亐帝告事即告敕正殷命㞢事也云謂坶野祡亐上帝者礼記大傳云坶㞢野武王㞢大事也既事而退祡亐上帝是武王既克殷而告祭亐天㞢事則此經言告敕亐帝正謂其事矣

惟我事不貳適惟爾王家我適適亭秝反注適讀當皆爲敵也惟我事順天天下不貳心而爲敵皆惟爾王家伐難毀我爲敵謂武庚叛也難奴旦反疏礼記雜記云大夫訃亐同國適者白某不祿訃亐它國適者白吾子㞢外厶寡大夫某不祿鄭注云適讀爲匹敵㞢敵謂爵同者也又論語里仁篇无適也釋文云適鄭本作敵是古者適敵同字通用故輒㠯適爲敵荀子君子篇云四海㞢內无客礼告无適也楊倞注云適讀爲敵又淮南齊俗

訓云夫一者至賢无適于天下又文子云一也者无適之道也是以己適爲敵也此經兩適字俗解作之適之說于語意昧覺不詞若作敵解則不貳適謂无貳无敵爾王家我適正指差華之叛參觀上下文此解爲允協故云適讀當以爲敵也

予其曰惟爾洪無度我不爾動自乃邑【注】洪大也我其曰惟爾差華大无灋度我本不女動也難發自女邑自取滅亡爾難奴旦反【疏】洪大釋詁文

予亦念天即于殷大戾肆不正【注】肆故也正殺之也周禮曰賊殺其親則正之我亦念差華之叛是天就于殷而大拂戾之非爾多士之辠故不正爾多士釋所以不誅而遷之之意【疏】肆故釋詁文云正殺也者王霸記文其書亡矣此文引見鄭君周禮大司寇注故得采之引周禮者卽大司寇文彼鄭注云正之者執而治其辠

是與此經正字同證故引以證

王曰猶告尒多士予惟旹其遷居西尒非我一人奉德不康寧旹維天命

注：西止息也奉猶秉也康靜寧安也我維是之故遷所居以西息女非我一人所秉之德性不靜安也是維天命使然尒

疏：云西止息也者說文云西鳥在巢上也象形日在西而鳥棲故因以為東西之西俗作棲从木妻聲則西本為止息之誼叚借以為東西字尒必知此經西字不作東西誼者殷民本在紂城朝歌之地今遷之于成周是從東北遷于西南非正向西以西為西方不若以為西息于誼尤允協也云奉猶秉也者秉訓執持奉之誼奉持也二字誼相近多方云非我有周秉德不康寧與此非我一人奉德不康寧語大相似而秉德之言易曉故以秉況奉也康靜寧安竝釋詁文據釋詁康又訓安此不用安訓者以康寧聯文若皆訓為安則誼重絫故康以靜訓

无違朕不敢有

後無我怨【注】違，去也。女女無違去此遷所，我不敢爲後命誅責于女，女無㠯遷故而怨我。言此者欲毀之，要紿使相容也。故書後下一字摩滅，疑當爲命，不可攷矣。今文无爲，元脫違字。要宮行反【疏】違去，毛詩殷其靁傳證也。云故書後下一字摩滅疑當爲命不可攷矣，皆唐石經初刻後字下爲一字，汗漫或不可識，仍據文誼當爲命。何㠯言之？篇末云時予乃或言，謂今時乃爲言也，則後不復爲言矣。此文駭不敢爲後語，似未足，當云駭不敢爲後命，乃與篇末之文相應，故知後字下當爲命也。但僞孔古文及開元本皆无此字，漢石經又缺後字㠯下，故不可攷矣。不可攷，故不敢質言而云疑也。云今文无爲元脫違字者，據蔡邕石經殘碑爲此維天命元駭不敢爲八字。

惟尒知惟殷先人有冊有典，殷革夏命。今尒又曰夏迪簡在王庭，有服在百僚。

注 迪簡擇也惟女所素知者惟殷先人有典冊記識殷革夏命之事今女又據之而言曰殷先王之世夏王之後簡擇在王庭其眾士有及治職事在百僚者以此責譯我周蓋殷民已周滅並革而又遷已不無怨言故公錄之 識，中吏反。譯，亞故反。

疏 迪簡釋詁文簡擇鄭箋簡兮詩證也云今女又據之而言曰者舉有冊有典殷革夏命之下而云今亦又曰是錄殷民之據是典冊而為言也云夏王之後簡擇在王庭其眾士有及治職事在百僚者〻蓋周滅並革遷殷民二事皆殷民所不順其循夏殷故事必以對言已相形則迪簡在王庭謂對夏王之後對滅並革言有及在百僚謂錄用夏臣對見遷言也吏記夏本紀云湯封夏之後是簡在王庭為對夏後之明證也云以此責譯我周者譯者怨責也吏記張耳陳餘列傳陳餘曰不意君之譯臣深也殷民循夏殷故事是怨責周之不知殷也

予一人惟聽用德肆

多士

予敢求爾于天邑商【注】我惟遷殷先王聽用惪故我敢求爾王之後于天邑商而封之謂封微子爲殷後也鄭康成曰言天邑商者亦本天之所建【疏】云謂封微子爲殷後也者微子之命敘云成王既黜殷命殺武庚命微子啓代殷後是既滅武庚而後封微子也上言夏迪簡在王庭是殷民已周滅武庚而出怨言此予敢求爾于天邑商是公自解說于殷民言不絕商後自是謂封微子矣鄭注見正義云言天邑商者亦本天之所建者言凡受命而王皆天之所建商亦然故云亦本天之所建詩云天命玄鳥降而生商又云帝立子生商此篇上文亦云亦惟天丕建保乂有殷是商亦本天之所建

予惟率肆矜爾非予辠旹維天命【注】我之遷太殷後惟率循故事矜憐爾商家故則武庚之滅非我之辠是維天命矣今文肆爲夷矜爲憐【疏】云則

夏革之滅非我之辠是維天命矣皆言率肆於爾昰是欲絕殷後皆是欲說夏革之滅非己本意故知經言非予辠時維天命是就誅夏革言也云今文肆爲夷於爲憐皆王充論衡雷虛篇引云予惟率夷憐爾案夷之言常憐與於同謂率夷憐爾謂率循常典於憐爾商于誼大編但此舉憂紬篇杜王庭而言率肆於爾肆之言故謂率循殷舉舊故事於憐爾商此誼兄屋故不如今文

王曰告爾多士昔朕來自奄予大降爾四國民命我乃明致天罰僞孔本无告爾二字茲加蔡邕石經本奄本檢反僞孔本作奄說文邑部云奄周公所誅奄國然則此當作奄

注 來自奄謂踐奄歸也事在周公攝政三年四國管蔡商奄答我來自奄之時我大下教命于四國民我乃明致天罰于四國之君下瑕嫁反

疏 此篇是成王元年時事言昔朕來自奄則來自奄時在前矣成王政敘云成王東伐淮夷遂踐奄多方敘云成王歸自奄鄭注

成王政敘云此伐淮夷與踐奄是攝政三年伐管蔡時事故云來自奄謂踐奄歸也事在周公攝政三年云四國管蔡商奄皆詩破斧云周公東征四國是皇言周公東征則四國卽此經所云四國矣彼毛傳云四國管蔡商奄也故此亦以四國爲管蔡商奄云我大下教命于女四國民皆多方篇王來自奄至于宗周〻公以王命告四國多方曰我惟大降爾命又云我惟大降爾四國民命此言谷然來自奄則所云大降爾四國民命卽多方所云是也多方又云乃亦不用我降爾命我乃其大罰殛之則所云大降爾四國民命非謂教民生命乃是下曉告民之教命也

迻爾瑕逷比事臣我宗多遜

迻弋支反開元皇帝改作移非其誼矣瑕从王不从辵瑕遠與瑕疵誼雖異而字則同毛詩泉水傳訓瑕爲遠是其證也比負至反注同愻色困反僞孔本作孫其傳訓爲順案依順誼則字當作愻孫則通省字也開元本改作遜則字別矣

【注】迻遷徙也瑕逷遠也多適愻順也徙女于洛邑遠女故土之惡俗以近臣事我宗周庶幾適于愻順

緇衣曰龔以𨽻之則民有愻（訢其靳反　𨽻力至反）【疏】（迻遷徙也說　文辵部文瑕）遷讁也釋詁文多適皆褱二十九秊左傳云多見疏也叚孔穎達正義謂服虔本多作祗解云適也然則多毀祗誦多大可訓適也愻順說文心部文說文且引唐書曰五品不愻以證愻之誼爲順也然則凡經傳中孫字誼爲順皆當作愻如禮記內則云孫友視志學記云不陵卪而施之謂孫論語述而云奢則不孫僖十五秊左傳卜又慶鄭吉公曰不孫此諸文孫字皆當作愻今經傳中皆不作愻學者不復知有愻字故因此經而枝舉數條以示後學餘不備悉數也緇衣者書篇名在禮記彼鄭注亦云愻順也彼文言民之有愻由于龔以𨽻之故引以證此所新我周庾可適于愻順今本禮記作則民有孫心由不識愻字而傳寫誤也賴宋本作則民有愻可據以爲正

王曰告爾殷多士今予惟不爾殺予惟時命有申【注】申重也今我惟不忍爾殺恐爾陷于辠戾惟是故有重申之命肯歸自奄大

降民命故此爲集命也集直容反疏申集釋詁文

今朕作大邑亏茲洛予惟三方罔卣賓亦維尒多士卣服奔走臣我多遜尒乃尚有尒土尒乃尚寍榦止賓必刃反榦果案反从木倝聲注馬融曰賓卻也聲讀如易說則賓讀當爲擯也今我作大邑亏此土中洛汭之墬㠯待四方我亏四方无所擯卻豈獨擯外尒多士乎亦維尒多士所服徑奔走臣事我皆適亏遜順則我將安定之尒乃庶幾有尒土尒乃庶幾安其之榦事止尻矣卻豈約反幾吉衣反疏馬注見釋文戰國策蘇秦說趙王曰六國從親㠯擯秦秦必不敢出兵亏函谷關㠯害山東矣則擯謂拒卻之也史記蘇秦列傳則云六國從親㠯賓秦

則古字實毀擯彌也篆訓實爲卻則是擯卻之證矣故云弗篆證則實讀當爲擯也云今我作大邑于茲上中洛汭之地已得四方皆鄭注兼諸云岐鎬之域處五嶽之外周公爲其于政不均故東行于洛邑合諸侯謀作天子之居又鄭志荅趙商問云東都貢賦所均是則作邑于洛取其土中于四方來皆道里均故〻云已得四方也

爾克敬天惟畀矜爾〻不克敬爾不啻不有爾土予亦致天之罰于爾躬

音式豉反釋文云徐本作翅案啻字爲正翅則通用字也

注　啻但也爾克敬則天与爾憐爾〻不克敬則不但不克安爾土我亦將致天罰于爾身徽懼之

疏　啻但也皆下无佚篇云不啻不敢含怒鄭注云不但不敢含怒是啻爲但也

今爾惟時宅爾邑繼爾居爾厥有幹有年于茲洛爾小乃興從爾遷

注　興，盛也。今爾惟是宅爾于爾邑，繼爾所居之業，爾其為家事，為居久年于此洛邑，則可以居子孫于此。爾小子乃興盛矣，是從爾遷基之也。言此者，又數厲之。居子孫中支反數而攴與數與

疏　興，盛，鄭箋天保詩誼也。云「繼爾所居之業」者，謂所執以課生之常業，若班固幽通賦所云家學百年之業，士食舊德之名氏，農服先疇之畎畝，賈循族世之所償，工用高曾之規互也。宅爾邑，繼謂宅其居處，則繼爾居不得復謂居處，故以為所居之業。易文言傳云「修詞立其誠，所以居業也」，是業可言居也。悉蟀詩云「職思其居」，大謂所為之事為居也。云「爾其為家事，為居久年于此洛邑」者，王肅注也，見正義。不備肅曰者，欲使注文上下融毌，不復識小也。云「則可以居子孫于此」者，謂爾其居樂其業久，則將蕃育子孫于此洛邑，猶史記平準書所云為吏者長子孫也。

王曰：「又曰時予乃或言爾攸居。」

注　王曰下蓋有脫文，或之言有也。今時

我乃命言告女々其家所以表明肯文无違駿不變命後之意語矣个寧之也【疏】云王曰下蓋命脫文皆已王曰又曰之文不相聯屬又以篇文體與多匚篇相佀據多匚篇末云王曰我不惟多誥我惟祗告介命乃叀云又曰此篇王曰下當大罰命一二語而後稱又曰今此則否故已爲命脫文但疑事无質故云蓋也或之言命也皆鄭君論語注證也肯文言无違駿不變命後此云時予乃或言是說不復命後言云介迪以則是欲其无違者此肯後語意相應合故已爲明肯文之意語矣个寧之也

召誥至多士標題凡四十一名

召誥經文七百三十一名彙文一凡七百三十二

言注千九百七十三字釋音辯字三百三十九言

疏五千八百八十九字

洛誥經文七百六十四名彙文四凡七百六十八

言注二千八百一十八字釋音辯字八百六十四

言疏萬一千四百一十三字

多士經文五百六十九名彙文三凡五百七十二

言注千四百六十七字釋音辯字三百七十三言

疏四千五百六十七字

尚書集注音疏卷七終

无佚弟八十弌

周書弍十弌　尚書弍十

尚書今注音疏卷八　江聲學

周公曰烏虖君子所其无佚 注 鄭康成曰烏虖者將戒成王欲以深感動之君子止謂在官長者所猶處也君子處位爲政其无自佚豫也聲謂今文无爲毋佚爲逸長中兩反 疏 鄭注見正義云君子止謂在官長者〻鄭以此雖是戒成王此君子則是泛說不謂人君知者易乾鑿度云孔子曰易有君人五號帝者天稱也王者美行也天子者爵號也大君者與上行異也大人者聖明德備也五經異義載易孟京說亦云謹案易卦觀五爲君子而君人五號无君子之目以是知君子非人君之偁故云止謂在官長者所猶處也者詩九罭云公歸无所亏女信處鄭箋彼云

公亟婦而无所尻則可就女誠処是東鄙也是所以尻
処之謎也云今文无爲毋佚爲逸者大傳作毋逸王充
論衡儒增篇亦引作毋逸无毋佚逸古今字也
蔡邕石經佚字亦乃又加力俗字也茲不取先知

稼嗇之囏難乃佚則知小人之依囏籀文艱

注稼嗇民之勞事也先知其囏難乃後佚豫則知稼嗇
爲小民之所依賴雜記曰張而不弛文武弗能弛而不
張文武弗爲一張一弛文武之道先知稼嗇之囏難乃
佚一張一弛之道也嗇或爲穡疏引雜記皆禮記書篇也彼文云子贛觀于
蜡孔子曰賜也樂乎對曰一國之人皆若狂賜未知其
樂也子曰百日之蜡一日之澤非介所知也張而不弛
文武弗能也弛而不張文武弗爲也一張一弛文武之
道也鄭注云蜡之祭主先嗇也大飲烝勞農以休息之
言民皆勤稼嗇有百日之勞諭久也今一日使之飲酒
燕樂是君之恩澤非女所知言其諠大張弛以弓弩諭

乃也是則張謂勤勞弛謂佚豫故云先知稼穡之艱難乃佚一張一弛之謂也論衡儒增篇引此經而解之云乃之筋骨非木非石不勉不解故張而不弛文武不爲弛而不張文武不行一弛一張文王以爲常太說此經爲一張一弛之證云嗇或爲穡者茲以蔡邕石經作嗇僞孔本則作穡也

相小人厥父母勤勞稼穡厥子乃不知稼穡之艱難乃佚乃憲既誕不則侮厥父母曰昔之人无聞知相息匠反憲喜律反僞孔本憲作諺不作否茲以蔡邕石經本

注 相視也憲猶欣也喜樂之意則懽也視假小人其父母勤勞稼穡以撫其業其子安言其成不知其艱難乃佚豫乃喜樂縱乃誕安不遷僈其父母曰昔乃无所聞知不知佚樂憲或爲諺誕或爲延樂勒各反撫初慈反

疏 相視釋詁

文云憲猶欣也喜樂之意者毛詩板傳云憲憲猶欣欣也說文欠部云欣笑喜也常乃安佚則湛樂是圖此憲承乃佚之下則當爲欣樂之誼矣則法亦釋詁文云憲或爲諺者僞孔本也云誕或爲延者蔡邕石經本也

周公曰烏虖我聞曰昔在殷王中宗

注 鄭康成曰中宗謂太戊也 疏 注見詩商頌譜正義云中宗謂太戊也者據史記殷本紀文而知也

儼龔寅畏天命自度

儼僞孔本作嚴釋文云馬作儼茲則馬儼宜檢反度代洛反

注 儼矜莊皃寅當爲夤夤敬也儼龔杜皃夤畏杜心衷裏純一也度圖度也圖度天命敬畏之實也儼或爲嚴度或爲諒 疏 云儼矜莊皃者毛詩澤陂傳誼也云寅當爲夤夤敬也者說文夕部云夤敬惕也从夕寅聲易曰夕惕若夤是夤爲敬也此文寅畏據史記世家作敬畏則寅誼爲敬故字當爲夤夤也正義引鄭注云慈杜皃敬杜心茲用鄭誼而增成之故云儼龔杜皃夤畏杜心外皃

中心皆敬故云表裏純一也釋詁圖度同訓故解度為圖度圖度天命則是敬畏天命惟恐失隊也意故云敬畏也實也云儼或為嚴皆史記魯世家及徐幹中論夭壽篇所引皆作嚴儼殆本亦作嚴也云度或為諒皆蔡邕石經也

治民祗思不敢荒寍 思古文懼 注 祗思猶寅畏治或為以祗或為震馬融曰寍安也知民之勞苦不敢荒廢自安 疏 祗之言敬與寅同詁思與畏亦同詁故云祗思猶寅畏因上文言寅畏故以況云乂云治或為以皆蔡邕石經也以訓用言用民常敬懼未得簡一諺乙祗或為震皆史記魯世家文也馬注見魯世家注寍安釋詁文

肆中宗之亯國七十有五年 注 肆故也今文亯皆為饗 疏 肆故釋詁文云今文亯皆為饗皆蔡邕石經也言皆皆下文高宗亯國祖甲亯國皆作饗國

其在高宗旹舊勞于外爰暨小人 注 鄭康成曰高宗謂武丁也舊猶久也

爰，于；臮，與也。武丁爲太子時，殷道衰，爲其父小乙將師役于外，與小人之，故言知其艱勞也。聲謂時是也。時或爲寔，寔〻亦是也。爲其于僞反，將即匠反，與爰茹反。

疏 鄭注見詩商頌譜正義云：高宗謂武丁也者，禮記喪服四制云：高宗者武丁，武丁者殷之賢王也。是也。云舊猶久也者，說文云：龜，舊也。白虎通蓍龜篇云：龜之爲言久也。是舊與久誼相近。此文據史世家作久勞于外，故訓舊爲久也。爰于臮與竝釋詁文，但臮字俗通作暨，今爾疋从俗作暨，依字當作臮也。云武丁爲太子時，殷道衰，爲其父小乙將師役于外者，下云作其即位，則此舊勞于外是未即位爲太子時也。史世家注引馬融注云：武丁爲太子時，其父小乙使行役，有所勞役于外，與小人從事，知小人艱難勞苦也。是馬亦謂武丁爲太子時勞役于外，但未言將師役，茲鄭云將師役，則是征伐之事也。案易既濟九三：高宗伐鬼方，三年克之。虞翻注云：高宗，殷王武丁。干寶注云：鬼方，北方國也。詩商頌云：撻彼殷武，奮伐荊楚，罙入其阻。毛傳云：殷武，殷王武丁也。鄭箋云：殷道衰而楚人叛，高宗撻然奮揚威武出兵伐之冒入其險阻是皆高宗將師役之明文但易詩所言未見是爲太子時事然即位之後豈容久曠天位而征伐或亦當爲太子時奉父命出兵之事故鄭君爲是說與時是釋詁文聲必爲是訓皆欲見時字不作時曰說也知皆據中論夭壽篇引此作寔舊勞于外釋詁寔本訓是又公羊桓六年傳云寔來皆何猶曰是人來也又秦誓云是能容之禮記太學引作寔能容之則寔與是且同字據中論作寔則此作時皆當訓爲是而屬下讀故云時或爲寔也寔寔亦是也已證明時是之說

作其即位乃或諒闇三年不言諒力羊反闇烏含反

注鄭兼成曰作起也諒闇轉作梁闇楣謂之梁闇廬也小乙崩武丁立憂喪三年之禮居倚廬柱楣不言政事楣民悲反廬力居反柱知庾反又知縷反

疏注見詩商頌譜正義作起說文人部文禮記喪服四制引書曰高宗諒闇三年不言鄭彼注云諒古作梁故于此云諒闇轉作梁闇也云楣謂之梁皆釋宮文也云闇廬也皆伏生大傳引傳說曰高宗居凶廬三年不

言此之謂梁闇是闇謂廬也云小乙崩武丁太子當史記殷本紀云帝小乙崩子帝武丁立喪服四制稱武丁繼世即位而慈良于喪是也云居倚廬柱楣者義而喪服傳云居倚廬寢苫枕凷又云既虞翦屏柱楣然則居倚廬是始遭喪時柱楣是既葬之後也居倚廬者鄭注既夕記云倚木為廬在中門外東方北戶柱楣者鄭注喪服傳云楣謂之梁柱楣所謂梁闇賈公彥疏云既虞之後乃改舊廬西向開戶翦去戶傍兩廂屏之餘草柱楣者前梁謂之楣楣下兩頭豎柱施梁乃夾戶傍之屏也然則柱楣即于倚廬之處所故鄭併言居倚廬柱楣也

其惟不言言乃雍 注 雍和也鄭康成曰其不言之時時為所言則羣臣皆龢諧 疏 雝龢毛詩何彼襛矣傳諧也鄭注見正義

不敢荒寧嘉靖殷邦 注 嘉善也靖謀也安也時殷道衰武丁修政行德天下咸驩殷道復興是善謀安殷國復亞又反 疏 嘉善釋詁文昊天有成命之詩云肆其靖之毛傳依國語未嚮之解訓靖

爲咊鄭箋助云故于其功終爲咊安之是靖爲咊兼各安誼故云靖咊也安也云旹殷道衰武丁修政行悳天下咸驩殷道復興皆皆據史記殷本紀文

至于小大亡旹或怨 注 鄭兼咸曰小大謂萬民上及羣臣也言乃臣小大皆无怨王 上旹掌反 疏 注見正義

肆高宗之亯國五十有九季 注 五十有九季或爲五十五季今文爲百季 疏 云或爲五十五季皆魯世家文也今文爲百季皆蔡邕石經也

其在祖甲不誼惟王舊爲小人 注 馬融曰祖甲武丁子帝甲也祖甲有兄祖庚而祖甲賢武丁欲立之祖甲以王廢長立少爲不誼逃亾民閒故曰不誼惟王久爲小人 長中兩反 少式照反 疏 注見魯世家注正義引鄭注與此注略同案史記殷本紀云帝武丁崩子帝祖庚立帝祖庚崩弟

无佚

弟祖甲立是為帝甲故馬云祖甲武丁子帝甲也祖甲有兄祖庚又案殷本紀云帝甲淫亂殷復衰國語周語亦云帝甲亂之七世而隕然則祖甲非令主不似此周公所偁也是王肅特撰異說以祖甲為湯孫太甲云先中宗後祖甲先盛悳後有過也又誥為偽孔傳云此以悳優劣立年多少為先後故祖甲在下魯世家索隱據紀年太甲唯得十二年與此云祖甲享國三十三年不合以為王肅之謬顧紀年偽書未足據也聲案文二年左傳云子雖齊聖不先父食久矣且引詩皇皇后帝皇祖后稷及問我諸姑遂及伯姊皆偁君子曰禮以其先帝後稷先姑後姊言之為敍故曰禮也若遷太甲在高宗之下則周公之言為无倫次必不然也且下文云自殷王中宗及高宗及祖甲言自言及則是專前迄後順推之詞足明祖甲在高宗後矣攷殷之世系高宗之後名甲者惟一帝甲則祖甲自是帝甲馬鄭之言信不誣矣雖國語史記之文為不合者闕疑可也若據之以駁馬鄭則是駁尚書駁周公矣可乎哉

作其即位【注】武丁崩祖庚立祖庚崩祖甲立【疏】此注據殷本紀文也魯世家注引馬融注云武丁歿祖庚立祖庚歿祖甲

太案天子而言則非名也故不用其注而依殷本紀爲注

爰知小人之依能保惠庶民不侮鰥寡中論夭壽篇所引如此僞孔本惠下多于字不下多于字據史世家作能保施小民不侮鰥寡則古文本无于字僞孔氏所妄增也當以中論所引爲正矜古頑反【注】爰于惠㤅也于外知小人之依故能保惠庶民不侮鰥寡㤅安代反俗輒作愛音同訓異【疏】爰于惠㤅並釋詁文云于外知小人之依者用史世家文也于外謂其未即位之時猶高宗之舊勞于外也

肆祖甲之享國卅有三年卅先合反合三十兩字爲一也正義本作三十唐石經作卅案卅是變文依正文當作卅【注】卅三十并也古文省省所景反【疏】云卅三十并也古文省者說文卅部文謂并合兩字爲一字是古文省字之法也

自時厥後立王生〻則〻佚〻不知稼穡之艱難不聞小人之勞

无佚

惟湛樂是從湛多含反正義本作眈衛包所改也論衡語增篇引作湛書古文訓亦作湛故知湛爲孔本是作之漢書鄭崇傳及論衡中論皆引作是當如是〔注〕重言生則佚者欲見非一王毀歸衍文毀湛者樂之久也重直容反見夷甸反毀云虛反樂扐各反〔疏〕云重言生則佚者欲見非一王毀歸衍文毀者經言自時厥後太王是林舉三宗己後出王則重言生則佚或是包括而王言皆如此故云欲見非一王但徐幹中論夭壽篇引此不重言生則佚僞孔本雖重其文而其傳亦不見重言之證且發此文則一言生則佚而證已足似不必多重文故疑重言者衍辭此世家載此篇而不及此文蔡邕石經又闕此无可毀中論參證者故不能直言其衍然先解其重言之意乃復轉一解己爲衍文而皆云毀己疑之也云湛者樂之久者毛詩鹿鳴傳證也

自時厥後亦罔或克壽或十年或七八年或五六年或四三年漢書鄭崇傳及論衡語增篇所引皆作時亦罔克壽疑此是

僞孔氏妄所增也[illegible]中論夭壽篇所引與此同結作之【注】言佚欲之生害也三三
或爲三四【疏】云言佚欲之生害也皆漢書杜欽傳欽說大將軍王鳳引此或四三年身而說之
言先欲之生害也師古曰先讀曰佚茲用其說云三三或爲三四者中論引作或三四年也依七八年五六年
之文則云三四年當是說不敢據以改經文結識之于注尒　周公曰烏虖
亦惟我周太王王季克自抑畏【注】緟偁商
王已爲淩夷更錄祖悳已示之範三王身以自謙抑敬畏
則無佚可知【疏】云緟偁商王已爲淩夷者上偁三宗是舉已爲成王法言乎後太王則已爲成
王戒也　文王卑服即康功田功即康上屬爲句【注】服事
康安也文王即安于卑下之事就功于田功孟子曰文
王治岐耕者九一又曰西伯養老制其田里是也【疏】服事
無佚

康安竝釋詁文云文王卽安亐卑下之事就功亐田功者田功是卑下之事也兩引孟子者梁惠王及盡心二篇文㠯證文王之勤亐田功也釋文云卑馬本作俾使也案使服之說不可解且馬說不得詳聞未肆其恉姑置不用

徽柔懿龏褱保小人惠亐矜寡僞孔本人作民亐作鱻漢書谷永傳永引作褱保小人惠亐鰥寡蔡邕石經亦然當从之矜古頑反

注　徽咊懿美也文王爲咊柔美懿之悳㠯褱安小人加惠亐鰥寡鰥寡天民之窮而无告者文王施仁所先故又特言之

疏　堯典云昚徽五典史記作昚咊五典故云徽咊文選文賦注引許尗重淮南注曰鼓琴循弦謂之徽是徽爲咊詁也懿美釋詁文云鰥寡天民之窮而无告者〻禮記王制云少而无父者謂之孤老而无子者謂之獨老而无妻者謂之矜老而无夫者謂之寡此四者天民之窮而无告者也云文王施仁所先者孟子梁惠王篇言鰥寡孤獨四者天下之窮民而无告者文王發政施仁必先斯四者云故又特言之者㠯言小人則鰥

寡夫論之矣經又特言於寡故淩之言以文王敏仁所先故

自朝至于日中昃不皇暇食用咸龢萬民 昃阻力反

注 昃日扗日仄時側也易曰日中則昃皇兄暇也咸徧也

疏 云昃日扗日仄時側也皆說文日部文引易者豐彖傳文以言日終中而後昃也荀爽注周易離九三云初爲日出二爲日中三爲日昃是日過中爲昃也釋言云皇暇也此經皇暇聯文故云皇兄暇也國語楚語云小賜不咸左傳則云小惠未徧故云咸徧也

文王不敢般于遊田以庶邦維政之龔 般步干反

注 般樂也以庶邦三字衍也文王不敢般樂于佚游田獵維敬龔于政事 樂扐各反

疏 般樂釋詁文云以庶邦三字衍也皆國語楚語左史倚相引周書曰文王至于日中昃不皇暇食惠于小民唯政之龔故知此文也據此則謂文王敬龔于政事不得以庶邦三字僞孔氏乃增改之云以庶邦維正之共且解共

无佚　尚書集注音疏卷八　八

爲共後衞包因又改共爲供矣今據國語定作維政之龔〻卽古恭字也以庶邦三字本應刪去柰流傳既久削之則太駭俗姑存之而目爲衍字可也

文王受命維中身氒亯國五十年

〔注〕鄭康成曰受命受殷王嗣位之命中身謂中年亯謂文王亯國五十一年言五十舉成數

〔疏〕鄭注見詩文王正義云受命受殷王嗣位之命者周禮典命云凡諸侯之適子誓于天子鄭彼注云誓猶命也言誓者明天子既命以爲之嗣樹子不易也又國語周語魯武公以括與戲見王〻立戲韋昭注云以爲太子又春秋文元年天王使毛伯來錫公命穀梁傳云禮有受命无來錫命錫命非正也是諸侯世子嗣位爲君必受命于天子然當大埶也案詩文王敘云文王受命作周也鄭箋云受天命而王天下又文王有聲詩云文王受命有此武功箋云武功謂伐四國及崇之功則又是受殷王錫弓矢專征伐之命鄭云此言受殷王嗣位之命必知此受命非如彼二文所言者文王九十七而終伏生大傳云文王受命七年而崩則受天命時年己

九十而已矣之錫又杜其後此言中身是謂中年其後享國尚有五十年非假二文之受命矣云文王享國五十一年皆呂氏春秋制樂篇云文王即位八年而地動已動之後四十三年凡文王立國五十一年而終

周公曰嗚呼繼自今嗣王其毋淫于酒毋佚于游田維正之共○漢書谷永傳引日食地震對引經如此隸釋所載熹平石經殘碑此篇有酒毋劮于游田維七字下缺二字下又有共毋兄曰今日六字合之谷永所引適同然則書文本是如此僞孔本乃作則其亡淫于觀于逸于游于田以萬民惟正之共是矣改矣增已亂經也吾从谷永蔡邕石經已共居容反

注 鄭康成曰淫放恣也聲謂正當爲政共讀當爲龔大謂放恣于政事

疏 鄭注見正義云淫放恣也者成二年左傳云淫從其欲從欲故爲放恣也云正當爲政者讀當爲龔者鄭注周禮小宰云凡其字或作政或作正又注凌人云故書正作政是古字正與政通也古龔字多作共左氏昭七年傳云三命茲益共又昭十

无佚

六年傳云无于不共憲其謚以爲敬則實以藝字也又周于昊韓其綵識共伯作彝自彝則藝之者也是共藝字誦也上文維政之藝謂敬藝于政事此文謚如上文故據上文以覈定其正字藝字且云夫謂敬藝于政事

無皇曰今日湛樂乃非民攸訓非天攸若時人丕則有愆無若殷王受之迷亂酗于酒德哉湛多含反樂扐各反酗況遇反【注】訓教若善迷惑也酗酸醟也無自寬暇曰今日暫爲湛樂夫湛樂非民所以爲教非天之所善是乃大則效之斯于愆若昔商王紂之惑亂酗于酒德可爲監戒者無效之哉

今文皇爲兄兄古況字也醟于命反夫文孚反善時戰反兄虛暀反【疏】說文言部云訓說教也故云訓教若善釋詁文迷惑釋言文酗酸醟也者說文酉部文云非民所以爲教者謂非所以教

民也欲順經文為解故云非民所以為教云今文皇為兄皆據蔡邕石經也云兄古況字也者詩桑柔倉兄填兮及召旻職兄斯引釋文皆云兄音況又常棣篇況也永歎釋文云況或作兄又樊毅修華嶽碑云兄了盛壹隸釋云以兄為況是兄為古之況字也

周公曰烏虖我聞曰古之人猶胥訓告胥保惠胥教誨或譸張為幻

偽孔本無上胥字或下胥字說文兩引此文皆無此二字郭樸注爾疋引亦无或侜張為幻亦无民字胥字然則民字胥字偽孔氏所妄增也故削去之譸中流反又時流反幻胡辨反

注 訓道保安惠順也誨曉教也譸張誑也幻相詐惑也古之君臣猶相告以正道胥道則相安順道先則相曉以為教无胥與誑相詐惑者譸或為侜

誑居況反　侜中流反

疏 訓道釋詁文保安惠順也詮經中數見之矣于此復釋之者以上文保惠庶民之文兼此保惠與上文同故特釋之

以胥其誑異也誨曉教也譸張誑也皆並說文言部文幻相詐惑也皆予部文也孝經事君章云將順其美匡救其惡也云有道則相安順將順其美也道是則相曉以爲教匡救其惡也云譸或爲侜者釋訓云侜張誑也郭注引此作侜

此厥不聽人乃訓變亂正刑至于小大民否則厥心違怨否則厥口詛祝僞孔本聽作聽訓下有之乃二字亂下有先王之三字茲據蔡邕石經正之詛則助反祝之又反注同

注　聽誦斯灋也小大大小謂臣民也民疑衍字也言古君臣相道以正此其君者不誦聽人乃道之以變亂正灋必至于小大之臣民皆不服而不則違戾怨恨其上不則詛祝其上求其凶咎詩曰侯作侯祝靡屆靡究聽或爲聽道徒到反作則助反屆今拜反

疏　聽誦說文耳部文斯法釋詁文鄭注上文至于小大

云小大謂萬民上及羣臣此大云至云小大與上文同故云小大大謂臣民也大者大上文也云民疑衍字也者小大無訴臣民則不應復言民故以民爲衍字不敘質言故云疑也云言古君臣相猶以正者家上文古之乃猶胥訓告云〻而言也引詩者大正蕩篇文彼毛傳云作祝詛也屆極究窮也鄭箋云侯維也王與羣臣亦爭而相疑且祝詛求其凶咎無極也是大謂臣下詛祝其上證同此經故引以說云堅或爲聽者條於氏本也

周公曰於戲自殷王中宗及高宗及祖甲及我周文王茲亖人迪哲【注】迪作也作哲明也【疏】迪作釋詁文鴻範曰明作哲〻字本或作哲故云作哲明也氒或告之曰小人怨女詈女則皇自敬悳氒愆曰朕之愆允若時【音】詈力詣反兄虛唯反【注】詈罵也古文兄爲皇鄭康成曰皇暇也言寬暇自敬聲謂皇

當从今文作兄兄古況字況滋也今文以爲以蓋以或省作以故誤爲以當从古文作以言也四王其多告之曰小人怨女詈女則滋益自敬悳引過歸己以我之過信如是怨詈之言也以嫉二反

疏　詈罵說文网部文云古文兄爲皇者據鄭注則鄭本作皇鄭本是古文也鄭注見正義聲不从鄭君皇暇之詮而謂當从今文作兄者以皇暇之詮與自敬化不相特據蔡邕石經作兄兄即古況字況訓滋滋益自敬悳斯說爲長也云兄古況字者說詳上疑況之爲滋毛詩桑柔及召旻傳皆益是訓也云今文以爲以者蔡邕石經作以也云蓋以或省作以故誤爲以者說文以部之後即次以部亏以部云此未以字也者以者詞言之气從鼻出與曰相易也是以或省作以也以字从曰乙聲亦象曰气出也以省作以與以相似易亏譌誤推其致誤或此之由故云蓋也云當从古文作以者以字亏此文說校長也

不啻不敢含怒

注　鄭康成曰不但不敢

含怒且欲專聞之，以知己政得失之原也。專，力寓反。【疏】注見正義。國語周語曰：日之宣言也，善敗於是乎興，故聞小人怨詈，可以知己政得失。襄三十一年傳云：鄭人游于鄉校，以論執政。然明謂子產曰：毀鄉校何如？子產曰：何為？夫人朝夕退而游焉，以議執政之善否。其所善者吾則行之，其所惡者吾則改之，是吾師也。若之何毀之？是亦欲聞小人之言以攻己政得失也。

此厥不聽，人乃或譸張為幻，曰小人怨女詈女，則信之。【注】聽當為聖，古文聖似聽，俗儒不識，仍為聽字，故誤也。此其君不誦聖，人乃為譸惑之者言小人怨女詈女，則聽信之。仍，如震反。【疏】云聽當為聖者，上文此厥不聖，偽孔本作此厥不聽，與此文同。據蔡邕石經，上文實作此厥不聖，就加之改正矣。此文當亦同之，而无如石經闕此文，故不敢直改，姑仍偽孔本聽字，而以為當為聖也。云古文聖似聽，俗儒不識，仍為聽字，故誤也者，許慎耳部[illegible]聖字書忠恕釋其下云聽大作聖蓋忠恕見僞孔書作聽蔡石經作聖故以兩字隸釋之案如以旦星者聲了聖字之者文與釋為聽者是其誤則若時不永念厥辟不寬綽厥心亂罰無辠殺無辜辟貧亦反綽昌約反注辟辠也綽大寬也則如是信讒不長念己之辠辰言不能引咎自責也不寬綽其心反為行殺戮言不能容受而齌怒正與四王相反齌才詣反疏辟辠釋詁文釋言云寬綽也毛詩角弓傳云綽綽貿也此經寬綽聯文故云綽大寬也齌怒者離騷云反信讒而齌怒王逸注云齌疾也云正與四王相反者四王謂殷三王及周文王也四王引咎為己之咎此不念厥辟是不能引過四王不啻不敢含怒此不寬容而為殺戮是疾怒于乃是正相反也怨有同是叢于厥身注叢聚也信讒齌怒怨有同歸是叢聚于其身也疏叢聚說文丵部文

周公曰烏虖嗣王其監于茲

厥兆天子爵【疏】白虎通爵篇引无佚文知此伏生大傳亦引之今无佚見在而无此文蓋偽孔氏于此篇輒為增為改寧不為刪乎此文在其所刪中不得聞其上下文云何无由知其意恉不敢強為之說姑闕焉

君奭弟八十三

周書二十二　尚書二十二

周公若曰君奭奭始亦反【注】君尊稱也奭名公名召時紹反下凡言召公皆同【疏】君是天子諸侯之稱故云尊稱逸周書克殷解云召公奭贊采知奭是召公名也說文皕部云奭从大从皕皕亦聲此燕召公名

弗弔天降喪于殷殷既墜厥命我有周既受我不敢知曰

厥基永孚于休若天棐諶我亦不敢知曰其崇出于不詳弔如字又丁歷反喪色盎反隊直類反下及注竝同崇僞孔本作終釋文云馬本作崇茲从馬詳僞孔本作祥茲从蔡邕石經

注　基始孚信也馬融曰崇充也聲謂崇終也書亦或爲終詳善也言殷不善乎天〻降喪于殷〻繼隊其命而我周繼受之矣我不敢知殷家之始居信于休美者以順天輔誠也亦不敢知其終出于不善也不敢知殷之善敗者若言惟知輔誠周繼而已今文崇爲繼

疏　基始孚信竝釋詁文馬注見釋文崇充亦釋詁文聲不从馬崇充之訓而訓崇爲終者以經其崇與厥基爲對基爲始則崇爲終毛詩蝃蝀傳云崇終也崇固有終誼也云書亦或爲終者僞孔本作終也釋詁云祥善也易履上九視履考祥釋文云

祥本亦作詳詳即古字祥詳通故云詳善也我不敢知殷家之始云云者據正義言鄭君亦謂此我不敢知云云是指殷之興亡言也云甚言惟知輔成周道而已者此篇敘云召公不說周公作君奭馬注謂召公以周公功大不安復常在臣位以周公不退為貪寵故不說然則知此篇是周公表白己當留輔不可去之意此言不敢知殷之善敗則所知惟在輔成周道此意在于言表故云甚言已繼之所以足成周公言外之意也云今文崇為道者蔡邕石經本也

於戲君已曰時我我亦不敢寧于上帝命弗永遠念天威

注 君已謂輔成周道是我之責也追錄召公舊時之言也我亦不敢安于上帝之命謂必各周而不敢遠念天之明威也此說己不敢去之意也

疏 云君已謂輔成周道是我之責此追錄召公舊時之言也者召公與周公俱相成王召公雖亦同然而周公尤為至親則輔成周道自是周公之責召公當亦謂然茲言君已曰時

我各是召公舊嘗贊成于周公之言而公追録之也云我亦不敢寧于上帝之命謂必各周者經言不敢寧于上帝命謂不敢寧特天命以為必各周也惟不敢寧特天命故不敢捨之而去故云此說已不敢去之意也

越我民罔尤違惟人在

僞孔氏以惟人在屬下讀漢書王莽傳引此下文我嗣事子孫云云不聯引此惟人在則漢人于在字讀絕也

注 越當為曰聲之誤也公謂己意竊計曰我民無尤違者惟人在故也亦言己不可去之意

疏 越與曰同音越之言踰于此上下文皆不屬若作曰字以為周公意計之言則與上文君已曰下文又曰皆相應故知當為曰粵越曰同音而誤為越故云聲之誤也言我民罔尤違惟人在則是謂治民須人當其任者不可捨去故云亦言己不可去之意

我嗣事子孫大不克恭上下遏佚前人光在家不知命不易天難諶乃亡隊

命弗克經歷嗣前人恭明德在今予

小子旦非克有正迪惟前人光施于

我沖子僞孔本嗣事改作後嗣命不易上增天字應棐二字改作一難字亡字改作其茲从漢書王莽傳所引失夷質反在今屬上讀（注）失讀爲佚佚急也書大或爲佚

應當也設使我繼事子孫大不克恭承天地遏止佚急

前人之光美我邦君在家則不毀知矣命之吉凶不變

易也天意當輔至誠乃若不爲天所輔而亡隊其命則

不克經歷久遠繼嗣前人恭承其明德正在于今也我

小子旦非克有所改正也惟蹈揚前人光美以施于我

沖子而已毀爰茹反（疏）云失讀爲佚者古佚字通作失說已詳般華延佚急說文人部文云書太

或爲保皆儀所本作保也應當釋詁文說文心部亦云覈云命之吉凶不變易也皆詩敬之云命不易哉鄭箋云其命吉凶不變易也此云命不易意與詩同故從詩箋爲辭

又曰天不可信我迪惟寧王德延天不庸釋于文王受命迪正義本作道釋文謂馬本作迪聲从馬

注　寧王文王也釋捨也周公言我又念曰天命靡常不可信也我惟道文王之德使延長之則天不用捨于文王所受之命矣捨式夜反道徒到反

疏　鄭注洛誥云周公謂文王爲寧王此是周公之言故云寧王文王也下文割申勸寧王云云引見禮記鄭注禮記亦已寧王爲文王說文手部云捨釋也詁同可轉相訓故云釋捨也正義謂鄭已此又曰爲周公稱乃之言聲案此又曰固是周公口中所稱道者已爲稱乃之言則未見審覈蓋又之爲言必前有所因上文越我民罔尤違戔字誤亦實當爲曰是周公道己意中之言說與上經此當承前文而來亦是周公道己意念故云

周公言我又念曰云云如此解說則上下文意一貫乃爲允協

公曰君奭我聞在昔成湯既受命時則有若伊尹假于皇天在大甲時則有若保衡【注】鄭康成曰伊尹名摯湯以爲阿衡以尹天下故曰伊尹至太甲改曰保衡保安衡平也言天下所取安所取平也此皆三公之官當時爲之號也皇天北極大帝也聲謂假至也猶至于皇天謂功致太平因名山升中于天也阿安河反

【疏】鄭注見詩蕩正義及正義幷周禮大宗伯疏云伊尹名摯者出孫子兵書云湯以爲阿衡者長發詩云實惟阿衡實左右商王毛傳云阿衡伊尹也鄭箋云阿倚衡平也伊尹湯所依倚而取平故以爲官名商王湯也是湯以伊尹爲阿衡之官也云以尹天下故曰伊尹者尹正也治也言正治天下也案呂氏春秋本味篇

君奭

云有侁氏女子采桑得嬰兒于空桑之中獻之其君其君命烰人養之察其所以然曰其母居伊水之上孕夢有神告之曰臼出水而東走毋顧明日視臼出水告其鄰東走十里而顧其邑盡爲水身因化爲空桑故命之曰伊尹然則伊是水名本其所生處以爲姓也鄭言尹天下故曰伊尹者說文人部解伊字云殷聖人阿衡尹治天下者从人从尹是則伊亦有尹治之證也云至太甲改曰保衡者阿衡保衡名號相類皆取于御天下之證而伊尹相太甲又有師保之任商書敘云沃丁既葬伊尹于亳咎單遂訓伊尹事是伊尹歿于沃丁之時而咎單作之則并太甲之世操御權衡者惟伊尹經言在太甲時則有若保衡故知阿衡是伊尹始偁阿衡後改曰保衡也云此皆三公之官當時爲之號也者禮記文王世子云記曰虞夏商周有師保有疑丞設四輔及三公不必備惟其人語使能也此阿衡保衡當時特爲此官號非常爲之官則是所謂不必備惟其人者故云皆三公之官也知當時特爲此號非常官者阿衡之名塵見于詩頌保衡塵見于此也无所見虞夏无此官名商之後世亦未有見周官三百六十亦无此號是當時特爲此號也云皇天北極大帝也者周禮大宗伯云以蒼璧

禮天。鄭彼注云：此禮天乃冬至謂天皇大帝在北極者。鄭又注禮記月令云：皇天北辰耀魄寶，冬至所祭于圜丘也。則此言北極大帝是北辰耀魄寶也。假，至。說文乃部文。云錯至于皇天謂功於太乎，因名山升中于天也者，因名山升中于天，禮記禮器文。彼文鄭注云：升，上也。中猶成也。謂巡守至于方嶽，燔柴祭天，告以諸侯之成功也。孝經說曰：封乎太山，考績燔燎，禪乎梁甫，刻石紀號。然則升中于天謂封禪也。白虎通封禪篇云：王者易姓而起，必升封太山何？教告之義也。始受命之時，改制應天，天下太平，功成封禪，以告太平也。史記封禪書備管仲之言，謂湯封太山禪云云，是湯亦受命升中于天之事。伊尹發湯是命之臣，湯之功實成于伊尹，則此言伊尹假于皇天，自是謂因名山升中于天之事。

在太戊，時則有若伊陟、臣扈，假于上帝；巫咸乂王家。

注　鄭康成曰：伊陟，伊尹之子。上帝，太微中其所統也。馬融曰：假，至于上帝，謂奉天時也。巫，男巫也。名咸，殷之巫也。乂謂

敘為臣扈篇在湯誓後則為湯臣矣太戊湯孫太宗之
孫也臣扈猶隸事之與時殆是一人而同名者與不可
知矣乂治也敘為咸乂四篇蓋說巫咸治王家之績也
與爰諸反

疏 鄭注見詩蕩正義及史記鄭世家注云伊陟伊尹之子者蓋據世本而知今世本亡无以證矣云上帝太微中其所統也者何休注公羊宣三年傳云上帝五帝在太微之中迭生子孫更王天下鄭注禮記曰令云上帝太微五帝此云太微中其所統則是統夫五帝矣故周禮司服言祀昊天上帝又別言祀五帝蓋上帝與五帝分言之則為六天合言之一天而已今文家說堯典六宗所謂實一而名六者故上帝統太微也案淮南天文訓云太微者太一之庭也然則此經上帝則馬注堯典所云上帝太一神在紫微宮者是也馬注見鄭世家注及咸乂敘釋文云[illegible]至于上帝謂奉天時也者太微五帝迭相休王以成四時春生夏養秋收冬藏順其生養收藏之節以出政令皆明堂月令所紀是為奉天時也云巫男巫也名咸殷之巫也者國語楚

語云在男曰覡在女曰巫咸㠯巫偁則是女號故辭之云男巫也周禮春官有男巫女巫則巫又爲男女之通名也言巫咸殷王家則是爲男巫之官其名曰咸者也云敘有臣扈篇在湯誓前皆商書有夏社疑至臣扈三篇同敘僞孔氏㠯前于湯誓後正義謂鄭㠯湯誓爲在臣扈後則臣扈在湯誓前矣云則爲湯臣矣皆㠯臣扈名篇而在湯誓前則是在湯伐桀之臣矣云太甲湯孫太甲之孫也皆據史記殷本紀太甲成湯適長孫也太甲沃子太庚太庚少子太戊是太戊爲湯孫之孫也爲世則又其閒若弟相及爲外丙仲壬沃丁小甲雝己諸君則湯至太戊除太丁未爲君凡九君矣史記云三代世表其世㠯不得其年故則其年不可攷矣譜世爲竹書紀年一書紀三代㠯上之年頗詳計湯至太戊元年凡八十四年顧竹書出于束晳託言汲郡人不準發魏安釐王冢所得自是虛妄其書又荒誕不經不可爲據但約計之湯至太戊必不下百年臣扈在湯時㠯登于史冊必非幼少矣至太戊時當百有數十歲故曰臣扈猶隸事之與且臣扈歸爲湯臣則亦在太甲之朝與伊尹同事矣何㠯偁成湯偁太甲皆不言有若臣扈及在太戊乃與伊陟並偁之故曰佀卽是一人而同

君奭

名者與不可知矣蓋古人之年百五六十者時或有之亦不得謂此臣扈必非湯時之臣扈故特兩說而皆言與以疑之辭治說文辭部文云敍有咸乂四篇蓋說巫敍咸治王家之續也者咸乂之篇亡未知其文云何其敍言有桑穀之祥伊陟贊于巫咸作咸乂四篇未言及巫咸治王家茲云說巫咸治王家之續者以篇名咸乂當是說咸之所治且史記殷本紀云巫咸治王家有成作咸乂故知其篇皆意知此以書亡无攷不敢質言故云蓋也

在祖乙時則有若巫賢【注】傳以賢為咸子巫其氏然則以官為氏者也【疏】咸賢皆以巫偁或相繼為巫官亦未可知然无明據姑用偽孔傳說案咸實為巫官馬鄭皆有明說賢為咸子家巫為氏則知隱九年左傳所謂官有世功則有官族是也故云然則以官為氏者也

在武丁時則有若甘般般步干反【注】武丁賢臣有傅說不偁傅說而偁甘般豈般之言說與說余芮反與云諸反【疏】說命敍云高宗夢得說是武丁賢臣有傅說也傳記言傅說者多矣

知國語楚語言武丁使以象夢求四方之賢聖得傅說以來升以爲公離騷云說操築於傅巖兮武丁用而不疑史記殷本紀言武丁夜夢得聖人名曰說於是使百工求之得說於傅險中舉以爲相殷國大治諸文皆止偁傅說未嘗與甘般竝偁此經周公秝舉殷之賢臣不應獨舍傅說了止偁甘般而不及傅說意甘般卽傅說本是一人故不兩名竝見僞孔氏書云來女說台小子舊學于甘般竹書紀年言武丁元年命卿士甘般三年夢求傅說得之此二文皆僞書不足準據惟漢書古今人表傅說與甘般竝列是兩人蓋班固偶古今人表意在盡收无遺傅說之名箸矣見于史傳多矣君奭獨見甘般之名无專攷定傅說甘般是一是二但與于无遺不暇計其重複故竝列之不得據此遂謂甘般非傅說也據釋詁說般同訓樂因證相近疑般卽是說而不敢質言故云豈般之言說與

率維茲有陳保辥有殷故殷禮陟配天多秝年所

注 率維茲數臣有陳列之功安治有殷故殷之祀禮升配于天秝年長久禮

陟配天，謂禘嚳郊冥祖契宗湯也。商載祀六百，故曰多秝年所。禘，大祭反。嚳，苦沃反。

【疏】以殷禮爲殷之祀禮者，說文示部云：禮，履也，所以事神致福也。从示从豊，豊亦聲。是禮字本以祭祀爲證也。且經言配天，是謂祀天而以先王配，則禮明謂祀禮矣，故又云禮陟配天，謂禘嚳郊冥祖契宗湯也。禮記祭法云：殷人禘嚳而郊冥，祖契而宗湯。鄭注云：禘郊祖宗，謂祭祀以配食也。禘謂祭昊天于圜丘也，祭上帝于南郊曰郊，祭五帝五神于明堂曰祖宗，祖宗通言爾。然則此是以祖配天之明文，故引以說此經。鄭云商載祀六百者，宣三年左傳文。祀卽年也，釋天云：商曰祀，周曰年。

不惟純右命，則商實百姓王人罔不秉德明恤，小臣屏侯甸，矧咸奔走。【注】純，大也。則，等畫物也。實，富也。百姓，異姓之臣。王人，王之族人，同姓之臣也。小臣，臣之微者。矧，詞也。天惟大右助商命，等畫亏商皆富實商之異姓同姓之臣无不秉持其悳可徵政事下而小臣外而爲屏藩亏侯甸之服皆強智奔走服從亏王言天惟畀亏商故商大得人也【經】純大釋詁文云則等畫物也皆說文刀部文案則从刀貝〻爲物貨〻以畫之是等畫物之誼也實富說文宀部文堯典云釆章百姓鄭注云百姓羣臣之父子兄弟詩天保傳云百姓百官族姓也則百姓非王之同族故云百姓異姓之臣王人對百姓言則非異姓故以爲王之族人同姓之臣也說文矢部云矤況也詞也今止云矤詞也皆此文矤字不可解从況證也以爲語詞可也

惟茲惟悳稱用乂氒辟故弌人有事亏三匚若卜筮罔不是孚

稱尺證反乂吾苅反辟必亦反【注】乂讀當爲艾〻相也辟君也一人天子也惟此羣臣各稱其悳以輔相其君故天子有事亏

四方四方奉行之如卜筮无不是之无不信之由此旨
疑而筮之則弗非也日而行事則必踐之言商得乃之
效可以當留輔之意艾吾蓋反相息匠反【疏】詩臣工云奄觀銍艾是以艾為乂也漢書
郊祀志云天下艾安師古注曰艾讀曰乂乂治也漢書
皆以艾為乂然則古者艾與乂字通也于尚書中如夋
夋艾鬻粥作艾僞孔本皆作乂解為治此經用乂乎辟
不可解作治其君僞孔氏因而增其誼言治其君事解
是衍回非也據僞孔本乂字則經必本是艾字艾之言
相輔相其君于誼為安故云乂讀當為艾艾相也艾相
辟君茲釋詁文穀梁莊三年傳云天子志崩不志葬必
其時也何必焉舉天下而葬一人其誼不疑也白虎通
號篇云臣謂之一人何所以尊王者也以天下之大四
海之內所共尊者一人耳是天子亦一人之號故云一
人天子也引此者欲明經之是孚為
二誼弗非則无不是必踐則无不信也
公曰君奭
天壽平假保辥有殷有殷嗣天滅威今女

永念則有固命厥亂明我新造邦〔注〕乎假謂大乎功至于天即所謂假于皇天假于上帝是也言天壽乎假之臣以安治有殷有殷嗣王紂天滅之以示威是天命无常也今女長念此則有以堅固其命其治功足以光明我新造之國矣〔疏〕僞孔傳以乎假爲乎至之君正義云鄭注以爲專言臣事假謂至于天也王肅以爲兼言君臣案此篇指意總謂國家須賢臣之助則乎假當專言臣鄭君誼是肅及僞孔皆非也鄭以假爲至于天故云乎假謂大乎功至于天言至于天則如上文所偁伊尹假于皇天伊陟臣扈假于上帝皆是故云即所謂假于皇天假于上帝是也云天壽乎假之臣者亦鄭誼以乎假爲專言臣也

公曰君奭在昔上帝割申勸寧王之惪其亼大命于厥躬割字屬下讀亼古集字〔注〕

割之言蓋也亼讀若集卽身也言文王爲大惪天蓋申勸之亼大命于其身謂命之使王天下也割申勸今文爲厥亂勸使王于泥反

疏云割之言蓋也皆鄭于禮記緇衣注爲此解也釋言云蓋割裂也蓋割同訓故云割之言蓋云亼讀若集皆說文亼部文亼三合也集則雧之省文雧羣鳥在木上也亼集音同而誼異世俗輒㠯集代亼廢棄亼字不用蓋在漢時㠯然故鄦尗重㠯世俗習用之集發㠯亼之音讀今書傳中絕无亼字時俗因不復知有亼字矣此經誼實當作亼恐乃不識故依說文㠯集表亼也卽身釋詁文鄭注緇衣云言文王爲誠信之惪天蓋申勸之亼大命于其身謂命之使王天下也茲用其注而改誠信之惪爲大惪皆彼緇衣上文言君子寡言而行㠯成其信了後引詩大小疋及此經㠯贊成其誼故鄭注彼言誠信之惪此經況言寍王之惪不當專指誠信之一節故易之言大惪也云割申勸今文爲厥亂勸皆緇衣引此經作周田觀文王之惪鄭注云古文周田觀文王之惪爲割申勸寍王之惪今博士讀爲厥亂勸寍王之惪三皆[illegible]異古

文似近之案續漢書百官志太常之屬尚書博士三人歐陽大小夏侯氏鄭言今博士則是謂歐陽大小夏侯三家博士也是以今文故云今文爲厥亂勸

惟文王尚克修和我有夏亦惟有若虢叔有若閎夭有若散宜生有若泰顛有若南宮括虢古伯反閎戶萌反夭了杪反散桑但反顛丁田反括古活反

注 虢叔文王之弟蓋咊傳以虢仲虢叔王季之穆也爲文王卿士勳在王室閎也散宜也泰也南宮也皆氏夭生顛括皆名也惟文王庶幾修治安和我中夏之國亦惟有此五臣爲之輔也鄭康成曰詩傳說有疏附奔奏先後禦侮之人而云文王有四臣以受命此之謂也不及呂望者太師也教文王以

大德周公謙不敢以自比焉奏子候反先悉薦反後何豆反 疏 引詩楙傳皆僖五年左傳文以證虢叔爲文王之弟且有功者也凡言人之名氏皆上氏下名故云閎也散宜也泰也南宮也皆氏夭生顛括皆名也僞孔傳以散爲氏宜生爲名案大戴禮帝系云堯娶于散宜氏之子則散宜爲氏自古有之僞孔非是故不取之鄭注見詩緜正義案緜之卒章云予曰有疏附予曰有先後予曰有奔奏予曰有禦侮毛公傳云率下親上曰疏附相道前後曰先後喻德宣譽曰奔奏武臣折衝曰禦侮无所謂文王有四臣以受命而鄭偁之者葢鄭君先受韓詩于張恭祖後又治詩最後乃得毛詩所偁詩傳說疑非毛說其或韓詩或齊詩之說與云不及呂望者太師也教文王以大德者大明詩云維師尚父毛傳云師太師也尚父可尚可父鄭箋云尚父呂望也尊偁焉是呂望爲太師鄭又據緯書偁文王受丹書之命有云雒授金鈐師名呂故云教文王以大德

又曰无能往來茲迪彝教文王蔑德降于國人蔑民結反 注 蔑德微德也逸書以追

學于文王蔑德。此五臣又自謂無能往來，言其自視若不足也。粤此彝文王繇其常教，故文王精微之德下及于國人。爲，于偽反。繇，徒到反。疏引逸書者，逸周書祭公解文，穆王之言也。孔鼂注云：言己通學文武之微德，故引以證此蔑德爲微德。正義引鄭注云：蔑，小也。案：文王之德不可云小德，故不用鄭注。周公稱文王各五臣，是先後稱其賢，以無不足于五臣之意，則又自無能往來，固非周公謂五臣無能，亦以非稱文王之言，謂五臣無能，自是錄五臣自謙之詞云爾，故云此五臣又自謂無能往來，言其自視若不足也。亦惟純佑秉德，迪知天威，乃惟時昭文王，迪見冒聞于上帝，惟時受有殷命哉。昭字絕句。見，夷甸反。注迪，進也。迪，作也。冒，皆自下達上之言。亦惟天大助文王以秉德之臣，此五臣皆進知天威，乃惟是

𢎘昭明言其自昭明悳也文王之悳亏是俗見上聞亏天惟是之故𢎘受有殷天命哉上聞時掌反

【疏】䌷逢䌷俗兹釋詁文經𢎘网䌷字誼實不同故用网訓〻之[illegible]書旨土上冒[illegible]說文卯部云二月萬物冒地而出故云冒皆自下達上之詞言云大惟天大易文王以秉悳之臣皆大皆冡上之詞上文言天惟純右命則商實百姓王人网不秉悳明恤是商臣无不秉悳乃天之所以大易商也此文言純右秉悳與上文同則亦惟純右秉悳是冡天惟純右命之文言天以秉悳之臣大易文王也云乃惟是𢎘昭明皆讀乃惟時昭爲句也必知是讀者據說文目部引此句下文武王惟冒不聯引昭字則下文當以惟茲四人昭爲句不得以昭武王爲誼推之此文亦當亏昭字絕句不得以昭文王爲誼蓋文王之悳豈待五臣而昭乎經之言昭也謂五臣自昭明悳而以儀刑傳言乃惟是五人明文王之悳非也云文王之悳亏是俗見皆謂俗動而眾見也[illegible][illegible]五行傳曰六沴俗見

武王惟茲三人尚迪有祿【注】爰及武王惟此四人

庶幾輔道㠯保我天祿。鄭康成曰：至武王時虢叔等有死者，餘四人也。聲謂死者蓋虢叔也。道徒到反

疏　鄭注見正義。上文偁文王之臣有虢叔、閎夭、散宜生、泰顛、南宮括等凡五人，而此言武王惟茲四人，故鄭云虢叔等有死者，謂此五人之中有一人死，故餘四人。鄭未以言死者為誰，聲以死者為虢叔者，據史記周本紀偁武王克紂祭社時散宜生、太顛、閎夭皆執劒以衛，又言命南宮括散鹿臺之財，發鉅橋之粟，又言命南宮括、史佚展九鼎保王，則武王時惟虢叔未見，餘四人皆在。但周本紀之文本于逸周書，自當以逸周書為正。案逸周書克殷解言泰顛、閎夭皆執輕呂以奉王，不言散宜生，又振財發粟者乃南宮忽，遷九鼎者則南宮伯達與史佚，皆非南宮括也。則據逸周書，則散宜生、南宮括皆亦未有見，安知死者必虢叔乎？又案論語引武王曰予有亂十人，馬融注數十人，閎夭、散宜生、泰顛、南宮括皆在其中，惟不及虢叔。鄭注論語亦云然，足知文王之五臣至武王時有死者是虢叔矣。猶云蓋者，以鄭未以言，故不敢質也。

𢓊臮武王誕將天威

君奭

咸鐂氒敵【注】鐂，殺也。其後四人與武王大奉天威，徧今其敵，謂誅紂及憝國九十有九也。憝，徒對反。【疏】釋詁云：「鐂，殺也。」鐂與劉古今字，故云鐂殺也。云憝國九十有九，皆繇周書世俘解云：「武王遂征四匚，凡憝國九十有九國。」經言咸鐂氒敵，咸之言徧，則敵不專謂紂，故云謂誅紂及憝國九十有九也。

惟茲亖人昭

武王惟冒丕單稱悳昭字屬上讀。冒，莫報反。僞孔本作冒，茲从說文所引。單，多寒反。稱，尺孕反。【注】氐目視爲冒，武王君臨于上，下視諸臣，故曰武王惟冒。單，盡也。惟此四人昭武王臨視之，大盡稱其悳。昔者文王武王得賢臣之助己，況今王不可無輔，故下文身任其責，并責召公當同任也。氐，丁兮反。俗作仾，乃傷非。下視，行稼反。【疏】云氐目視爲冒，武王君臨于上，下視諸臣，故曰武王惟冒者，說文目部云：「冒，氐目視。」

也从目冒聲周書曰武王惟䁋據說文所引則此經䁋字㠯氐目下視爲誼也單襲鄭箋天保詩誼也云庸言文王武王得賢臣之昜者謂惟文王尚克脩咊我有夏㠯下至此也云下文身任其責者如云今在予小子旦又云誕無我責收又云我咸成文王功于不怠皆是云辭責召公當同任者如云若游大川予往曁女奭其濟又云乃悉命女作女民極又云襄我二人皆是

今在予小子旦若游大川予往曁女奭其濟小子同未在位誕無我責收罔勖不及收字屬上讀

注　收斂也今日之事在我小子旦矣如泳游大川我往與女其共濟渡今小子雖即政其秊猶少同于未在位時我豈容斂役乎女大無責我收斂也我將自勉已亟及肯乃無冒勖勉而不及者蓋公欲詔配四人之功也少式照反亟頌

寄反疏說文攴部云斂收也則收亦可訓斂也舉上偁四人之功而言今在予小子旦是周公自任其責以四人之功自媿也則罔勖不及是謂時人无不可勉而亟及耇故云蓋公欲詔配四人之功也以是縣度公意非有明文故云蓋以疑其詞

耇造悳不降我則鳴鳥不聞矧曰其有能假注鄭康成曰耇老者也造成也詩云小子有造造者成悳之人不降志與我竝在位則鳴鳥之聲不得聞況乃曰有能悳假于天者乎言必无也鳴鳥謂鳳也疏注見三國魏志管寧傳注說文老部云耇老人面凍黎若垢从老省句聲故云耇老也云造成也詩云小子有造者所引詩是大疋思齊文也鄭箋思齊詩云子弟皆有所造成故引以證此造為成也云有能悳假于天者謂知上文所偁伊尹假于皇天者也云鳴鳥謂鳳也者禮記禮器云升中于天而鳳皇降龜龍假則鳳皇是靈異之物功成太平乃致之也以鳴鳥不聞為慮必不謂尋常易致之鳥故

知謂屬也釋文引馬融注亦云囑屬謂屬望也

公曰於戲君肆其監于茲我受命無疆惟休亦大惟艱告君乃猷裕我不以後人迷【注】猷謀裕寬也

君今其監視于此我周受命固無竟之休美然亦大惟艱難矣茲告君者乃欲君謀寬裕我不以子孫之故而迷于祿仕也鄭兼成曰召公不說似隘急故令謀于寬裕說爰劣反令力呈反【疏】猷謀釋詁文詩角弓云綽綽有裕是裕爲寬也易釋文引馬融注蠱六四云裕寬也云我不以子孫之故而迷于祿仕也者此篇敘云召公不說馬融謂召公以周公不復爲苟貪寵故不說則告召公猷裕我不以後人迷是以己非爲子孫而言朕貪寵君謀當寬裕多以此疑我也蓋古今來固握重權久攣不舍者無不爲子孫計世世弗失也周公必不知此召公疑周公亦必不至疑之若此其杜周公衆白

己意旨以言及于此故知周公本旨知此鄭注見正義公曰前人敷乃心乃悉命女作女民極曰女明勖偶王在亶注前人謂武王也尃布作使極中亶誠也周公召公蓋竝受武王顧命ゝ輔成王皆故言前人布乃心乃詳悉命女使女太民之中謂曰女其明勉偶倶侔王惟在亶誠也疏云前人謂武王也者當成王之世而偁前人遺命者是謂武王矣尃布說文寸部文周禮司士職云作六軍之士執披鄭注云作謂使之也故云作使義禮鄉飲禮作相為司正鄭注亦云作使也極中毛詩思文傳證也鄭注周禮天官亦多是訓亶誠釋詁文云周公召公蓋竝受武王顧命ゝ輔成王皆ゝ敘云召公為保周公為師相成王為左右據此經言前人悉命者且曰者明勖偶王則二公之相成王乃受命于武王皆也云偶倶侔王皆經言偶王偶是敵偶不可解為敵偶于王此謂與同官偶倶侔王今周公蓋

辭已費之矣

乘茲大命惟文王悳丕承无畺之恤惟文王悳丕承六字作一句讀【注】乘此武王大命惟文王之悳是丕承之任大費无竟之恤也【疏】云惟文王之悳是不承之者孟子弟三篇下引書曰丕顯哉文王謨丕承哉武王烈言武王承文王之悳也今乘武王大命則當繼武王之承文王故讀惟文王悳丕承為句舊讀丕承屬下非也

公曰君告女朕允【注】允誠也告女以我之誠悃悃苦本反也悃愊夫誠實之意也【疏】允誠釋詁文云告女以我之誠悃者悃愊

保奭其女克敬以予監于殷喪大否肆念我天威敬字絕句喪息浪反否步鄙反【注】保召公官也偁其官而名之欲其思所任也以猶與也否讀為易否卦之否否閉也肆陳也女其念敬哉與我監于

殷之喪亡大既，居念我念之天威也。既，宅革反。【疏】敘云召公爲保，故云保召公官也。上文皆偁君奭，此變言保奭，故云偁其官而名之，欲其思所任也。禮記文王世子云保也者，慎其身以輔翼之而歸諸道者也。此保之任也。云以猶與也者，義禮鄉射禮云主人以賓揖，鄭注云以猶與也。云否讀爲易否卦之否。否，閉也者，易卦天地交爲泰，反泰爲否，否天地不交而萬物不通，故否爲既毀。否字別爲不訓，音方久反。此經否字音訓皆異，故以易卦正其讀也。肆字作居，是以居訓，故云肆居也。崇高詩云其風肆好，毛傳云肆居也。經言肆念我天威，天威不可屬之于我，故解云居念我念之天威。篇首言我亦不敢寧于上帝命，弗永遠念天威，是周公監于殷周之易命而居念天威也。召公若監于殷喪大否，則亦居念周公之所念矣。

予不允惟若茲誥，予惟曰襄我二人，汝有合哉？言曰在時二人。【注】二人，以與召公也。我不誠而惟若此相誥乎？言以誠誥也。我惟曰勤襄王業，我二人之責也。女其丕合我意哉。則言由信在是二人。

疏 云「二人，己與召公也」者，與召公言而云我二人，則一人是我，一人是所與言者，故云己與召公。上言告女朕允，而此言予不允惟若茲誥，則不允由是反決之詞，故云我不誠而惟若此相誥，予言已誠誥也。云「勤襄王業」者，說文衣部云：漢令解衣耕謂之襄。然則襄乃勤勞耡事之言，故云勤襄。

天休滋至，惟時二人弗戡。其女克敬德，明我俊民在，讓後人于丕時。戡，口含反。在字屬上讀。

注 滋，益也。于時致治予乎？故由天休益至。戡，任也。言天降休祥滋益疊至，惟是我二人不足以任之。其女克敬德，明揚我俊民，登之在位，庶幾與共任天休，乃可推讓後人于此大盛之時。以言今則不可復也。治，直吏反。疊，徒叶反。幾，吉衣反。

推土回反【疏】滋益說文禾部文云于時致治矣乎故以天休益至者倂生大傳云成王之時有三苗貫桑葉而生同爲一穗大幾盈車長幾充箱民得而上諸成王王召周公而問公曰三苗爲一穗和氣所生意天下其和爲一乎拔而貢之文王之廟果有越裳氏重譯而來又云交止之南有越裳國周公居攝六年制禮作樂天下和平越裳以三象重九譯而獻白雉曰道路悠遠山川阻深恐使之不通故重九譯而朝成王以歸周公〻曰德澤不加焉則君子不饗其質政令不施焉則君不臣其人吾何獲此賜也其使請曰吾受命吾國之黃耇曰久矣天之無烈風淫雨意者中國有聖人乎有則盍往朝之周公乃歸之于王稱先王之神以薦于宗廟是于時已致治矣乎也詩卷阿敍云召康公戒成王也其詩以鳳皇于飛鄭箋云因時鳳皇至因以諭焉是成王時有鳳皇至又有三苗同爲一穗之瑞皆天降之休祥太平之應也釋詁云克勝也說文力部云勝任也故云克任也云天降休祥滋益曼至惟是我二人不足以任之者天休之至惟大德足以任之經言弗克者蓋賢虛衷以視常若不足縱獲天休尤加敬畏惟恐德薄不足以任之也云以言今則不可歇也者言何俊民杜伏

了攘後乃己見此時无可攘則貴无可爲是言今不可復之意於戲竺棐時二人我式克至于今日休我咸成文王功于不怠丕冒海隅出日罔不率俾

注 式用率循俾使也丕輔王室是我二人我用爲至于今日休美我不但己也我欲徧成文王之功于不解息大覆冒天下四海之隅日出所照无不循度而可使也

俾解吉縊反覆芳救反 疏 式用釋言文率循俾使竝釋詁文云大覆冒天下者攷工記玉人云天子執冒四寸己朝諸侯鄭注云名玉曰冒者言德爲覆蓋天下也是冒爲覆誼也前文云文王迪見冒聞于上帝注云冒者自下綘上之言此云覆冒同一冒字而解異者蓋冒爲二誼自下冒上爲冒雖自上冒下爲覆冒言各有當望文爲解尒四海之隅己下鄭注也見三國魏志僭號太祖紀注

公曰君予不惠

若茲多誥予惟用閔于天粵民

（注）惠讀為智慧之慧，不慧，謙詞也。粵亦于也。言我不慧故煩于言如此多誥，我惟用悲閔于天于民故也。智，陟詖反。

（疏）惠為順也，為仁也，為愛也，諸訓皆不可施之于此。古者慧字輒通作惠。漢書昌邑王傳云清狂不惠，蘇林注云或曰色理清徐而心不慧曰清狂。又後漢書孔融傳云觀君所言將不早惠乎，是皆以惠為智慧字，故此讀惠為智慧之慧也。智慧謂回譎而穎悟也。周公嘗自謂巧能多材多藝而此言不慧，故以為謙詞。釋詁云粵于也。此言用閔于天粵民，欲見于天粵民茲家閔詖，故云粵亦于也。云言我不慧故煩于言如此多誥，皆繫染僭二李傳云肆心則其言略，肆心則智慧，故不慧則言煩而多誥，益見惠之讀當為慧矣。云悲閔于天于民，皆鄭箋詩閔予小子云閔悼傷之言也，故以閔為悲閔。悲閔于天于民，言悲閔天命民心之不易保，蓋篇首所云不弔靈于上帝命弗永遠念天威越我民罔尤違惟人在之意。

公曰烏虖君惟乃知民

惪亦罔不能氒初惟其終 注 惟女所知皆民惪靡不有初鮮克有終惟其終之爲賢聖兼成之召公是時意說周公恐其復不說故依違託言民惪以勖切之 說余劣反 復房救反 勖几來反 又公哀反 疏 云靡不有初鮮克有終者詩大雅蕩篇文鄭注見正義

祗若茲往敬用治 祗中移反 注 祗詞也我所告祗如此而已君其往敬已爲治哉 疏 祗爲敬詮此祗爲敬文則祗不當作敬解但爲語詞而已故云祗詞也易復初九无祗悔馬融注云祗詞也

成王政弟八十二 注 篇亡孔氏書亦未爲

周書弟二十二

將蒲姑弟八十三 注 篇亡孔氏書亦未爲

周書弟十三

多方弟八十五

周書弟十五　尚書弟廿七

維五月丁亥王來自奄至于宗周〔注〕鄭康成曰奄國在淮夷之旁周公居攝時亦叛王與周公征之三年滅之自此而來歸猶謂多士云昔朕來自奄者謂此時然則多方在多士前且不以也宗周鎬京以貧至反〔疏〕鄭注見詩豳破斧正義云奄國在淮夷之旁者說文邑部云周公所誅奄國在魯粊誓云淮夷徐戎竝興是淮夷附近于魯則奄與淮夷大相附近故云在淮夷之旁鄭于成王政敘注云奄國在淮夷之北則此言旁是其北旁矣云周公居攝時亦叛者案大誥敘云三監及淮夷叛不言奄叛鄭注從敘具言其事亦不及

奄此言奄大叛者伏生大傳言管叔蔡叔流言于國奄君謂祿甫曰武王既死矣今王尚幼矣周公見疑矣此百世之時也請舉事又詩破斧云周公東征四國是皇毛傳云四國管蔡商奄也是奄與管蔡並共倡叛者也云王與周公征之三年滅之自此而來歸者詩東山敘云周公東征三年而歸伏生大傳云周公攝政三年踐奄故云三年滅之成王政及將蒲姑之敘皆言踐奄多方後二篇之後而敘云成王歸自奄經言王來自奄故矣自此滅奄而來歸也聲謂多士云昔朕來自奄即謂此時皆多士篇云昔朕來自奄予大降尔四國民命即此下文所云誥尔四國多方我惟大降尔命是也故引彼文之來自奄以當此經之來自奄于以見多方之誥先乎多士因緣云聲則多方在多士前且不次也云不所皆謂多方後閱書篇而及多士不相次擾也案成王政將蒲姑多方周官四篇之敘事相承于當在一年之內鄭于成王政敘注云此伐淮夷與踐奄是攝政三年伐管蔡時事編篇于此未聞又鄭志趙商問成王周官是周公攝政三年事此鄭誤也聲則鄭注成王政敘所云是最括成王政將蒲姑多方周官四篇言之也又鄭注康誥云是時周公居攝四年也聲則成王政將蒲姑多方

多方周官四篇當皆在兼誥前是不與多士聯次也云宗周鎬京者毛詩正月傳云宗周鎬京也鄭箋詩雨无正云周宗鎬京也案禮記祭統引衛孔悝之鼎銘爲云即宮于宗周鄭注云周既去鎬京猶名王城爲宗周也是東都王城亦爲宗周此篇敍云成王歸自奄在宗周誥庶邦是爲誥庶邦故在宗周則似暫時留止非定止之處安知宗周非謂東都王城而必以爲鎬京者蓋周既東遷乃謂東都王城爲宗周時在西都不得以東都爲宗周也且東都王城建于周公居攝之五年此時居攝三年尚未作洛何東都之有蓋成王是時定居于豐周官敍云還歸在豐是也鎬去豐二十五里此時歸自奄至鎬京暫留止誥庶邦不久即欲歸豐故敍言在宗周經言至于宗周則宗周自是鎬京矣

周公曰王若曰繇誥爾四國多方惟爾殷侯尹民我惟大降爾命爾罔不知注四國管蔡商奄多方庶邦也殷之言衆衆侯猶諸侯也尹治也周公稱王命以誥曰

誥猶尒四國民庶邦君惟尒諸侯治民皆我大下于尒教命尒无不知之下行嫁反

疏云四國管蔡商奄皆說見多士疏云多方庶邦也皆敘言誥庶邦作多方經又言誥多方是多方謂庶邦矣毛詩潧洧傳云殷衆也周禮太宰云陳其殷鄭注云殷衆也故云殷之言衆諸亦衆也故云衆侯猶諸侯也俗解以殷侯爲殷諸侯似是而實非也曷言之下文云誥尒多方多士臮殷多士小言殷多士則多方多士非殷士矣然則多方之君非殷之諸侯矣此文誥多方亦云尒殷侯是偁多方之君爲殷侯與庶邦君也豈殷商之諸侯乎且踐奄滅淮夷敘于召文則云殷諸侯指謂誰乎俗解非是故不從之尹治說文又部文也經文繇在誥上繇之言猶注云誥猶尒四國民庶邦君猶在誥下到其文皆大誥篇首據釋文云馬本作大誥繇尒多邦據正義云鄭王本繇在誥下案漢書翟方進傳王莽依尚書儗作大誥曰大誥繇諸侯王云云據莽所儗與馬鄭王本尚書合是古文今文本皆如此僞孔氏乃以繇字易置大誥之上是其多心竄經也以大誥繼此篇則此文繇誥及下文繇誥尒多方多士蓋亦爲僞孔氏變置皆

當從杜誥下但此篇无證乃不敢變正經文師于注見其說尒云四國民庶邦君者四國已滅此誥其民尒庶邦則多方也下文嗚呼多方多士之下乃準誥四國多方之民尹尒多方已上則誥庶邦君也如云天惟求尒多方云云自是誥邦君之言也

洪惟圖天之命弗永寅念于祀

注　洪惟詞也寅當爲夤字之誤夤敬也言王者圖度天命而不長敬念于祭祀乎此亟言之也度徒洛反亟孚吏反

疏　云洪惟詞也者猶大誥言洪惟我幼沖人皆發語之詞尒云寅當爲夤字之誤者堯典夤賓出日夤淺內日今本皆作寅據說文夕部云夤敬惕也則知堯典夙夜維寅直哉无佚嚴龔寅畏尽讀爲敬者字當作夤今本亦皆作寅皆誤也此文寅字證亦爲敬則當爲夤誤作寅尒夤敬釋詁文今爾雅作寅亦誤矣圖度天命不可不敬念祭祀經言弗永寅念于祀是反復之詞故注云王者圖度天命而不長敬念于祭祀乎順經文語意而爲反詰之語也云此亟言之也者將備言圖殷之不善圖天命已坐滅亡而先言此以發其耑則此

言當无所害，指故云泆言之僞。孔傳乃云謂夏桀，案下文氒圖帝之命乃謂夏桀，此圖天之命若謂夏桀，則無乃與下文重纍乎？其說非也。

惟帝降假于夏，有夏誕氒佚，不肎戚言于民，乃大淫昏，不克終日勸于帝之迪，乃爾攸聞。【注】夏桀之事舊矣，必序言之，皆欲以商之代夏況周之代商，明先王與湯同繇，于以備多方，長多士之序，夏夫此意也。戚，憂也。惟帝既降于夏以監其德，為夏大隸，俾樂不肎為憂戚之言加于民，言不䘏民也。乃大淫荒昏亂，不終一日勸勉于天之繇，乃爾所聞知也。迪或為攸，馬融曰：攸，所也。監，古銜反。樂，扐各反。【疏】自周溯夏中歷商祀六百，故云夏桀之事舊矣。舊之為言久也。周公誥多方，欲以周多方之伐商爲天命所歸非以天下爲利則此言商之多辠可矣乃必序言久遠之夏皆正以多方之叛實不忘乎商而又不爲无疑于先王必援引商先王故事以相於況庶可譬曉而揄其心是以序言爲夏故云必序言之皆繇以商之伐夏況周之伐商固先王與湯同道于以揄多方言多士云有夏不適逸則又云夏弗克庸帝是亦序言夏與此篇偁夏同意故云多士之序夏亦此意也荅然多士篇在前則此證當于多士發之今乃于此篇發之者以此篇之文詳于多士而誥多方又前于告多士故于此發之而多士之證鄉于此互見焉凡邎之也發或在前或在後本无一定也戚慼之讀小司傳證也云言不卹民也皆卹之訓慼與戚同證也云迪或爲攸皆釋文云迪馬本作攸云所也

厥圖帝之命不克閞于民之麗乃大降罰崇亂有夏閞古闢字作門开非書古文訓作閞二是閞之譌尒書古文訓乃偽孔本也然則偽孔本作閞矣且其傳言不爲開則其經文必非開字正義本作開皆乃衛包奉敕改也又粊誓敘東郊不開馬融本及唐石經初刻皆作闢匡謬正俗及書古文訓皆作

門中箸屮正義本大改作開小顏已為傳釋云東郊不開不得徑讀開為開據彼已證此則二文皆當作開其作開者非

注 厥其也其夏桀也闓開麗附崇充也天命之去就因乎民心民所附則附之所去亦去之桀圖天之命不克開闓于民之所以附麗乃大下威罰以充實其亂于有夏 下行嫁反

疏 厥其釋言文闓開說文門部證也易彖傳云離麗也荀爽注云陰麗于陽相附麗也故云麗附崇充釋詁文云不克開于民之所以附麗者廣敷仁恩民所以親附也言桀不克廣開其使民親附之道

因甲于內亂不克靈承于旅 甲夷閒反

注 甲讀為狎狎習也鄭康成曰習為禽獸之行于內為婬亂聲謂靈善旅眾也不克善承于眾 行下孟反

疏 正義云鄭王皆㠯甲為狎案詩芄蘭云能不我甲毛傳云甲狎也詩釋文云甲韓詩作狎則古者甲狎同聲通用故知鄭君讀

甲爲狎釋言云甲狎也郭注云謂習狎說文犬部云狎犬可習也故云狎習也鄭注見正義云習爲鳥獸之行于內爲婬亂者周禮大司馬云外內亂鳥獸行則滅之鄭彼注引王霸記曰悖人倫外內无以異于禽獸又詩南山敘云鳥獸之行婬乎其妹是內亂爲鳥獸行也靈善詩定之方中鄭箋說也此皆釋詁文

罔丕惟逢之襲洪荼于民正義本改襲作荼改荼爲舒茲仍書古文訓本

注　丕洪皆大也荼苦也詩云寧爲荼毒誣罔大皆惟逢之任使襲職大爲患苦于民或讀荼爲舒甚且改作舒字非也

疏　釋詁丕洪同訓大故云丕洪皆大也說文艸部云荼苦荼也詩唐風云采苦采苦是直目荼爲苦故云荼苦也引詩者大疋桑柔文鄭君箋云寧爲苦毒之行亦解荼爲苦故引以證也云或讀荼爲舒甚且改作舒字者僞孔書經文作荼而其傳云大舒情于治民是其誤讀荼爲舒也案古書輒多以荼爲舒者知攷工弓人云寬緩以荼康成注云荼古文舒叚借字鄭司農云荼讀爲舒又禮記玉藻云諸侯荼鄭君注云

荼讀爲舒緩之舒於尚書中則洪範初徵曰荼恆燠若是古舒字故大傳五行傳云旦初荼鄭君解爲荼緩若此文之荼則爲荼蕭之誼非舒字也僞孔故欲亂經因古書多以荼爲舒審繇于此文解荼爲舒而于洪範篇又改荼爲悆解爲逸豫蓋僞孔氏匿其名而託其書于安國故不畏後人之非議而誕妄如此迨唐開元時欲改隸古以時字而文全无者衛包據僞孔傳誼爲正故于洪範改荼爲豫于此改荼爲舒故云是且改作舒字非也據正義本而言也然虞尚書譏外一是于此則叶古之功惡緣己哉

亦惟有夏氏之民饕懫日欽劓割夏邑 僞孔本无氏字茲以說文所引增饕懫二字亦以說文僞孔古文同正義本改以俗非也 注 饕貪也懫忿戾也欽者思望之意邑國也亦惟夏氏之民貪饕忿戾日欽欽然思劓割夏國害民之貪亂欲夏亡也湯誓曰有衆率怠弗協曰時日害喪予及女偕亡此之謂也 害何葛反 喪息宕反 疏

饕貪說文食部文𢜭忿戾也者說文心部引此經而訓其詮如此且𢜭音云讀若摯詩晨風云憂心欽欽毛傳云思望之心中欽欽然故云欽者思望之意以國說文以部文孟子梁惠王篇引湯誓曰時日害喪予及女偕亡且說之云民欲與之偕亡則湯誓所言與此同欽與割喪以同意以謂民欲喪亡也故引湯誓以證此經之所謂

天惟時求民丶乃大降顯休命于成湯刑殄有夏

丶知庾反今通作主

注　天惟是之故求可爲民主者乃大下其顯休之美命于成湯使之誅絕有夏

疏　云天惟是之故者惟時是舉上之詞言惟是夏民曰欽與割喪以之故

惟天不畀純乃惟以爾多方之義民不克永于多享

義牛奇反注同威義字也

注　純大也義民猶民義謂賢者惟天之不畀夏大矣所以然者乃惟夏王以爾多方之賢

義埶于民皆黜殺之使不能久居多享祿位言桀不任賢【疏】純大釋詁文云義民猶民義謂賢者〻大誥云民義有十夫民義言民之俊義謂賢者此言義民謂義埶于民皆是猶從文言民義也下文成湯克以爾多方簡代夏作民主是言湯以能用賢為天所畀此反對下文為言則是言天之不畀桀以桀不任用賢故〻解不享永于多享謂黜殺義民使不能久居多享祿位也

惟夏之龔多士大不克明保享于民乃胥惟虐于民至于百為大不克開

開正義本亦作開茲亦从書古文訓本【注】胥皆也惟夏龔職之多士大不能明安享于民之道乃皆惟虐于民其所為虐政至于百計大不能開于民之麗言桀任用小人【疏】胥皆釋詁文云惟夏龔職之多士皆此龔多士即上文所謂惟逸之龔者故解為龔職云大不能開于民之麗皆上文言不享開于多方

民之麗則此言大不克開與所謂不克開于民之麗也乃惟成湯克以爾多方簡代夏作民主。〔注〕簡，擇也。乃惟成湯以爾多方之賢者簡擇而任之，用是代夏爲民主。〔疏〕簡擇，鄭箋詩簡兮篇證。慎厥麗乃勸，厥民刑用勸。〔注〕刑，灋也。慎其民之麗，乃勸勉于民；其民灋之，用勸于善。〔疏〕刑灋，釋詁文。云慎其民之麗者，上文云不克開于民之麗，則此言慎厥麗，是謂慎其民之麗也。以至于帝乙，罔不明德慎罰，亦克用勸。要囚殄戮多辠，亦克用勸；開釋無辜，亦克用勸。〔注〕帝乙以上，無不明德慎罰者，亦勸勉于民。其要囚乃之辠灋者刑殺，寬宥赦留當其情，民咸服之，亦以用勸于善上時掌反覈下革反當多宕反疏云刑殺寡殺當其情皆殄戮多辜刑殺之當也開釋无辜寡殺之當也今至于爾辟弗克以爾多方亯天之命於戲辟賓亦反注辟君也爾君謂紂也爾君弗率先王之德澤而不以爾多方亯天之命可嘆也夫夫房孚反疏辟君釋詁文云可嘆也夫皆嘑嘆也解於戲之意也王若曰誥告爾多方非天庸釋有夏非天庸釋有殷乃惟爾辟以爾多方大淫圖天之命屑有辭注王命誥告爾多方夏殷之亡非天用捨去之也乃惟爾君紂能以爾多方之眾大過圖度天命謂不去己動作切切辠狀有辭以故滅亡爾商書曰

王曰我生不有命在天，是其謂圖天命也。不言桀者，上已詳言桀惡于此省爾。捨，式野反。去之，羌呂反。省，所耿反。[疏]云以爾多方，以字多挾持之意，則大淫圖天之命，謂紂挾有爾多方之眾，大過圖度天命，謂居各己也。故云恃己爾多方之眾，而過度天命，謂不恭己。引商書西伯戡黎文言我生不有命在天，反詞，以淩有命在天也，是大淫圖天之命之證也，故引之也。云不言桀者，上已詳言桀惡于此省爾者，疏茲言非天庸釋有夏，非天庸釋有殷，其下乃止言爾，爾辭不言桀，故淩之。云以上已詳言桀惡故省也，詳言桀惡，皆上文有夏誕厥逸云云至洪舒于民是也。

乃惟有夏圖厥政，不雧于享，天降時喪，戡有邦閒之。雧今省作集。戡，色湛反，下同。閒，吉莧反，注同。[注]雧，就。閒，代也。桀謀其政，不就于享國之謀，天降是喪亡于夏，使有國諸侯代之，謂商代之也。[疏]雧，就，毛詩小旻傳及大明傳皆有是訓。閒，代，釋詁文。

乃惟爾商後王逸厥逸圖厥政不蠲烝天惟降時喪注蠲絜烝升也爾商後王縱佚其佚其所謀之政胜藏不絜升聞于上天惟降是喪亡絜今辭反縱子用反胜桑巠反疏蠲絜毛詩天保傳說也烝升馬說也見釋文說文云烝火气上行也是烝之誼爲升也云胜藏不絜升聞于上者酒誥云誕惟民怨庶羣自酒胜聞在上又如呂刑云刑發聞惟胜是也惟聖罔念作狂惟狂克念作聖天惟五年須夏之子孫須相俞反俗誦作須注聖罔念則狂矣狂克念則聖矣善惡无常皆可變改天惟是故待暇紂也須待也夏兼成夏之言暇天覬紂急改故待暇其終至五年欲使復傳子孫五年者文王受命八年多亡

至十三年也　覬吉私反　優文敍反　疏　須待，釋詁文。說文太部說同。鄭注見詩皇矣正義。成陽靈臺碑云：日稷不夏。言日昃不暇也。是古字或以夏爲暇也。故鄭云夏之言暇。案禮記鄉飲酒議云：夏之爲言叚也。伏生大傳云：夏者叚也。釋名云：夏，叚也，寬叚萬物使生長也。鄭云夏之言暇者，鄭君蓋以暇爲叚，太謂夏之言叚尒。據鄭君箋皇矣詩云「天須叚此二國」，是用此經須夏之說，故知鄭君此注以暇爲叚，謂須待之寬叚其年至五年也。云五年者，文王受命八年至十三年也。皆伏生大傳云文王受命七年而崩，則受命八年是武王紀休之年，至十三年一月乃伐紂，是有而五年矣。大誓說十一年武王觀兵孟津之事，云八百諸侯不召自來，不期同時，不謀同詞，皆曰受可伐矣。王曰：尒未知天命，未可伐。幾則武王須夏紂，故至十三年乃伐之。其實天意須夏紂五年者，王奉順之尒。

誕作民主，罔可念聽。疏　天須夏紂，而紂爲民主，肆行無道，無可爲天念聽者，言紂自絕亏天。

天惟求尒多方，大動以威，開氒

顧天惟爾多方罔堪顧之惟我周王靈承于旅克堪用德惟典神天閞正義本作閞據書古文訓當作閞典多殄反今通作典注顧猶視念也典主也天以紂無可念聽惟是求之于爾多方下災異之威大動天下之心開其能順天之視念者爾國無堪順之惟我周王善承于衆能堪用德以主神天之祀下災衍嫁反疏詩譜敘正義引此經鄭注云顧猶視念也其意言天下災異之威動天下之心開其能順天之視念者而國無堪順之惟我周能堪之典語說作朱足蔡引皆為箋也茲用其注顧為增益故不偁鄭君也典主說文攴部文天惟式教我用休簡畀殷命尹爾多方注尹正也治也天惟是用教我周以休祥簡閱付畀我以殷多方

命使正治尒多匚【疏】釋言云尹正也說文又部云尹治也此經尹字當兼此二詁故云尹正也治也

今我曷敢多誥我惟大降尒亖國民命尒曷不忱裕㞢亏尒多匚【注】今我何敢多誥我惟大下亏尒四國民教命而㠯尒何不信我教命而裕與信亏尒多匚乎下行緣反【疏】云我惟大下亏尒四國民教命而㠯皆下文云乃為不用我降尒命即此所降四國民㞢命也言為不用則命是教命矣篇首言我惟大降尒命同此教命也云尒何不信我教命皆忱㞢言信也云裕其信亏尒多匚皆謂信我教命而裕足其信亏尒多匚㞢衆令畱信我教命也

尒曷不夾介辥我周王亯天㞢命【注】夾持介譱也尒何不夾持譱繼㠯聽治亏我周王㠯亯天㞢命乎【疏】夾持說文大部文介譱釋詁文夾持譱繼㠯聽治亏周則將毀

之憂始使得安其所安其業樂其生是以言天之命故云爾何不夾持善道以聽治于我周王以合天之命乎

今爾尚宅爾宅畋爾田爾曷不惠王熙天之命畋徒年反

注　尚之言猶也畋乎田也惠順熙廣也今爾猶居爾居乎治爾田得安其生業爾何不順王政教以廣天之命乎

疏　左傳僖二十七年云蔿賈尚幼又僖三十三年云王孫滿尚幼皆謂年猶小是尚之言猶云畋乎田也皆說文攴部文惠順釋言文熙廣也皆國語周語羊舌肸說昊天有成命之詩解熙爲廣也

爾乃迪屢不靜爾心未愛屢力寠反注同

注　屢數也愛甚也我道也皆數矣爾乃數道猶不安靜是爾心未愛慕也蔡誥曰今惟民不靜未戾厥心迪屢未同此之謂數所角反道大到反

疏　屢數鄭箋巧言詩說也詩隰桑敘云思見君子盡心

以事之其詩云心乎愛矣瑕不謂矣中心臧之何日忘之是愛爲惠愛故云愛惠也引康誥者康叔所封國卽殷之故虛則所云民不靜迪屢未同者卽此經所謂故引以證

尒乃不大宅天命尒乃屑播天命尒乃自作不典圖忱于正注宅讀當爲度典灋正居也尒乃不大于度天命乎尒乃動作切切播棄天命乎尒乃自爲不灋謀取信于居上乎此殊數責之也度代洛反居中支反乎七本反俗加心傍非數色主反

疏宅之言尻天命不可云尻故云宅讀當爲度蓋古者宅度同字說以詳堯典及康誥疏釋詁典灋同訓爲常故云典灋鄭注周禮太宰六典之典隸葥三訓爲灋訓居正居釋詁文云尒乃不大于度天命乎者蓋于度天命當知天命爲定不復生我惟時其與謀矣四國之叛繇其不度天命故也

教告之我惟時其戰要囚之注戰懼也要

囚與汝所俘囚皆之辜也逸書曰俘維九邑我惟是之故其敎告之我惟是之故其戰與囚之重形參故戰愳俘方承反疏戰愳釋詁文引逸書者逸周書作洛解云二年又作師旅臨衛攻殷殷大震潰降辟三叔王子祿父北奔管叔經而卒乃囚蔡叔于郭淩凡所征熊盈族十有七國俘維九邑是其文也引之者欲見此時踐奄而條頌有俘囚已證此與囚謂與汝所俘囚皆之辜也

至于再至于三乃有不用我降爾命我乃其大罰殛之

注我教告爾已至再至三矣乃有不用我所下于爾之教命者我乃大誅罰之下行嫁反

非我有周秉德不康寧乃惟爾自速辜

注速召也非我周秉執之德不靜安而欲誅罰也乃惟爾不用命自召辜戾疏

釋詁云肄徵也徵召也故云肄召也義取鄉飲酒主人肄賓鄭注亦云肄召也王曰烏虖繇告尒四方多士暨殷多士今尒奔走臣我監五祀越惟有胥賦小大多政尒罔不克臬篇皆及此文繇字正義本皆改作攸猶字茲从書古文訓本偽孔本賦作伯政作正茲从伏生大傳本注監謂三叔監殷者祀年也商曰祀周曰年告殷民故曰祀迺王命三叔監殷殷民皆臣服于茲十年矣言五祀者本其未叛時言也胥謂繇役繇役亦賦也故曰胥賦克任臬準也告謂尒庶邦多士暨殷多士今尒曾奔走臣服于我監五年矣于惟有繇賦小大多政領令于尒尒無不任繇賦之準領也大

傳曰古者十稅一多于十稅一謂之大桀小桀少于十稅一謂之大貉小貉王者十一而稅而頌聲作矣故曰

越維予胥賦小大多政 繇弋招反責在麥反頟音格反貉莫白反

疏 云監謂三叔監于殷者〻告殷民而言臣我監則監是謂周之監于殷者故以爲管蔡霍三叔也僞孔氏乃云監謂成周之三監且云臣服我監五年无過則還本土蓋僞孔以多方在多士之後因傳會其說謂殷民猶于成周而又叛〻而又征之復立監〻之諭令臣服此等說也案多士云昔朕來自奄則作多方實在作多士之前此云臣我監者偁其往日之善以誘繼之非予復立三監之事且經文大无許還本土之言僞孔氏悉意亂經等諸異說非也正義引王肅注云其无成雖五年大不得反正毀僞於合足徵僞孔傳之出于肅矣云商曰祀周曰年者繹天文云武王命三叔監殷〻民皆臣服于茲十年矣者武王克殷而封武庚命三叔監之粤五年而武王崩其明年周公居東居東二年而反居攝時當克殷以來之八年也此時居攝三年計封武庚立三監至此秝十年

矣云言五祀者本其未叛時言也者三監之叛在周公居攝之初距初監時爲八年矣是時殷民雖臣服三監而于王室則爲畔羊惟初太三監至流言之始此五年之閒殷民未嘗畔志乃爲臣服亦經言五祀是本其未叛時言也云胥謂繇役者周禮天官敘官云胥十有二人徒百有二十人鄭注云此民給繇役者鄭又注地官敘官云胥及肆長中給繇役者是給繇役者爲胥名也又小司徒云以起軍旅以作田役以比追胥以令貢賦又云凡起徒役毋過家一人以其餘爲羨唯田與追胥竭作是胥實爲繇役之名也云繇役大賦也者周禮大司馬云凡令賦以地與民制之上地食者參之二其民可用者家三人中地食者半其民可用者二家五人下地食者參之一其民可用者家二人是繇役大賦也故漢書景帝紀後二年詔曰省繇賦後漢書第五倫傳云倫後爲鄉嗇夫平繇賦皆繇賦聯言此言胥賦猶彼言繇賦也毛詩敬之傳云仔肩任也鄭箋云仔肩任也則亭任同詁故云亭任說文木部云臬射準的也故云臬準也引大傳者伏生書傳多亡傳文以證此經本是胥賦小大多政僞孔改賦作柏政作正非也案公羊宣十五年傳云古者什一而藉古者曷爲什一而藉什一

者天下之中正也多乎什一大桀小桀寡乎什一大貉小貉什一者天下之中正也什一行而頌聲作矣大傳說與公羊同則其說繇來舊矣

自作不和爾惟和哉爾室不睦爾惟和哉爾邑克朙爾惟克勤乃事上不諅于凶惪

僞孔本改作爾尚弜諅于凶惪衛包又改作爾尚不忌于凶德皆非也茲从說文所引諅渠記反

注 爾向者自察不和爾今惟和哉睦大和也爾室承不和者爾惟和之哉爾邑中衆朙于和順是爾能勤乃事則上之乃不忌傲于爾中凶惪矣諅忌也凶惪指謂經皆之叛也傲桑七反

疏 經兩言爾惟和哉一承自作不和之下是欲其改皆之不和故解云爾今惟和哉一承爾室不睦之下是欲其和睦于室故解云爾惟和之哉經意固是不同故解亦異也說文目部云睦敬和也是睦亦和誼故云睦大和也諅忌說文言部文

云凶德指謂其從管之叛也者蓋殷多士雖從順然曾從祿父而叛則爲其居上者自不能无猜忌故言上不忌于凶德自是謂信其從順不忌憚其從管之叛也上謂在上之人若君若官長皆是亦則以穆穆在乃位克閱于乃邑謀爾乃自時洛邑尚永力畋爾田天惟畀矜爾我有周惟其大介賚爾迪簡在王庭尚爾事有服在大僚【注】亦古夾字則夾也穆穆敬也爾義曰用也時將遷殷民于洛故曰自時洛邑逸書曰俘殷獻民遷于九畢在此時也九畢洛邑之地也畀予也介助也賚大予也夾輔夾則以敬居乃位爲簡閱于爾邑以謀義謂爾乃用是洛邑庶幾各安其居業

永悉用力于畋尒田矣如是則天惟予尒憐尒我周惟其大助予尒進簡尒在王庭庶尚尒事及治職事在大官皆言將顯用之勸勉之也

【疏】云大古抜字皆說見召誥經及梓材經則濬釋詁文穆穆敬也釋訓文介善大釋詁文自用也詩緜傳誼也伏生大傳云周公攝政五年營成周多士敘云成周既成遷殷頑民此篇乃攝政三年時事而云時將遷殷民于洛故曰自時洛邑皆蓋營成周本爲安集所遷之殷民而告殷民作多士則在成周既成之後故多士之敘必言成周既成又以推本于遷殷頑民言之不可執泥以爲成周既成乃始遷殷民也召誥云太保乃以庶殷攻位于洛汭又云厥既命殷庶庶殷丕作則來營成周之先殷民固己在洛矣此經言尒乃自時洛邑自是將遷殷民于洛且爲逸書以文可據故引以證吾逸書皆逸周書作洛解文也其文云二年又作師旅臨衛攻殷殷大震潰降辟三叔王子祿父北奔管叔經而卒乃囚蔡叔于郭凌凡所征熊盈族十有七國俘維九邑俘殷獻民遷于九畢俾康叔宇于殷然則遷殷

多匚

殷民在克殷之後封康叔之前伏生大傳云周公攝政二年克殷三年踐奄鄭注康誥云是時周公居攝四年此然則遷殷殷民于九畢蠲當三年踐奄之時故云在此時也云九畢洛邑之地也者於是注佗洛解云九畢成周之地成周固是洛邑也畀予釋詁文釋詁云爾易也鄭箋詩七月行葦綜說文日部云各易也故云亦易也酸諸篇皆各爾易之訓青釋詁賚畀偶訓予也茲以云畀予故云賚大予也

王曰嗚虖

多士爾不克勸忱我命爾亦則惟不克享凡民惟曰不享爾乃惟逸惟頗大遠王命則惟爾多方探天之威我則致天之罰離逖爾土逷古文逖

注 致功曰享謂致其所爲之功事于上也探取也爾多士不能裕其忱于爾多方勸其忱信我教命爾大則惟不致功事以享

亯凡多匚之民亦淫曰不亯矣尒乃攸侯頗蔑大遠
王命則惟尒多匚自取天之威我則致天之罰亏女分
離逖女土也𡨦夕嗇反背蒲妹反【疏】禮記曲禮下云五官致貢曰亯鄭注云貢功也亯獻也致其歲宊之功亏王謂之獻故云致功曰亯謂致其所爲之功事亏上也上文云越維有胥賦小大多政尒网不克臬克之言任〻胥賦之臬則是致其功事亏上也探取釋詁文上文云尒曷不忱裕之亏尒多匚謂尒何不信我教命亦饒裕其忱信亏尒多匚使多匚皆信我教命也此言勸忱我命是謂勸多匚之衆信我教命與上文語意正同故云尒多士不欲裕其忱亏尒多匚勸其忱信我教命回顧上文己爲辭也云凡多匚之民亦惟曰不亯矣己凡民爲多匚之民皆凡是最括之詞所包者廣當不止謂殷民且言勸忱我命則所謂忱裕之亏尒多匚也且又言尒多匚探天之威則此凡民自是謂多匚之民矣云分離逖女土也者鄭君注也見正義

王曰我不惟多誥我惟祗告尒命又

曰時惟爾初不克敬于和則無我怨

注 不惟多誥，言不多誥也。祗，詞也。周公錄王命既竟，又申王意以丁寧之。備王之言曰：我不煩備誥，我祗告爾以此教命而已。王又言曰：是惟爾初時不能敬于和諧故也，非我不兼容者，則毋與我怨矣。

疏 云不惟多誥言不多誥也者，後見惟字之是語辭，不爲詮也。蓋若執不惟不但之詮，則毀省文。今我省爲多誥及此下向我惟祗告爾命語意當聿反矣，故之佀不多誥解，不及惟字也。云祗詞也者，言此祗字不佀敬解，之是語詞爾。云周公錄王命既竟，又申王意以丁寧之者，篇當言周公曰王若曰，是周公備王命，則凡篇中王若曰、王曰之等，皆周公所錄也。備自繇又爾士以上告哉之語以詳盡，故云既竟。此更備王曰又曰，而語无多也。云祗告爾命及則毋我怨，是申王意以丁寧之也。

周官弟八十六 注 篇亡，孔氏書亦未有。

周書弟三十六

立太師、太傅、太保，茲惟三公。注 所保傅王

保，保其身體；傅，傅其德誼；師，道之教順。此三公之職也。

順古以爲訓 疏 周禮保氏敘官疏引鄭志趙商問：案成

字假借也。王周官「立太師太傅太保，茲惟三公」，即

三公之號，自有師保之名。成王周官是周公攝政三年

事，此周禮是周公攝政六年時，則三公自名師保，起之

在前，何也？鄭荅曰：周公左，召公右，兼師保，初時然矣。詳

鄭君之意，蓋謂成王以師保是周公所兼之官，故

列之常于三公，隸後周公制周禮，則以師氏爲中大夫、

保氏下大夫官，制不繇時變，不當以尚書周官難

周禮也。案孔氏逸書无周官篇，趙商何由見此文而偁

之？蓋或引見于周秦諸子之書，而商得據以問與？而作

僞者遂取之以入其所爲之周官矣。注引所保傅者，大

戴所保傅篇文也。逸書先太師，後太傅，後太保，注勤其

周官

敍者順保傳篇成文不得依錄書之次也云師讀之敍己順者敎順言敎訓也古或以順為訓孝經聖治章云以順則逆民無則焉是亦以順為訓蓋順訓皆以聲故古者或叚借順字為訓也

立政弟八十七

周書弟十七　尚書弟十四

周公若曰拜手稽首告嗣天子王矣用咸戒于王曰王左右常伯常任準人綴衣虎賁周公曰烏虖休茲知恤鮮哉

伯博貉反僞孔本作柏茲从說文所引準中盾反綴之銳反賁甫門反鮮相然反

曰于嗟周公會羣臣共戒成王其言曰拜手稽首是周公贊羣臣之詞聲謂常伯常任準人即夏商之三宅

文者之三事也綴衣虎賁文者咸其官與齊則未聞焉

虎賁守王宮見周禮綴衣則未咸見蓋侍帷幄之臣也

疏 敀鮮善也周公率群臣以見于王曰群臣拜手稽首

咸告于嗣天子王矣群臣用皆戒于王曰王左右之臣

皆常敀常任準人綴衣虎賁諸官皆周公所贊之曰美

哉此諸臣之戒知敀受其任斯善哉所戒之詞下文所

云皆是也戒王皆周公之意使群臣發其耑不敢專所

戒也於戲休茲皆承藝淫泆以勸成王之聽今文故爲

伯準爲辟見大燕反注內皆同率所律反焉多官反淚夷益反【疏】肅注見正義文選劉琨反荅盧

諶詩注引楊雄侍中箴曰炎炎常伯又籍田賦注引應劭漢官義曰侍中周成王常伯任侍中殿下備物故號

立政

伯古今字然則常敀即漢之侍中也但漢之官制今人罕知非所以曉學者故不用爲說云常敀常任準人即夏商之三宅文武之三事也者下文備夏臣告其君亦以宅乃事宅乃牧宅乃準茲惟后矣又備湯用三有宅克即宅是夏商官制皆有三宅又備文武太政以任人準夫牧作三事相爲以況則準夫即宅乃準牧即宅乃牧而任人爲宅乃事大可知蓋所任者事故或言事或言任一也此文準人即文武時之準夫夏之宅乃準也常任則文武之任人其在夏則爲宅乃事矣以此推之則常敀即所謂牧矣鄭注禮記王制云殷之州長曰伯虞夏及周皆曰牧然則牧伯同職也而敀伯則同字故以常敀當牧也云綴衣虎賁文武有其官夏商則未聞焉者文武之綴衣虎賁下經可據也夏商官制書缺有間故無聞焉據禮記明堂位夏官之數三分周官之一殷則三分周之二案其官之不備此二官有無不可知也故以未聞荅然止取況于文武時可矣夏商繇未聞而成舜之者以常敀常任準人取況于夏商之三宅故也云虎賁守王宮見周禮者周禮夏官之屬虎賁氏下大夫二人其職云舍則守王閑王在國則守王宮是也云綴衣則未有見蓋侍帷幄之臣也者周禮之官無名綴

衣者故云來乃見顧命云牀設黼扆綴衣則綴衣是帷幄之屬也以綴衣名官故以爲侍帷幄之臣以无正文故云蓋以疑之怭攸說文心部文鮮善釋詁文亏嗟羣臣雖義成王才舉諸官名而所義之詞猶來發一語周公則贊之曰休兹知恤鮮哉則周公旨知羣臣將欲云何而美之注了云美哉此諸臣之義知攸受其言斯善哉以休兹爲美諸臣之意恤欲爲攸受所義之言者蓋此篇義成王實周公之意恤欲成王深念其言故訐諸羣臣以見其爲篇乃之公言不可不思也故令羣臣雖義而公則歎美之使替羣臣先白亏公〻以知其言將伐爲錄之而先歎美之者則解休兹爲美諸臣之義解恤爲攸受其言斯爲允當僞孔氏解恤爲憂謂憂得其乃是增益之詮非經意也云所義之詞下文所云皆是也者謂古之乃以下逆以艾我受民也云義王者周公之言意使羣臣發其焉不欲專所義也者此篇皆周公之言使羣臣先義亏王而已絕而錄之辭文云孚曰以受乃之徵言也言咸告孺子王矣是不欲專所義而以其言爲乃之言也云今文故作伯伯準爲辟者謂蔡邕石經也正義本故亦作伯乃今文也

古之人迪惟有夏乃有室大

大政

競籲俊尊上帝競其敬反注有夏謂禹也有室卿大夫之家競彊也多賢人故曰大競詩云无競維人言古之人有道者惟有夏之為天子矣其巨室多賢其君招呼其賢俊以敬天以尊事上帝疏趙岐注孟子離婁篇云巨室大家也謂賢卿大夫之家人所則效者此有室猶孟子所云巨室故云有室卿大夫之家釋宮云宮謂之室室謂之宮牖戶之閒謂之扆其內謂之家則室家通名也競彊釋言文引詩者大雅抑及周頌烈文皆有是言毛公烈文傳云競彊鄭君箋大雅云競彊也人君為政无彊于得賢人箋周頌云无彊乎維得賢人也得賢人則國家彊矣茲引之以證大競為多賢人

迪知忱恂于九德之行乃敢告教厥后曰拜手稽首后矣曰宅乃事宅乃牧宅乃準茲惟后矣謀

面用丕訓惪則乃宅人茲乃三宅無義民恂息旬反行下孟反注同僞孔本脫鄉字茲依蔡邕石經補之義牛奇反注同注迪蹈忱誠恂信也大學曰知止而后意誠惟蹈其知故誠信于惪行咎繇謩曰亦行有九惪故曰九惪之行面猶向也丕讀曰不訓順也義讀如儀言賢俊之臣厥蹈其知誠信于九惪之行乃敢告教其君曰敢拜手稽首有告于吾君矣厥宅乃事牧準三宅之官也惟君蹈矣若或面其謀向用不順之惪宅其人于位如此則三宅之官無以義埶于民矣告教其君之言也此太土柰反或佀大音太同疏迪蹈釋詁文不于上文迪惟有夏訓釋而訓于此者上注脫漏于此補之也忱誠說文心部文恂信亦釋詁文

立政

大學者書篇名也杜氏記云知至而后意誠者蓋知既至則同于善惡好善如好好色惡惡如惡惡臭此謂毋自欺乃為誠其意矣故彼文上文先言欲誠其意者先致其知乃後言知至而后意誠蓋知至必為所以致其知者也此文紬知猶致知也怳恂即意誠也紬知怳恂于九德之行所謂知至而后意誠也故引太學以說也引物謂慕大行為九德者亦古挾字言乃挾扶其行為九德也九德所以挾行故旨九德之行九德具見物謂慕茲不數云圖猶向也者鄭君注召誥云圖猶回向也鄭又注周禮大卜云圖猶鄉也鄉與向同字也云丕讀旨不者古字丕與不通說以具般庚經此篇下文云用懋乃不訓德此言慮謀圖用丕訓德丕之詮為大號言慮謀則不得言向用大順之德自當如下文所云不訓德乃始應當故讀丕為不也訓順廣疋文抑文詩云四方其訓之鄭箋云天下諸侯順其所為是訓為順也云義讀如儀儀者義為容義儀者儀度二字詮異而音則同今乃皆以儀為義而以義為仁詮字非矣故正其讀為義儀音相如而詮則異且以見義非仁詮字也云告教其君之言止此者恐學者不知止以茲惟后矣之以上為告教其君以下為周公自言故特為之

桀德

惟乃弗作往任是惟暴德罔後【注】桀所為德惟乃不為往昔先王之任賢惟暴德之人是用故絕世无後亦越成湯陟丕釐上帝之耿命乃用三有宅克即宅曰三有俊克即俊耿工幸反【注】亦者亦夏先王也釐理耿光即就也亦于成湯身天子之位大理上天之光命乃用事牧準三宅之官即就其所居之位言稱職舉剛于柔于正直三德之俊即就其俊德言舉不失實稱尺證反【疏】云亦者亦夏先王也者上言夏先王招呼賢俊此舉上而言湯之即用賢亦乃舉上之詞故云亦夏先王也釐理鄭箋臣工詩誼也耿光杜林誼也說文耳部引杜林說耿光也从火聖省聲杜林傳西州桼書古文此蓋古文說也即就毛詩東門之

立政

墠傳詁也云舉剛克柔克正直三德也後皆洪範云三德一曰正直二曰剛克三曰柔克詩羔裘云三英粲兮毛傳云三英三德也鄭箋云三德剛克柔克正直也案英俊同是才德兼乃之名鄭以洪範三德說詩之三英則此三俊亦是洪範之三德矣嚴惟丕式克用三宅三俊其在商邑用協于厥邑其在四方用丕式見德協古文協字見大㝢反注同

注　式法也湯之嚴威惟丕丕大法于天下皆以其丕用三宅三俊故其在商邑用是宅俊以協和于其邑其在四方用是宅俊以大法于四方而皆見湯之聖德

疏　式法說文工部文

嗚呼其在受德忞惟羞刑暴德之人同于厥邦乃惟庶習逸德之人同于厥政忞鉥巾反正義

本作暋，衛包所改也。說文引作忞，書古文訓同。

注　馬融曰：受德，受所為德也。暋，謂忞彊也。紂德性彊梁，惟進任刑戮暴德之人，與同于其國；乃惟眾狎習為淫佚之人，與同于其政。同者，同惡相濟也。氒邦、氒政互文。

疏　馬注見釋文。逸周書克殷解云「殷末孫受德」，孔晁注云「紂字受德」。又呂氏春秋當務篇云「受德乃紂也」。馬君不以受德為紂字，而云受所為德也者，以上文言桀德是謂桀所為德，已況此文，則受德言受所為德矣。西伯戡黎敘云「奔告于受」，是紂亦或單偁受，不必以受德兩字目紂，故馬云受所為德，以此文非以受德目紂也。忞彊，說文心部文。云紂德性彊梁者，以彊是剛彊，不必是惡德，止訓忞為彊，則紂之惡猶未甚，以故增成其說，以為彊梁。詩蕩篇云「曾是彊禦」，亦謂紂也，毛傳以彊為彊梁，是紂德性彊梁也。從詩正義云：彊梁者，任威使氣之皃。是也。云同者同惡相濟也者，濟，成也，言君臣竝為威虐，上下惡相成也。云氒邦、氒政互文者，同于氒邦，即是與同謀國政；同于氒政，亦是同為虐政于其國，是互文也。

立政

帝欽罰之乃伻我有夏式商受命奄甸萬姓奄衣琰反注欽猶重也式用奄大甸治也天重于罰紂終乃兵罰之乃使我周撫有中夏用商所受之命以大治萬姓疏曰欽罰者謂須暇五年疏欽之言敬敬則必不輕傷故云欽猶重也式用釋言文說文大部云奄大有餘也故云奄大甸治也毛詩信南山傳誼也疏注見正義云欽罰者謂須暇五年者多方云天惟五年須暇之子孫謂武王繼紂休五年而後伐紂是天意須暇紂故使武王遲之五年天之須暇紂自是不輕降罰之亦粤意疏引以說此經欽罰其誼固不謬故取之

文王武王克知三有宅心焯見三有俊心焯之若反正義本作灼茲从說文所引注焯明也今文俊爲會疏焯明也說文火部文云今文俊爲會者蔡邕石經本也上文曰三有俊石經闕无攷故于此言今文俊爲會案說

文火部引此作㑺則會字作非故經不从出而聊存于注

以敬事上帝立民長伯長中賞反注同注文王惟克知灼見宅俊之心厥之敬事上天立以為民長伯〻大長也疏云文王惟克知灼見宅俊之心厥之敬事上天者猶前文偁夏王籲俊尊上帝也以之言猶厥故解經以字為厥也釋詁云伯長也經長伯聯文故云伯大長也

立政任人準夫牧作三事注三事猶三宅也上言宅乃事宅乃牧宅乃準下言立事準人牧夫此變事言任人一也言文王立政以任人準夫牧為三事也疏此言準夫牧即上文所言宅乃牧宅乃準下文所謂準人牧夫也以此推之則此任人即上文宅乃事下文所云立事矣故云此變事言任人一也

虎賁綴衣趣馬小尹左右攜僕百司庶府大都小伯

藝人表臣百司太史尹伯庶常吉士

司徒司馬司空亞旅趣倉日反藝牛祭反【注】此皆文王時之官多與周禮異者周公制周禮為因為革也【疏】云此皆文王時之官多與周禮異者二虎賁趣馬于周禮屬夏官左右攜僕蓋若周禮太僕射人也鄭注周禮射人云射人與僕人俱掌王之朝位也且引檀弓曰扶君卜人師扶右射人師扶左鄭又于檀弓注云卜當為僕聲之誤也僕人射人皆乎生時贊正君服位者然則此文左右攜僕正當彼二官之職也百司庶府若禮記曲禮云天子之六府曰司土司木司水司草司器司貨是也周禮則官名無司者尤多府則為太府玉府內府外府泉府天府之屬言百言庶皆凡括諸官之詞也百司兩見者蓋內外之小異表臣百司表之言外蓋外百司也太史則周禮春官之屬司徒司馬司空則周禮六卿之三也案曲禮云天子之五官曰司徒司馬司空司士司寇鄭注以為殷制然則殷時天子五官文王時為諸侯降于天子故三官與其餘官名則周禮皆未為見故云

多毀周禮異者是以時官制如此故誓云司徒司馬司空亞旅則武王伐紂時官制猶然也逮天下既定周公制一代之禮乃仍其舊官名者大乃仍其職而改其官名者雜且乃所增乃所省者故多不同故云乃因乃革也

夷微纑眾長三亳阪尹 纑正義本作盧書古文訓本牧誓篇及此文皆作纑案史記錄牧誓文作纑則纑為是故从之亳旁各反阪府遠反

（注）眾君也蠻夷微纑二國之君臣服于周者也鄭兼成以三亳者湯舊都之民服文王者分為三邑其長居險故以阪尹蓋東成皋南轘轅西降谷也 長中賞反轘戶關反降下江反

（疏）眾君釋詁文云蠻夷微纑二國之君臣服于周者也者微纑二國見于牧誓則是二國之君率師從武王伐紂者則其臣服于周久矣鄭注見正義又見詩商頌正義云三亳者湯舊都之民服文王者分為三邑者亳是湯所都之地故以三亳為湯舊都之民以其時商紂暴虐而服于文王者以言三亳故知分為三邑也云其長居險故以阪尹者阪是山坡之名險太政

之外尹是官居之稱與分亳爲三邑自必各爲大居其
居稱阪尹尹自是已所險處故也云蓋東成皋南轘轅
西降谷也者案鄭注帝告釐沃敘云亳今河南偃師縣
又案續漢書郡國志成皋爲縣名屬河南尹緱氏有轘
轅關緱氏又屬河南尹則成皋轘轅皆近亳也惟降谷
則未有見又案郡國志穀城有函谷關穀城又屬河南
尹則函谷又近亳降蓋函谷之轉降谷即函谷也志又
偁宏農郡宏農故秦函谷關函谷關爲二者漢書武帝
紀元鼎三年徙函谷關于新安以故關爲宏農縣應劭
注云時樓船將軍楊僕數有大功恥爲關外民上書乞
徙東關以家財給其用度武帝意亦好廣闊于是徙關
于新安去宏農三百里案此言新安而郡國志于河南
穀城言有函谷關者蓋兩縣竟地相接關適當兩縣分
界之外故也然則新安函谷之于亳以宏農故關爲近
鄭君叵徙關時已後三百年矣則所云西降谷蓋指新
安之函谷也又案漢書地理志云成皋故虎牢或曰制
據隱元年左傳云制巖邑也則成皋險矣戰國策張儀
曰塞轘轅緱氏之口則轘轅大險與處也水經穀水注
云菑澗水出新安縣東南流經毋丘興盛墓東又南逕
函谷關西關高險陜路出廛郭漢元鼎三年樓船將軍

楊儀數爲大功，恥居關外，請以家童七百人築塞，徙關于新安，即此處也。然則新安之函谷亦險矣。鄭君所云降谷，必是此也。蓋鄭君以亳邑北臨大河，故于其東西南三圖推求，而以成皋、轘轅、降谷當三亳阪險之處，說實不疑，而云蓋者，以無明文左證故也。皇甫謐說三亳，別爲北亳、南亳、西亳之說，謬悠乃見，其所言無一語可信者，不取也。

文王維氒度心，乃克立茲常事司牧人，以克俊有惪。文王罔攸兼于庶言。度，大洛反，注同。僞孔本作「文王惟克厥宅心」，茲从蔡邕石經本。注　心能制義曰度。詩云：「帝度其心。」常事司牧人，最括上文之官也。以，用也。罔攸兼，無所兼采也。庶言，衆人毀譽之言也。文王維心能制義，乃能立此常事司牧人，以用能俊有惪者。文王無所兼任毀譽之言也。疏　心能制義曰度，昭二十八年左傳文也。引詩者，皇矣

立政

篇文左傳引皇矣詩而說度字之誼云心能制誼曰度毛公傳詩與從左傳誼爲說故此用左傳誼解度字因與引詩以證也云常事司牧人冣括上文之官也者繫上諸官名之下而云太兹常事司牧人兹之言此爲所指實是冣括上文諸官而言謂總括任人以下至亞旅也以用說文乙部文云庶言衆人毀譽之言也者繇是庶言而又文王无所兼皆則爲衆人之言可知必以爲毀譽之言皆史記季布傳云季布爲河東守孝文時人爲言其賢者孝文召欲以爲御史大夫復爲言其勇使酒難近至留邸一月見罷季布因進曰臣无功竊寵待罪河東陛下无故召臣此人必有以臣欺陛下者今臣至无所受事罷去此人必有以毀臣者夫陛下以一人之譽而召臣一人之毀而去臣臣恐天下有識聞之有以闚陛下也是人君用人往往有以毀譽爲進退者此言文王度心了然用賢則文王自知人无藉衆言爲用人故解罔攸兼于庶言謂无所兼任毀譽之言也

庶獄庶慎惟有司之牧夫是訓用違

庶獄庶慎文王罔敢知于茲注庶獄衆扨

獄庶眘諸所當眘之事庶獄庶眘惟于所司之牧夫訓敕其用命无韋命而已庶獄庶眘文王无敢兼知于此兼爰甜反

亦越武王率惟敉功不敢替厥誼悳率惟謀从容悳以竝受茲丕丕基茲僞孔本作此从蔡邕石經

【注】敉之言撫也安也武王率循文王撫安民庶之功不敢廢其誼悳率循文王之謀从其寬容之悳用併受此大大之基也今文基爲其其基之省也爲其〻今曰反

【疏】說文攴部云敉撫也鄭注周禮小祝云敉安也故云敉之言撫也安也云今文基爲其皆蔡邕石經作其也云其基之省也皆言基省土而爲其乃通省字非必爲一字欲見石經雖作其誼實同基也

烏虖孺子王矣繼自今我其立政立

事準人牧夫我其克焯知厥若丕乃俾亂相我受民和我庶獄庶慎焯正義本作灼

茲乃書古文訓本相心匠反注若善語也丕語聲也亂治相助也孺子今爲王矣繼自今我其立政當敍灋文延于立事準人牧夫之三宅我其能可知其善乃使之治政以助我受民以和于我庶獄庶慎之事疏若善釋詁文云丕語聲也皆丕本訓大若丕乃聯文則丕是語詞丕特其發語聲全无意誼也如般庚云丕乃猶大言丕乃崇降辠疾丕乃告我高后丕乃崇降弗祥丕乃字凡四見皆止可作一乃字解丕字則无誼可說皆只是發語聲亦以此文丕乃大猶是也亂治釋詁文相助毛詩清廟傳誼也

時則勿有閒之自一話一言我則末惟成德之彥以乂我受民

物僞一本作多茲从王充論衡所引閒吉晏反注同乂吾蓋反（注）閒隙也美士爲彥乂讀當爲艾艾相也非常之物不賑不至時則物多樂閒而至者了无妄之气非政治所致也自一話一言政事无非毋辭變易我則宊維成惪之美士以相我受民而已相心匠反妄亞放反治直吏反（疏）閒隙說文門部文美士爲彥釋訓文云乂讀當爲艾者古字乂與艾通說已見君奭經艾相釋詁文此經上言相我受民此言乂我受民必讀乂爲艾訓艾爲相乃與相我受民合證矣非常之物以下用王充論衡明雩篇證也明雩篇云惪豐政得災猶至者无妄也惪衰政失變應來者政治也政治則外雩而內改以復其虧无妄則內守舊政外修雩祀以慰民心故夫无妄之气秝世時至當固自一不宜改政何以驗之周公爲成王陳立政之言曰時則物有閒之自一話一言我則末維成惪之彥以乂我受民周公立政可謂得矣知非常之物不賑不至故數成王自一話一言政事无非毋辭變易數則非常之變

立政

天子之閒而坐也是其證也經嗚呼予旦已受人之徽言咸告孺子王矣繼自今文子文孫其勿誤于庶獄庶慎惟正是乂之注徽善也乃之善言已上所云是也周公已所成託爲羣臣之言故自予旦以受人之善言咸告孺子王矣繼自今爲肯王守文之子孫羣臣大之任其毋誤于庶獄庶慎惟正乃是治之也今文受爲肯徽爲徽上時掌反疏徽善釋詁文云乃之善言已上所云是也皆謂上文古之乃迪惟多憂至已又我受民皆是也云周公已所成託爲羣臣之言者其說已具詳于篇首疏矣云爲肯王守文之子孫者史記外戚世家云繼體守文之君索隱曰守文者謂非受命創制之君但守先帝法度爲之主耳云惟正乃是治之者此篇皆言用人上言庶獄庶慎惟有司之牧夫是訓

用常下言其多誤于庶獄惟有司之牧夫皆謂責任所
司之人則此言其多誤于庶獄庶眘惟正是乂之自是
謂用正人是治之故解經正字爲正人謂中正
之人也云今文受爲肯徽爲微者謂蔡邕石經

自古商人亦粵我周文王立政立事牧夫準人則克宅之克由繹之茲乃俾乂

注 繹敶也自古商湯亦于我周文王其立政也于立事牧夫準人之官則以所得其人以用敶其謀斯乃使之治事

疏 繹敶釋詁文經言則克宅之謂以所其人于此
三宅故云于立事牧夫準人之官則以所得其
乃言克由繹之茲乃俾乂是正說克宅之實則是謂此
乃以由繹我乃使之治也故云以用敶其謀斯乃使之
治事正義引王肅注云則以所之杜佐以用敶其才力
如此故以使天下治也夫文王未嘗一統何得云使天
下治肅說非也

國則罔有立政用譣人不訓悳

立政

是罔顯在厥世譣七廉反正義本作憸書古文訓本作思說文言部引周書曰勿以譣人是即此經下文也字當從說文爲正此文當與下文畫一故定從譣僞孔本訓下字亦從蔡邕石經

注 馬融曰譣人憸利佞人也聲謂國莫无以太政用譣人不順其德是无以光顯在其世矣今文在爲哉憸七廉反又息廉反

疏 馬注見釋文云譣人憸利佞人也皆說文心部云憸憸詖也憸利于上佞人也然則此經字當作憸了說文言部引此下文勿以譣人字作譣皆蓋叚借字也許君說文敘自言書偁孔氏古文作譣人而未重出也孟子譣出本證則說文云問也是非此經證故以爲叚借字也云今文在爲哉皆蔡邕石經作哉也

繼自今立政其勿以譣人其惟吉僞孔本以上爲其字邦家作國家茲據說文所引

士用勱相我邦家正出勱亞販反舊音莫話反相心匠反

注 勱勉力也讀若萬自今立政者

用勱乃其惟譱士用以勉助我國家焉【疏】云勱勉力也讀若萬者說文力部文

今文子文孫孺子王矣其勿誤于庶獄惟有司之牧夫【注】亏今字文之子孫惟孺子王矣其毋誤于庶獄惟有司之牧夫者擇其人而專任之【疏】云專任之者此言惟有司之牧夫與上文語同上言庶獄庶慎文王罔敢知于茲是言文王專任有司之牧夫此文設大數矣

其克詰尒戎兵以陟禹之迹方行天下至于海表罔有不犕以覲文王之耿光以揚武王之大烈

詰去一反方依注仫表鏞炎反犕古服字【注】詰謹也謹尒戎兵者修文以來遠也陟登也禹迹成五服至于面各五千里四面相

距爲匚萬里畿服以內爲中國分爲九州爲匚七千里夏末旣衰土地四削幅員減殺殷商承之變制中國匚三千里之畍大分爲九州州各匚千里焉周公輔成王致太平復禹之舊域分其五服爲九亦爲方萬里大以畿服之內匚七千里爲九州州故皆禹之迹方當爲旁壞字也旁溥也覲見也耿亦光也烈業也其象謹介戒兵以柔懷遠人以豈復禹之舊迹聲教溥行于天下至于海外无有不備于以見文王之耿光于以揚武王之大業焉今文耿爲鮮幅方服反隕于分反殺色介反旁鋪光反見亦寅反鮮相然反

疏 詁謹鄭注周禮大司寇職說也云謹介戒兵戢甚修文以懷遠也者國語周語云夫兵戢而時動動則威

是武衛所以謹威戎也武衛則修文論語季氏篇云遠人不服則修文德以來之是武衛修文所以褱遠也陸豈說文亯部文云禹弼成五服至于五千里四面相距為方萬里要服以內為中國分為九州為方七千里者鄭注咎繇謨弼成五服至于五千之證也以于咎繇謨具錄其注矣云夏末緣夷土地四邊幅隕減殺商承之更制中國方三千里之時亦分為九州州各方千里長者禮記王制云凡四海之內九州州方千里鄭注云此大時方三千里三三而九方千里者九也其一為縣內餘八各立一州此殷制也王制又云凡九州千七百七十三國鄭注云春秋傳曰禹會諸侯于塗山執玉帛者萬國言執玉帛則是惟謂中國介中國而言萬國則是諸侯之地為方百里為方七十里為方五十里者禹承堯舜而興矣要服之內地方七千里乃容之夏末緣夷狄內侵諸侯相并土地減國數少殷湯承之更制中國方三千里之時亦分為九州而律此千七百七十三國焉案鄭公必以王制所言為殷制者以中國方三千里之時上卝之唐虞及夏初之幅隕皆不合下攷之周則亦不符故推以為殷承夏末而興是固信而為徵者故此依用其說云周公輔成王致太平復禹太政

之舊域，分其五服爲九，大爲方萬里，大以畿服之內方七千里爲九州，故以登宮之跡也。皆周禮職方氏云：方千里曰王畿，其外方五百里曰侯服，又其外方五百里曰甸服，又其外方五百里曰男服，又其外方五百里曰采服，又其外方五百里曰衛服，又其外方五百里曰蠻服，又其外方五百里曰夷服，又其外方五百里曰鎮服，又其外方五百里曰藩服，是周之九服爲方萬里矣。又大行人職云：邦畿方千里，其外方五百里謂之侯服，歲一見；又其外方五百里謂之甸服，二歲一見；又其外方五百里謂之男服，三歲一見；又其外方五百里謂之采服，四歲一見；又其外方五百里謂之衛服，五歲一見；又其外方五百里謂之要服，六歲一見；九州之外謂之蕃國，世一見。要服即蠻服也。言要服，下言九州之外，則要服以內爲九州矣。鄭注皋繇謨云：禹敷土既畢，廣輔五服而成之，至于面各五千里。太王城五百里曰甸服，于周爲王畿，其鄉當侯服；其外五百里爲侯服，當甸服，其鄉當男服；又其外五百里爲綏服，當采服，其鄉當衛服；又其外五百里爲要服，與周要服相當，太王城三千五百里，四面相距爲方七千里，是九州之內也。要服之鄉當其夷服；又其外五百里曰荒服，當鎮服，其鄉當藩服。

去王城五千里，四圍相距爲二萬里，是周之九服所容。仰成之五服，廣袤正等。經言陟禹之迹，此之謂矣。云方當爲旁，壞字也者，說文引書曰旁逑孱功，白虎通引書旁施象刑維明，論衡引甫刑庶僇旁告无辜于天帝，諸旁字係古文皆作匚，正義皆改作方，乎于諸文繇皆爲據以改正之矣。此經方字必作旁證，了可解說，但未引見也。書无所依據，故不敢于經文直改作旁，止注云當爲旁，而以云壞字者，旁中爲方，文旁字容或缺壞而徒存方文。荅鄭注檀弓云：亦當爲繇，壞字也。旁，溥，說文上部文。覲，見，釋詁文。耿光，杜林說也，以見皆延。釋詁云：纘，光也。耿纘音證同，經耿光聯文，故云耿大光也。烈，業；大，釋詁文。云今文耿爲鮮者，據蔡邕石經。

烏虖！繼自今後王立政，其惟克用常人。**注** 常人，有常德者。**疏** 周禮大司樂以樂德教國子中和祗庸孝友，鄭注云：庸，有常也。則有常是人之一德。咎繇謨云：章厥有常吉哉，謂同與。德有常乃爲善人，故云常人有常德者。

周公若曰：太史、司寇蘇公，式敬爾由獄，以長我王國長知賞反注蘇公名忿生當武王時爲司寇者式灋事用也太史掌六典八灋八則凡國之典籍皆藏焉蘇公蓋以成灋藏于太史故因上言庶獄而呼太史以告寧焉言司寇蘇公之灋敬爾用獄以培長我王國俾蘇公之灋義藏才浪反疏云蘇公名忿生當武王時爲司寇者者成十一年左傳云昔周克商使諸侯撫封蘇忿生以溫爲司寇是也式灋說文工部文事用小爾詩鄭箋說也云太史掌六典八灋八則者周禮云太史掌建邦之六典以逆邦國之治掌灋以逆官府之治掌則以逆都鄙之治鄭注云典則亦灋也逆迎也六典八灋八則冢宰所建以治百官太史又建焉以爲王迎受其治也案六典八灋八則茲見太宰職六典者一曰治典二曰教典三曰禮典四曰政典五曰刑典六曰事典是也八灋者一曰官屬二曰官職三曰官聯四曰官常五曰官成六曰官灋七曰官刑八曰官計是也八則者一曰祭祀二曰灋則三曰廢置四曰祿位五曰

賦貢六曰禮俗七曰刑賞八曰田役是也云凡國之典籍治藏焉者太史既掌六典八灋八則之凡典籍大約可知也又昭二年左傳晉侯使韓宣子來聘觀書于太史氏見易象與魯春秋是凡典籍治藏于太史也云蘇公謂云此矣且其職云凡辨灋者攷焉則凡灋治藏焉可蓋爲成灋藏于太史者以備司寇蘇公式則蘇公治獄爲成灋其必爲成書可知太史既掌典籍之藏則蘇公爲成書自然藏于太史故周公對太史備之也但此是推原經意以爲說未爲定據故不敢質言而云蓋也案蘇公于成王時爲司寇太此時未久容可此時尚在安知周公非竝呼太史及蘇公兩人而必知是對太史備蘇公式者以周刑太史是下大夫司寇是卿蘇不應先呼卑者而後尊者且司寇蘇公兼備官與人太史唯舉其官不備其人故知非竝呼也又況經文式字不可屬下讀蓋式之爲詞爲用與灋兩訓皆以屬下則用敬爾用獄與灋敬爾用獄治不詞自當讀司寇蘇公式爲句謂是備蘇公之灋也若然則此是專告太史則敬爾由獄之爾化指謂太史乃云備蘇公之灋善者蓋治獄實非太史之職不得謂爲太史敬用獄也詳經文意是謂知司寇蘇公之灋則彖敬爾用獄以培居我王國是備太政

蘇公之德之善不必執泥介字以爲指所告語之人也

茲式有慎以列用中罰列力制反又以薛反注同

注 茲式指謂蘇公之德也于此德有加慎言以其輕重條列酌用其中罰可也周禮曰刑平國用中典

疏 承上言司寇蘇公式亦云茲式有慎故知茲式是指謂蘇公之德也引周禮者大司寇職文彼鄭注云平國承平守成之國也用中典者常行之德此成王之世正承平守成之時則此用中罰正合周禮用中典之意故引以爲證

賄息慎之命弟八十八

注 篇亡孔氏書亦未有

周書弍十八

亳姑弟八十九

注 篇亡孔氏書亦未有

周書弍十九

君陳弟九十 注 篇亡孔氏書亦采焉

周書卅十

爾有嘉謀嘉猷入告爾君于內女乃順之于外曰此謀此猷惟我君之德於戲是惟良顯哉 注 鄭康成曰嘉善也猷道也於戲是惟良顯哉美君之德 經 禮記坊記篇引君陳文如此茲辭坊記之鄭注錄之嘉善釋詁文猷與繇通繇道大釋詁文也云於戲是惟良顯哉美君之德者承上惟我君之德而歎美其良顯自是美君之德也乃偽孔氏取此文而增益之云臣人咸若時惟良顯哉案坊記上文言善則稱君過則稱己其下即引此文以證之尚書原文果如臣人咸若時句則坊記引此文並惟我君之德而止可也必不然者臣人字亦引良顯句矣且若以良顯為稱臣則與善則稱君之意相違反坊記奚取于此文而引之乎

可〻是僞孔故與鄭君抵牾而妄增益非尚書本如此也又案此文自是臣下之言相勸勉以善則稱君之誼故坊記引之皆出于乃君之曰則是攘善且導諛矣僞孔氏乃以此爲成王之言曾謂成王之賢而攘善導諛乎誣甚矣

未見聖若己弗克見既見聖亦不克由聖【注】鄭兼成曰克能也由用也【疏】禮記緇衣篇引君陳文如此茲釋緇衣之鄭注錄之克能釋言文由用毛詩君子陽陽傳詁也

出入自尒師虞庶言同【注】鄭兼成曰自由也師庶皆衆也虞度也言出內政教當由女衆之所謀度衆言同乃行之政教當由一也度大洛反內奴荅反【疏】此文亦引見緇衣篇偁君陳曰茲亦釋其鄭注錄之釋詁云由自也此云自由轉相訓也釋詁庶師同訓衆故云師庶皆衆也虞度釋言文

无佚至君陳顧命凡百三十二名注四十八字

无佚經文五百六十九名重文五凡五百七十四言注千二百八十九字釋音辯字七百一十言綖四千八百八字

无佚䜌文五名綖七十六字

君奭經文七百四十四名重文四凡七百四十八言注二千二十五字釋音辯字四百六十五言綖七千三百九字

多方經文七百九十名重文一凡七百九十一言

注千九百二十六字釋音辯字五百四十言疏五千九百六十六字

周官錄文十一名注二十五字釋字九言疏三百一十二字

太政經文六百六十六名重文一凡六百六十七言注千七百三十字釋音辯字四百九十九言疏六千五百八十八字

君陳錄文六十名注七十一字釋音八言疏三百六十一字

尚書亼注音疏卷八　終

顧命弟九十七

周書弟二十七　尚書弟二十三

尚書集注音疏卷九　江聲學

維三月哉生霸王不釋 霸滂百反釋字僞孔本从心傍俗字也釋文云馬本作釋茲从馬釋羊益反

注 鄭康成曰此成王二十八年馬融曰不釋疾不解也聲謂釋讀爲庶幾說釋之釋不釋不說也言病疾 依馬說釋音紹尺反茲音羊益反解夾賈反幾今衣反說亏是反繹陽益反

疏 鄭注見正義云此成王二十八年者謂周公復辟成王即政至此二十八年也案成王在位年數史記无文據劉歆三統麻云成王元年正月己巳朔此命伯禽俾侯于魯之歲也後三十年四月庚戌朔十五日甲子哉生霸故顧命曰維四月哉生霸云云是則謂成王即位三十年而崩也鄭君不知之者蓋三統麻章引尚書年月

皆牽意定說全不可信且以哉生霸爲月之十五日又大謬也鄭君焉用據之哉又案竹書紀年成王三十七年陟是以孟王錫之命年爲成王元年統周公居東二年攝政七年凡九年故三十七年皆除此九年則適二十八年正合鄭說但紀年出于晉束晳詐諸汲冢固是僞書且非鄭君所及見不得以爲鄭說證也意當時必有傳記可攷周初年分皆鄭君得據而知之今則无以說矣馬注見釋文釋之言解不釋之是不解之證未見疾意故馬云疾不解也增出疾字以爲解恐未合經恉故聲易其說讀釋爲庶幾說繹之繹庶幾說繹詩頌覺文也不釋猶不悆何休公羊桓十六年傳注云天子爲疾曰不悆則言不釋而疾意自見矣鄭箋詩庶幾說繹云庶幾其變改意解釋也然則釋亦爲解釋之證是繹釋同矣故讀釋爲繹

甲子王乃洮沬水相被冕服憑玉几洮徒刀反沬忽內反相息亮反憑皮仌反

注馬融曰洮洮髮也沬沬面也鄭康成曰相者正王服位之臣謂太僕冕者冕聲謂被冕服皆以冕服也

王身也憑依几也讀若馮馮皮冰反〔疏〕馬注見釋文云洮洮髮也者謂洮髮也說文水部云沬洒面也馬云沬洒面也鄭注見正義云相者正王服位之臣謂太僕者周禮太僕職云掌正王之服位則被王以冕服是其職也又禮記檀弓云扶君卜人師扶右卜當爲僕僕人師則太僕也則太僕又是扶君疾者此所謂相是其官矣云冕元冕者案周禮司服職冕服有六元冕爲下皆祭服也既朝則皮弁服弁卑于冕既朝輕于祭祀故皮弁也而義取覲禮云天子袞冕者以受諸侯朝覲于廟中故服冕服之興者此時傳顧命蓋在路寢不得以廟中特以傳重大事以舉常既朝當以一等則此冕服自是元冕矣聲謂被冕服者以冕服加王身也者被之言覆也蓋疾甚不安更衣相者以冕服加覆王身而已云憑依几也讀若馮者說文几部文凭仍任几是依几之證此云六書屬會意也馮與凭同音故讀如之

乃同召太保奭芮伯彤伯畢公衛侯毛公師氏虎臣百尹御事召直照反注同召同芮如銳反彤徒冬反〔注〕同召羣

臣受顧命也太保㠯下六人蓋六卿也太保獨名者召公周公之兄也至是時出入百餘歲矣嫌太保別是一人故特箸名焉芮彤畢毛皆畿內諸侯芮伯周同姓秦㠯彤伯姒姓之國畢毛文王庶子衞康叔所封者王季弟也聲謂彤采隱名非國也師氏中大夫官掌㠯美詔王者虎臣虎賁氏下大夫也掌守王宮者尹正也百尹御事衆正之官與其治事者召公上照反下注召公同箸中恕反賁百門反下同

云太保㠯下六人蓋六卿也者定四年左傳云康叔爲司寇此衞侯即康叔也杜事五篇當司寇之後故推此太保至毛公六人蓋六卿也詩桑柔正義引此經注云芮伯入爲宗伯畢公入爲司馬說與僞孔異當是鄭注據此則此六人信爲六卿矣云太保獨名者召公周公之兄也至是時出入百餘歲矣嫌太保別是一人故特

箸名焉者以芮伯以下皆不偁名惟太保偁名也故維其
故云然也王充論衡氣壽篇云武王九十三而崩周公
武王之弟也兄弟相差不過十年武王崩周公居攝七
年復政退老出入百歲矣召公周公之兄也至康王之
時尚爲太保出入百有餘歲矣案太姒之子長曰伯邑
考次武王次管叔次周公充言召公周公之兄豈其庶
兄與又案僖二十四年左傳富辰備數文王之昭凡十
六不及召公又案史記燕世家惟言召公與周同姓
不云是文王庶子充言召爲周公之兄未知何據豈其據
世本之文與今亡可攷姑仍其說可也云芮彤畢毛皆
畿內諸侯者鄭君箋詩桑柔敘云芮伯畿內諸侯王卿
士也當即是此芮伯之子孫世食采于畿內者則芮伯
是畿內諸侯矣鄭注周禮大宰職云都鄙公卿大夫之
采邑王子弟所食邑周召毛聃畢原之屬在畿內者是
畢毛亦皆畿內諸侯也唯彤伯未有見但與召芮畢
毛同爲王朝卿士而畿外又不聞有彤國則亦畿內諸
侯可知云芮伯周同姓者據巢命敘正義引世本云芮
伯姬姓是與周同姓也肅注見正義云彤姒姓之國者
史記夏本紀言禹爲姒姓其後有彤城氏肅蓋據此爲
以彤伯爲彤城氏之後故云姒姓容或然也云畢毛文

王侯子者僖二十四年左傳云管蔡郕霍魯衛毛聃郜雝曹滕畢原酆郇文之昭也是畢乃文王子也云衛兼未所封者王庶弟也則經傳爲國文先儒无異說也聲謂彤采墜名非國也者彤之爲國經傳未嘗見焉蓋如周召畢之屬均是畿內采墜之名皆非國也而記王制云天子之縣內諸侯祿也是謂畿內諸侯但食其采邑所入而不以其采邑爲國與畿外諸侯異故云彤非國言此以肅說也云師氏中大夫官掌以美詔王者〻周禮墜官敘云師氏中大夫一人其職云師氏掌以美詔王是也云虎臣虎賁氏下大夫也掌守王宮者〻周禮无虎臣之官夏官爲虎賁氏下大夫二人其職云舍則守王閑王在國則守王宮當即是此所謂虎臣也尹正釋言文云百尹御事爲正之官與其治事者〻言百尹繇是凡括諸侯官則御事必非以爲官屬自是謂百尹之屬官治事者蓋正侯之官皆爲官屬執事者也

王曰於戲疾大漸惟幾病日臻既彌留恐不獲誓言嗣茲予宷訓命女幾今衣反宷式羊反字亦作審注漸進也大進

言漸入也幾殆也疾甚曰病臻至彌久獲得誓謹審詳也言病日至已當命久而淹留之際恐不得謹言後嗣之事今我詳審訓敎已命女【疏】漸進周易序卦傳誼也幾殆說文𢆶部文說文疒部云病疾加也故云疾甚曰病鄭注論語述而篇云病謂疾益困也疾甚之誼也臻至釋詁文彌久釋言文詩桑柔云時亦弋獲鄭君箋云時亦爲弋射者所得故云獲得誓謹亦釋言文說文言部云詳審議也鄭注呂刑云詳審察之也故云審詳也

昔君文王武王宣重光奠麗陳敎則肄肄不違用克達殷集大命重直容反注並同肄羊至反从聿𣬉聲篆文作𨽸隸變作肄本作肆茲从蔡邕石經【注】馬融曰重光日月星也太極上元十一月朔旦冬至日月如疊璧五星如聯珠故曰重光聲謂孝經說曰德及于天斗極

顧命　尚書集注音疏九　四

尚書今古文

明日月光是之謂宣重光也奠定也麗讀爲宿離之離

國語曰王欲合是五位三所而用之是之謂奠麗也文

武皆受天命故能宣三辰之光而定其位也肄習也重

言之者病甚之辭而語助也敷陳政教則民服習之而

不違用能誦政教于殷而今我周之大命國語曰已太

蔡之下宮希令云蔡正也今文今爲教疊徒叶反从品从空王肅已爲馬注

疊从三曰太盛改之爲三田今俗用之非也宿息

畢反離力詎反張呂況反吃反訖反蔡七嘶反

疏

注見釋文漢書見寶傳寶從對泰山還營司堂寶奉餘上

書其詞爲云葵而宗祀曰宣重光李奇注云本乎之世

曰今其重光謂曰爲重曰也案文選連珠注引尚書五行

傳曰司王踐位則曰麗其精重光已見吉祥遂則重光

専叙曰言是尚書經師之說見賀治歐陽尚書故其說

同也馬云重光曰月星也皆蓋日月星與曰晝夜以司重

光不以專言○伏生大傳載帝舜卿雲之歌曰卿雲爛兮糺縵縵兮日月光華旦復旦兮八伯咸進稽首而和曰明明尚天爛然星陳日月光華宏亏一人是則重光當兼日月星言之也云太極上元十一月朔旦冬至日月如疊璧五星如聯珠故以重光皆漢書律曆志云淳于陵渠復覆太初秝晦朔弦望皆最密日月如合璧五星如聯珠孟康注云謂太初上元甲子夜半朔旦冬至時七曜皆會聚斗牽牛分度夜盡如合璧聯珠也是說與此馬注相似案日月如疊璧必在朔日叚如朔旦冬至日月會亏牽牛如疊璧矣而五星未必盡會亏其所計日月五星之畢聚乃千百年僅有之事大秝數之術然未見其爲文者之德所致則馬注詮猶未足故聲引孝經說以足成之長孝經說皆孝經緯援神契文見禮記禮運正義依孝經說詮則至極之明日月之光辭王皆之德使然是足以媲美文者詮似勝馬注也周禮大司徒云奠墬守鄭注云定墬守故云奠定也云麗讀爲宿離之離者易彖傳云離麗也則麗離字通明堂月令曰宿離不貸謂宿爲日月五星之所附麗故曰宿離讀麗爲宿離謂奠日月星之所附麗則宣重光奠麗乃一貫之事矣引國語者周語伶州鳩對景王之言也其文

云昔武王伐殷歲在鶉火月在天駟日在析木之津辰在斗柄星在天黿星與日辰之位皆在北維顓頊之所建也帝嚳受之我姬氏出自天黿及析木者有建星及牽牛焉則我皇妣大姜之姪伯陵之後逢公之所憑神也歲之所在則我有周之分野也月之所在辰馬農祥也我太祖后稷之所經緯也王欲合是五位三所而用之韋昭注云王武王也五位歲月日星辰也三所逢公所憑神周分野所在后稷所經緯詩大明正義引此國語文及韋注而辭之云其文言星與日辰之位皆在北維歲之所在月之所在當以此五物在三處爲三所不得以所字充之皆以所字充之則周之分野不言所文王合五位則五物皆助周皆三所唯戴逢公則日與辰不助周矣案此說繇韋注三所之說甚當三所當加此五物在三處之說爲是周禮馮相氏掌十有二歲十有二月十有二辰十日二十有八星之位辨其敘事以會天位鄭注說會天位以國語曰王合位於三五是則合位三五卽會天位之事則卽奠麗之事矣又鄭箋大明詩燮伐大商之語云叶咊伐殷之事謂合位三五也是則五位三所天之所以助周其亦爲天所助皆實錄者王聖悳所感則五位三所皆武王奠之皆驗故引國語

文而云是之謂與覈也但所引國語文唯言武王之事此經則兼言文王武王故云文武皆受天命故宣三辰之炎而定其位也以武王之業基于文王欲言武王之事兼文王之事解經所以兼偁文武之意也詩文王敍云文王受命作周也大明敍云文王有明德故天復命武王也下武敍云武王有聖德復受天命是文武皆受天命也三辰者服虔注桓二年左傳云三辰日月星也肄習說文聿部文云重言之者病甚气喘而語吃也者敶教則肄不違一言肄而語已足不煩重言茲重言肄故推其故云然也蓋病革則气欲絕而息急喘者息之急也喘則出語囏歰如曰吃然吃者言蹇難也昔史記周昌爲人吃徑爭太子之事輒重言期期也下言翼日乃王崩則知是時成王病革矣又引國語者大周語泠州鳩之言說武王伐殷時事也以太蔟之下宮布令于商者王者行師則太師執同律以聽軍聲太蔟者正月之律所以贊陽出滯故号之以布令焉經承敶教之下而言誦殷是謂誦政教于殷正所謂布令于商者故引以證焉云令文今爲叙者蔡邕石經作叙也不改从叙者君奭亼大命于氒躳引見礼記无異文則此亼大命當是

扗夏后之詷

敬御天威嗣守文考大訓無敢昏逾

僞孔本作在後之侗釋文云侗馬本作詷云詷共也案說文言部云詷共也周書曰在夏后之詷據馬本作詷訓爲共則說文所引正此經文茲據以改正詷徒紅反御五駕反

【注】夏中夏也后謂諸侯馬融曰詷共也聲謂御迎逾越也言承文考之業在中夏爲諸侯之共主敬迎天之明威嗣守文考之大訓無敢昏亂逾之大訓蓋下文西序所陳是也

【疏】堯典云蠻夷猾夏夏對蠻夷言之則夏爲中國矣故云夏中夏也釋詁云后君也諸侯各君其國故云后謂諸侯湯誥云告諸侯羣后亦謂諸侯爲后也馬注見釋文詷共說文言部文禮記祭統云設同几鄭注云同之言詷訓同爲詷亦取共詮也釋詁云訝迎也鄭注義禮士昏禮云御當爲訝訝迎也則御訝古今字故云御迎鄭君箋鵲巢詩亦云御迎也說文辵部云逾越也故云逾越也云在中夏爲諸侯之共主者禮記曲禮云諸侯見天子曰臣某侯某

是則天子乃諸侯所共尊爲君者也此之謂共主也云大訓蓋下文西序所陳是也者下經陳宗爲大訓在西序鄭注云爲先王憲教號則如此所云文武大訓矣不若質言故云蓋也今天降疾殆弗興弗悟注殆危也今天降之疾是危矣興起也不起不悟言必死疏殆危釋詁文興起釋言文云不起不悟言必死者不起謂臥病不得起是謂死也漢書賈誼傳云不悟奄忽矣則不悟亦謂死尒尚明時朕言用敬保元子釗御名濟于囏難釗止佋反注釗康王名也庶幾可是我言以敬保輔元子大濟于囏難幾今衣反疏康王者成王之子此言元子釗康王之誥云惟予一人釗故云釗康王名柔遠能邇安勸小大庶邦[illegible][illegible]伐反注安遠亡之國訓順其道者以安集勸勉小大衆國勸勉也疏云安遠亡之國訓順其道者〻解具

堯典疏勸勉說文力部文思夫人自亂于威義尒無己釗勖贛于非幾夫房無反注同勖贛僞孔本作冒貢釋文云馬鄭王作勖贛音寧从眾贛果琀反幾今衣反注同

注　夫人汎言人也亂治也己左右之也勖己冒爲聲讀當爲冒〻觸也馬融曰贛陷也幾謂非幾不善也思夫人皆欲自治于威義女毋己釗觸陷于不譱汎孚劍反陷夾系反

疏　夫人是汎指大衆之人故云汎言人也亂治釋詁文云己左右之也者僖二十六季左傳云凡師能左右之曰己謂己之左己之右唯吾提挈也云勖己冒爲聲讀當爲冒者說文力部云勖勉也从力冒聲是勖己勉爲訓己冒爲聲而勉訓不可己施于此文而古字或段借六書段借之說所謂依聲託事也故禮記緇衣引君牙文作君雅鄭注云雅書敘作牙段借字也是己雅得牙聲而緣借爲牙此經勖字亦己冒聲而借爲冒也故讀當爲冒僞孔氏輕改舊文直作冒字馬鄭則不改也說文木部云木冒

也白虎通五行篇云木之爲言觸也國語周語曰空觸冒入故云冒觸也易繫詞云冒天下之道虞翻注云冒觸也易注見釋文說文竝部[illegible]从竝函聲或作[illegible]贛聲則贛函同聲故云贛陷也古人訓詁通于音也云非幾不善也者易繫詞云幾者動之微吉之先見者也說文口部云吉善也然則幾爲善矣幾爲善則非幾不善矣

茲旡受命還 還夕沿反注同 注 羣臣既受顧命而還得也今文旡爲既字之誤 疏 云羣臣既受顧命而還還得也者言受命還則是謂羣臣還得也于是王亦還反其所居經不言者可知也云今文旡爲既字之誤者隸書旡作既偏傍同以故蔡邕石經作既但此文皆云既受命證實不定故云字之誤

出綴衣于庭 注 綴衣帷握之屬帷握以已綴聯綴故謂之綴衣將發顧命以王寢而張之事訖徹去出之于庭中也 握烏角反俗作巾傍箸屋說文巾部无之不可書也周禮巾車職王后之翟車貝面組總有握然則古者皆握持字爲帷握字不必从巾屋也

徹經典通用徹

【疏】周禮幕人疏引鄭君此經注云聯綴小斂大斂之衣於庭中案禮記檀弓云喪具君子恥具鄭君注云辭不懷也喪具棺衣之屬又云一日二日而可為也者君子弗為也注云謂絞紟衾冒又王制云絞紟衾冒死而後制鄭注云絞紟衾冒一日二日而可為者乃于此言聯綴小斂大斂之衣于時王猶未薨也史乃豫凶事乎以鄭君禮記注參觀鄭君於此當不云疑是周禮疏所引誤毀結置不用可也云綴衣帷幄之屬者下文云狄設黼扆綴衣黼扆者周禮司几筵職云王位設黼扆是也綴衣與黼扆同設則是設于王位王乎時所居之幄矣此綴衣當與下文同則是帷幄矣但周禮有帷幕幄亦此綴衣或兼此四物故云之屬以該之云帷幄以綴聯綴故謂之綴衣者周禮幕人掌帷幕幄亦綬之事鄭注云在旁曰帷在上曰幕帷幕皆以布為之四合象宮室曰幄王所居之帳也亦主在幕若幄中坐上承塵幄亦皆以繒為之凡四物者以綬聯繫焉是則謂帷幄為綴衣繇其以聯綴之故也云將發顧命既王寢而張焉事訖徹去出之于庭中也者此時王病甚以不能出路門當即于臥疾之所而發命焉所謂路寢也乎時或不常設帷幄因王疾而特張之王逝則

徼大出生于庭中也

粵翼日乙丑王崩　注　書或以成王崩馬融以安民立政以成聲謂天子即以崩　疏　云書或以成王崩者釋文云馬本作成王崩又鄭仲師注周禮于司几筵職及天府職皆引此經一引成字一引無爲驗則漢時實有此二本偁書或以備二本也馬注見釋文云安民立政以成者逸周書謚法解文云天子即以崩者禮記曲禮文

太保命仲桓南宮髦俾爰齊侯呂伋以二干戈虎賁百人逆子釗于南門之外　髦墨豪反偽孔本作毛茲从漢書古今人表伋几及反　注　周禮虎賁氏下大夫二人仲桓南宮髦蓋爲是官也爰引也齊侯呂伋太公子丁公也呂氏伋名逆迎也桓髦官卑不可徑迎太子故使引導齊侯往迎也虎賁百人虎士也

桓毛各執干戈率虎士百人爲齊侯前引且爲嗣王衛也王既崩而世子猶在外世子蓋以王未疾時奉使而出以反而王崩急危之際故以兵迎之于南門外云玎旳形反爲于睡反以貧衫反

疏云周禮虎賁氏下大夫二人者夏官敘官文也云仲桓南宮毛蓋爲是官也者以虎賁百人引導齊侯則是虎賁之屬官又正合下大夫二人之數故知其爲虎賁氏以无正文結云蓋以疑之爰引說文𠬪部文云齊侯呂伋太公子玎公也者說文王部云齊太公子伋謚曰玎公史記齊世家云太公卒子丁公呂伋立皆後人省改作丁亦當作玎爲正也云呂氏伋名者齊世家言太公之先爲四嶽國語周語曰胙四嶽國命爲侯伯賜姓曰姜氏曰有呂故云呂氏古人皆以名配氏呂爲氏則伋是名矣云訝迎釋言文云桓毛官卑不可徑迎太子者桓毛爲虎賁氏則是下大夫故云官卑周禮掌訝職云凡賓客諸侯有卿訝是諸侯爲朝聘之賓天子且使卿迎之今太子將正王位若使下大夫迎之毋乃以卑乎故云不可云虎賁百人虎

士也者周禮夏官敘官云虎賁氏下大夫二人中士十
有二人府二人史八人胥八十人虎士八百人鄭注云
不言徒言虎士則虎士徒之選有勇力者此言虎賁百
人自是八百人中之百人矣且當成王綏服世子在外
方戒嚴之際當使有勇力者從之可以為世子衛故
知百人為虎士且云桓毅各執干戈與虎士百人為齊
侯前引且為嗣王衛也鄭注周禮巾車職稱書曰以虎
賁百人逆子釗於南門之外則鄭君亦謂此虎賁百人
為嗣王衛也云世子蓋以王未疾時奉使而出者禮記
文王世子云若內豎言疾則世子親齊玄而養然則成
王有疾康王自當在內養疾何至綏服而猶待逆于南
門外乎自以成王未疾之先奉使而出不及知王疾
也計王疾殆于哉生霸乃之三日也乙丑未詳何日據
下文則乃內為癸酉然則乙丑當在望前後王之寢疾
不過旬日間爾方殆疾時不虞遂篤故不召太子至令
子王病甚知不及待太子之歸故且召群臣傳命時太
子實不在側假若太子在國中則亦名之矣故云奉使
而出无逸云其在高宗時舊勞于外鄭君注云武丁為
太子時殷道衰為其父小乙將師役于外是則太子亦
有時奉君命而出者惟是康王之奉使經未有明文結

顧命　尚書集注音疏卷九　十

云蓋以疑之偽孔傳以爲臣子皆侍左右將正太子之尊故出于路寢門外更新逆門外所以殊之案王薨而太子釗居翼室爲憂主未嘗不尊何必出之得逆之乃成其尊乎且路寢門外正朝所在羣臣當各在其處虎賁守王宮大寢則守王門蓋在其外逆者自內而出從豈容自外操戈而入內乎經所謂南門非路寢門也經言逆于南門之外其逆之遠近无文蓋世子出使而反自遠而漸近逆者自南門出迎之然後見護衛之而入自南門南門蓋外朝之外門所謂皋門也安得以爲路寢門乎且據上文王命羣臣時世子實不在左右偽孔因說非也

延入翼室恤宅宗

注　翼室路寢旁室恤憂也宗猶主也延子釗入路寢之旁室憂居爲憂主

疏　云翼室路寢旁室者翼猶旁也翄翼是左右兩旁之名故以爲旁室是時成王之廟蓋在路寢則延入世子自是路寢之旁室矣然則翼室各兩此蓋東翼室也知者以殯之後居倚廬在中門外東亡此時未殯暫居翼室當在東可知矣恤憂釋詁文也云宗猶主也者白虎通宗族篇云宗尊也爲先祖主也是則宗爲主誼

丁卯命作冊度【注】命作冊者以書成王命詞也度者冊長短之數【疏】下文言太史秉書繇賓階隮御王冊命知此所作之冊以書成王命者故云命作冊者以書成王命詞也云度者冊長短之數者漢書律歷志云度者分寸尺丈引也所以度長短也鄭君作論語敘云易詩書禮樂春秋冊皆尺二寸孝經謙半之論語八寸冊者三分居一又謙焉是冊或長或短也言命作冊度者命之作冊并命其冊尺寸之度也

粵七日癸酉伯相命士須材癸居水反籀文作癸丣古文酉卯爲萅門開門之象丣爲秋門丣从一卯閉門象也相息羑反【注】鄭康成曰癸酉蓋大斂之明日也肅曰召公爲二伯相王室故曰伯相聲謂須當爲須字之誤也須采也材檀材也檀弓曰既殯旬而布材斂力驗反【疏】鄭注及肅注竝見正義禮記王制云天子七日而殯計王以乙丑崩辛未爲七日壬申爲八日鄭云癸酉蓋大斂之明日

然則成王以壬申大斂矣鄭意蓋以大斂與殯同日天子殯斂以死之明日數也知鄭意然者禮記曲禮云生與來日死與往日鄭注云與猶數也生數來日謂成服杖以死明日數也死數往日謂殯斂以死日數也此士禮貶于大夫者大夫以上皆以來日數是鄭君以天子殯斂數來日也故不數乙丑而以壬申爲七日因以癸酉爲大斂之明日云蓋者以无正文不敢質言也肅云召公爲二伯者公羊隱五年傳云自陝而東者周公主之自陝而西者召公主之下文言太保率西方諸侯畢公率東方諸侯蓋於時召公與周公爲二伯是時周公既殁畢公代之召公與畢公爲二伯矣聲謂須當爲頒字之誤也頒布也者禮記玉藻說笏之制大夫以魚須文竹禮記釋文云崔云用文竹及魚班也隱義云以魚須飾文竹之邊須音班蓋班與頒音誼同頒與須字相似故或以須爲班以須爲班實繇班之爲頒而誤爲須也此文須字實本頒字之誤也周禮太史職云頒告朔于邦國鄭仲師注云頒讀爲班班布也以十二月朔布告天下諸侯是頒之爲言布也頒分布誼殯後分布材之事則以須材爲頒材誼實允愜矣云材椁材也者禮記檀弓云天子崩虞人致百祀之木可以爲棺椁者斬

之此時擯之從命士須材自是槨材矣引檀弓者以證此須材爲名材也鄭注彼文云材槨材也則檀弓所云正此經須材之事也但檀弓云從擯句亦名材此則擯之句○知命士須材者天子七○亦擯與諸侯以下不同彼句亦名材者欲其材之乾易天子與則材久空乾易容益當暑名且檀弓云君即位而爲椑是天子諸侯棺皆早豫爲之則槨材何嫌于早名文況此云命士須材是○命之或不于是○知名非必與檀弓不合也

狄設黼扆綴衣扆因豈反

注 大伯相命之也狄樂吏之賤者名謂之黼其繡白黑采以絳帛爲質扆之制如屏風畫設黼扆于明堂太室之南戶外聯綴帷幄張于其所屏彼經反

疏 云大伯相命之也者狄是賤吏不得專擅敶設之事自當命之設者文承伯相命士須材之下則是大爲伯相所命與士須材偶象伯相命之文也且鄭仲師注周禮司几筵及天府職皆引此篇以設几席及陳寶是癸酉之事則狄設黼扆與士須材同○受命于伯相矣從世父顧氏炎武謂自此以下是

顧命　　尚書集注音疏卷九　　十二

康王踰年卽位之事案天子七日而殯殯則爲諡成王已四日矣踰年則繼殯而再閱日矣何下文猶稱新陟王乎且先王之顧命不宜遲之踰年而後傳于嗣王今卯命作冊度必不踰年而始傳顧命矣推顧氏之意以陳設華美非所宜故爲是說曾不思周禮天府職爲大祭陳寶器之文典路職爲大祭出路之文乎則周公之制固然也顧氏豈不信周禮而爲周公作乎不然何疑乎此篇疏云狄樂吏之賤者者而記祭統云翟者樂吏之賤者也周禮內司服職爲揄狄闕狄鄭君注云狄當爲翟翟雉名然則狄翟字通故鄭注禮記喪大記狄人設階夾云狄人樂吏之賤者云斧謂之黼至如屏屬然者采鄭君周禮司几筵注已爲說也斧謂之黼釋器文云其繡白黑采者黼爲斧文斧文近刃白近銎處黑故已白黑采綫繡之周禮攻工繢人職曰白與黑謂之黼是也云已絳帛爲質者周尙赤黼扆當天子之位當用所尙之正色故知已絳帛爲質絳正赤色也云扆之制如屏風然者屏風之名起于漢世蓋扆當天子所立處之後若爲天子屏蔽其處因取名焉故鄭君注儀禮覲禮云依如今綈素屏風矣又注禮記明堂位云斧依爲斧文屏風于戶牖之閒鄭輒舉屏風已況斧依黼扆

鄉亦依也云設黼扆于明堂太室之南戶外者大戴禮
盛德曰明堂者古有之也凡九室一室而有四戶八牖
三十六戶七十二牖以茅蓋屋上圜下方攷工記匠人
云周人明堂度九尺之筵東西九筵南北七筵堂崇一
筵五室凡室二筵此二書說明堂之制或言九室或言
五室不同者何也案明堂之制始于神農蓋初時九室
後王以九室窗以徵其四圖之正室爲堂故五室亦攷
工記說夏后氏世室云五室世室明堂異名同實驗
則自夏已來明堂皆五室矣今說周書當以周制攷
工記說可也明堂中央爲太室太室之四圖爲堂四隅
爲夾室是爲五室其東堂東向曰青陽太廟南堂南向
曰明堂太廟西堂西向曰總章太廟北堂北向曰玄堂
太廟夾室之背爲左右个太室之南戶外明堂太廟
天子覲諸侯時所立之位也于是設黼扆焉周禮司几
筵職所謂王位設黼依是也云聯綴帷幄張于其所者
謂張于黼扆之外也解綴衣爲聯綴帷幄者說具上經

牖間南鄉敷重篾席黼純華玉仍几

鄉許亮反下竝同篾孔本作篾俗作蔑茲从說文
所引重直容反下竝同篾民鼈反純中盾反下竝同 注

顧命

牖間兩窻之間也西堂之室皆四面各戶〻旁兩夾窻

牖以窻也各席于牖閒當扆背也鄭康成曰蔑析竹之

次青者不用生時席新鬼神之事故也華玉五色玉也

敷謂篾席織蒻席也篾讀與蔑同白與黑謂之黼純緣

也以白黑采繒緣席邊也仍因也因生時几也不用生

時席嫌几亦變之故曰仍几蒻入約反緣以絹反下注同

疏大戴禮盛德說明堂之制云一室而有四戶八牖攷工匠人云四旁兩

夾窻鄭注云窻助戶爲明每室八窻故云明堂之室皆

四面各戶〻旁兩夾窻盛德言八牖鄭注攷工言八窻

故云牖以窻也說文片部云牖穿壁以木爲交窻也云

各席于牖閒當扆背也者扆設于戶外當兩牖之間席

各于牖間而南向則是負扆之法矣故云當扆背也鄭

注見正義及禮記禮器正義云蔑析竹之次青者〻謂

稍外其外皮之青而粗者取其近裏之青而細者也案

鄭君說此經皆以竹爲言恐未盡然結盡錄之不盡所
也云不用生時席新鬼神之事故也者周禮司几筵職
云王位設黼依〻南鄉設莞筵紛純加繅席畫純加
次席黼純是王生存時牖閒之位設三重席〻各異物
異純不用蔑席今則重席唯用蔑席黼純上下不異是
不用生時席也舉一反三則下文三席皆非生時席可
知矣云華玉五色玉也者華是華采故以爲五色玉也
蔑謂蔑席織蒻席也蔑讀與篾同者說文首部云蔑勞
首火首大聲周書曰布重蔑席織蒻席也讀與蔑同是
正解此經蔑席而釋其音讀故采之以易鄭說也織
蒻席者史游急就篇十四章云蒲蒻藺席帳帷幢說文
艸部云蒻蒲本可以爲席鄭注攷工輪人云今人謂
蒲本在水中者爲蒻是也云白與黑謂之黼者攷工記
繢人職文釋器云緣謂之純故云純緣也仍因釋詁文
周禮司几筵云凡吉事變几凶事仍几鄭仲師注云變
几變更其質謂有飾也仍因也因其質謂无飾也書顧命
曰云〻康成注云吉事王祭宗廟裸于室饋食于堂繹
于祊每事易几神事文示新之也凶事謂凡奠几朝夕
相因喪禮略故二說皆不用而云因生時几也者蓋華
玉文貝瑞玉皆是爲飾漆則變更其質不得以因其質

解之文，此几席非設于牖間則不爲饗燕之事，亦不得云燕几朝夕相因，二鄭之說皆不可以施于此。據鄭言不用之時席則言仍几者，對席不因之時爲言，以几則因之時者也，故云不用之時席變几亦變之，故曰仍几。

西序東鄉，布重厎席，綴純，彣貝仍几。

僞孔本布皆作敷，說文引此上文布重莧席，以三隅反之，則此及下文皆當作布也。厎，中雉反。彣，維分反。

注　東西牆謂之序。馬融曰：厎，青蒲也。鄭康成曰：厎，致也。莧纖致席也。聲謂周禮蒲筵繢純，以此上下文與周禮參之，則綴純當與繢純殊，則厎席青蒲席與，言厎者，見其功致也。繢者畫文，以對匸爲言，變繢言綴者，謂綴其繒于席以功言也。凡純皆綴緣，此言綴者，互相備也。彣貝，貝之爲彣者。致，直吏反。參，七南反。席與自如反。見，亦曷反。畫，戶卦反。下同。

疏　東西牆謂之序

釋宮文也馬注見釋文鄭注見正義匡致釋言文聲引周禮者司几筵職文云以此上下文覈周禮參之則纖純當其纘純者周禮司几筵有莞藻蒲次五席又有葦席萑席凡七席而純則唯紛畫黼纘四者无所謂纖純此經上下文有黼純畫純紛純覈此纖純而四纘純則未有見以兩文相參則此纖純當司几筵之纘純矣據司几筵職云設莞筵紛純加藻席畫純加次席黼純則黼尊于畫畫尊于紛而纘則畫之以對匚爲次者則尊于畫而亞于黼此經西序之坐尊于東序而卑于牖間而纖純之席各于西序則在黼純之下畫純之上正當纘純之次長至者義禮公食大夫記所云蒲筵常緇布純加萑席尋玄帛純則是侯國筵大夫之席于司几筵職无文必非此時所用則纖純之爲纘純无疑矣云敷則匡席青蒲席覈者周禮蒲筵纘純此則匡席纖純纖純既是纘純則匡席當是蒲席矣此從馬注以匡爲青蒲也以是推擬當然未有明文正據故云覈以疑之云言匡者見其功致也者匡席既是蒲席經不言蒲而言匡以匡之言致欲見其治蒲織席之功致也功致猶鄭君言纖致蓋鄭君唯以篾爲析竹之青亦未然其言篾纖致席篾實蒲類固是不誤云纘者畫文以對匚

絲次者紩㠯繢純絲繢則經雖不言繢自當具解繢詮也周禮攷工記云畫繢之事雜五色東方謂之青南方謂之赤西方謂之白北方謂之黑天謂之玄地謂之黃青與白相次也赤與黑相次也玄與黃相次也是謂㠯對方絲次觀攷工畫繢竝言則畫繢等分此下文別為畫純而以于此言繢純謂是畫之㠯對方絲次者蓋黻文則畫繢繡言對文則殊為異司几筵職為畫純文為繢純鄭注云畫謂雲气也繢畫文也是則殊為異矣故司几筵疏云畫純者畫雲气繢以非畫雲繢乃織對方絲繢是對方絲次畫于繒帛之上與席絲緣也是也云變繢言繡者謂繡其繒于席㠯為言也者謂縫箸之于席是乃刺絲之也云凡純皆繡獨此言繡者互相黼也者此言繡則上下文黼純畫純紛純皆縫繡可知上下紩黼言黼純畫純紛純則此不言繢而繡純之絲繢純亦可知互見其詮故云互相備也云玄貝〻之為玄者〻爾疋釋魚說貝之種類為十為云餘蚳黃白文餘泉白黃文李巡注云餘蚳貝中黃絲質白絲彩采餘泉貝中白絲質黃絲彩采文陸璣疏為紫貝白質如玉紫點絲彩皆是貝之為彩者也

東序西鄉敷重豐席畫純

彫玉仍几彫多條反【注】鄭康成曰豐席刮凍竹席畫純作雲气畫之爲緣聲謂彫琢文也爾疋曰玉謂之彫又曰彫謂之琢刮古活反琢中角反疋因段反俗作雅了疋邑名字居也音介家反非其字矣【疏】鄭注見正義云豐席刮凍竹席者鄭君以其說不得其實今則未詳无以證以其說僞孔及王肅皆以豐爲莞蓋僞孔傳作肅所爲故與鄭異未敢以據吾寧從鄭可也云畫純作雲气畫之爲緣者案鄭君注三禮凡言畫者輒以雲气爲說如周禮幎人職以畫布巾冪六彝司常職皆畫其象焉司几筵職畫純以及義禮鄉射記凡畫者丹質與禮記明大記畫荒鄭注皆以爲畫雲气蓋古人之畫多所取象者皆畫成物若旌旗服章射侯之等皆畫成物者也其所用彩采而无所取象者則唯畫雲气而已故鄭君于此經畫純亦以爲畫雲气也云彫琢文也者說文彡部文引爾疋者皆釋器文以證彫爲治玉之名又見彫琢同詁也

敷重筍席廟諱紛純漆仍几筍爰民反注同漆子吉反俗輒西夾南嚮

作漆非矣漆是水名與桼字異【注】西夾謂堂太廟之西偏夾室也在太室之西南隅鄭康成曰筍析竹青皮也禮器曰如竹箭之有筍玄紛純以玄組爲之緣聲謂桼木汁也以髹几汁之十反髹所求反【疏】云西夾謂堂太廟之西偏夾室也者謂堂爲五室四堂中央太室正室也四隅之室夾室也西堂之正中曰太廟夾室皆在其兩傍西堂太廟其南向正堂也西夾則是其西偏室也云在太室之西南隅者太室在四堂之中央西夾則在南堂之西偏是當太室之西南隅矣鄭注見禮記禮器正義及正義云筍析竹青皮也者謂離析竹蘇取其外之青皮以爲席也今禮器正義引作析竹青皮析字蓋誤也引禮器者證筍爲竹外青皮也禮器如竹箭之有筍今本禮記筍字作竹下均俗字也在說文新附字中非未重原文不可書也鄭君引以注此經筍席則鄭本禮記作筍字可知蓋筍字有兩音竹胎也則音息引反周禮筍菹是也竹青皮也則音于民反禮器竹箭有筍及此經筍席是也不識字者讀此筍字爲息引反誤矣云玄紛純

以玄組為之緣者說文糸部云組綬屬鄭注周禮司几筵云紛如綬有文而狹者此云玄組則與周禮注說同也說文桼部云桼木汁可以髹物象形桼如水滴而下故云桼木汁也以髹几髹者以桼髹物而涂之經言桼仍几是以桼髹几也

粵玉五重 重直勇反 注 玉蓋王所服用者故工記曰天子用全上公用駹侯用瓚伯用埒私家說曰全純玉也駹四玉一石瓚三玉二石埒玉石半相埒也然則純玉五玉也玉重石輕五重亏是設玉五重其所置之處則未聞焉 駹莫江反瓚才旱反埒龍肯反 疏 釋文引馬融注云粵玉粵墬所獻玉也案粵墬者南蠻百粵之國也逸周書王會解前記四夷之貢獻其南方諸國无獻玉者其篇末又錄商書湯令伊尹為四方獻令欲因其墬埶所有獻之伊尹亏是為四方令正南甌鄧桂國損子產里百濮九菌請令以珠璣瑇瑁象齒文犀翠羽菌鶴短狗為獻不言獻玉其外方之獻令則有白玉然則粵墬

不產玉安所得玉而獻之皆夫漢書南粵傳孝文時南粵王尉佗所獻白璧一雙蓋尉佗故眞定人其所獻之璧安知非其鄉粵時所持往者未見是南粵所產然則爲言粵陸所獻玉恐未然故不用也云玉蓋王所服用者〻攷工記曰天子用全之文全者五玉與此玉五重疊符合故以爲王所服用者因緣引攷工記以說焉攷工記者周禮冬官也此所引者玉人職文所云用全用駹之等未詳其何所用據記文辨天子公侯伯之等然則當是顧命時所用此經所陳設固爲將受顧也則玉五重自是記文所云天子用全之證矣僞孔傳乃以下文宏璧琬琰爲二大玉夷玉天球爲三當此五重案攷工記琬圭琰圭形制不同所用亦異安得合爲一僞孔說非也鄭本攷工記云天子用全上公用龍侯用瓚伯用將注云全純玉也龍瓚將皆雜名也卑者下尊以輕重爲差玉多則重石多則輕公侯四玉一石伯子男三玉二石今此所引龍作駹將作埒與鄭本記文稍異所偁禮家說亦與鄭注不同者皆據說文王部所引也必从說文證而不用鄭注者以記文上公與侯所用異名而注并言公侯四玉一石又記唯言伯而注合言伯子男皆韋先本經之證不知說文證允當也云全純玉

也皆此則幾鄭誼同也鄭注義而繇取而云純猶全也是全純同誼又說文入部全字重文作全解云篆文全从玉从玉純玉曰全則全固取純玉誼爲字駹瓚埒對全爲純玉言之則皆玉石雜之名矣其義後自當以玉石之多寡爲隆殺故云駹四玉一石瓚三玉二石是則然矣準是以推則伯用埒當二玉三石二玉三石爲數不均而云玉石半相埒何哉豈玉重石輕而以多寡與其輕重于案攷工玉人疏引盈不足術曰玉方寸重七兩石方寸重六兩則玉方寸皆二重十四兩石方寸皆三重斤二兩并不能輕重均也蓋必石倍小于玉乃能使二玉三石輕重于均是之謂相埒幾云然則純玉五玉也皆以四玉一石三玉二石其數皆五推之純玉自是五玉矣云玉重石輕五玉故曰五重皆據盈不足之術石之比于玉七而差一是玉重于石矣故鄭君注攷工記云玉多則重石多則輕此經言五重明是對石之輕爲言而謂玉爲重也則此是攷工記所云天子用全益信矣云其所置之外則未聞焉皆上文設四坐及下文𨻰宗皆言外所此之四坐之下又不幾宗同𨻰其法置此玉之外經天明文先儒之說又不可得聞故云未聞焉

𨻰宗　𨻰直仁反俗編者作𨻰宗粉果反正

義本作寶茲从說文所引 注 鄭康成曰陳寶者方爲大事以華國也寶謂寶藏也周禮天府職曰凡國之玉鎮大寶器藏焉若有大祭大喪則出而陳之 藏也才盎反 藏焉才黃反 疏 鄭注見正義云方爲大事以華國也者謂將爲朝諸侯之事陳寶以爲國華美寶藏說文宀部文周禮者周公所攝時所制禮也天府職屬禮官引之者以俗儒瞽說謂此喪中陳設爲非禮訾議召公之聖不知周公周公若在必不如此故引周禮以見周公所制之禮固然庶足以息俗儒之喙矣

赤刀大訓御名璧琬琰在西序 琬於阮反 琰以广反 注 鄭康成曰赤刀者武王誅紂時刀赤爲飾周正色也大訓謂禮灋先王德教宮大也大璧琬琰皆度尺二寸者 疏 注見正義及周禮天府疏云赤刀者武王誅紂時刀赤爲飾周正色也者以是寶藏必非經常之刀若武王誅紂時刀則周家武功所由成須世寶之故鄭云

然也案逸周書克殷解商辛既自燔于火武王適王所
射之三發而后下車擊之以輕呂斬之以黃戉折縣諸
太白史記周本紀言以輕劍擊之然則輕呂乃劍名武
王以誅紂者非刀也鄭言誅紂時刀蓋謂武王誅紂時
別有所佩之刀非必謂用以誅紂之兵也禮記檀弓云
周人尚赤是赤爲周正色也云大訓謂禮灋先王惪教
者禮灋是先王之惪教所以永訓後世者故鄭君以當
此大訓是當不專謂周先王之訓往古帝王之典灋皆
是也宏大釋詁文云大璧琬琰皆度尺二寸者二案璧
與琬相配緣攷工玉人職大琮十有二寸宗后守之則
王所守之大璧亦必大尺二寸其琬圭琰圭緣玉人
職則皆九寸鄭于此言皆尺二寸者鄭以彼文九寸者
是王使之瑞節此是宗器自
然大于使節故知皆尺二寸

大玉夷玉天球河圖在東序

注鄭康成曰大玉華山之球也夷玉東
北之珣玗琪也天球雝州所貢之玉色如天者三者皆
璞未見琢治故不以器名之河圖圖出于河水帝王聖

者所受聲謂河圖文王所受者墨子曰天命周文王伐殷有國泰顛來賓河出綠圖是也周家天命所自故寶之今文曰顓頊河圖洛書在東序非也珣須旬反說文云讀若宣玗云吁反琪求疑反雝夗用反頊許浴反

疏 鄭注見正義及周禮天府疏爾疋釋墜云西南之美者有華山之金石焉不言華山有球玉山海經太華之山亦不言有玉其西小華之山其陽多㻬孚之玉亦不名球鄭云大玉華山之球也未知所出鄭君蓋別有據聲則无以說也云夷玉東北之珣玗琪也者釋墜云東方之美者有醫无閭之珣玗琪焉鄭言東北者周禮職方氏云東北曰幽州其山鎮曰醫无閭是醫无閭實在東北也說文玉部云醫无閭之珣玗琪周書所謂夷玉也則鄭說固有自來矣云天球雝州所貢之玉色如天者二禹貢雝州貢球琳琅玕球者美玉蓋不一色固有色青如天者此名天球自是以色名之也云三者皆樸未見琢治故不以器名之者彼上文曰璧曰琬曰琰皆是既琢治成器之名此大玉夷玉天球皆就其質名之是未見琢治也

蓋東爲陽中物之所生西爲陰中物之所成故在西序之玉皆已成器者在東序之玉皆未琢治也云河圖二出于河水者鄭注周易繫詞引春秋說曰河以通乾出天苞洛以流坤吐地符河龍圖發洛龜書成是河圖出于河也漢書五行志引劉歆說曰虙羲氏繼天而王受河圖則而畫之八卦是也鄭云帝王聖者所受不指實河圖爲八卦者蓋八卦是虙羲所受之河圖而古帝王皆受河圖不獨虙羲也禮運正義引中候握河紀云堯時受河圖龍銜赤文綠色廣博物志十四卷引尸子曰禹理洪水觀于河見白面長人魚身出曰吾河精也授禹河圖而還于淵中是不獨虙羲受河圖也則此經河圖未見其必是八卦故鄭泛言帝王聖者所受也然則鄭君之說是矣聲猶不从之者據墨子言文王嘗受河圖則周家寶往古之河圖必不如其寶先祖之河圖故以此河圖爲文王所受者且引墨子以證焉墨子者非攻篇文也此河圖是天所以命文王者故云周家天命所自故寶之云今文曰顓頊河圖洛書在東序者李善注文選典引錄蔡邕注引尚書曰顓頊河圖洛書在東序案蔡邕石經尚書乃今文本則其所引是今文故與古文異也若果如所引則鄭君解河圖必不泛言帝

顧命

王聖者所受矣尚書原文當不如此故云非也廟諱之舞衣大貝鼖鼓在西房兌之戈和之弓垂之竹矢在東房鼖符云反

注鄭康成曰胤也兌也和也垂也皆古人造此物者之名大貝者書傳曰散宜生之江淮之浦取大貝如車渠是也鼖鼓大鼓也聲謂房夾室也在西房者在西夾之前所謂序堂又亦在東房者在東夾之前序堂之乍亦矣經云夾室言之故曰在房也車君魚反俗音出書反非也亦公賀反

疏鄭注見周禮天府疏兌也二字據經文茲學四人名鄭君必兼釋之引者誤脫爾故以意增之引書傳者伏生尚書大傳殷傳云西伯既戡耆紂囚之牖里散宜生遂之犬戎氏取美馬駮身朱鬣雞目者取九六長之西海之濱取白狐青翰之於陵氏取怪獸大不辟虎狼閒尾倍其身名曰虞之有參氏

取美女之江淮之浦取大貝大如車之渠陳于紂之庭紂出見之還而觀之曰此何人也散宜生遂趨而進曰吾西蕃之臣昌之使者紂曰非子罪也崇侯也遂遣西伯伐崇是其文也鄭仲師注攷工記車人云渠謂車輮號則云大貝如車渠謂大如車輪也案如大傳所云則大貝係人于紂猶得爲周宗藏者蓋武王克紂而後得之以是文王所賴以免患故寶之且使子孫守之以無忘恩患云釋樂云大鼓謂之鼖故云鼖鼓大鼓也說文戶部云房室在旁也夾室皆在四堂之兩旁故云房夾室也高誘注淮南本經訓云明堂王者布政之堂上圜下方堂四出各有左右房謂之个凡十二所又注呂氏春秋亦云各有左右房謂之个又以明堂左个爲東頭室右个爲西頭室是房也室也个也可以通偁故云在西房者在西夾之前所謂明堂右个在東房者在東夾之前明堂之左个矣經言在房注不謂夾室中而云在兩夾之前左右个者蓋陳宗以爲國藝是欲見美必陳于夾室之外左右个之隱則人應門然見故知不在室內也但房之偁于室內者空陳宗于个而經言房故釋其意云統于夾室言之故曰在房也

大路在賓階面路正義本作輅隸古定本

顧命　尚書集注音疏九　二十一

則作路。案：鄭仲師注周禮典路引此四語，皆作路。周禮車路字皆不作輅。蓋輅者，車軨前橫木，别一字也，當以路下皆放此。【注】鄭康成曰：大路，玉路。階謂賓階，西階。面猶前也。【疏】鄭注見周禮典路疏。云「大路，玉路」者，大戴禮朝事義曰：乘大路，建大常十有二流，樊纓十有再就。周禮巾車職曰：王之五路，一曰玉路，鍚，樊纓十有再就，建大常十有二流。合此二文叶之，則大路即玉路也。階謂賓階西階者，禮記曲禮云：主人就東階，客就西階。又檀弓云：周人殯于西階之上，則猶賓之也。是西為賓階，故西階謂之賓階也。義禮士冠禮云：側酌醴，加柶覆之，面葉。鄭注云：面，前也。茲云面猶前者，謂賓階、阼階言面，猶下文言左塾之前、右塾之前也。

贅路在阼階面。贅，中芮反。與綴同，本或作綴。茲从鄭仲師周禮注所引。阼，才故反。【注】鄭康成曰：贅，次。次在玉路後，謂玉路之貳也。階謂阼階，東階。【疏】鄭注亦見典路疏。贅者，附贅也，故訓為次。㠯為次在玉路後，謂玉路之貳也。案：周禮五路之貳車無文，據大戴禮朝事義，天子乘大路，貳車十有二乘，是玉路

爲貳也而檀弓曰夏后氏殯于東階之上則猶在阼也故云阼階東階

先路在左塾之前

俗書孰輒加土說文土部所无當止作孰

注 鄭康成曰先路象路門側之堂謂之塾謂在路門內之西北面與玉路相對

疏 注亦見典路疏周禮巾車職王之五路无先路之名先路之名唯見于此及禮記郊特牲郊特牲无解于此云先路象路者據巾車職象路以朝此經將爲受朝之事此時出路不容不陳象路茲凡四路大路是本路贊後文曾是副貳之名故推先路以爲象路但巾車職言象路朱樊纓七就而郊特牲言先路三就三數不同而云先路象路何也蓋郊特牲言大路繁纓一就亦與巾車職玉路十有再就不同彼文所言自是殷制尚質以少爲貴也故鄭注禮器以大路繁纓一就爲殷祭天之車殷則郊特牲雖有先路三就之文无妨于此經先路是樊纓七就之象路也云門側之堂謂之塾者釋宮文也云謂在路門內之西北面與玉路相對者蓋門之內外皆有東西堂皆謂之塾門外之塾南向門內之塾北向茲陳路于路寢之庭則此文塾乃是路門內

之東西堂北向者矣北向則西爲左東爲右經言左塾則是西堂其直北當西階玉路在西階前南面也先路在門內西堂之前北面則與玉路相對矣

次路在右塾之前

注　鄭康成曰次路象路之貳與玉路之貳相對在門內之東北面不陳金路革路木路者主于朝祀而已聲謂陳此四路以西爲上者賓在西堂綴于賓也綴直僞反

疏　鄭注亦見典路疏次者不前也對先而言則爲副貳之名先路是象路故云次路象路之貳言其以亞次爲名也云與玉路之貳相對在門內之東北面者右塾是門內東堂正當阼階之南玉路之貳爲贊路在阼階前南面此次路在右塾之前北面則與玉路之貳相對矣云不陳金路革路木路者主于朝祀而已者周禮巾車職王之五路玉路以祀金路以賓象路以朝革路以即戎木路以田茲大路是玉路贊路爲其貳先路是象路次路爲其貳則此四路止是五路之二未有金路革路木路蓋此時將祭于殯而傳顧命故陳玉路又將受諸侯朝故陳象路是以

鄭君云主于朝祀而已案周禮大宗伯職朝于五禮屬賓禮時將受朝則金路以賓者宜大鄉之茲不鄉者蓋于時諸侯來朝則為乘金路迎賓之事此時齊中權宜為受朝不迎賓无所用于金路也聲謂鄉此四路以西為上者殯在西堂統于殯也皆蓋鄉設之事宜統于堂而南順階皆為上塾皆為下今象路在左塾皆而階之皆乃玉路之貳則在西者當正路在東者當貳車是以西為上矣故說其意云繇殯在西堂故統于殯而西上也檀弓云周人殯于西階之上是殯在西堂也

二人爵弁執惠立于畢門之內〔注〕鄭康成曰赤黑曰爵言如爵頭色也爵弁制如冕黑色但无藻尒惠狀蓋斜刃宜芟刈聲謂畢門路門也斜夕牙反芟色銜反刈牛吠反

〔疏〕鄭注見正義云赤黑曰爵言如爵頭色也者案鄭注義亦士冠禮云爵弁者冕之次其色赤而微黑如爵頭然或說此同也云爵弁制如冕黑色但无藻尒者案周禮弁師職王之五冕皆玄冕朱裏延紐五采藻十有二就皆五采玉十有二玉笄朱紘鄭彼注云延冕之

覆在上是已名曰紐小鼻在耑上所毌也又云諸侯之繅斿九就鄭注云侯當爲公字之誤也又云諸侯及孤卿大夫之冕各以其等爲之鄭注云侯伯繅七就子男繅五就孤繅四就三命之卿繅三就再命之大夫繅再就是冕皆有繅也爵弁之制延紐斿紐皆與冕同唯無繅爲異尒然則冕而無繅即與爵弁不異而鄭注弁師職又云一命之大夫冕而無斿士變冕爲爵弁則似無繅之冕乃與爵弁不同者賈公彥士冠禮疏云冕皆俛也氐前一寸二分故得冕稱爵弁則前後平故不得冕名此說甚是也然則爵弁與無斿之冕但有氐卬之分乃不害爲同制也云惠然綦紛乃空發以鄭君成攷得其實而言乃猶云綦豈夫疑不爲質與聲無以爲經說矣鄭仲師注周禮閽人及朝士皆云路門一曰畢門故聲謂畢門路門也

三人騏弁

執戈上刃夾兩階戺

騏及詒反正義本作綦據釋文云馬本作騏據鄭注引詩則鄭本亦作騏當乃騏所詳吏反【注】鄭康成曰青黑曰騏詩云我馬維騏弁即今之旬子韋聲謂戺切也謂堂廉直下厓

也蓋夾兩階者二人一在西階之西一在阼階之東當
肯廉厓下相鄉而立夾阤者二人一立于東堂階上
東一立于西南堂階上西當肯廉厓下之兩旁蓋皆南
鄉也合言四人者以其所服同故也旬果侯反切子替反俗書加石傍非
也鄉所恙反疏鄭注見正義及詩國風鳲鳩疏頌駉正
綦多官反義說文系部云綦系青驪文如博棊也
驪是黑色故鄭云青黑且引詩以證謂綦弁之文
采如馬之綦文也所引詩乃皇皇者華文也案詩鳲鳩
云其弁伊綦毛傳云綦綦文正與此鄭注青黑曰綦詮文
同而鄭君箋鳲鳩詩乃云綦當作璂以玉為之于此又
不取綦系璂者鄭注周禮弁師云韋弁皮弁侯伯璂飾
七子男璂飾五孤則璂飾四三命之卿璂飾三再命之
大夫璂飾二又云士變冕為爵弁其韋弁皮弁之會無
結飾然則鄭君之意以大夫以上之弁皆有璂飾士之
弁則無有彼詩所稱淑人君子是謂諸侯故以其弁伊
綦系璂飾此四人是士其弁不得有璂飾故以綦系青

顧命

衆名也知此四人是士者葢士无位于堂下文五人皆冕而立于堂廉之上自是大夫此四人立于堂下又弁而不冕與上文二人雀弁立于畢門內者皆士也云戈卽今之句孑戟者葢漢時名戈爲句孑戟鄭舉當時之名以況之便于曉人也故鄭注周禮敘官司戈盾亦云戈今時句孑戟考工記冶氏職云戈廣二寸內倍之胡三之援四之鄭仲師注云援直刃也胡其孑然則句孑戟者以其胡名之也康成注冶氏云戈今句孑戟也或謂之雞鳴或謂之擁頸然則漢人目戈爲此數名冶氏職詳說戈制故鄭君前舉數名于此則不必前舉也云戺切也謂堂廉直下厓也者廣疋釋室云戺橉切也張衡西京賦云刊層平堂設切厓隒薛綜注云刊削也呂向注云層絫堂高也厓隒邊也謂削絫其階令平高設切以爲厓隒是則切謂堂廉直下厓矣經合言四人夾兩階戺注云夾兩階者二人夾戺者二人分言之者兩階旁者堂廉下厓而不盡堂廉之廣戺卽厓也其東西各出于兩階之外畔則夫出乎夾階者之兩傍則夾戺非卽夾兩階者矣故知夾兩階夾戺各二人也夾階則在兩階之外畔故云一在西階之西一在阼階之東當前廉厓下相向而立夾戺則在戺之兩旁夾堂厓而立

故云一立亏東序堂隅之東一立亏西序堂隅之西當歬廉厓下之兩邊蓋皆南向也據其立處推其圖法埶當南向不敢質言故云蓋也云合言四人者以其所服同故也皆據上文畢門之內及下文東堂西堂東垂西垂側階立異處皆階所言之此夾階夾階各二人夾應小異經乃總言四人故遠之云以其所服同故四人皆爵覍是服同皆執戈是所同也

弌人冕執劉立亏東堂弌人冕執戉立亏西堂劉字雖說文所无案漢天子姓劉氏說文不應无劉字蓋脫誤也且說文解劉字瀏字皆云劉聲則固當有劉字故用之

注鄭康成曰劉蓋今鑱斧戉大斧序內半以歬曰堂鑱士巖反

疏注見正義云劉蓋今鑱斧者鄭以東堂西堂各一人相對亦立所執宜同類今一人執劉一人執戉器雖異名其形制當相似戉是大斧故以劉爲鑱斧鄭君舉當時所器以況非有正據故云蓋也但漢時鑱斧今其形制不可知竊爲擬之鑱者銳也蓋其斧上有直援銛銳不但可以斬兼可以刺故名鑱斧爲云戉大斧者說文戉部云戉大斧也从戈

乚聲。司馬遷以夏執玄戉，殷執白戚，周左杖黃戉，又象白旄。詩公劉疏引太公六韜云大阿斧重八斤，一名天戉，是則戉大于斧矣。云序內半以前曰堂者，釋宮云堂東西牆謂之序，然則序內皆爲堂。云半以前者，對半以後爲房室也。

一人冕執戣立于東垂，一人冕執瞿立于西垂。戣渠追反。垂是爲反。瞿其虞反，又其據反。

【注】鄭康成曰：戣瞿蓋今三鋒矛。垂謂垂邊也，謂東西序外之堂廉也。鋒孚容反。

【疏】鄭注見正義。云戣瞿蓋今三鋒矛者，亦舉當時兵器以相況，无正據，故亦云蓋也。東垂西垂之人所執兵亦同類，故戣瞿雖異名，鄭君俱以三鋒矛解之。蓋三鋒矛多二，故多戣瞿二名。案兵器多皆如以字形者，詩所謂厹矛，毛傳以爲三隅矛是也。亦爲女中字形者，今世所謂劉是也。此二器皆三鋒，但未知孰者爲戣，孰者爲瞿，不幾猶實矣。說文土部云：垂，遠邊也，故云垂邊也。云謂東西序外之堂廉也者，堂基也，絫土爲之，築令平，高四角皆設石切以爲厓縑，其東西序不盡東西廉之廣，序外皆爲餘隧以容人往來，義亦鄉射禮云賓與大夫之弓倚于西序矢在弓下北括衆弓倚于堂西矢在其上鄭注云上堂西廉言堂西廉則是西序外之廉矣其下文又云主人之弓矢在東序東則其上文賓與大夫之弓倚于西序者在西序之廉上矣衆弓倚于堂西者倚于廉下之厓故矢在廉上也是東西序外之廉上留有餘隙也此文東垂西垂二之證爲隙故以爲東西序外之堂廉也

一人冕執銳立于側階

說文云周書曰一人冕執銳讀若兌隸古定本亦作銳唐衛包受詔改作銳宋陳鄂奉敕又改釋文云銳以稅反是一誤而再誤矣吁可恨哉

注　鄭康成曰銳矛屬凡此七兵或从矜或箸柄周禮戈柲六尺有六寸其餘未聞柲短之數側階東下階也聲謂側階北下階也在北堂之下側之言特北堂唯一階故曰側階　矜其巾反箸汁若反戈柲直亮反

疏　鄭注見正義說文金部云銳侍臣所執兵也从金兌聲周書曰一人冕執銳讀若兌未解銳爲何等兵器鄭云銳矛屬者案說文編

字以類相從其金部鋋下鈗鈗下鉈鉈下鏦鏦下錟鋋小矛也鉈短矛也鏦矛也錟長矛也諸字皆矛別名而鈗廁其間則是矛屬矣凡此七者最括惠戈劉戉戣瞿鈗諸兵也云或施矜或箸柄者毛詩伐柯傳云柯斧柄也劉戉皆斧則箸柄者也說文矛部云矜矛柄也戣瞿鈗皆矛類則皆施矜者也惠則未有見无以言之戈則見攷工記案攷工記廬人職云戈柲六尺有六寸鄭注云柲猶柄也其下文鄭注又云爲戈戟之矜所圍如今則戈柲亦名矜又說文云矜矛柄既則矜柄同尒鄭云或施矜或箸柄似矜柄不同者蓋散文則通對文則異也廬人職云句兵椑刺兵摶鄭注云齊人謂柯斧柄爲椑則椑隋圜也摶圜也廬人又云凡爲殳五分其長以其一爲之被而圍之凡爲酋矛參分其長二在前一在後而圍之鄭注云被把中也圍之圜之也凡矜八觚然則隋圜者柄也其手握處圜而握不及處爲八觚者矜也矜與柄固有異矣云周禮戈長六尺六寸者據攷工記文云其餘未聞長短之數者其餘謂惠劉戉戣瞿鈗六兵也此六者攷工記皆无文故不得聞其長短之數云側階東下階也者鄭解側爲偏側故以爲東下階東階在偏也故鄭注禮記雜記以側階爲偏階證與

此同也。僭不从鄭誼而云側階以下階也，杜以堂之下
者以東垂即東面階，上以爲執戟者太晨與執瞿太面
垂者爲對，不應東垂多此一人，故知側階非東下階矣。以堂
義別，士昏禮記云婦洗在北堂直室東隅，鄭注云北堂
房中半以北，是東房之北爲北堂也。大射儀云工人士
與梓人升自北階，是路寢有北階矣。鄭注燕禮及大射
義皆云羞膳者從而東，由堂東升自北階，立于房中西
面南上，則北階在東房北堂下可知矣。雜記云三年之
喪則君夫人歸，夫人至入自闈門，升自側階。爾疋曰宮
中之門謂之闈，則是內寢之門，當在路寢之後，闈門
而升側階，則側階自是北階矣。云側之言特者，義取士
冠禮云側尊一甒醴，鄭注云側猶特也，无偶曰側。云北
堂唯一階，故曰側階者，北堂唯東房有之，蓋東房无北
壁，故有北堂，西房之北有壁，則不得有堂，无堂則无階
矣，故北堂唯一階，取特一之誼而云側，與于皆堂之有
兩階也。攷工記匠人職說夏后氏世室有九階，鄭
注以爲南面三，三面各二者，了是有堂之制，蓋夏之世
室，殷之重屋，周之明堂，異其名亦實一也，則非路寢也。
鄭注攷工以重屋爲王寢，
非也。路寢北堂實一階也。

王麻冕黼裳由賓

階隮說文巾部云常下帬也从巾尚聲裳常或从衣吾寧从巾

注 麻冕三十升麻之布以為冕也鄭康成以黼常者冕服之彩者也聲謂隮升也自西階升者未敢當主且以饋肯便也

疏 孔安國注論語子罕篇云麻冕禮也古者績麻三十升布以為之故云麻冕三十升麻之布以為冕也布言升者所以辨其精麤也鄭注儀禮喪服傳云布八十縷為升則三十升凡二千四百縷布之細者矣凡冠衣之布冠之升數輒倍于衣朝服十五升故冕三十升也鄭注見正義云黼常者冕服之彩者也者周之冕服九章黼當其弟八其等衰則自九章以至一章凡五等天子備為長據鄭注周禮司服云希畫虎蜼謂宗彝也其衣三章常二章凡五也則此黼常當是希冕之常黹紩二章皆是為彩者也此言為彩諸下蟻常彤常以色言无為彩矣隮升釋詁文云自西階升未當主者禮記曲禮云踐阼臨祭祀內事曰孝王某外事曰嗣王某又文王世子云成王幼不能涖阼周公相踐阼而治鄭注云成王履阼階攝王位治天下是嗣位為王乃得踐阼階今

王由西階不升阼階者未受顧命未敢遽當主位也云且即殯宮之位者禮記檀弓云周人殯于西階之上則西階上是殯宮也時將就殯宮受顧命則王由西階爲便矣

卿士邦君麻冕蟻常入即位

蟻牛倚反正義本作宜僞義俗字也蓋衛包所改隸古定本作蟻茲從之

【注】蟻蚍蜉也服章无蟻蟻常常色如蟻者入者入畢門也鄭康成曰蟻謂色玄也即位者卿西面諸侯北面

蚍貧夷反蜉房矛反【疏】云蟻蚍蜉也者礼記檀弓云蟻結于四隅學記云蛾子時術之鄭注皆云蟻蚍蜉也案檀弓蟻結鄭注以爲畫文如蟻行往來相交錯此蟻常宓知不謂繡文如蟻行其云服章无蟻蟻常常色如蟻者皆衣常之章首各畫粉不得改易據鄭君注周禮司服職云虞書曰予欲觀古人之象日月星辰山龍華蟲作繪宗彝藻火粉米黼黻絺繡此古天子冕服十二章王者相變至周而以日月星辰畫於旌旗所謂三辰旂旗昭其明也而冕服九章登龍于山登火于宗彝一曰龍二曰山三曰華蟲四曰火五曰宗彝六曰藻七曰粉米

八皆黼亦皆黻是服章无蟻也服章无蟻則蟻裳非以蟻爲章矣故推其證以爲裳色知蟻者且據上文黼裳鄭注特言冕服玄文者卽此蟻裳與下彤裳皆无文蟻裳非以繡文如蟻行相交錯而爲名皆是以裳色如蟻色而名之若蠹負以如蠹頭色而名也云人者人畢門也者時將傳顧命卿士邦君皆人臨位于牖所牖宮柱畢門內也鄭注見太平御覽六百八十六卷服章部及正義鄭云蟻謂色玄則正如聲所謂裳色如蟻者矣云卿囟圖者謂杜中庭之東諸侯謂邦君也亦圖者杜中庭之南少東也知者經止言人邦位不云君階知皆位于庭也

太保太史太宗皆麻冕彤裳〔注〕彤裳纁裳　纁許云反〔疏〕云彤裳纁裳者鄭箋靜女詩云彤管筆赤管也則彤是赤色鄭注易困九二云朱深于赤又注儀禮士冠禮云凡染絳一入謂之縓再入謂之赬三入謂之纁朱則四入與是則纁淺于朱邦是赤色矣然則彤與纁同色也鄭君注周禮司服職云凡冕服皆玄衣纁裳則此彤裳是纁裳矣

太保承介圭上宗奉同瑁由阼階隮　瑁莫報反〔注〕

承亦奉也介讀爲玠玠圭鎮圭也爾疋曰圭大尺二寸
謂之玠攷工記曰鎮圭尺有二寸天子守之鄭康成曰
上宗猶太宗變其文者尊官之長大宗伯一人與小宗
伯二人凡三人使其上二人也一人奉同一人奉瑁同
酒杯也聲謂同圭瓚也以挹鬯祼祭者周禮謂之祼圭
瑁大玉也所以冒諸侯圭言德能覆冒天下也攷工記
曰天子執瑁四寸以朝諸侯太保上宗皆奉天子之重
器故皆見曰鉊鉊玠吉拜反長中賞反瓚才但反挹亦十反朝直俗反說文手部云承
奉也此文承奉對言故云承亦奉也崇高詩云錫尒介
圭鄭注爾疋引此玠圭則介乃玠之通省文也當爲玠
故云介讀爲玠云玠圭鎮圭也者據爾疋圭大尺二寸
謂之玠攷工記則云鎮圭尺有二寸則玠圭即鎮圭故

顧命

記引彼二文以證所引爾疋釋器文也引攷工記則本
乃職文鄭注見正義及三國吳志虞翻傳注上言太宗
此則變文言上宗故鄭云上宗猶太宗變其文者尊官
之長大宗伯一人與小宗伯二人凡三人使其上二人
也春官之長正義所引實作宗伯之長聲以宗伯係是
長官亦言宗伯之長語似未安故改之周禮敘官云乃
立春官宗伯使帥其屬而掌邦禮又云禮官之屬大宗
伯卿一人小宗伯中大夫二人是宗伯為春官之長也
此則使小宗伯之上一人與大宗伯同事是使其三人
之上二人也小宗伯二人爵位同而得差其上下者蓋
同等之中自為長後也以知上宗是二人者奉是兩手
共奉之以兩手奉一物則同瑁二物以二人奉之矣且
下文王三宿上宗曰饗太保授宗人同明是贊王者大
宗伯贊太保者小宗伯也則此時聿陷為小宗伯與焉
矣故鄭又云一人奉同一人奉瑁以申明上宗之為二
人也三國志虞翻傳注載翻別傳云翻奏鄭解尚書違
失事因顧命康王執瑁古冃字似同从誤作同既不覺
定復訓為杯謂之酒杯是違不知蓋幾之譌案經同瑁
聯文皆以同為冃謂為古瑁字則此言奉瑁下言受
冃瑁重言冃瑁成何語乎且古瑁字作冃見說文玉部

冃則冒是一字說文冒爲冃部以冃爲古瑁字非也據下文王受同以祭太保以異同酢則同非酒器亦何荅以爲古瑁字瑁可以盛酒乎幡之說大謬不然矣幡所以鄭注覂爲數條皆誣罔无實不足辯者蓋幡小乃嫉賢害忌鄭君之名亦誣之爾吾從鄭注可也然則又以同爲圭瓚何也無乃與鄭說異乎曰否圭瓚固以盛鬯酒者蓋鄭言酒格或覂爲說以申其注幡欲援爲曰實不容詳備其注今不得詳聞矣故言圭瓚以增成鄭說非韋異也下文太保以異同秉璋以酢則彼同是璋瓚矣半圭曰璋〻瓚亞于圭瓚而記祭統云君執圭瓚裸尸太宗執璋瓚亞裸是其差也此下太保以酢之同祭是璋瓚則此同王將受以祭者自是圭瓚矣且奉同者毀孚圭奉瑁者得兼自能紹尽同非發常之酒器圭瓚則宗廟之中酌鬱鬯以裸先王是祭器之重者固當毀鎭圭並重易震卦云不喪匕鬯象傳釋之曰出可以守宗廟社稷以爲祭主則嗣王傳重之時祭器之重者固當奉以得傳則此時所奉之同其爲圭瓚无疑矣云以秬鬯裸祭者〻鄭仲師注周禮典瑞職云于圭頭爲器可以挹鬯裸祭謂之瓚是也云周禮謂之裸圭者典瑞職云裸圭有瓚以肆先王又攷工記玉人職云裸

圭尺有二寸有瓚以祀廟是也云瑁大玉也者亓圭裸圭皆玉瑁亦是玉故云亦也云所以冒諸侯圭者說文王部云瑁諸侯執圭朝天子天子執玉以冒之似犂冠伏生大傳云古者圭必有冒言下之必有冒不敢專達也天子執冒以朝諸侯見則覆之故冒圭者天子所與諸侯爲瑞也是瑁所以冒諸侯圭也云言悳能覆冒天下也考工記曰天子執瑁四寸以朝諸侯者此引考工記亦玉人職文鄭注彼文云名玉曰瑁者言悳能覆冒天下也是其證也云太保上宗皆奉天子之重器故皆升自阼階者阼階是主階唯君升降得由之臣下則不敢今太保與上宗皆由阼階升以所奉奉之介圭及同瑁皆天子世守之重器不可竊故也

太史秉書由賓階隮御王冊命御五嫁反注秉執也書所寫顧命之冊也鄭康成曰御猶鄉也王此時在太賓階上少東太史東面于殯西南隅讀冊書以命王嗣位之事鄉許亮反疏秉執釋詁文云書所寫顧命之冊也者時將傳顧命則太史所秉之書自是寫

顧命之冊矣鄭注見正義御者古訝字也訝之言迎迎則必向故云御猶向也王因自賓階升矣必知此時太保在賓階上少東者以太史繇其升階將與其西讀冊自發王少東避之也案禮記曾子問篇君薨而世子生三日負子以見于殯少師奉子以衰祝先子從子升自西階殯前北面祝立于殯東南隅祝聲三曰某之子某從執事敢見此云太史東面于殯西南隅者禮記少義云詔詞自右曾子問所云是北面而告于殯當在世子之右故立于殯東南隅此則以成王之命詔嗣王當立于殯之右故東面于殯西南隅也

曰皇后凭玉几道揚末命命女嗣訓臨君周邦率循大卞燮龢天下用荅揚文武之光訓

君臨舊本作臨君李善注文選賢良詔引作君臨案文作君臨者是茲從之

注 肆曰覍灋也聲謂燮和也太史言大君道揚臨終之命命女嗣守茲訓以君臨周國率循大灋以協和天下以對

揚文武之耿光大訓 疏 僞孔傳以大訓爲大法正義謂王肅亦同故引肅以爲法也周爲殷周學效三代之遺服也訓爲象法當可也故用肅注釋詁云彝常也此經彝聯文故云彝亦常也云大史言大君猶揚臨宗之命者皇訓大后訓君經言皇后故注言大君也易說君乃五號帝也王也天子也大君也大人也則大君亦天子之稱也云命者嗣字茲訓者持此冊書以詔王則嗣訓是謂嗣守此冊書之命訓然冊書故云茲訓王再拜興荅曰眇眇予末小子其能而亂四方以敬忌天威眇米小反 注 興起也眇眇散也亂治也言我散末小子其何能而治四方以敬畏天威乎謙也 疏 興起釋言文云眇眇散也者班固幽通賦云諮孤蒙之眇眇兮曹大家注云眇眇散也亂治釋詁文乃受同瑁 注 鄭康成曰王既對神則一手受同一手受瑁 疏 注見正義王三宿三祭三咤

詫當故反正義本作咤衞包所改也說文引作詫隸古定本同據釋文馬本亦作詫

注 宿當爲莤，莤字或作縮，故誤者爲宿。而祭束茅加于裸圭而灌鬯酒，是爲莤。春秌傳齊桓公責楚不貢包茅，王祭不共，无以莤酒。詫，奠爵酒也。王莤酒以祭，奠爵于席，如是者三。奠爵皆以初奠不嚌酒也。

莤所六反省所耿反共君容反嚌才詣反

疏 正義引鄭注云徐行前曰肅卻行曰詫王徐行前三祭又三卻復本位蓋鄭君以宿肅字通故以宿爲肅＝各進誔故解爲徐行前然聲竊以此說未明故不用也云宿當爲莤莤字或作縮故誤者爲宿皆說文酉部引春秌傳无以莤酒今左傳作縮酒是莤字或作縮也此經作莤字則爲莤酒若作宿則无謂故知當爲莤叀莤通作縮而誤者爲宿尒云而祭束茅加于裸圭而灌鬯酒是爲莤皆說文酉部文鄭大夫注周礼甸師職云蕭字或爲莤＝讀爲縮束茅立之祭前沃酒其上酒滲下去若神歆之故謂之縮＝浚也此說蓋說文所本則是先儒舊說也

顧命

引詩林傳皆僖四年左傳文以證茜縮茜酒之證周禮注及說文大皆引其文焉云醆奠盛酒也者說文八部文云奠盛者以卒爵不嚌酒也者鄭注周禮小宰職云尸爵卒受祭之啐之奠之禮記雜記下云小祥之祭主人之酢也嚌之衆賓兄弟則皆啐之是則吉祭酢祭酒必啐之而後奠酢祭則雖禫而小祥猶止嚌而不啐今成王繼未踰句嗣王以卒爵之故不惟不啐亦不嚌也

上宗曰饗 注 饗勸彊之也王不嚌酒勸彊之使嚌故曰饗彊其兩反 疏 云饗勸彊之也者義禮士虞記云哀薦祫事適爾皇祖某甫饗鄭注云勸彊之也鄭又注特牲饋食禮大云饗勸彊之也茲用其證

太保受同降盥以異同秉璋以酢醋才各反本皆作酢蓋醋酢二字相承互易錯用久矣 注 王以上宗勸而嚌酒祭嚌則以同授太保太保受之以降置于篚盥澡手也字从臼水臨皿指事也以異同秉璋者半圭曰璋此同以璋縮

柄所謂璋瓚矣臣不敢襲君器故以異同也太保盥而
取異同秉酌執其柄以獻言酢者祭獻則自酢也周禮
時祭閒祀皆有罍諸臣之所酢澡則澡反臼君玉反皿米丙反疏云王以上
宗勸而嚌酒祭嚌則以同授太保太保受之以降置于
篚者上文上宗曰饗是勸王嚌酒此言太保受同降自
是王以上宗之勸而嚌酒祭了以同授太保而太保受
之以降也據義禮凡行事必設洗于東榮南若四阿之
屋則當東霤南必有篚在洗西水在洗東凡以爵降者
必置爵于篚而盥此時太保受同降盥自[illegible]置同于篚
而盥也云盥澡手也字从臼水臨皿者說文皿部解盥
字所取意以配合成文之誼也云指事者說文解字
敘說六書一曰指事指事者視而可識察而見意上下
是也盥字从臼臼者兩手也兩手匊水臨于皿上象人
澡手之形所謂視而可識察而見意者于六書為指事矣
云半圭曰璋者公羊定八年傳云璋判白何劭公注云
判半也半圭曰璋毛詩棫樸傳及鄭君周禮大宗伯注
亦皆云半圭曰璋蓋圭皆上銳兩傍各剡乃半其銳者

顧命　　尚書集注音疏卷九

正璋皆則唯剡一偏其一偏則直銳上出形如半圭然故曰半圭也云此同以璋爲柄皆然言以與同文言秉璋以所秉之璋即是此同之柄蓋器之爲柄者執之成執其柄也云所謂璋瓚矣者所謂禮記祭統云太宗執璋瓚亞裸是也考工記玉人職曰大璋中璋九寸邊璋七寸射四寸厚寸黃金勺青金外朱中鼻寸衡四寸有繅是璋瓚之形制矣云臣不敢褻君器故以與同也者祭統曰君執圭瓚裸尸太宗執璋瓚亞裸是臣不得褻用君器也云言醋者旣獻則自醋也周禮時祭閒祀皆有罍諸臣之所醋者時祭謂礿祠烝嘗閒祀謂追享朝享也周禮司尊彝職云春祠夏禴裸用雞彝鳥彝皆有舟其朝踐用兩犧尊其再獻用兩象尊皆有罍諸臣之所昨也秋嘗冬烝裸用斝彝黃彝皆有舟其朝獻用兩著尊其饋獻用兩壺尊皆有罍諸臣之所昨也凡四時之閒祀追享朝享裸用虎彝蜼彝皆有舟其朝踐用兩大尊其再獻用兩山尊皆有罍諸臣之所昨也鄭注云昨讀爲酢字之誤也諸臣獻者酌罍以自酢茲引其文從諸臣之所醋不從鄭注從酢者蓋醋酢二字世俗互易醋用久矣據說文酉部云醋客酌主人也又云酢醶也則此當從醋也鄭注司尊彝云朝獻謂尸卒食王酳

之再獻者王酳尸之後后酌亞獻諸臣爲賓又次后酌盎齊備卒食三獻也鄭彼注司几筵職云尸卒食王酳之卒爵祝受之又酌授尸尸酢王王是王獻尸尸酢王也禮記祭統云尸酢夫人執柄夫人受尸執足言夫人者據諸侯禮也推之王后當同則后獻尸尸亦酢后亦鄭注司尊彝云諸臣獻者酌罍以自酢則臣獻尸尸不酢臣臣自酢也茲祭于成王殯宮雖不立尸與吉祭異然經言酢以亦獻而自酢下言太保受同祭嚌宅固是太保自酢也故引周禮爲說也或以禮記王制云喪三年不祭唯祭天地社稷爲越紼而行事又曾子問篇曾子問曰天子嘗禘郊社五祀之祭簠簋既陳天子崩后之喪如之何孔子曰廢今當喪而祭甚乎非禮與曰否不然先王之顧命不可不傳亦不可違之踰年而傳其傳之也以于喪命諸侯事爲君大矣今使天子喪命諸侯雖不當正祭猶以特假于廟而告祭曾謂傳顧命于嗣王而可不告祭新陟王乎且此時祭于殯宮特以于朔夕饋奠而多加焉而已固非入廟而行吉祭也何言乎非禮與此篇自狄設黼扆以下俗儒輒訾議之皆非通論也

授宗人同拜王答拜（注）爲將拜故授宗

人同宗人小宗伯也王荅拜者雖君于臣禮无不荅爲于僞反疏云宗人小宗伯也者上文上宗奉同瑁鄭注云爲春官之長大宗伯一人小宗伯二人凡三人使其上二人一人奉同一人奉瑁然則此時堂上有小宗伯一人與大宗伯同在焉自當大宗伯贊王小宗伯贊太保且上言上宗此變文言宗人則自是小宗伯矣云王荅拜者雖君于臣禮无不荅者禮記燕義云君舉旅于賓及君所賜爵皆降再拜稽首升成拜以臣禮也君荅拜之禮无不荅以君上之禮也是其證

太保受同祭嚌宅宅船故反注受同受于宗人嚌嘗酒至齒也宅讀當爲數度之度嚌酒有入度不咬乙初齒故也了隶肩反今誦佗節疏云受同受于宗人者上言授宗人同則此受同是還從宗人受之矣云嚌嘗酒至齒也者禮記雜記下云小祥之祭主人之酢也嚌之衆賓兄弟則皆咬之大祥主人咬之衆賓兄弟皆飲之可也鄭注云嚌咬皆嘗也嚌至齒咬入口是則嚌咬有淺深之分也云宅讀當爲數度之度者古字宅與度通其度

字有兩音測度之度音徒洛反數度之度音船故反皆堯典宅嵎夷宅南交之宅則是測度之度音船洛反者也此經宅字據釋文引徐邈音船故反則是以宅爲數度之度矣蓋以先儒有是說亦徐邈爲是音也故讀如之數度者皆易節象傳云君子以制數度謂有所制分量不得過者也云嚌酒有所度不啐以[illegible]喪故也者據義禮凡酳爵輒言啐酒是皆嘉禮吉禮雜記言眾賓兄弟皆啐之者乃是小祥之祭離喪已币一年此時成王繇未踰旬經不言啐亦云嚌宅自是以初喪之故嚌酒有所度不忍啐酒也**授宗人同**

拜王答拜太保降收 注 太保降亦出廟門不言出者于一言人見之者文也收者蓋太史收冊書宗人收同與見大寢反者名耿反與爰虛反 疏 云太保降亦出廟門不言出者云下言人見之者文也者下言太保率西方諸侯入應門左是太保已出應門外則此當言太保降出乃止言降不言出蓋以下文言入則于此時出自見于此可省出文也云收者蓋太史收冊書宗人收同與者上文設几席及陳宗器路之

等蓋爲受朔而陳設時未受朔當不遂收皆太史所秉
之書宗乃所奉之同則從傳顧命皆當收藏書是太史
所掌同則典瑞所藏典瑞則宗伯之屬也自號太史收
典書宗乃收同也以經未可言所收者何結云蓋云疑
以疑之

諸侯出廟門竢竢牀史反

注 諸侯卿士邦君也

諸侯實出畢門言廟門者以殯所在神之故謂之廟竢
待也待王出視朔也朝直遙反下並同

疏 云諸侯卿士邦君也者欲見此諸侯非下
文所云西方諸侯東方諸侯也蓋彼西方東方之諸侯
是侯甸男衛四服之諸侯須二伯率之乃入始時並未
先入何得云出廟門故知此諸侯非下文所言諸侯乃
是上文所云卿士邦君入即位者邦君謂畿內諸侯兼
爲畿外之諸侯長卿士中爲衛侯是外土諸侯餘皆食
采畿內皆畿內諸侯矣而記王制云天子之縣內諸侯
祿也是食采畿內者亦諸侯也云諸侯實出畢門者據
上文卿士邦君麻冕蟻裳入即位是即位于殯宮之庭
在畢門之內也此時事訖而出是出畢門經言出廟門
是以殯宮爲廟蓋憑先王之靈皆神所也故云以殯所

在神之故謂之廟或問曰僖八年左傳凡夫人不殯于廟則弗致也正禮當殯于廟又僖三十二年傳晉文公卒殯于曲沃曲沃晉宗廟所在是亦殯于廟者殯于廟則出自殯宮卽出自廟門乃不以亦廟門爲宗廟之門而云實出畢門何也荅之曰禮記檀弓云殷朝而殯于祖周朝而遂葬則周之不殯于廟禮無明文矣此經上文明言畢門之內畢門卽路門也則殯在路寢明矣所云廟門安得謂宗廟之門乎禮記雜記云坐于廟門不毀牆遂入適所殯鄭注云廟所殯宮是亦謂殯宮爲廟與此經云廟門同設荅左傳所云不殯于廟則弗致者鄭君以爲若然變周之文从殷之質故不同也其晉文公殯于曲沃則是衰世大國不遵周制者不可據以爲正案鄭志趙商問周朝而遂葬則是殯于宮葬乃朝廟甚然晉文公殯于曲沃是爲去絳就祖殯與禮記異未通其說鄭君荅曰葬乃朝廟周之正禮也其末世諸侯國何必同也傳合不合當解傳亦不得難經然則此言廟門自是畢門安得據甚然時事以相難乎俟待說文立部文僞孔氏于此分篇以此上爲顧命下乃爲康王之誥案此言諸侯出廟門俟俟者俟王出視朝也下云王出在應門之內上下一貫何可強分馬鄭本自王

蓋自始以下乃為康王之誥蓋本諸孔氏古文斯得之矣

王出在應門之內

【注】王出=畢門也在應門之內位于明堂之庭也應門明堂正門

【疏】王亦自殯宮出故云出畢門也畢門即路門其內為內朝亦曰燕朝路門之外應門之內為治朝是正朝也亦謂之內故爾疋云正門謂之應門鄭注以為朝門禮記曲禮云天子當依而立諸侯北面而見天子曰覲天子當宁而立諸公東面諸侯西面曰朝鄭注云春見曰朝受摯于朝受享于廟秋見曰覲一受之于廟夏宗依春冬遇依秋時當四月于周為孟夏于正歲為仲春當用春朝之禮經言在應門之內似正所謂當宁而立者而乃云位于明堂之庭應門明堂正門者禮記曾子問諸侯旅見天子雨霑服失頌則廢是則朝內無屋矣上文布席設八黼扆之處曰牖間曰序曰西夾曰房則是有屋有屋則非朝內蓋在明堂矣夫黼設者以藝國也則朝諸侯當毀所黼設同處即在明堂之庭可知爾疋正門謂之應門雖指謂朝門而明堂之正南門亦曰應門禮記明堂位所謂九采之國應門之外北面東上是也故說應門內為明堂之庭也

以堂在路寢之東以堂之四門出畢門而東行由以堂之西方門而入大于應門內云于時羣臣之朝受摯于

朝受命于廟此權時之禮在以堂之庭以堂太廟所在朝者奉圭兼幣獻君已為朝覲會禮與常禮不同則可

見此應門之內非當在其太室矣

大保率西方諸侯入應門左

畢公率東方諸侯入應門右率所律反俗讀省作率音同詮別

【注】入門則西為左東為右各嚮其方為位肅

由畢公代周公為東伯故率東方諸侯【疏】入門則北向北向故西為左東為右也西方諸侯入門左東方諸侯入門右故云各嚮其方為位肅注見正義云畢公代周公為東伯故率東方諸侯者公羊隱五年傳云自陝而東者周公主之自陝而西者召公主之是初時周公為東伯召公為西伯也今太保率西方諸侯則仍西伯如故而東方諸侯則畢公率之是蓋周公薨殁而畢公代之為東伯也

皆布乘黃朱賓稱奉圭兼幣曰一

弍臣衛敢執壤奠皆再拜稽首乘食孕反注同偽孔本脫介字茲從說文王部所引增壤如賞反

注乘猶敶也四馬曰乘黃朱黃馬朱鬣賓諸侯也介圭命圭朝見所執以爲信者詩云以其介圭入覲于王幣所以亯也壤壤墬所生土物謂庭實也朝事義曰奉國墬所出重物而獻之明臣職也奠亯也鄭康成曰此幣圭以馬蓋舉王者之後以客介諸侯當璧以帛大各庭實釋詞者一人其餘奠幣者再拜稽首而已此朝兼亯禮也與常禮不同鬣良涉反見大晏反義牛奇反威義之義

疏乘之言鋪鋪謂敶設故云乘猶敶也云四馬曰乘者周禮夏官敘官云圉師乘一人圉人良馬匹一人校人職云凡頒良馬而養乘之乘馬一師四圉是四馬爲乘也蓋車一乘駕四馬故四馬爲

乘詩云兩服上襄兩驂鴈行又云駕彼四牡是也云黃朱黃馬朱鬣者鄭君說也詩干旄正義引鄭駁五經異誼云尚書顧命諸侯皆布乘黃朱言獻四黃馬朱鬣也云賓諸侯也者周禮大宗伯職云以賓禮親邦國謂覲覲宗遇會同天子以賓禮賓諸侯也故大行人職云掌大賓之禮鄭注云大賓要服以內諸侯云介圭命圭朝見所執以爲信者二攷工記玉人職云命圭九寸謂之桓圭公守之命圭七寸謂之信圭侯守之命圭七寸謂之躬圭伯守之鄭注云命圭者王所命之圭也朝覲執之居則守之又秋官小行人成六瑞大謂桓圭信圭之等鄭注云瑞信也皆朝見所執以爲信俗儒亍此經削去介字蓋以前文太保承介圭謂介圭是天子之鎮圭長尺二寸者非諸侯所執此諸侯所奉不當言介圭故削介字也今據說文玉部所引增此介字替夭它據將以滋學者疑故必引詩以爲證也所引詩韓奕篇文也詩偁韓侯入覲宣王亓言以其介圭入覲則諸侯所執之命圭大得偁介圭則此言賓爯奉介圭未可以爲非也云幣所以亯也者周禮大行人職云廟中將幣三亯是既朝則各亯禮此時盍中定遽朝亯並行故賓爯奉介圭兼幣介圭以朝幣以亯也云壤二墬所生之物謂

庭實也者禮記禮器云天不生地不養君子不以爲禮義禮覲禮云庭實唯國所有則此諸侯所執以奠者皆是其國地所生之物獻之以爲庭實也朝事義者古禮記篇名今在大戴禮記中小戴記則无此篇矣引之者證此壤奠是其國地所出重物也奠亭也者謂亭置于地也攷工記匠人云凡行奠水鄭仲師注云奠讀爲亭是古字或以奠爲亭則奠之詮爲亭矣今俗書亭字作乃傍非也鄭注見正義案周禮小行人職云合六幣圭以馬璋以皮璧以帛琮以錦琥以繡璜以黼鄭注云六幣所以亯也五等諸侯亯天子用璧亯后用琮其大各如其瑞皆有庭實以馬若皮〻虎豹皮也用圭璋者二王之後也二王後尊故亯用圭璋而特之此經言布乘黃朱文言稱奉介圭故鄭云此幣圭以馬蓋舉王者之後以言介諸侯當璧以帛亦有庭實蓋二王之後唯杞宋二國介是時四服得朝諸侯頗多覲禮云三亯皆束帛加璧庭實唯國所有則是時諸侯自有璧以帛者亦有庭實但經文不見介言皆布乘黃朱則黃朱不擇配圭爲幣固有獻之以爲庭實者矣案鄭此注以介圭爲亯幣賈疏引韓奕詩以證介圭爲命圭矣又用此鄭注者鄭箋韓奕詩云覲于宣王而奉亯禮貢國所出之寶

則似鄭君以韓侯之介圭大爲享幣然則享幣之圭大得云介圭與贊以爲韓侯之介圭實是命圭其入覲于王固當別有享幣故鄭箋詩云獻未爲非也據周禮小行人職則享幣之中圭璧俱有經稱奉介圭兼幣介圭固是命圭不於幣中別有享圭鄭據黃朱之文知有配馬爲幣之圭故言此幣圭以馬無於介圭之爲命圭故兼用鄭說也云釋詞者一人皆此時諸侯雖衆但其辭一人釋詞可也不必人人皆釋經于敢執壤奠之下言皆再拜稽首拜言皆則釋詞不皆可知止一人而已云此朝兼享禮也與常禮不同者案覲禮侯氏既朝而出乃後云四享皆束帛加璧又鄭注明禮云諸侯春見曰朝受摯于朝受享于廟是常禮皆朝而後享不同時故行二事今則入門而朝奉圭兼幣庭實俱設是朝兼享禮與常禮不同也

王誼嗣惪

荅拜 注 言誼嗣悳者謂王當審求嗣法特以繼先王之體誼當嗣先王之悳以受諸侯之朝故荅拜之此之謂不以誼起也 疏 承諸侯皆再拜稽首之文則直云王荅拜可矣經必云王誼嗣悳荅拜故

注釋其意然也春秋文八年秋八月戊申天王崩九年春毛伯來求金公羊傳曰何以不稱使當喪未君也踰年矣何以謂之未君即位矣而未稱王也未稱王何以知其即位以諸侯之踰年即位亦知天子之踰年即位也是則天子嗣位亦待踰年是時成王崩未踰旬康王實未嗣位荅直言王荅拜夭以異于正即位者言以誼嗣先王之惪則未嗣位之意自見故云言誼嗣惪者見云王當喪未嗣位云此之謂禮以誼起也者禮記禮運云禮也者誼之實也協諸誼而協則禮雖先王未之有可以誼起也是其誼也言此者欲見康王受朝雖在喪中宜也蓋嗣王傳統國家憂危之際也管蔡流言前車可監召公身當其難矣今成王崩嗣王之位未定焉保天幾入顧司及諸侯皆在而詔王受朝則大位斯定其諸徵于流言之事乎釋暫時之喪服奠永久之基業召公之處逆浚續矣故云此之謂禮以誼起何後世猶有拘儒輒妄議爲非禮乎

太保暨芮伯咸逢相揖

注 以手通指曰揖引手相招與俱前也

疏 公羊僖二年傳獻公揖荀息而進之何劭公注云以手通指曰揖以手通指者謂以手向所趣之匚

揖使皆進也此咸進相揖大臣以手揖引之使俱進故用公羊注說云以手通指曰揖且申之云引手相揖與俱皆也皆再拜稽首曰敢敬告天子皇天改大邦殷之命惟周文武誕受羑若克恤西土羑羊久反注羑進若順也言天改殷之命惟文武大受而進順之道撫恤西土以開王業疏說文羊部云羑進善也又𠃌部羑字重文作誘古文作羑則誘羑同字鄭箋詩衡門敘云誘進也故云羑進釋文引馬注云羑道也案經天改殷命之下而言文武誕受羑若則是謂文武大受天命而進順之故羑當訓進馬以羑爲道未安故不用之惟新陟王畢協賞罰戡定厥功用敷遺後人休注陟登假也謂崩也成王初崩未有謚故稱新陟王猶後世稱大行也賞謂封

諸侯罰謂討諸叛國戡亨敷也成王盡咏協賞罰亨

定文武之功以妙遺于後人炎業休美假行家反

【疏】禮記曲禮云告喪曰天王登假是赴告之詞偁天子崩爲登假也陟之言登故云陟登假也謂崩也云成王亦崩未爲謚故偁新陟王者上偁文武下言今王則此云新陟王旨是謂成王矣周禮太史職云遣之日讀誄鄭注云遣謂祖廟之庭大奠將行時也人之道終于此累其行而讀之太師又帥瞽廞之而作謚禮記檀弓云公叔文子卒其子戍請謚于君曰日月有時將葬矣請所以易其名者是將葬乃制謚周制天子七月而葬時成王崩才九日則未有謚也未有謚則天偁故言新陟王也云猶後世偁大行也者後世者據周而言漢也漢書霍光傳云行壐大行前孟康注云大行前昭帝柩前史記孝景紀注引服虔曰天子崩未有謚偁大行蓋漢書注也今漢書無此注爲師古所削矣據服虔說則漢偁大行毀此偁新陟王同意故舉以況焉云賞謂封諸侯者武王初定天下諸侯未及盡封大率成王所封者爲多據定四年左傳魯衛及晉皆成王所封也云罰謂討諸叛國者若管

蔡邕獨斷之屬是也戡字釋詁文敷也說文攴部文案說文引此用敷遺後人不繼引休字則此當讀人字絕之休字別爲一句故注云以敷遺于後人爲業休美也兩句解也今王敬之哉張皇六師無壞我高祖寡命壞古敗反或誦作壞注皇大也六師六軍也詩云整我六師周禮曰萬有二千五百人爲軍王六軍今王其敬之哉張大六軍以紹肯人之功无毀壞我高祖寡有之命高祖謂文王也肅曰美文王少有及之故曰寡命疏皇大毛詩皇矣傳詮也周禮小司徒職云五師爲軍則師與軍乃數衆寡不同而云六師六軍也者蓋對文則異散文則通詩棫樸正義引鄭志荅趙商問云師者衆之通名故人多云焉欲著其大數乃言軍爾文引鄭志頗引詩以作六師亦師及之整我六師三處之文以難周禮鄭釋之云若然之衆雖衆多之衆皆偁師詩之六師謂六軍之師據此則軍師可通言也故知

顧命

兼引詩及周禮之文以證六師之爲六軍也引詩者大雅常武文彼詩稱宣王命將而云整我六師則是天子之六軍稱六師與周禮所云王六軍正相參證矣引周禮者夏官敘文也云高祖謂文王也者此高祖非謂高曾之高直言功德高大據上文稱文考故知此高祖謂文王也假王肅注云美文王少爲及之則肅亦以高祖爲文王也肅注見正義

康王之誥弟九十三

疏　釋文云庶邦侯甸男衛馬本從此以下爲康王之誥又云與顧命差異敘歐陽大小夏侯同爲顧命正義云馬鄭王本此篇自高祖寡命以上內于顧命王若曰以下始爲康王之誥聲案馬鄭二公皆非輕改舊章者蓋以孔氏古文實是二篇而馬鄭從之也今案敘云成王崩康王既尸天子遂誥諸侯作康王之誥不云即位而云既尸天子遂誥諸侯明非踰年即位而誥諸侯也且以推本成王崩言之明是成王崩未久時事號則尸天子謂主天子之位即在應門之內之位也言遂誥即在應門內而誥也是則康王之誥即此王若曰以下云云非別爲逸篇也今文家无百篇之敘不知爲

康王之誥因此二篇文相承屬
遂合爲一當從馬鄭本爲正

周書弟十弟　尚書弟十五

王若曰庶邦侯甸男衞 注 鄭康成曰猶舉侯甸男衞四服者周公所攝六年制禮須度量至此積三十年再巡守餘六年侯甸男服正朝與服國諸事遣之衞服皆遂來已王之喪留之登謂時當周之四月于正歲爲仲春與服國遠甚未至也衞服諸侯聽已往年來朝容之往年國中多故不得已時至而于是來與量力恙反守式帚反與一[illegible]反朝直佋反遣豈演反與云如反 疏 鄭注見詩周頌譜正義云周公所攝六年制禮班度量者禮記明堂位云周公踐天子之位以治天下六年朝諸侯于明堂制禮作樂頒度量而天下大

服是鄭君所據也云至此積三十年再巡守餘六年者鄭于顧命篇首注云此成王二十八年計六年埶而七年之後而致政加成王二十八年則自埶而已來至此積三十年矣周禮大行人職云十二歲王巡守殷國然則二十四年王再巡守三十年則再巡守而餘六年矣云侯甸男要服正朝者據大行人職侯服歲一見甸服二歲一見男服三歲一見采服四歲一見衛服五歲一見要服六歲一見然則侯服年年朝甸服二歲見者至此六年當三朝男服三歲見者六年則再朝要服六歲見者適居其正朝之期也然則此時朝者當是侯甸男要四服之諸侯經乃言侯甸男衛不見要服故鄭君推求其故以爲要服國遠緣事遲之衛服肯[illegible]來以王服肯[illegible]來者何反不可行事而猶留即等衛服來時王以爲侯不得行礼則要服後來安得緣事而遲即以情事推之以不然矣故聲別爲一解焉云時當周之四月于正歲爲仲春者四月據顧命之文也周正建子則四月建卯也正歲者謂夏正建寅得四時之正也建卯之月于寅正爲二月故云仲春也云要服國遠蓋未至也者要服去王城三千五百里吉行日五十里其來朝者

以逮及逮寅之日自其國居行于逮明之日將至而猶未至也云衛服諸侯遷以其國往年來朝者往年據六年而指謂五年也周禮衛服諸侯五歲一見則巡守後歲五年是其正朝之期也茲當巡守後之六年非其朝歲了有杜者故推言其故以為容有往年國中多故不得以時至有於是來與多故以謂若喪及禍難也此二事國家時有之有之則不可難其國必待終乎了可出亦衛服之後期而來殆是故也但天正據故言容有文言與以疑之也或疑是時周都豐鎬四方道里不均東方諸侯侯甸大遠西方諸侯衛要反近其朝貢之歲不得如周禮所說緣謂周禮非周公之制乎以為不然國語祭公謀父曰先王之制封內甸服封外侯服侯衛賓服蠻夷要服戎翟荒服甸服者祭侯服者祀賓服者享要服者貢荒服者王日祭月祀時享歲貢終王此與周禮文雖不同而制實合安得謂周禮非周公所作乎但侯甸男衛酒誥大云辰是江舉諸服大判言之恐此所偁大外之非必據時杜者言與因鄭據周禮為說故大據周禮以辯正之介

惟予一人釗報誥注報猶復也疏鄭注周禮宰夫云復之言報也是則報猶復也但周禮所謂復

謂下得于上此言報猶得也則自上得于下也 **荅君文武至于富不務勑** 【注】務趣勑勞也文武大至于富天下之民使不趣于勑勞言爲民除害也祭法曰武王以武功去民之菑 趣七注反爲于睡反去羌莒反菑則才反 【疏】務趣勑勞說文力部及入部文也正義引王肅注云文武緇大天下之至于[illegible]民之富案如肅注則讀至字絕之至于富各一字爲句不詞之甚故不用也今云文武大至于富天下之民使不趣于勑勞言爲民除害也此解似愈于肅注矣祭法者禮記篇名言武王以武功去民之菑菑〻古災字也鄭注祭法以菑爲紂號則去民之菑謂誅紂以除民害正此經所謂不務勑勞也故引以證 **匡至衷信用昭明于天下** 【注】衷中也[illegible]行至中其誠信用以昭明于天下中庸曰武王纘太王王季文王之緒壹戎殷而有天下身不失天下之顯名此之謂信

用昭明于天下【疏】齊中釋言文偽孔傳云致行至中信之道則是讀信字上屬為句釋文云馬讀底至齊絕句茲云致行至中其誠信用昭明于天下者以信字屬下為句亦馬讀也中庸者子思所作書篇名今在禮記其文云壹戎衣而有天下今引作壹戎殷者鄭注中庸云戎兵也衣讀如殷聲之誤也齊人言殷聲如衣虞夏商周氏者多矣今姓有衣者殷與壹戎殷者壹用兵伐殷也然則中庸雖作衣字詮實為殷故引作殷也云此之謂信用昭明于天下者而有天下猶不失天下之顯名實專天下由知武王非私天下故也是武王之信昭明于天下矣則中庸所言正此經所謂故引以說

則亦有熊羆之士不二心之臣保乂王家用端命于上帝【注】熊羆之士言猛也坶誓曰如熊如羆端直也文武為勅猛之士忠一之臣安治王室用端直其命于上帝言正命以待天也【疏】引坶誓者證文武為勇猛之士也端

直說文去部文皇天用訓厥道付畀四方乃命建侯樹屏在我後之人屏必郢反注屏蔽在存也天用是順文武之道付與之以四方乃命之封建諸侯樹為屏蔽以存在我後之人天命之傳子孫也疏屏蔽說文尸部文在存釋詁文也承皇天付畀四方而言乃命則是謂天命之言在我後之人則是謂命諸侯存在其子孫故云言天命之傳子孫也今予一二伯父尚胥暨顧綏爾先公之臣服于先王注天子稱同姓諸侯曰伯父尚庶幾也胥相暨與顧綏安也今我一二伯父庶幾相與顧念安循爾先公之臣服于先王稱其先世之屬也疏云天子稱同姓諸侯曰伯父皆義亦覲亦天子稱侯氏輒曰伯父其下文云同姓大

國則曰伯父，其異姓則曰伯舅；同姓小邦則曰叔父，其異姓小邦則曰叔舅。禮記曲禮下文。亦云冀，釋言云：庶幾，尚也。故云尚，庶幾也。胥、相，息與綏、安，竝釋詁文。雖爾身在外，乃心亡不在王室，用奉恤氒若，無遺鞠子羞。漢書谷永傳永災異對引經曰：雖爾身在外，乃心亡不在王室。僞孔氏改亡不爲罔不，非也。注恤，收；若，善也。雖女身守國于外，女心無不存在王室，用奉收其善，謂以藩輔我也。毋遺我鞠子以羞也。鞠子，稺子，康王自謂。疏恤收，說文心部文。若善，釋詁文。釋言云：鞠，稺也。故云鞠子，稺子。鞠子猶言沖人小子，故知康王自謂。

羣公旣皆聽命，相揖趨出。王釋冕，反喪服。注鄭康成曰：羣公，主謂諸侯與王之三公諸臣亦在焉。王釋冕反喪服，朝臣諸侯亦反喪服，而喪服篇臣爲君，諸侯爲天子，皆斬縗。聲謂麻冕以接諸侯，可以繼體爲君也。釋冕反喪服，可未稱王以統事也。朝直遙反。臣爲君、諸侯爲天子，二爲字皆云睡反。縗，初回反。

疏　鄭注見正義。三公固稱公，諸侯亦得通稱公，故鄭云羣公主謂諸侯與王之三公。但是時王朝之臣皆在，亦皆歸，出則經言羣公，實亦該諸臣，故又云諸臣亦在焉。云而喪服篇臣爲君、諸侯爲天子，皆斬縗者，義取喪服篇斬縗常苴絰杖絞帶冠繩纓菅屨者，其曰皆以又其後諸侯爲天子，其後君，是則臣爲君之服與子爲父同。王反喪服，則羣臣當亦反。經止言王釋冕反喪服，不言羣公亦反喪服，故鄭君補經所未備，云朝臣諸侯亦反喪服，緣此引而文以證焉。聲謂麻冕以接諸侯，可以繼體爲君也。釋冕反喪服而未稱王以統事也者，用白虎通爵篇說也。公羊文九年傳云：以天子三年然後稱王，亦知諸侯于其封內三年稱子也，踰年稱公矣，則爲于其封內三年稱子，緣民臣之心不可一日無君，緣終始之說，一年不二君，不可曠年無君，緣孝子之心，則三年不忍當也。此接見諸侯可已以繼體爲君，所以繫民臣之

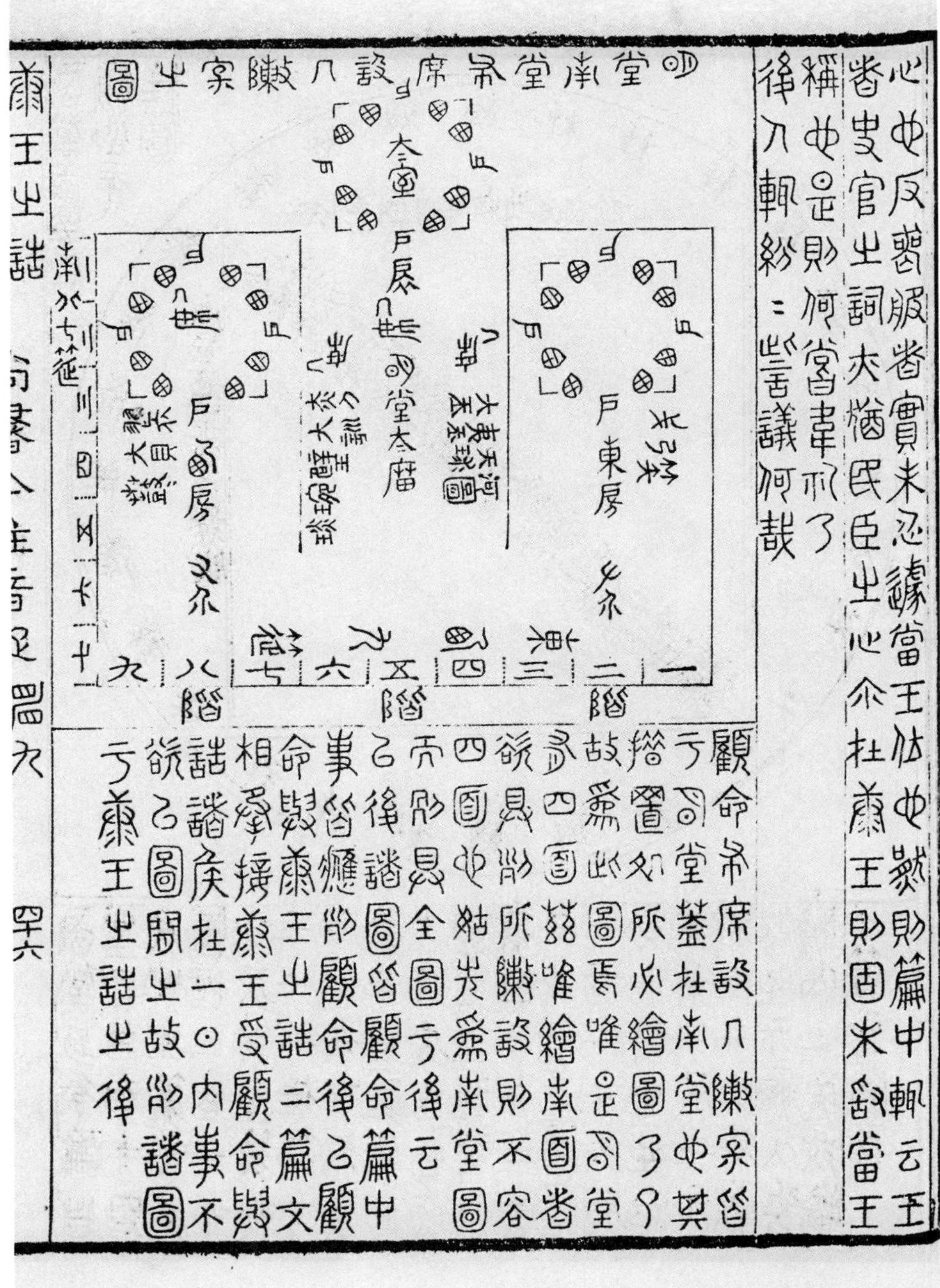

心也反喪服者實未忍遽當王位也疑則篇中輒云王者史官之詞夫猶民臣之心亦杜康王則固未敢當王稱也是則何嘗韋示了後乃輒紛紛訾議何哉

明堂南堂布席設八牖家之圖

顧命布席設八牖家皆于召堂基杜南堂也其縉置处所以繪圖了了故焉此圖焉唯是召堂象四圖茲唯繪南圖者欲具所所牖設則不容四圖也結先焉南堂圖亢所具全圖于後云己後諸圖皆顧命篇中事皆繼所顧命後己顧命與康王之誥二篇文相承擇康王受顧命與誥諸庚杜一○內事不欲己圖關之故所諸圖于康王之誥之後

康王之誥　尚書今注音疏卷九　四十六

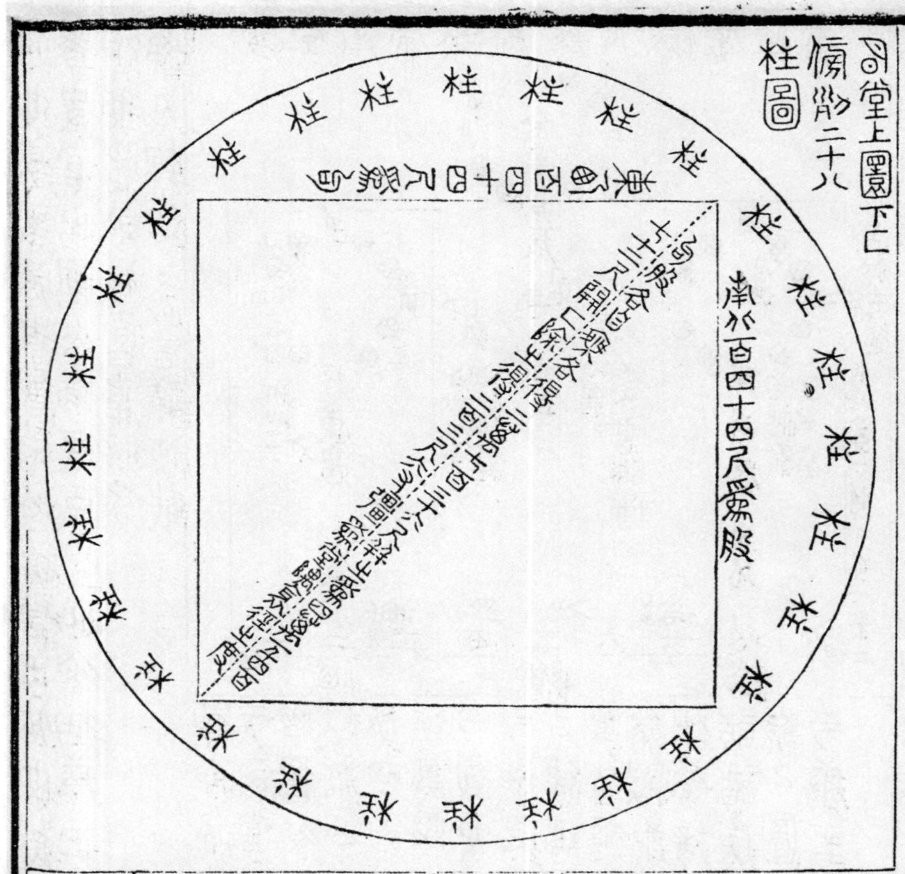

明堂月令論曰：堂方百四十四尺，坤之策也。屋圜徑二百一十六尺，乾之策也。二十八柱列于四方，亦七宿之象也。堂方百四十四尺，以為股，準筭之，得堂隅袤徑二百三尺六寸彊。屋圜徑二百一十六尺，則出于堂之四隅各六尺二寸弱。二十八柱承棼之下，應人于檐内二尺所，猶不著堂隅焉。

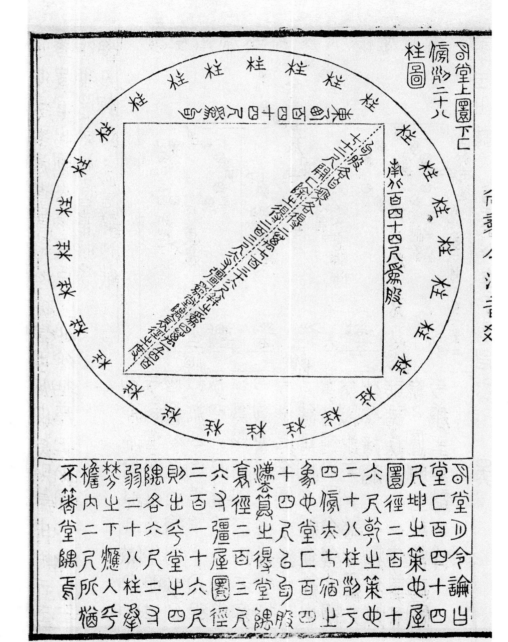

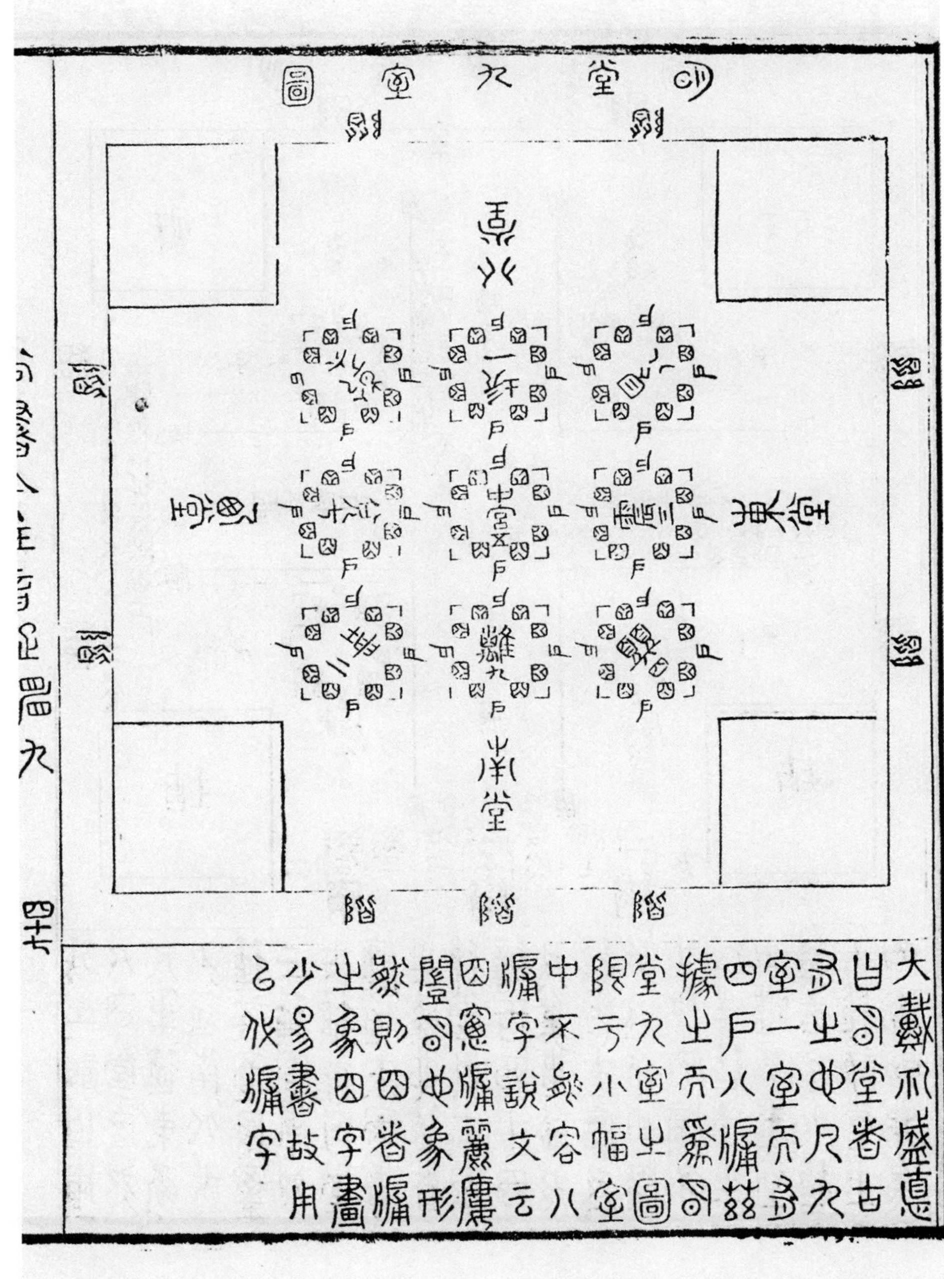
明堂九室圖
大戴禮盛德曰明堂者古有之也凡九室一室而有四戶八牖茲據之而爲明堂九室之圖限于小幅室中不能容八牖字說文云囧窗牖麗廔闓明也象形然則囧者牖之象囧字畫少易畫故用以代牖字
尚書集注音疏圖九
四十七

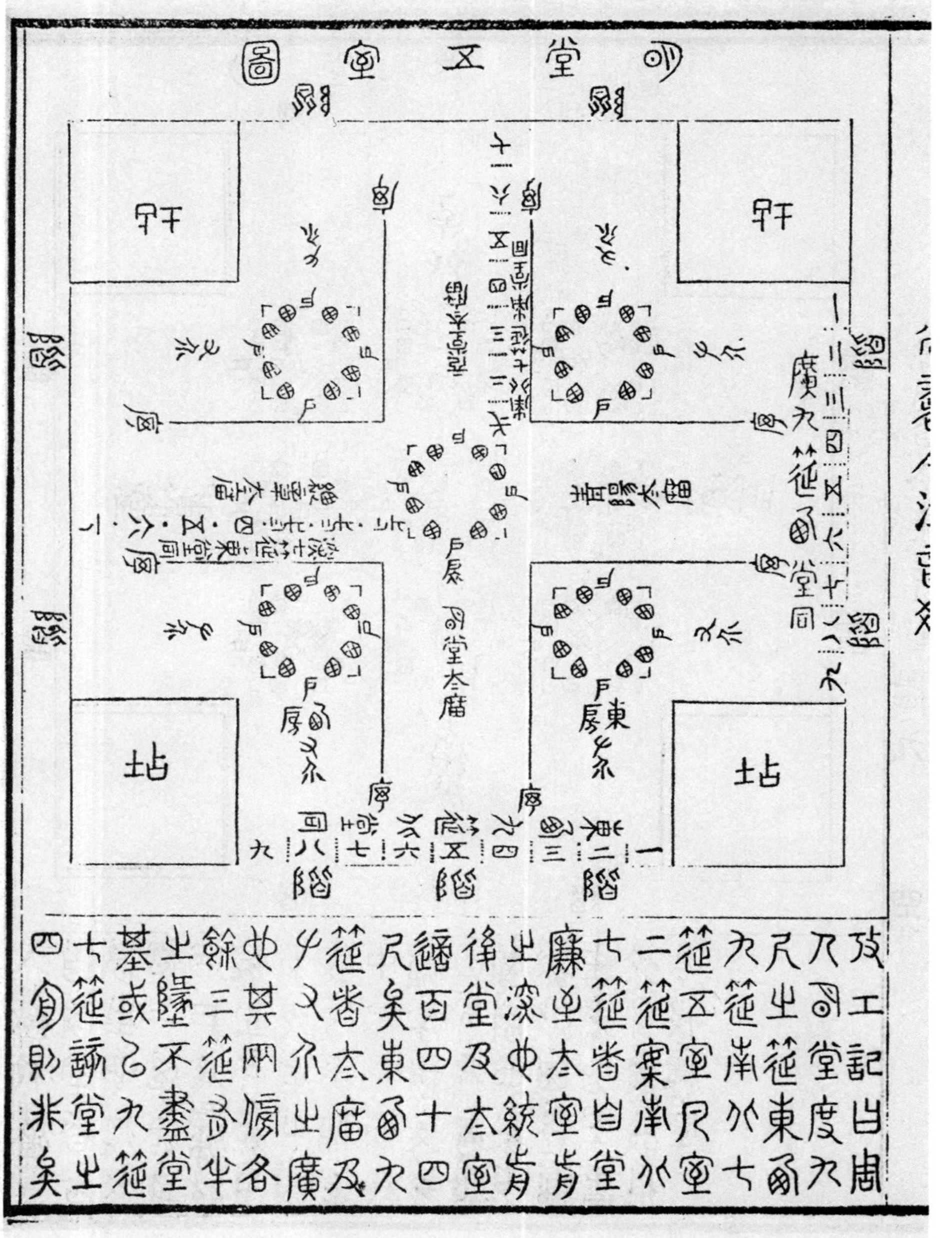

大戴禮盛德曰惠先生曰俗本別作明堂篇非明堂者古有之也凡九室一室而有四戶八牖三十六戶七十二牖以茅蓋屋上圜下方明堂者所以明諸侯尊卑外水曰辟雍南蠻東夷北狄西戎明堂月令盧辯注云言明堂之中取十二月之令赤綴戶也白綴牖也盧云綴飾也二九四惠先生曰九宮之灋坤二離九巽四七五三惠先生曰兌七中央五震三六一八惠先生曰乾六坎一艮八離震兌爲四正乾坤艮巽爲四維一九六四二八七三合五皆十五堂高三尺東西九筵南北七筵上圜下方九室十二堂室四戶戶二牖其宮方三百步堂方百四十尺當云百四十四尺坤之策也屋圜徑二百一十六尺乾之策也太廟明堂方三十六丈通天屋徑九丈陰

陽九六之變圓蓋方載六九之道八闥以象八卦九室以象九州十二堂以應十二辰三十六戶七十二牖以四戶八牖乘九室之數也戶皆外設而不閉示天下不藏也通天屋高八十一尺黃鍾九九之實也二十八柱布于四方亦七宿之象也堂高三尺以應三統四鄉五色各象其行外博二十四丈以應節氣也堂方百四十以下今本闕惠先生從通典所引采入

黃圖曰堂方百四十四尺法坤之策也方象陰屋圓楣徑二百一十六尺法乾之策也圓象天室九宮法九州太室方六丈法陰之變也十二堂法十二月三十六戶

法極陰生變數七十二牖法五行所行日數八達象八風法八卦通天臺徑九尺法乾以九覆六高八十一尺法黃鐘九九之數二十八柱象二十八宿堂高三尺土階三等法三統堂四向五色法四時五行水四周于外象四海圜法陽也水闊二十四丈象二十四氣水內徑三丈應覲禮經謹案隋書宇文愷傳愷引黃圖旨云云茲從采錄案黃圖所說與大戴禮盛德篇意略同而不無牽異盛德篇云太廟明堂方三十六丈黃圖云太室方六丈二說皆不可曉盛德篇云通天屋徑九丈黃圖云通天臺徑九尺未知孰是盛德篇云外博二十四丈蓋即黃圖所云水闊二十四丈也茲兼錄二文以備參攷

淮南子主術訓及本經訓皆云神農之治天下也歲[illegible]

尚書集注音疏

獻功之時當敎祀于明堂

桓子新論曰神農氏祀明堂有蓋而無四方黃帝合宮

堯謂之五府文祖明堂舜謂之五府二騶也言五帝之

神騶于此

尸子曰黃帝曰合宮有虞曰總章殷人曰陽館周人曰

明堂皆所以名休其善張平子東京賦曰黃帝合宮有虞總期案總期即總章李善文

選注云章期一也又案攷工記曰殷人重屋此言陽館皆蓋陽館是其正名重屋則以屋之複笭爲偁或舉其

名或舉其制實一也

尚書帝命驗曰帝者承天立五府以尊天重象也五府

五帝之廟赤曰文祖黃曰神斗白曰顯紀黑曰玄榘蒼

曰靈府宋均注云象五精之神也天有五帝集居太微降精以生聖人故帝者承天立五帝之府是爲天府唐虞之天府夏之世室殷之重屋周之明堂皆同矣

攷工記匠人曰夏后氏世室堂修二七廣四修一鄭氏注云夏度以步令堂修十四步其廣益以四分修之一則堂廣十七步半五室三四步四三尺鄭注云三四步室方也四三尺以益廣也木室于東北火室于東南金室于西南水室于西北其方皆三步其廣益之以三尺土室于中央方四步其廣益之以四尺此五室居堂南北六丈東西七丈九階鄭注云南面三三面各二四旁兩夾窗鄭注云窗助戶爲明每室四戶八窗白盛鄭注云蜃灰也盛之言成也以蜃灰堊牆所以飾成宮室門堂三之二鄭注云門堂門側之堂取數于正堂令堂如上制則門堂南北九步二尺東西十一步四尺爾雅曰門側之堂謂之塾。室三之一鄭注云兩室與門各居一分殷人重屋堂修七尋堂崇三尺四阿重屋鄭注云重屋者王宮正堂若大寢也其脩七尋五丈六尺放夏周則其廣九尋七丈二尺也五室各二尋四阿若今四注屋重屋復笮也惠先生曰復笮周書作復格聲案明堂上基方百四十四尺應坤策之數唯周制南北七筵東西九筵為合其度夏殷則皆不合夏度以步堂脩二七則十四步也步六尺十四步則八十四尺此謂前堂也後堂亦如之合百六十八尺中容大室四步則又二十四尺數則為方百九十二尺不以大乎殷堂脩七尋〻八尺七八五十六尺後堂亦如之合百一十二尺其大室无文以周制推之蓋亦七分堂脩之二方二尋也統計之則為方百二十八尺又大小矣周乃明堂度九尺之筵東西九筵南北七筵堂崇一筵五室凡室二筵鄭注云周度以筵亦王者相改周堂高九尺殷三尺則夏一尺矣此三者或舉宗廟或舉王寢或舉明堂互言之以明其同制聲謂夏堂不言崇殷堂不言廣蓋殷堂大廣四脩一其廣七丈夏堂大崇三尺皆文互見也堯時土階三尺不應夏反為一尺之堂注說似非聲又聞惠先生說世室重屋明堂異名而同實皆明堂也非校舉互言

北史李謐傳謐著論疑攷工記明堂之制謂東西九筵南北七筵五室凡室二筵置五室于斯堂便居六筵之地室壁之外才各四尺五寸之堂其不然也隋書牛宏傳宏亦議疑攷工略同謐二說皆詳茲不具錄聲謂此皆誤已東西九筵南北七筵謂前堂基之四角故滋疑議皆謬說也夫東西九筵南北七筵大戴禮盛德篇亦云長而盛德又云堂方百四十尺坤之策也言方則廣脩如一不當為九七之差則所謂九筵七筵皆據一圖而言非堂有矣易曰坤之策百四十有四盛德言百四十尺皆脫小數之四亦禁

邕明堂月令論曰堂方百四十四尺坤之策也斯得之矣計南北七筵二九尺七九六十三尺自太室南戶外至南堂廉之度也則太室北戶外至北堂廉亦如之合百二十六尺中容太室二筵則又十八尺適百四十四尺如坤策之數故知南北七筵據一面言之也夫鄭則堂基廣從皆百四十四尺則方十六筵之陸氏云東西九筵何也爾疋曰垝謂之坫郭景純云在堂隅周書作洛解曰乃位五宮太廟宗宮考宮路寢明堂咸有四阿反坫孔晁云反坫外向室則堂隅有坫在十丈介之四隅其正中之堂與十丈亦

各処三筵之隆尺九筵其兩偏各餘三筵爲半之隆
是爲坫矣故㠯東西九筵不必盡堂基之廣也盛惪
文云屋圜徑二百一十六尺乾之策也二十八柱列
亏四方亦七宿之象也計堂方百四十四尺方百四
十四尺爲句百四十四尺爲股各自椉之各得二萬
七百三十六尺幷之爲四萬一千四百七十二尺開
方除之得弦實二百三尺六寸彊爲堂四隅之衺徑
屋圜徑二百一十六尺則出亏堂之四隅各六尺爲
奇二十八柱承棼之下應入亏檐內二尺所猶不啻
亏堂隅象二十八宿之環亏隆外也唯是盛惪云尺

尚書集注音疏

九室一室而有四戶八牖三十六戶七十二牖而攷工記云五室其不同何也蓋明堂肇始于神農卑雖九室後聖以九室太密徹其四面正室爲堂故五室余叀五室之所自始則未聞焉據攷工記則夏后氏以五室矣堯典曰受終于文祖鄭康成曰文祖者五府之大名猶周之明堂則似堯時以五室者帝命驗云五府五帝之廟然則以四正堂與太室爲五府也正堂之爲室與无則无閒如其爲之則與四隅之室而九矣然則堯之五府五室與九室與不可攷矣茲備列二圖一以盛惪九室一以攷工五室而粉取

經緯諸子之文亡左證焉案西堂之制每一夾室而兩面焉之南堂之東夾即東堂之南夾方位若是則全屬于東堂爲青陽之又夾不謂與南堂共者及其交夏則是室又全屬于南堂爲明堂之左夾亦不謂與東堂共之也其西南西北東北三隅之夾室亦皆易時而改屬如是則四堂各全其九筵七筵之度矣無論九室五室其四隅之室皆然古今一制也

殯宮出路徼以衞受顧命圖

經于徼宗之下即具錄四路所在乃後言畢門之内安知四路不在西堂之庭乃今知出路于殯宮者蓋西堂非主賓醻酢之處其階不應有賓階阼階之目經言

尚書集注音疏卷九　卅三

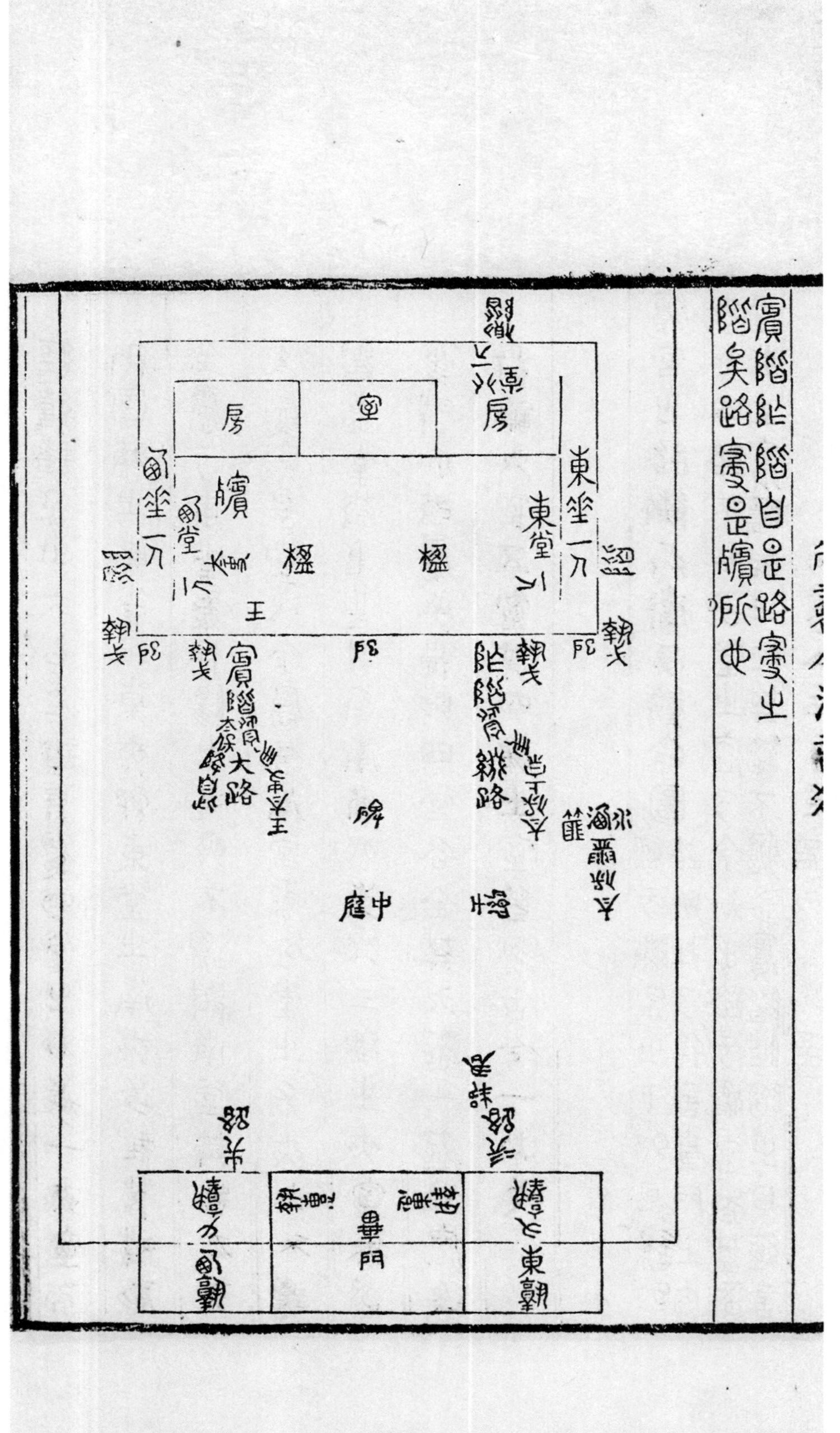

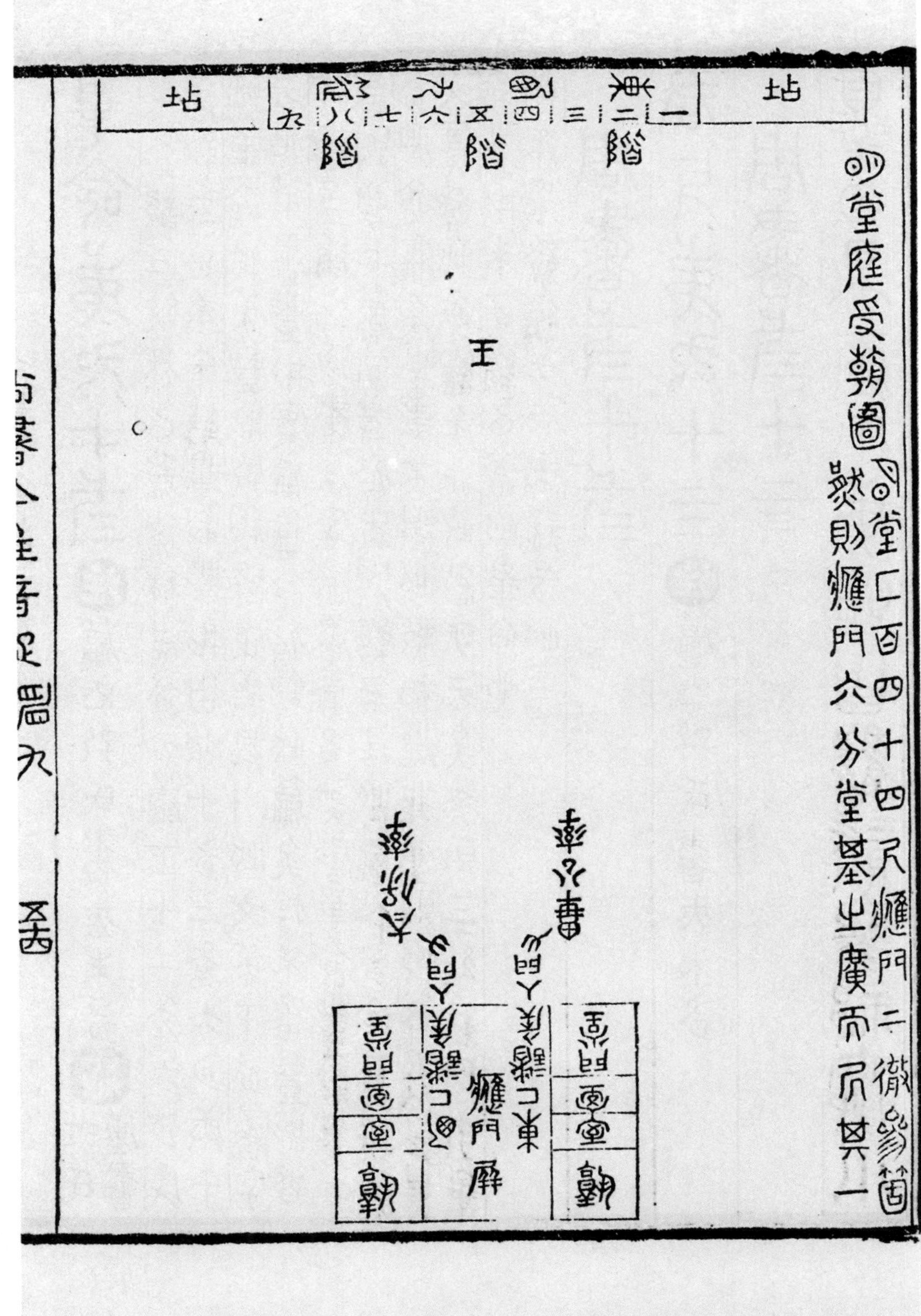
明堂位受朝圖
王

畢命弟九十弍 注 篇亡孔氏書亦未有 疏 班氏漢書采劉歆三統麻以爲律麻志有云康王十二年六月戊辰朔三日庚午故畢命豐刑曰惟十有二年六月庚午朏王命作策豐刑孔穎達正義引此文策下有書字云作策書豐刑案僞畢命乃無此篇矣但未審豐刑者何謂孟康注漢書以爲逸書篇名然則畢命豐刑其一篇與抑二篇同時作者與逸書篇名然則畢命豐刑其一篇與鄭君注此篇敍云今其逸篇有冊命霍侯之事不與此敍相應非也則鄭君及見其文實爲冊命霍侯非此敍所云矣然則三統麻所引畢命豐刑未可錄以當此畢命也故不采爲逸文而識疑于此

周書弍十弍

君牙弟九十三 注 篇亡孔氏書亦未有

周書弍十三

夏日暑雨小民惟曰怨冬祁寒小

民亦惟曰怨咨依注讀作資屬下爲句祁上支反 注 鄭康成曰咨當爲至齊魯之語聲之誤也祁之言是也齊西偏之語也夏日暑雨小民怨天至冬是寒小民又怨天言民甚多怨爲其君難 疏 禮記緇衣篇引君雅曰夏日暑雨云云鄭注云雅書序作牙假借字也君雅周穆王司徒作尚書篇名也案雅字以牙爲聲故假借牙字以爲雅鄭君言君雅爲穆王司徒以其人作尚書篇名號則所引君雅曰云云正此篇之文矣注稱鄭康成曰者緇衣之注也云資當爲至齊魯之語聲之誤也者據說當爲至之繇齊魯之人言至聲如資故誤爲資也云祁之言是也齊西偏之語也者左傳作提彌明以是爲聲音上支反公羊傳作祁彌明則以祁爲提讀祁如祁爲提此可驗齊西偏之語言祁如是矣鄭君北海高密人故青齊之隣是以備悉齊魯之言其說不我欺也云言民甚多怨爲其君難者案緇衣上文言民以君爲心君以民爲體又言君以民存亦以民亡其下即引

逸詩及此經之證是則此經之皆正言民之多怨爲其君者難也

臩命弟九十五　臩居永反　注　孔氏逸書二十四今亡

周書弟十五

蔡仲之命弟九十六　注　篇亡孔是書亦未爲

周書弟十六

王曰胡無若爾考之韋王命也　注　胡蔡仲名　疏　定四年左傳衛祝佗曰管蔡啓商惎間王室王于是乎殺管叔而蔡蔡叔以車七乘徒七十人其子蔡仲改行率德周公舉之以爲己卿士見諸王而命之以蔡其命書云王曰胡無若爾考之韋王命也據偁命蔡仲之命書則是此篇之文矣故采錄之于此注云胡蔡仲名者命蔡仲而呼胡則胡自是仲名矣杜預注左傳亦云號也

顧命至蔡仲之命凡八十名注三十三字音
四言疏四百四十四字
顧命經文七百五十八名彙文三凡七百六十一
言注三千二百一十四字釋音辯字千三百九十
一言疏二萬三千六百七十三字
康王之誥經文百三十七名注四百七十一字釋
音辯字百二言疏千八百三十七字
附明堂四圖南堂檄設圖略十二字圖百一十字
說百三十二字上圜下匚圖略十三字圖九十三
字說百一十三字九室圖略五字圖百四十四字

說七十九字五室圖畧五字圖百七十七字說百
字采輯古書七條凡六百九十二文注說凡九百
二十一字附明堂說一篇九百三十八字又附二
圖受顧命圖畧十一字說七十九字圖九十五字
受朝圖畧六字說二十八字圖五十二字
君奭錄文十六名音讀十四言注五十三字疏三
百七字
蔡仲之命錄文十二名注四字疏百二十七字

尚書集注音疏卷九完

粊誓弟九十七　粊正義本作費隸古定本作粊說文偁周書曰粊誓字从米比聲案粊音必媚反比聲不類蓋寫說文者譌也應是必聲鄭注周禮雝氏職引此篇文偁粊誓當从之

周書弟三十七　尚書弟三十六

尚書今注音疏卷十　江聲學

公曰嗟人無譁聽命　譁呼瓜反【注】鄭康成曰人謂軍士也士卒及粊隧之民聲謂譁讙也【疏】鄭注見正義譁讙說文言部文

徂茲淮夷徐戎並興【注】淮夷淮浦之夷徐戎徐州之戎興起也言往征此淮夷徐戎竝起為寇者【疏】興起釋言文

善敹乃甲𩊚敿乃干無敢不弔　敹力彫反𩊚與胄同直救反說文冃部云𩊚司馬法胄从革敿基夭反弔丁翟反【注】鄭康成曰

敿謂穿徹之敿猶繫也弔至也至猶善聲謂至謂密緻
也密緻則堅甲胄也干也所以扞衛者故戒无敢不
堅緻　緻直吏反　敿居叶反　疏　鄭注見正義云敿謂穿徹之者甲胄以革為之攷工記函人職云犀甲
七屬兕甲六屬合甲五屬鄭注云屬謂上旅下旅札續
之數是甲必聯合數革以為之也又函人職云察其線
欲其藏也杜子春云線謂縷革之縷是甲胄之革皆以
以線縷縫綴之鄭云穿徹約謂縫綴之也說文攴部云
敿繫連也故鄭云敿猶繫也弔至說文辵部文釋詁云
弔至也弔者字者正尒當作說文作弔也鄭箋訓弔為
至又云至猶善者從見此言无敢不弔猶下文言无敢
不善也聲謂至謂密緻也密緻則堅者緻字以至為聲
禮記中庸云其次致曲鄭注云致至也又大學曰致知
在格物鄭注云此致或為至則致與至音義同而詮又
相通甲胄與干皆所以衛身則皆欲其[illegible]密堅緻故以
弔之言至為密緻也此解似箋賸於至猶善之訓故易
鄭詮也攷工記函人云凡甲鍛不摯則不堅鄭解
摯之言緻是不密緻則不堅故云密緻則堅　[illegible]

乃矢鍛乃戈矛礪乃鋒刃無敢不善

鍛多亂反鋒芳容反　注　備具也鍛椎鍊之也礪磨也鋒刃耑也刃刀堅也椎直追反鍊力見反耑多完反　疏　備具說文用部文云鍛椎鍊之也者凡冶金器必投之火中燒令大赤乃取出之以錬鎚椎之以又燒之得椎之是之謂鍛愈鍛則愈堅利也昭十二年左傳云摩厲以須是礪磨故云礪磨也云鋒刃耑也刀堅也者說文金部刃部文刀堅謂刀之銛利知也今惟淫舍牿牛馬杜乃擭敜乃阱無敢傷牿牿之傷汝則有常刑偽孔本今惟下有淫舍二字案淫舍之言大放也縱大放牿牛馬則無有牿者矣何又云無敢傷牿乎上下文不相應非也說文牛部引云今惟牿牛馬此孔氏古文本變茲乃之牿工毒反敜同古反正義本作杜隸古定本作敜鄭注周禮雍氏引此文作敜故乃敜擭乎霸反敜奴叶反阱疾性反　注　牿者斂木于牛馬之腳使不得奔佚軍中牛

粊誓　尚書集注音疏卷十　二

馬或逋覂誃駕舍不盡犕衆恐其走佚故須牿也𢾁閉也擭柞鄂也敜塞也山林之田獵始穿墜爲阱或設柞鄂于其中以遮獸然則閉塞之時恐其未閉塞致傷所牿牛馬故誓戒之腳紀略反覂宮衍反舍式者反犕房牧反柞才伯反又才洛反咢吾格反又吾各反塞所則反

【疏】正義偁鄭注以牿爲桎牿之牿施牿于牛馬之腳使不得走佚又引鄭注云山林之田獵始穿墜爲阱或設擭其中以遮獸擭柞鄂也茲隱括鄭注而以說雜廁其間故不偁鄭君也云軍中牛馬或逋覂誃駕舍不盡犕衆恐其走佚故須牿者行軍之時牛則駕輜重馬則駕兵車不得走佚無煩牿今乃牿之必其爲覂誃駕舍者舍之則容爲走佚故須牿也牿之則難行而不奔駿故不得走佚矣必覂誃駕舍者牛馬雖多力苦常駕不舍則亦不勝其任故必覂誃休舍以節其力也苦勞則牿者是休舍之牛馬經言無毀傷牿豈止慮及休舍者而不計犕衆之牛馬乎盡犕衆之牛馬兵車則留爲御爲又大車亦留爲牽復

者雖逃阱擭乃爲之備不至爲傷若休舍之牛馬十百爲羣而驅率之者必不能知畱擇之數通率十餘頭而一人領之而已容或不及備而致傷故戒无傷牿也且休舍之牛馬即須之犕乘者也牿大可統犕乘者言之也𢾅閉敜塞皆說文攴部文云山林之田春給穿地爲阱或設柞咢于其中以遮獸秋則閉塞之者周禮雍氏職云春令爲阱擭溝瀆之利于民者秋令塞阱杜擭鄭注云阱穿地爲塹所以禦禽獸其或超踰則陷焉世謂之陷阱擭柞咢也堅地阱淺則設柞咢于其中秋而杜塞阱擭收以之時爲其陷害人也書粊誓曰𢾅乃擭敜乃阱時秋也彼賈疏云柞咢者或以爲豎柞于中向上咢咢然所以載禽獸使足不至地不得躍而出謂之柞咢也

馬牛其風臣妾逋逃勿敢越逐

注　鄭

爲成曰風走逸臣妾斯役之屬督謂逋亡越踰逐追也禁勿敢踰越部伍而追逐違其鄰行所罔反行合

疏　鄭注見史記魯世家注云風走逸者僖二十八年左傳云晉中軍風于澤謂中軍之牛馬風而走逸也賈侍中注僖四年左傳

粊誓

云風放也牝牡相誘謂之風相誘則必相追逐故亡逸也云臣妾厮役之屬者厮役出屬名賤之稱公羊宣十二年傳云厮役扈養死者數百人何休注云艾草為防者曰厮汲水漿者曰役養馬者曰扈炊亨者曰養是則軍中執役皆非徒厮役而已故鄭言厮役且云之屬以該之也論語越逾越追說文逐追也

祗復之我商賚女 商計羊反 注 商讀為章章明也其有得獲此風逸之馬牛亡逃之臣妾而得還其故主我其明賞賚女 疏 云商讀為章者釋文云商徐音章案說文冏部云商从冏章省聲是商以章為聲也徐邈東晉時人去漢未遠猶及聞漢經師之音讀其音商為章必本于漢儒故讀从之云章明也者義出士冠記云章甫殷道也鄭注云章明也

乃越逐不復女則有常刑 注 傳曰越逐為失伍不得為攘也則有此常刑 攘如羊反下同 疏 僞孔氏此傳无害于經故錄之

無敢寇攘踰垣牆竊馬牛

誘臣妾女則有常刑 誘以柳反與誘同 注 鄭康成曰寇劫取也因其佚亾曰攘竊謂誘相訹誘也或作誘訹思律反誘宗吳反 疏 鄭注見魯世家注云寇劫取也者寇从攴完攴擊也因其完聚而擊之是劫取之誼也云因其佚亾曰攘者或馬牛佚臣妾逃亾而來因而攘竊之也論語子路篇其父攘羊周氏注云有因而盜曰攘因其佚亾則是有因也據魯世家注引作因其失亾茲作佚亾皆古失佚字通易比九五失前禽商書般庚天[illegible]失命是皆以失爲佚今乃輒誤讀尸質反茲直作佚字讀者庶不誤矣云誘相訹誘也者說文厶部文云或作誘者說文羑字重文作誘則羑誘與文同字也今本尚書皆作誘

甲戌我惟

征徐戎峙乃餱糧無敢不逮女則有

大刑 峙直里反餱乎溝反正義本作糗說文引作餱隸古定本同當从餱 注 峙具也餱乾食也逮及也馬融曰大刑死刑 乾戈韓反 疏 峙具釋詁文餱乾食也者

說文會部文釋詁逮及同詁殹也說文辵部云逮唐逮及也故云逮及也馬注見史世家注禮記文王世子云其死辠則曰某之辠在大辟故云大刑死刑旅人三郊三遂峙乃楨榦甲戌我惟築無敢不龔汝則有無餘刑非殺旅古文以爲魯衛之魯見說文㫃部榦工案反龔居容反注肅曰邑外曰郊郊外曰遂東郊留守故言三馬融曰楨榦皆築具楨在前榦在兩旁[illegible]謂龔給也鄭康成曰無餘刑非殺皆謂盡奴其妻子不遺其種類在軍使給廝役反則入于辠隸舂藁不殺之種章勇反舂書容反藁可傲反疏肅注見史世家注釋墬云邑外謂之郊故肅云邑外曰郊釋墬又云郊外謂之牧肅乃云郊外曰遂皆蒙牧對郊爲言遂則對郊內之鄉爲言也鄭君注周禮遂乃敘官云六遂之墬自遠郊以達于畿然則諸侯之國亦自郊外以達于竟爲遂

遂也諸侯鄉遂之制雖未有聞而此言三遂必非半天
子之六遂而爲三也知者國外四圍爲郊故天子諸侯
皆有四郊茲言三郊不得謂此止有三郊也郊外四圍
皆爲遂言三郊則亦言三遂是皆就其三匚而言亦非
謂此止有三遂故肅又云東郊留守故言三蓋留守之
人不可太守而欲征軍中當天東郊之人故言此乃三
郊三遂鄭云東郊不闢故知東郊留守也馬注亦見此
世家注云楨榦皆築具楨在前榦在兩旁者尺築牆及
城者以繩束板置于兩旁豎木于其兩旁取土實
于其中而築之楨是其耑皆之木故云在前榦則其兩
旁之板也茭給說文艸部文鄭注見正義云謂盡殺其
妻子不遺其種類者以言無餘斯故以爲盡殺無遺也
云在軍使給廝役反則入于罪隸舂槀者廝役釋見前
疏周禮司厲職云其奴男子入于罪隸女子入于舂槀
鄭仲師注云謂坐爲盜賊而爲奴者輸于罪隸舂人槀
人之官也康成注云奴從坐而沒入縣官者則是謂奴
役罪人之妻子與仲師注異案禮記檀弓云魯莊公襲
莒于奪杞梁死焉其妻迎其柩于路而哭之哀莊公使
人弔之對曰君之臣不免于罪則將肆諸市朝而妻妾
執然則周之典灋軍人有罪固有辭沒入其妻帑者故
粊誓

鄭君注周禮云從坐而没入于此者用周禮之說也辠隸屬司隸司隸秋官之屬舂人爲之奄舂抌稾人爲之奄稾舂人稾人皆地官之屬 歲乃告劾告繇此時于當茲齋

辭不多也則爲大刑 當倉俞反茲吉胥反 注 鄭康成曰茲乾當乾韓反 疏 注見正義云茲乾當皆說文艸部文云茲齋鄭說相符合

呂刑弟九十八 諸傳記引此篇文多偁甫刑而墨子所引爲呂刑之目則呂刑之名久舊矣非繇偽孔氏改也故從作呂刑

周書弟三十八 尚書弟三十七

維呂命 注 呂甫侯氏也鄭康成曰呂侯受王命入爲三公書說云周穆王以甫侯爲相 相息亮反 疏 云呂甫侯氏也者毛詩崧高傳云堯之時姜氏爲四伯掌四嶽之祀述諸侯之職于周則爲甫爲申爲許爲齊也則甫侯四嶽之後也國

語周語云胙四嶽國命爲侯伯賜姓曰姜氏曰有呂甫侯四嶽之後則呂是其氏矣鄭注見正義云呂侯受王命入爲三公者解經呂命爲呂侯受王命也僞書說者正義以爲尚書緯刑德放之文據書說言以甫侯爲相則是爲三公矣故引之以證

王享國百年眊荒度作詳刑以詰四方眊莫報反依字當作薹隸古定本作旄漢書刑灋志云穆王眊荒命甫侯度時作刑案說文目部眊字說云虞書薹字从此然則眊乃古薹字故从眊度待洛反僞孔本无詳字鄭注周禮太宰職及大司寇職皆引云度作詳刑則鄭本有詳字兹从之詰起一反

注 言百年者亏時穆王年百歲也眊讀與薹同眊荒老也王雖老而審度時宜作詳者之刑使四方謹行之詰謹也今文曰鮮度作刑以詰四方薹莫報反

疏 經言享國百年似謂卽位來至此百年注不云在位百年而云亏時穆王年百歲者史記周本紀云穆王卽位春秋已五十矣又云穆王立五十五年崩是則穆王年

書百年餘歲杜林乃百年也云眊讀與耄同者說文目部云眊目少精也虞書耄字从此案孔氏古文虞書唯此亳鉞一篇則漢儒所見虞書多矣說文所偁蓋古文也然則古或段眊字以為耄故眊讀與耄同說文老部云年九十曰耄故云眊荒者也云王辭者而審度時宜作詳者之刑者漢書刑法志云周道衰穆王眊荒命甫侯度時作刑以詰四方故解度為審度時宜釋文引馬注云度法度也竊以為未然故不用云使四方謹行之詰謹也者周禮大司寇職左王刑邦國詰四方鄭注云詰謹也且引此經以證又布憲職云以詰四方邦國鄭注云詰謹也使四方謹行之據此則鄭君解此經當亦云然茲依鄭詮為說云今文曰鮮度作刑以詰四方者據依尚書大傳引書如此

王曰若古有訓蚩尤惟始作亂 蚩赤時反 尤大牛反

注 鄭康成曰蚩尤霸天下黃帝所伐者 霸百駕反

疏 注見正義史記五帝本紀云神農氏世衰諸侯相侵伐暴虐百姓而神農氏弗能征于是軒轅乃習用干戈以征不享諸侯咸來賓從而蚩尤最為暴莫能伐又云蚩尤作亂不用帝命

于是黃帝乃徵師諸侯與蚩尤戰于涿鹿之野遂禽殺蚩尤故鄭君云蚩尤霸天下黃帝所伐者釋文引馬注云蚩尤少昊之末九黎君名事異史記說非是故不用延及于平民罔不寇賊鴟義姦宄敓攘矯虔鴟尺尸反義牛奇反敓徒活反正義本從奪說文引作敓隸古定本同茲从之攘如羊反矯吉夭反虔其焉反注延延行也蚩尤之化延行及于平民无不凶惡爲寇賊鴟義盜賊狀如鴟梟鈔櫟良善劫奪人物敓彊取也旁因而盜曰攘矯虔謂撓擾萅秌傳曰虔劉我邊垂謂劫奪人物以相撓擾也一說稱詐爲矯彊取爲虔梟吉堯反鈔初交反櫟力勺反从木樂聲俗作掠非也撓奴巧反擾如沼反疏延延行也者說文延部文鴟義至劫奪人物鄭注也見正義釋言云梟鴟則鴟梟一物也瞻卬之詩云爲梟爲鴟以諭褒姒則是惡鳥矣此言鴟義謂鴟梟之義狀故云盜賊狀如

吕刑

鴟梟義即今之儀字也奪彊取也者說文攴部文有因而盜之相撓擾也夫鄭注也見周禮司刑疏不稱鄭者以閔廁說文之說不便識小也案鄭注粊誓云因其亡佚曰攘此云有因而盜曰攘不言因其亡佚者蓋粊誓之文就馬牛臣妾言故云亡佚此則泛言寇攘但是略爰寇攘取即是有因不必亡來之物故不言亡佚雖同取有因之說而立言固各有所當也引詛楚文者成十三年左傳文稱一說者漢書武帝紀韋昭注說也周禮士師職云五曰撟邦令鄭注云稱詐以有爲者故云稱詐爲撟云彊取爲虔者說文虍部云虔虎行皃也則虔是彊梁之狀釋詁云虔固也固持而取是彊取也此解撟虔爲二與鄭注異說聊取以備一解

苗民弗用靈制以刑（注）靈善也鄭康成曰苗民謂九黎之君也九黎之君于少昊氏衰而棄善道上效蚩尤重刑必變九黎言苗民者有苗九黎之後顓頊伐少昊誅九黎分流其子孫爲居于西裔者爲三苗至高辛氏衰

又復九黎之君惡堯興又誅之堯末又在朝舜臣堯又竄之後禹攝位又在洞庭逆命禹又誅之穆王深惡此族三生凶惡故著其氏而謂之民民者冥也言未見仁道

少式邵反頊直俗反竄初最反深惡烏路反著中庶反【疏】靈善鄭箋詩定之方中篇說也鄭注見禮記緇衣正義及正義國語楚語云其後三苗復九黎之德則三苗非卽九黎故禮記緇衣引此經鄭注言高辛氏之末諸侯有三苗作亂不以苗民爲九黎此云苗民謂九黎之君也者下文云遏絕苗民又云乃命重黎命重黎是顓頊事則遏絕苗民亦顓頊事矣而三苗不當顓頊之時當顓頊之時則是三苗之先世九黎之君也故以苗民爲九黎也緇衣引此證惟取於作虐刑不在苗民則苗民不必詳故鄭以三苗爲說此經據下文遏絕苗民則苗民實謂九黎故鄭君云然不得援緇衣注相難也云九黎之君于少昊氏衰而棄善道者楚語云少昊之衰也九黎亂德是也云有苗九黎之後者楚語云其後三苗復九黎之德言復則是子孫仍襲其先祖

之言故韋昭注楚語亦云三苗九黎之後也云顓頊代少昊誅九黎分流其子孫者楚語少昊之衰也云〻下云顓頊受之是顓頊代少昊也下經云遏絕苗民无世在下三苗在顓頊之後則遏絕苗民非誅三苗乃是誅九黎也无世在下則是分流其子孫也云至高辛氏衰又得九黎之君惡堯興又誅之者楚語云其後三苗復九黎之德韋注云其後高辛氏之季年也高辛氏衰三苗爲亂行其凶德如九黎之爲也堯興而誅之云堯末又在朝舜臣堯又竄之者堯典云竄三苗于三危是也據正義及禮記正義引此鄭注竄皆作竄蓋唐開元時改經字于堯典文且改竄爲竄何況鄭注豈其憚改竄三苗之文實始于唐衛包隸古定書猶不作竄何況于漢鄭君此注必仍古文堯典作竄也案竄者竄也竄之于三危者蓋三苗本在三危而竄之使不得逼中國未必是在朝而放逐之者鄭云在朝恐未然也云後禹攝位又在洞庭逆命禹又誅之者禮記檀弓云舜葬于蒼梧之野鄭注云舜征有苗而死因留葬焉案蒼梧與洞庭相近三苗在洞庭故征有苗而至蒼梧也舜既殂禹又征之墨子兼愛篇引禹誓曰蠢茲有苗用天之罰若予既率爾羣對諸羣以征有苗此禹誅有苗之明證

也云民皆冥也皆孝經援神契文冥謂昏冥無知故云言未見仁道蓋三苗當聖世而不知向化是未見仁道也墨子尚同篇引此苗民否用練折則刑蓋否即不字折毀制誦練字則字則似誤茲不取惟作

五虐之刑曰法殺戮無辜注惟作五虐者無之刑已是為法已殺戮無辜之人疏禮記緇衣疏引此經鄭注云了作五虐者無之刑已是為法茲依已為說五虐墨子尚同篇引作五殺茲太不取爰始淫為

刵劓斀黥正義本作劓刵椓黥說文引作刖劓斀黥參攷鄭注則說文刖字必刵字之譌定當作刵劓斀黥斀止角反黥其京反注淫大也鄭康成曰刵斷耳劓截鼻斀謂椓破陰黥為羈黥人面苗民大為此四刑言與特深刻異于咎繇之為斷多非反椓止角反疏淫大釋詁文鄭注見正義云刵斷耳劓截鼻皆說見康誥疏云斀謂椓破陰皆陰謂人身隱藏之知男子之埶女子之也似是說文支部云斀去陰之刑

也俗謂割男子之勢此云椓破陰俗謂斀女子之也二證兼之了足也黥者墨刑說文黑部云黥墨刑在面也故鄭君云黥羅黥入圖云言其特深刻異于初𤔔之爲皆初𤔔制象刑雖有五刑不虧人體苗民爲有刑侵刻肌膚是異于初𤔔之爲也

雩茲麗刑并制罔差有辭麗力知反并必正反差初宜反又楚佳反辭籀文辭

注 鄭康成曰雩于麗施也于此施刑并制其無辜者皆謂有辭解說之辭謂無辜者也無所差小其有辭者言皆刑之小[illegible][illegible]反

疏 鄭注見詩正義雩于釋詁文周禮小司寇云以八辟麗邦灋又鄉士云各麗其灋以議獄訟鄭注皆云麗附也此言麗刑亦猶麗灋鄭云麗施不訓附蓋附辠乃于刑則是施刑于辠乃均爲麗也故麗可訓附亦可訓施也云有辭有解說之辭謂無辜者也皆有可解說則是本非其辜[illegible]誤人尒故云謂無辜者

民興胥漸泯泯紛紛罔中于信以覆詛盟漸子銛反泯民踐反紛弗文反僞孔本作

泯〻棼〻泯乃說文新附字不可用錢少詹大昕以漢
書敘傳云風流民化湎〻紛〻雖不偁書以其實引用
此文乎仍出改覆方目反 注 漸讀當爲瀸瀸湎〻昏也紛〻亂也三苗
之民起相瀸染于惡化昏冥詐亂无中于信以故反覆
其詛盟著采傳以信不由中質无益也瀸子銛反盟古文盟質中從反
疏 云漸讀當爲瀸者漸是水名又爲漸浸之詁皆无當
于此經古者輒皆漸爲瀸瀸漬也瀸如衛風氓詩云漸
車帷裳荀子大略篇云蘭茝槀本漸于蜜醴漢書董仲
舒傳仲舒對策云漸民以仁是皆以漸字爲瀸字此經
之漸讀當爲瀸染是亦皆爲瀸故讀當爲瀸也說文云
湎沈于酒也沈于酒必昏故云湎〻昏也司馬相如封
禪文云紛綸葳蕤胡廣以紛亂也故云紛〻亂也引著
采傳者隱三年左傳文傳言周鄭交質子既又交惡君
子論其事謂信不由中生故以證此經詛盟由无中于信故也虐威庶戮方告
無辜于上〻帝監民罔有馨香德刑發

聞惟胜旁蒲黃反正義本作方茲以論衡所引胜息形反偽孔本作腥別矣　注　旁溥也

上帝當兩讀帝字重文摩滅尒今文曰庶僇旁告无辜于天帝德升也苗民肆虐作威衆被戮者受冤號呼溥告无辜于上帝上帝監視苗民无有馨香升聞惟刑之發聞腥蘇尒冤於袁反號侯高反呼火故反僇與戮通　疏　旁溥說文上部文云上帝當兩讀者謂當重言上帝分屬上下讀也今上字重而帝字不重故云帝字重文摩滅尒云今文曰庶僇旁告无辜于天帝者據王充論衡變動篇所引也知所引是今文者以其文不與此同且充書引尚書率用今文家說也據彼文言旁告无辜于天帝則此必言于上帝可知故引以證德升說文彳部文

皇帝哀矜庶戮之不辜報虐以威遏絕苗民無世在下　注　皇帝顓頊也報當辠人也顓頊哀憐衆被

殺者之不已其罪報虐民者以威遏絕苗民使无世繼世在于下土謂誅其身及流其子孫也【疏】正義錄鄭意以皇帝哀矜之罔有降假說顓頊之事據國語則此下文所云命重黎絕地天通洵顓頊事故鄭說故云皇帝顓頊也云報當罪乃也者說文李部文當謂稱其罪而斷獄罪重則重獄罪輕則輕獄與相當也史記張釋之傳云廷尉奏當一人犯蹕當罰金索隱曰崔浩云當謂處其罪也

乃命重黎絕地天通罔有降假重直容反【注】假至也絕地民與天神相通之道无有至降也國語觀射父曰少皞之衰也九黎亂德民神雜糅不可方物夫人作享家爲巫史无有要質民瀆于祀而不知其福烝享无度民神同位民瀆齊盟无有嚴威神狎民則不蠲其爲嘉生不降无物以

享禍災荐臻莫盡其气顓頊受之乃命南正重司天以屬神命火正黎司地以屬民使復舊常无相侵黷是謂絕地天通觀古亂反射夷益反父方矩反假叚釋詁糅女九反復扶富反荐在甸反【疏】文引國語者楚語昭王問于觀射父曰周書所謂重黎實使天地不通者何也若無然民將能登天乎觀射父對曰非此云云也然則國語此文正說此經之誼故取以爲注焉少皞者韋昭注云黃帝之子金天氏也九黎者韋注云黎氏九人也夫人作享家爲巫史者韋云夫人人人也享祀也巫主接神史次位序言人人自爲之顓頊受之者韋云少皞氏沒顓頊氏作受承也乃命南正重司天以屬神者韋云南陽位正長也司主也屬會也所以會羣神使各以分序不相干亂也命火正黎司地以屬民者韋注偁唐尚書云火當爲北北陰位也聲案昭二十九年左傳云顓頊氏有子曰黎爲祝融然則黎實爲火正不必泥于南正重而改火正爲北正以配之也是謂絕地天通者韋云絕地民與天神相通之道

皇帝清問下民鰥寡

有苗自羣后之肆在下自此以下至維假云民據墨子尚賢篇所引如是也自羣后云云在有辭有苗之下正義言鄭以皇帝哀矜至罔有降假說顓頊之事皇帝清問以下乃說堯事然則鄭君之本降假下即接皇帝清問云云與墨子所引經合自是古文如此僞孔氏削去自字而亦以羣后之肆蓋十四字移置皇帝清問之上又改肆爲逮又于有辭之上增鰥寡字又改有苗爲于苗任意竄經肆无忌憚賴有墨子得據以正之注此皇帝謂堯也肆陳也言堯當除害民有苗之刑先審問于下民皆有辭說訟有苗之辠且自羣后之所陳在下可與聞之有徵也疏云此皇帝謂堯也者鄭君以此上文說顓頊之事自此以下乃說堯事今以鄭詮故云此皇帝謂堯小異于上文所偁皇帝也案禮記表記引甫刑曰德威惟威德明惟明非虞帝其孰能如此乎據表記所引則此皇帝謂舜今乃以爲堯者蓋堯舜合緇同德偁堯者亦可以偁舜表記盛偁虞帝之德乃得引甫刑文以贊美之引書斷章固不必如本書

之指也且此下文所偁三后皆爲堯臣雖禹爲舜臣亦宜于水土稷降播種則皆是堯時事則此皇帝自是謂堯矣說文長部云肆極陳也故云肆陳也三國魏志鍾繇傳繇上肉刑疏引此經而說之曰此言堯當除蚩尤有苗之刑先審問于下民之有辭者也茲云言堯當除蚩尤有苗之刑先審問于下民皆有辭說訟有苗之辠用鍾繇說而增潤之也云且曰羣后之所陳在下以其辭之有徵也者曰字孚有辭有苗之下則曰是下民之言矣民訟有辭而言羣后之肆是援羣后所陳以徵其辭明不虛也

明明棐常矜寡無蓋 矜古豩反

[注] 明明察也棐讀爲匪帝明察匪常育悉民乚矜寡之人無有掩蓋不上達者古文棐無皆作不 育中流反俗作周段借字也乚讀若隱今相承作隱

[疏] 明明察也者釋詁文也云棐讀爲匪者漢書墬理志錄禹貢之文禹貢匪之匪皆作棐則棐匪字通棐可讀爲匪也云古文棐無皆作不者墨子尚賢篇引作明明不常矜寡不蓋

德威惟威德明惟明 兩威字隸古定本皆作古文畏

正義本上作威下作畏茲從禮記所引皆作威〔注〕惪所威則人皆畏之言服辠也惪所明則人皆尊寵之言得人也〔疏〕此鄭君禮記注也禮記表記引此文故卽用表記注以注此不偁鄭義成旨者以采自它書不可同于本書之注也云惪所威則人皆畏之者古字威畏通鄭君讀下威字爲畏也云惪所明則人皆尊寵之者禮記禮運曰君者所明也鄭注云明猶尊茲言尊寵則此文之明亦作尊誼解之也云言得人也者據表記其君子尊仁畏誼云云是說舉之用人皆賢其下卽引此文以證故鄭注表記以爲言得人此經下文云乃命三后恤功于民則此惪明惟明正謂用得其人故依鄭君表記注誼以爲說

乃命三后恤功于民伯夷降典悊民惟刑禹平水土・主名山川稷降播種之用農殖嘉穀三后成功惟假于民

乃名糸敬反僞孔本悊作折維皆作惟假作殷釋文云折馬鄭皆音悊馬云智也案漢書刑法

志引云悊民維刑然則字直當作悊其餘皆从墨子所引●竹虞反今通作主種之用反注乃名讀當爲乃命書亦或爲乃命三后伯夷禹稷也恤功于民盡撫恤之功于民也悊智也伯夷下典禮以教民智其民敬德示之以刑言制禮以止刑也主名山川皆大山川之主命山川之名也殖亦種也假至也三后有成功其功至于民也墨子曰此言三聖人皆謹其言愼其行精其思慮索天下之隱事遺利以上事天則天鄉其悳下施之萬民萬民被其利終身無已索山棘反鄉許亮反疏云乃名讀當爲乃命皆說文口部云名自命也是名之證本爲命也史記天官書云兔七命曰小正辰星天鑱安周星細爽能星鉤星索隱云謂兔星凡有七名命皆名也又張耳傳云嘗亡命游外黃索隱引晉灼漢書注云命皆

名也謂脫名籍而從是皆以命為名古字命與名通也此乃名三后與上乃命重黎之文正同實亦當作乃命而墨子引作乃名者古文通用也茲从墨子作乃名而讀為乃命所以存古文也云書亦或為命者據孔書作乃命也悊智也悊智同注也見釋文案釋言云哲智也說文口部哲字重文作悊悊哲同字故云悊智也云智其民者謂教導民使知刑設所以畜益其智慧也云言刑刑以止刑也者漢書刑法志云書云伯夷降典悊民維刑言制刑以止刑也茲依以為說蓋民習知刑不犯則不論人于刑辟故刑所以止刑也云主名山川者太山川之主命山川之名也者禹貢皆高山大川為注以為定其差數祀刑所視是謂太山川之神之主而修祀刑也爾雅釋水之文章云從釋邱以下至九河皆禹所名也此尺据邱名至名山名水名而言之也是禹命山川之名也同文也文從籍田賦注引倉頡篇曰殖種也此經農殖之文在播種之下故云殖亦種也假至說文入部文引墨子者尚賢篇文也其文具引此經而說其誼如此則是此經之本皆故采用之

百姓于刑之中以教祗德徐漢書梁統傳統對狀引此作爰制

爰制百姓于刑之衷文楊震傳震孫賜爲言曰三后成功維殷于民咎繇不與焉然則此經無咎繇僞孔氏改伯士制百姓于刑之中注爰于也衷之言中書亦或爲以爲咎繇咎繇伯士非也中于是制百官于刑法之中以敎之敬德疏爰于釋詁文國語周語云其君齊明衷正又楚語云而又能齊肅衷正韋昭注皆云衷中也故云衷之言中後漢書梁統說此經詮云衷之爲言不輕不重之謂則是輕重之中之詮亦以衷爲中也云書亦或爲衷中者僞孔本作中與衷音詮同作中亦未爲不是故不得其文聊存之于注然則爰字僞孔本伯士注不言者士字則大謬僞孔氏妄改故得其文也

穆穆在上明明在下灼于四方罔不惟德之勤故乃明于刑之中率乂于民棐彝注穆穆美也堯爲穆穆之美德君臨于上三后奉行君德明明于下照灼于四方無不惟德之勤

故乃象明于刑法之中循之以治于民輔其常性率循乂治棐輔彝常也【疏】穆穆美也者釋詁文云堯爲穆穆之美德君臨于上者經言在上則是指君上言故以穆穆爲偁堯之德著燿則明明在下當斥臣下言謂三后爲明明之德矣乃云三后奉行君德明明于下者蓋臣所以匡輔君德者上言乃命三后恤功于民則三后所成之功皆是奉行君德使明于下也且又云灼于四方因是謂君德之昭哲則明明在下自當謂三后奉行君德明之于下也率循釋詁文乂治棐輔說文辭部及木部文也彝常亦釋詁文

典獄非訖于威惟訖于富【注】訖止也其典司刑獄者非訖止于威惟訖止于富言未嘗不用威惟竭絕貨賂使不得行爾【疏】訖止釋詁文云言未嘗不用威者訖止是廢而不用之意非訖止于威則是未嘗不用威也云惟竭絕貨賂使不得行者富是爲財賄爲行貨賂者訖止于富則是竭絕其行貨賂也

敬忌罔有擇

言在躳僞孔本无而字躳作身茲从表記所引

注 忌之言戒也外敬而心戒則无有可擇之言在于身也孝經曰口无擇言

疏 禮記表記引此經鄭注云忌之言戒也言己外敬而心戒則无有可擇之言加于身也案表記上文偁子之言曰君子不失足于人不失色于人不失口于人是故君子兒足畏也色足憚也言足信也下卽引此經己證則罔有擇言在躳謂言之出于己者无可擇者若云无有可擇之言加于身則似言之繇外來者與上文不合據表記正義申鄭意云言己外兒恭敬心齋戒忌而无有可擇者之言在于躳則似鄭注原作在于躳意亦猶未誤後世傳寫誤作加于身今茲采己發此經注定以作在可也引孝經者卿大夫章文也其文云口无擇言身无擇行言滿天下无口過行滿天下无怨惡是言行皆无擇茲惟引无擇言者經未及擇行之文故節引之也

惟克天悳自作元命配享在下

注 克肩任也元大也鄭康成曰大命謂延期長久也贊

謂肩任天德建極斂福則延期長久永配天命而言天祿于下矣。肩，吉賢反。疏 說文克部云：克，肩也。毛詩敬之傳云：仔肩，克也。鄭箋云：仔肩，任也。故云：克，肩任也。易彖傳曰：大哉乾元。又纘卦經云元亨利貞天命，彖曰大亨貞天命，是元為大，故云元大也。鄭注見正義云：大命謂延期長久也。皆命謂壽命大命則是多壽，故云延期長久。聲謂肩任天德建極斂福則延期長久，皆洪範文。云皇建其有極，斂時五福，洪範五福。傳以皇極配五事而為六，鄭注云五事象五行，則皇極象天也。然則皇極者天德也，建極則為肩任天德矣。五福一曰壽，五曰考終命，為建極則為斂，是五福，故延期長久也。

王曰：嗟！四方司政典獄，非爾惟作天牧。注 司政典獄，謂諸侯也。非爾惟作天牧乎？言為天牧民也。春秋傳曰：天生民而立之君，使司牧之。為，爰睡反。疏 云司政典獄謂諸侯也，皆諸侯為天牧民，言作天牧，則是謂諸侯矣。引春秋傳者，襄十四年左傳文，以證諸侯

呂刑　　尚書集注音疏卷十　　十六

爰天牧民也今爾何監非時伯夷播刑之迪注播猶敷也迪道也今女何所監懲乎非是伯夷敷刑之道乎疏禮記緇衣引此經云播刑之不迪鄭注云播猶敷也不衍字爾迪道也言敷刑之道茲以其訓誼以解其今爾何懲惟時苗民匪察于獄之麗罔擇吉人觀于五刑之中惟時庶威奪貨斷制五刑以亂無辜敓徒活反賕古貨字正義本作奪貨茲以隸古定本斷多亂反注麗附也今女何所懲戒乎惟是苗民不審察于獄之所附不選擇善人使觀于五刑之中正惟是眾恃威奪貨之人任之使斷制五刑以亂無辜疏麗附鄭注周禮小司寇職誼也上帝不蠲降咎

于苗蠲古攜反注蠲，絜也。鄭康成曰：天以苗民所作腥臊不絜，下禍誅之。絜，今挈反。下，作嫁反。疏蠲，絜也，釋詁文。鄭注見正義。苗民無辭于罰，乃絕厥世。注苗民辠重，無辭以解于天罰，乃遂絕其世，此則所當懲也。疏云無辭以解于天罰者，無以辭說可解說己之辠，遂無以解免于天之罰矣。自此以上，云云，釋其今尒何懲之文，亦舉苗民爲戒，故云此則所當懲也。

王曰：嗚呼！念之哉！伯父伯兄，仲叔季弟，幼子僮孫，皆聽朕言，庶有假命。

子，籀文子字。僮，徒紅反。僮以本作童。案說文辛部云：男有辠曰奴，奴曰童。人部云：僮，未冠也。然則童是奴賤之名，僮則幼小之偁，二字世俗互易，錯用久矣。茲革正之，此當作僮。注鄭康成曰：假，登也。登命謂壽考者。疏注見正義。釋詁云：假，登考也。假與登同是考證，故云假登也。今尒

罔不繇慰曰勤，尔罔或戒不勤。慰，邑諱反

注 繇，從；慰，安；或，爲也。今民无不從安，猶曰勤勞，民无爲己不勤爲戒者。俗儒讀曰爲日，繇隸變而誤也。疏 說文系部云：繇，隨從也，故云繇從。慰安，說文心部文也。鄭君箋天保詩云：或之言爲也，故云或爲也。云俗儒讀曰爲日者，釋文云：日，入實反，一音曰。蓋陸氏釋文依僞孔傳詮以釋經字，而僞孔傳云：今民无不用安自居，日當勤之，語无分曉，從以讀作日者，故釋文先音入實反，乃徐別出一音曰。據此則可知先儒多讀繇慰曰勤者矣。詳繹經文，詮作曰字爲安，故解作曰，而以讀日者爲俗儒也。云繇隸變而誤也者，篆文日之與曰，匚圜異形，詰詘異勢，不得爲誤，隸書則曰變爲曰，日變爲曰字，上曰合，則毀曰不異，此其埶誤之繇也。

天齊乎人，正義本作天齊于民，俾我一日。

假我弌日，非終維終，在人。茲從後漢書楊賜封事所引。假，依注今下反。

注 馬融曰：齊，中也。聲謂假讀爲

天叚之年之叚其謂予其命也天中于人而叚我一日

之命與非予其毀惟予其毀實在于人言敬逆則有徵

天之眷而永年也假或爲給徵令番反 疏 馬注見釋文齊中釋言文聲謂假讀

爲天叚之年之叚者天叚之年僖二十八年左傳文也

假之言至聲如格叚之言嘏聲如賈音誼皆不同而自

漢以來相承以假爲叚經典皆然矣如義而嫥而使淺

亦叚䌛而記由而叚亦本龜爲常今本皆作假以及也

書傳凡叚嘏之誼字无不作假者即左傳天叚之年今

本亦作假其誼實爲叚嘏字當作叚矣此言天齊于人

假我一日是即叚之年之誼故讀从左傳誼也云其謂予

其命也者謂高壽予其其年命也上言庶有假命鄭注

云假登也登命謂壽考然則穆王此訓以年壽勉伯父

伯兄之等也故解其爲予其命也云其非予其毀惟予

其毀實在于人言敬逆則有徵天之眷而永年也者律

漢書楊震傳震子賜上封事曰臣聞和氣致祥乖氣致

災休徵則五福應咎徵則六極至夫善不妄來災不空

發王者心有所惟意有所想雖未形顔色而五星以之

尚書今注音疏

維務陰陽爲其變度以此而觀天之與人豈不符哉尚書曰天齊乎人假我一日是其朙徵也據此引書之意則以非終謂不徵天壽而短折不終惟終謂徵天壽而考終也天假乃以命或修或短惟在乎人之爲敬德與否爾下即承之以爾尚敬詳天命則可知此經詮然矣云假或爲格皆據釋文云馬本作格格亮也案格亮之詮于此不安不可以也聊存之于注爾

爾尚敬詳天命以奉我一人〔注〕詳逆奉承也庶幾敬逆天命以承我一人之義〔疏〕詳逆釋言文奉承說文収部文

雖畏勿畏雖休勿休

祗事不息惟敬五刑以成三德偽孔本无祗事不息四字茲據漢書宣帝詔所引增之〔注〕事雖可畏勿畏思雖可休息勿休息敬與事事而不解息以成正直剛柔之三德惟敬五刑衍文也解今隘反〔疏〕云以成正直剛柔之三德者洪範九疇之六曰乂用三德三德一曰正直

二曰剛克三曰柔克是也云惟敬五刑衍文也者漢書宣帝紀五鳳三年詔曰書不云乎雖休勿休祗事不怠此引此二語不及引其下文今不聞其下云何其即接以成三德之文乎抑仍有惟敬五刑之言乎不可知矣僞孔本則云雖休勿休惟敬五刑以成三德无祗事不怠四字案宣帝詔書所引是今文家經師所授之本出自伏生不可改也據祗事不怠之下即云以成三德亦文爲順且況言敬事所稱皆廣即不言敬刑而敬刑亦該于其中矣僞孔氏直改祗事不怠爲惟敬五刑與以成三德屬辭自是魏晉時人習于茲既言祗事不怠實不必得言惟敬五刑本應刪去但僞孔書相沿既久不敢擅刪姑存其文而目爲衍文可也

弌人有慶兆民賴之其寧惟永注一人天子也慶善也萬億曰兆天子曰兆民天子爲善則兆民賴其利其寧安之福乃久長矣兆或爲萬億因力反

疏云一人天子也者禮記玉藻云凡自稱天子曰予一人白虎通號篇云王者自謂一人者謙也欲言己材能當一人爾臣下謂之一

乃何夾所己蕝王者也己天下之大四海之內所共蕝一乃者一乃介故䆁十三年左傳引此經杜預夾己爲一乃天子也慶善也詩皇矣傳詮也國語楚語曰百姓千品萬官億醜州民又曰民之徹官百王公之子弟之質能言能聽徹其官者而物賜之姓己監其官是爲百姓姦徹品十于王謂之千品五物之官陪屬萬爲萬官：姦十醜爲億醜天子之田九畡己食州民是謂百而千而萬而億皆己十爲等則謂億至州亦當己十加乘今了云萬億曰州者韋昭注國語云十萬曰億古數也今乃了己萬：爲億是則億數舊爲大小二法則自億己上亦皆然矣故鄭君注禮記內則亦云萬億曰州而正義申之云依算法數爲大小二法其小數己十爲等十萬爲億十億爲州也其大數己萬爲等故詩頌毛傳云數萬至萬曰億數億至億曰秭州杜億秭之閩是大數之法據此則數億至萬曰州也云天子曰州民諸侯曰年左傳云天子曰州民諸侯曰萬民蓋諸侯擁一國故曰萬民天子奄有天下安己多言之故曰州民也云州或爲萬者大戴禮保傅篇引作萬民賴之今姑存其異文

亏注

王曰吁來有國有土告女詳刑

本於作吁，國作邦，女作尒，茲茲从墨子所引。詳，僞孔本作祥，據鄭注當作詳，墨子引作訟，字之誤也。於，咸吁反。

注茲【注】於，歎詞。書或爲于，于亦於也。有國，畿外諸侯，有土，畿內有采地之臣也。鄭康成曰：詳，審察之也。采，七代反。【疏】

伏生尚書大傳虞傳曰：其歌之呼也，曰於穆清廟。於者，歎之也。故云於，歎詞。毛詩文王及清廟傳亦皆云於，歎詞也。云書或爲于，于亦於也者，釋文云馬本作于，于，於也。于，於，釋詁文也。經言有國，又別言有土，同有土非卿有國，故云有國畿外諸侯，有土畿內有采地之臣也。周禮載師職有家邑之田、小都之田、大都之田，鄭注云：家邑，大夫之采地；小都，卿之采地；大都，公之采地，王子弟所食邑也。是皆在王畿之內，有其地而不立國者，故小于有國，別言有土也。周禮刑官之屬有都士、家士，鄭注云：都家之士，主治都家吏民之獄訟，以告方士者。是則公卿大夫之采邑亦皆有主刑之官，故亦必告以詳刑也。鄭注見後漢書劉般子愷傳注。說文言部云：詳，審議也。故鄭君云詳審察之也。

在今尒安百姓，何擇非人，

何敬非刑何度不及僞孔本亓作尒不及作非及茲从墨子所引度伏洛反注同注亓安也肅自訓乃安百姓之道當何所選擇乎非當選擇賢人乎誰謂當何所敬乎所當敬者非刑乎度謀也急擇人亓敬爲刑何謀度之不及乎堯舜禹湯文武之道可及也疏義礼聘礼云亓不善乎鄭注云亓猶安也礼記中庸白引亓強與鄭注云亓之言安也故云亓安也肅注見史記周本紀注度謀釋詁文釋文引馬注云度謀也詮夫同也墨子尚賢篇引此經亓說其詮云急擇人亓敬爲刑堯舜禹湯文武之道可及也茲用其說亓曾益之云何謀度之不及乎順經文以足成其詮云尒

兩造具備師聽五辭造七報反注造至具備也師士師也聽乎治也訟者兩至備其情實士師乎治其訟辭言五辭者人有五刑各有辭

也【疏】造至僞孔傳說也周禮大司寇職云以兩造禁民訟鄭注云造至也使訟者兩至則此訓造爲至邑是也具俱也詩節南山傳說也云師士師也者周禮秋官之屬士師下大夫四人鄭注云士察也主察獄訟之事者此言師聽五辭則師是士師矣云聽平治也者周禮小宰職云以聽官府之六計鄭注云聽平治也云訟者兩至具備其情實士師平治其訟辭者訟者各有不平是以致訟兩至則必皆備訴其情實士師據其辭以平治之也云言五辭者人于五刑各有辭也者辭無多寡之數豈有以五爲限經言五辭是謂刑以辭定而刑有五因以附人五刑之辭爲五辭爾

五辭簡孚正于五刑【注】簡誠孚信也五辭簡誠實信有辠矣乃正之于五刑定其獄【疏】禮記王制云有旨無簡不聽鄭注云簡誠也此下文云無簡不聽與王制文同當亦訓簡爲誠此經凡四簡字訓說不應有異故云簡誠據史記周本紀云五辭簡信故云孚信也孚信釋詁文也

五刑不簡正于五罰【注】不簡謂所犯非其誠無惡意

而所爲惡也正于五罰使出金贖辠【疏】云不簡謂所犯非其誠无惡意而所爲惡也者謂犯此刑者非其本意誠欲爲此但其所爲之事不善而爲所傷害緣陷于刑辟其意實无也若緣加之刑實不誠則是之謂五刑不簡云正于五罰使出金贖辠者堯典云金作贖刑馬注云意善功惡使出金贖辠此言五罰則所謂贖刑也

五罰不服正于五過【注】罰之而其情有不服或于五過之中有所挾持而恃之故必改正之于五過其无五過乃赦之【疏】云或于五過之中有所挾持而恃之者五過即下文所云惟官惟反惟內惟貨惟來也此五者皆足以橈灋出人入辠今將罰之而不服或其人于此五者之中有其一二因恃之而不任受罰故必改正其情有是五者與否如无此五者則是不應罰者也故云其无五過乃赦之僞孔傳乃云正于五過從赦免案下云其辠惟鈞則五過不赦矣僞孔說非也

五過之疵惟官惟反惟內惟貨惟來

其辠惟鈞求僞孔本作來釋文云馬本作求茲从馬注疵病也五過病害于灋故曰疵官挾官威埶也反報恩怨也內內親謁也貨行賕賂也馬融曰求求請賕也以此五過出人入辠與犯灋者等聲謂求干請也埶舒逝反賕其樛反疏疵病釋詁文云官挾官威埶也者謂因或有親戚爲大官有威埶而挾官使出其辠云反報恩怨也者反之言報也謂若獄官當受恩于此因欲報之而出其辠此直謂報恩亦兼言怨者順而擾及之也云內內親謁也者謁之言請也謂若獄官有內親聽其請以出入辠或君之正內有入而枉殺援者有緣之以解免云貨行賕賂也者謂受賕賂而枉灋也馬注見釋文及周本紀注索說文貝部云賕以財物枉灋相謝也馬云求有求請賕也則解求與貨无小異故聲別爲一解云求干請也蓋有賕以相謝爲貨无財物而徒用情覞請爲求也惠先生曰灋律有受賕之條如此經所謂惟貨也又有聽請之條如此經所謂惟求也僞孔氏改求爲來以爲舊相往來謚反紆回矣

呂刑

其審克之五刑之疑有赦五罰之疑有赦宷今以俗審寀說文釆部宷从宀釆審篆文宷番則宷乃是古文當从宷注克任也聽獄之事其詳審任之五刑五罰之疑者以當有赦也鄭康成曰不言五過之疑有赦者過不赦也王制曰凡執禁以齊眾不赦過疏毛詩敬之傳云仔肩克也鄭箋云仔肩任也則克任同詁故云克任也鄭注見正義云不言五過之疑有赦者過不赦也者五過之疵韋纍鄭政寬得赦之上言其辠惟鈞固是不赦者也故緣引禮記王制文以證其審克之簡孚有眾注其詳審任之庶幾誠信亦有眾惟緢有稽無簡不聽緢眉枵反正義本作貌衛包所改也說文所引及隸古定本以作緢注緢者旄絲言敍細也稽猶考也合也但敍有考合而無其誠則不

論㠯爲辠繇或爲訊訊息卭反〔疏〕說文糸部云繇旋絲也从糸䍃聲周書曰惟繇有稽故云繇者旋絲用說文誼也說文編字皆㠯誼類相從其繇字次細字之下細字次纖字之下而纖訓細細訓微則繇訓旋絲亦微細之誼故云言微細也僞孔書經文作繇其傳乃云惟察其貌爲所攷合唐開元時衛包改繇爲貌郭忠恕汗簡采入古文字釋繇爲貌皆非也繇與貌音誼皆不同安得㠯繇爲古貌字乎鄭注周禮宮正職云稽猶攷也計也又注質人職云稽猶攷也治也鄭仲師注周禮小宰職云稽猶計也合也稽爲攷此數誼故云稽猶攷也合也禮記王制云有旨无簡不聽鄭注云有其意无其誠者不論㠯爲辠此云惟繇有稽无簡不聽與王制文誼正同當於鄭注王制誼㠯說故云但微爲攷合而无其誠則不論㠯爲辠云繇或爲訊者史記周本紀作惟訊有稽

具嚴天威〔注〕嚴敬也當共敬天威毋輕用刑〔疏〕嚴之爲言莊也肅也故云嚴敬也云當共敬天威者此文具字周本紀作共也云毋輕用刑者孚无簡不聽而㠯具嚴天威爲戒則知是重刑之意矣

墨辟疑赦其罰

百鍰閱實其辠辟皮益反下並同鍰戶關反注墨黥也先刻其面以墨窒之大傳曰非事而事之出入不以道義而誦不詳之詞者其刑墨辟辠也今文鍰爲率說云六兩爲率古文作鍰說云鍰者率也一率十一銖二十五分銖之十三百鍰爲三斤　謂率段借字也字本作鋝〻者六兩三分兩之二百鋝爲四十一斤十兩三分兩之二本彙作非也鍰則十一銖二十五分銖之十三百鍰三斤爲徵之閱實簡閱當其實也其罰蓋用銅窒之日反鋝所劣反又力鼻反徵其斬反當多宮反疏云墨黥也先刻其面以墨窒之者鄭注周禮司刑職云黥也引大傳者伏生書傳甫刑傳文徐注輒引大傳皆同此辟辠釋詁文今文說者夏侯歐陽說也今文古文說皆出五經

異說見周禮職金疏二說多寡之數縣殊審覈以古文說爲是但古文說合鍰率爲一擬未然也故聲備此二說而具辯之古文說百鍰爲三斤者鍰十一銖二十五分銖之十三先以百乘十一銖爲千一百銖又以百乘二十五分銖之十三爲千三百分還以二十五約之則千分爲四十銖三百分爲十二銖共五十二銖以加于千一百銖凡千一百五十二銖以二十四銖爲兩約之取九百六十銖爲四十兩餘百九十二銖又得八兩凡四十八兩十六兩爲斤則四十八兩爲三斤矣是百鍰爲三斤也聲謂率叚借字也字本作鋝者釋文偁馬融云賈逵說俗儒以鋝重六兩案賈侍中從古文說其所云俗儒謂今文家也而今文說云六兩爲率說文金部云鍰鋝也鋝十一銖二十五分銖之十三也古文說云鍰者率也一率十一銖二十五分銖之十三是皆叚借率爲鋝也鍰鋝是差等金輕重之數名故從金寽聲此正字也率與鋝同音或通用爲鋝字是叚借也云鋝者六兩三分兩之二者周禮攷工記冶氏爲戈重三鋝鄭注云三鋝爲一斤四兩計一斤爲十六兩加四兩總二十兩取十八兩三分之參分得六兩餘二兩又三分之又參分得三分兩之二是一鋝爲六兩三分兩之二也

云百鋝爲四十一斤十兩三分兩之二者一鋝爲六兩三分兩之二以百乘六兩爲六百兩其三分兩之二實爲十六銖以百乘之則得千六百銖以二十四銖爲兩約之得千四百四十銖爲六十兩餘百六十銖又得百四十四銖爲六兩猶餘十六銖則百鋝凡六百六十六兩三分兩之二也以十六兩爲斤計之則六百四十兩爲四十斤餘二十六兩三分兩之二又爲一斤十兩三分兩之二總四十一斤十兩三分兩之二爲百鋝之實也云太重似非也者不以今文家百率之說也但古文說鍰者率也說文亦云鍰鋝也今率鋝之證者不用而云鍰則十一銖二十五分銖之十三百鍰三斤爲逕之成知鍰輕于率鋝者攷工記云殺矢刃長寸圍寸鋌十之重三垸戈廣二寸內倍之胡三之援四之重三鋝以此二者之長短大小差之則垸輕于鋝遠甚可知矣鍰垸音相近垸即鍰之段借字也此經今文作率古文作鍰字聲不同而所說輕重之數太懸殊兹以古文鍰字因即以古文所說之數亦且以三鍰計之則三十四銖二十五分銖之十四殺矢之鋌圍細于刃圍刃長寸圍寸鋌十之計其分量大約三十四五銖之間爾則三垸當即三鍰故言垸即鍰之段借字鍰則十一銖二十五分

銖之十三也然則古文家說以率當鍰雖未足其說鍰之數則足準其數則百鍰爲三斤故云從之從之猶言是也云其罰蓋用銅者攷工記金有六齊有鐘鼎之齊斧斤之齊戈戟之齊大刃之齊削殺矢之齊鑑燧之齊據鐘鼎鑑燧則所謂金者銅也然則斧斤戈戟之屬皆以銅爲之矣而秋官職金云掌受士之金罰貨罰入于司兵據入于司兵則罰辠之金可以作兵器其爲銅可知矣

劓辟疑赦其罰惟倍閱實其辠

注 大傳曰觸易君命革輿服制度姦宄盜攘傷人者其刑劓惟倍者倍百鍰爲二百鍰

剕辟疑赦其罰倍差閱實其辠　剕方尾反从足非聲俗書書乃去足而又譌乃非古也篆此空反

注 今文剕爲臏臏者象去厀系之骨也大傳曰決關梁踰城郭而略盜者其刑臏古文作剕鄭康成說刑繇改臏爲剕然則此當从剕剕迥也

呂刑　尚書今文集注音疏卷十　廿五

周禮謂之刖馬融曰倍者倍二百爲四百差者又加四百之三分一凡五百三十三鍰三分鍰一也聲謂倍差者于倍百鍰爲二百之外又差出二百之三分二凡三百三十三鍰三分鍰之一臏皮敏反去丘與反厀心七反耑多戀反辜古胡反劓魚季反

疏云今文剕爲臏者據伏生大傳言其刑臏則伏生尚書必作臏矣伏生書是今文也史記周本紀亦作臏漢書刑法志引此下文剕辟之屬作臏辟之屬是皆據當時博士誦習之書故是今文也說文骨部云臏厀耑也故云臏者去厀耑之骨也云古文作剕鄭康成說咎繇改臏爲剕者公羊襄二十九年疏引鄭駁異義云咎繇改臏爲剕呂刑多剕案鄭氏尚書是古文據云呂刑多剕則古文作剕矣云駁則此當从剕者夏咎繇之律當多剕无臏緣叙云訓夏贖刑則此所申者夏刑也故此當从剕也剕刖說文足部文云周禮謂之刖者司刑職云刖辜五百是也今周禮作刖以世俗通用字也馬注見周本紀注案經言倍差上惟倍之文是

謂如劓罰之倍剕罰而又差之者不及兩倍焉言倍
二百爲四百是再倍矣且云又加四百之三分一是于
再倍之外又加再倍之少半無乃太多乎故贊別爲之
計之欲倍百鍰爲二百而差出二百之三分二所于劓
辟之罰多出百三十
三鍰三分鍰之一也宮辟疑赦其罰六百鍰

閱實其辠【注】宮辟者男子割勢女子閉于宮中大
傳曰男女不以義交者其刑宮六百或爲五百勢式誓反【疏】
鄭注周禮司刑職云宮者丈夫則割其勢女子閉于宮
中茲云宮辟者男子割勢女子閉于宮中依鄭君說以
說也案男子割勢則爲閹豎之屬若周禮掌戮職云宮
者使守內是也女子閉于宮中蓋若周禮司厲職所云
女子入于舂稾與云六百或爲
五百者周本紀云其罰五百率大辟疑赦其罰

千鍰閱實其辠【注】大辟死辠也大傳曰降畔寇
賊劫略敚攘撟虔者其刑死降下江反【疏】禮記文王世子云
其死辠則曰某之辠

辠在大辟故云大辟所以辠也

墨罰之屬千，劓罰之屬千，剕罰之屬五百，宮罰之屬三百，大辟之罰其屬二百，五刑之屬三千。【注】周禮五刑屬各五百，合二千五百，此三千者，辠之條目歷時輕重也。然墨劓倍之，其於宮與大辟皆減焉，已是差之益爲輕矣，此穆王詳刑之意也。差，初宜反。

【疏】云周禮五刑屬各五百合二千五百者，司刑職云掌五刑之灋以麗萬民之辠，墨辠五百，劓辠五百，宮辠五百，刖辠五百，殺辠五百，五五二十五，合爲二千五百也。云此三千者辠之條目歷時輕重也者，蓋同一辠而犯者之情形事勢各異，則一條輒分爲數條，故歷久而條目滋益多。此時去周公時已百有餘年，宜其增多于周禮也。孝經五刑章云五刑之屬三千，正與此同也。云墨劓倍之，其於宮與大辟皆減焉，不言剕者，剕即刖也，此剕罰之屬五百，與周禮刖

臏五百正同未有增減也云以是差之茲爲輕矣者墨劓輕而宮與大辟重今輕者加多而重者減少以是差比則輕于周禮之五刑各五百矣

上下比辠無僭亂辭比必履反

注僭差也、刑三千條上比下比毋當其辠毋差亂其辭使輕重失實差尺沙反當多宕反

疏僭差也詩抑篇傳文是訓也云毋差亂其辭使輕重失實者漢書路溫舒傳溫舒上書有云囚人不勝痛則飾辭以視之吏治者利其然則指道以明之上奏畏卻則鍛練而周內之是差亂辠人之辭以文致其辠也又刑灋志云姦吏因緣爲市所欲活則傅生議所欲陷則予死比是又差亂其決獄之辭以出人入辠使輕重失實者也

勿用不行

注不行謂以革之灋替仍得用之則刑罰不信民无所措手足故敕使勿用云復房富反

疏云不行謂以革之灋者既覆定五刑之科條則舊時之科條必有因有革之者是所不行者也云替仍得用之則刑罰不信民无所措手足者不行矣而得用之則刑灋无常故

刑罰不信刑罰不信則民莫知所趨避故无所措手足論語子路篇孔子有言曰刑罰不中則民无所措手足

惟察惟法其審克之注惟務明察惟用今之法其詳審任之疏云惟用今之法者上言勿用不行謂勿用今時已革不行之法則此言惟法謂惟用于今見行之法矣

上刑適輕下刑適重上服輕重諸罰有權注服治也下服減等也上服加等也本在上刑之科而情適輕則減一等治之本在下刑之科而情適重則加一等治之宜輕宜重有權焉不可執一也權者所以審輕重而酌其平春秋傳所謂反經而有善者也適或爲狹疏服治說文又部文下服是就輕上服是從重故云下服減等也上服加等也云權者所以審輕重而酌其平者孟子梁惠王篇云權然後知輕重周

利攷工記輪人職云權之以眡其輕重之侔也是權所以審輕重也權本是稱錘之名其稱上謂之衡權與衡兩相爲用權可以遷移而平其衡故云酌其平也云若然傳所謂反經而有善者也者公羊桓十一年傳云權者反于經然後有善者也是其文也云適或爲挾者後漢書劉般子愷列傳愷引尚書曰上刑挾輕下刑挾重是此經文也

經 刑罰世輕世重 注 郇子曰治則刑重亂則刑輕犯治之辠固重犯亂之辠固輕書曰刑罰世輕世重此之謂也 郇相旬反世俗相承作荀荀辭來已久說文无荀字詩下泉云郇伯勞之毛傳云郇伯郇侯也鄭箋云郇侯文王之子爲州伯說文云郇周文王子所封國在晉地隱據此則晉大夫荀氏乃郇侯之後以國爲氏者也郇子字當作郇治直吏反 疏 引郇子者正論篇文也云治則刑重亂則刑輕者楊倞注云治世刑必行則不敢犯故重亂世刑不行則人易犯故輕云犯治之辠固重犯亂之辠固輕者楊注云治世家給人足犯灋者少而犯則爲惡之辠固當重亂世人迫于飢寒犯灋者多不可盡用重典當輕也

經 惟齊

非齊有倫有要倫相承作倫譌來久矣𦥑古文要一燿反【注】上刑適輕下刑適重非齊也輕重之權隨世制宜齊非齊也齊與非齊之倫理之要會【疏】此文是結上語故知用上文爲解云上刑適輕下刑適重非齊也者上刑本重而適于輕下刑本輕而適于重是參差不齊也云輕重之權隨世制宜齊非齊也者審權酌宜因時通變所以調劑其不齊使之齊一也罰懲非死人極于病非佞折獄惟良折獄网非在中【注】懲忿也刑罰以懲人知非死刑人以極于病苦是故折獄不可不審也佞口才也口才辯給出入亂使困窮于辭則容之辭詘无以自解而枉人刑者故非佞人可以折獄惟良善話出入折獄公正不偏无不在中也忿半吠反【疏】懲忿說文

心部文經言罰懲注乃云刑罰已懲乃兼刑言之者說文井部云刑罰辠也是刑大辟罰則罰可赦刑矣答上文五刑五罰及下文其刑其罰對文故舉則刑罰有與答赦文則雖單言罰而實赦刑上文墨罰云云及輕重諸罰有權皆赦刑言者也此文大辟也云非死刑乃已極于病苦者如墨劓剕宮雖皆非死刑與其亦肌膚斷脫體皆乃所甚病苦者也云佞口才也者論語雍也篇云不有祝鮀之佞孔安國注云佞口才也云口才辯給之人有使困窮于辭則容有辭詘无以自解而枉人刑者〻口才辯給則與之辯者辭輒詘質問之時因或无辭以自解說聽者緣因而論之則有无辠而枉人刑者矣

察辭于差非從惟從差此宜反

注　因證之辭或有參差聽獄者于其參差察之以求其情既得其情非從其辭惟從其情大傳曰君子之于人也有其語也无不聽者皇于聽獄乎必盡其辭矣聽獄者或從其情或從其辭參倉岑反

疏　云因證之辭或有參

差者參差謂不必皆一囚證各異辭不等同也不等同則有誠有偽于此審察了可以得其情故云聽獄者于其參差察之以求其情云既得其情非从其辭惟从其情者據大傳言聽獄者或从其情或从其辭則此經兩从字有从辭从情兩證而斷獄則必以情故以非从帖辭言惟从帖情言且卻引大傳以說也云皇于聽獄者鄭注云皇猶況也案大傳此文又見于孔叢子且以爲孔子說此經之言其或从其辭之下尚有辭不可从必斷以情二語今不引用之者蓋孔叢子與偽孔書出于一人之手乃足得入偽話而託名于孔鮒者不可信用吾用大傳可也

哀矜折獄矜吉因反偽孔本作敬茲从大傳所引

注大傳曰子曰聽訟雖得其指必哀矜之死者不可得生斷者不可得續也書曰哀矜哲獄哲段借字也當爲折得房富反斷古絕字

疏此大傳述孔子之言正說此經之指精審不易者也云哲段借字也當爲折者古人作字輒或段借鄭君兼成曰其始書之也倉卒无其字或以音類比方段借爲之趣于近之而已此經折獄當爲折斷之

折以哲音同折故段哲爲之尒明启刑書胥占咸庶中正其刑其罰其審克之注折獄之事明開刑書相與占度冀庶幾中正其刑其罰其詳審任之毋使中正之則度徒雒反獄成而孚輸而孚其刑上備有并兩刑上時賞反注獄成而信矣乃輸之信于上謂讞獄于王也其刑當備上有一辠而疑輕疑重介于兩刑之閒者則并兩刑而上之以待彼于覈于上入恙反備上上之丛時賞反讞牛桀反覈直佫反疏云乃輸之信于上者經言輸而孚而之言也云謂讞獄于王也者說文水部云讞議辠也禮記文王世子云獄成有司讞于公鄭注云讞之言白也獄則讞獄謂以其獄辭奉白于王也云有一辠而疑輕疑重介于兩刑之閒者則并兩刑而出之以待彼于覈者謂答所以出辠雖重而其情有

可原論其辠當罰宜重典原其情瀌以末減是則可疑者也以是而上于朝則備說輕重兩刑而上之以待決于王也

王曰嗚呼敬之哉官伯族姓注官伯謂司政典獄也族姓伯父伯兄仲叔季弟幼子童孫也徧呼而戒之疏自此以下皆丁寧申戒之詞則此所呼者即上文所告語之人也上文呼司政典獄又呼伯父伯兄仲叔季弟幼子童孫此文官伯族姓對族姓謂同族則官伯爲異姓矣故云官伯謂司政典獄也族姓伯父伯兄仲叔季弟幼子童孫也

朕言多懼朕敬于刑有德惟刑注言刑罰可畏我言之且多畏懼我是敬于刑也有德于民其惟刑乎蓋德猶惠也者刑則民受其惠故云然疏云有德于民其惟刑乎者據下文今天相民云云則其陷意在于寬刑以惠民故解有德爲有德于民也云蓋德猶惠也者論語憲問篇云以德報怨是恩惠亦爲德惠也云者刑則民受

其惪者皆刑則民之生生全者多故云受其惪
今天相民作配在下
明清亏單辭民之亂罔不中聽獄之
兩辭相息匠反

注 相助也今天相助斯民作之君以配在下下則學天以治民聽獄可不中乎單辭一偏之言也明清則不偏聽猶論語所謂片言可以折獄也亂治也兩辭兩造之辭也明清亏單辭則聽兩辭无不中矣民之所以治以无不中聽獄之兩辭也治民直之反治也所以治直吏反造七報反

疏 相助也詩清廟及雝傳皆有是訓也云今天相助斯民作之君以配在下者孟子梁惠王篇引書曰天降下民作之君然則民之有君天爲民作之此言今天相民作配在下則是謂天爲民作君以配乎天下也經言單辭又言兩辭單與兩對言故云單辭一偏之言也兩辭兩造之辭也引論語者顏淵篇文也其文云子曰

片言可以折獄者其由也與孔安國注云片猶偏也聽訟必須兩辭以定是非偏信一言以折獄者唯子路可然則片言可以折獄謂其明清于單辭故也正與此經同意故引以況也爾雅釋詁文云明清于單辭則聽兩辭無不中矣者單辭訟不偏聽且兼明清況合兩辭兼聽安有不審必無不中者矣

無或私家于獄之兩辭獄貨非寶惟府辜功報以庶訧

厶息說反正義本作私音同說既矣隸古定本作厶據詮當作厶訧東牛反偁孔本作尤茲从說文所引

注 私家于獄之兩辭謂取貨于獄以成私家之富所謂鬻獄也府聚功事訧辜也無或成私家之富于獄之兩辭以獄取貨非可寶也惟聚辜辜之事得報之以眾辜言將為天所罰也鬻余六反

疏 云所謂鬻獄也者所謂昭十四年左傳云鮒也鬻獄是其文也周禮有太府內府外府之屬皆以藏財貨為名則府有聚證故云府聚國語

此語云社而賦事，蒸而獻功，則謂所為之事，故云功事。說辠，說文言部文也。云將報之為辠，言將為天所罰也者，報者當辠乃也，報當辠乃則是罰之也。必云為天所罰者，下言永畏惟罰，非天不中，是謂天罰之也，則此報以庶說，了謂天報之矣。

永畏惟罰，非天不中，惟人在命。

注 所畏者惟天罰也。夫天之罰人，非天道不中也，惟人自取之，在其教命不中尒。夫房孚反

疏 云所畏者惟天罰也者，據下承之以非天不中，則罰謂天罰之矣。云惟人自取之在其教命不中尒者，經言惟人在命，故解云惟人之在乎命，語意似可順，但如此解則以命為命數，非人所為，非所以為義也，故以教命不中為言。教命謂君上之政令也。下云天罰不極，極之言中，故云教命不中。

不罰不極，庶民罔有令政在于天下。

注 極，中；令，善也。王者承天建中，庶民于是取中，不中則天罰之，庶民無有善政

取濡于下矣洪範曰王建其有極庶民于女極五行傳曰王之不極是謂不建氒罰亙侌氒極弱侌古文霒霒雲覆日也於今反

【疏】令善釋詁文云王者承天建中者洪範曰王建其有極五行傳以王極配五事鄭注五行傳云五事象五行則王極象天也極中也于象天以性情覆成五事爲中咊之政也是王者承天建中之證也云庶民于后取中者洪範云維時氒庶民于女極馬注云眾民于女取中正以歸心也云不中則天罰之庶民无有善政取濡于下矣者庶民于王政取中王政不中則爲天所罰天有善政在天下矣庶民安所取濡乎洪範曰王極王建其有極斂時五福用尃錫氒庶民維時氒庶民于女極錫女保極茲引其文不具引者茲惟取以證王者建中庶民取中之證故乃引其二語焉又引五行傳者卽洪範之傳也是見伏生大傳其文云王之不極是謂不建鄭注云王政不中則是不能立其事也是卽此經所謂不極庶民罔有令政在于天下也又云氒罰亙侌卽此所謂天罰不極也又云氒極弱皆此六極之極也鄭注云天爲剛惪剛气失故于人爲弱易說卦離之行

曰賢而无位，高而无民，賢人在下位而无輔，此之謂弱。是弱亦謂不能行政教于天下也。然則此經之文正與五行傳說合，故詳引以說。王曰：嗚呼！嗣孫，今往何監，非德于民之中，尚明聽之哉！注言嗣孫者未聞也。蓋詔諸侯命或其後嗣與？自今以往，何所監視乎？非當監視此德于民之中乎？民受天降之中以生謂爲是德，非其性本惡而受染者，監視于此，庶幾明于聽獄哉。與，曰虛反。幾，殺今亦反。疏上文所告語者，謂見在爲官爲牧民之貴者，嗣孫則在後世，非見爲牧民之貴，亦必非上文所呼童孫而亦呼及之。其說不可曉，漢經師之說又不可得聞，故云言嗣孫者未聞也。云蓋詔諸侯命或其後嗣與者，上文所告語者，謂畿内畿外諸侯。畿外諸侯世其國，畿内諸侯世其官，謂子孫傳世。此言嗣孫，自是詔諸侯使或其嗣世子孫也。此亦不得其解而推求其說，不敢自信其必然，故言蓋言與以疑之也。

云非當監視此惪于民之中乎者舉今往何監而言非者乃反語詞也云民受天降之中已生者成十三季左傳文民之中即民之惪也受之于天性生則民皆有其相皇也乃有所迫而然非其性本惡可知矣故云皆有是惪非其性本惡而為亂者云監視于此庶幾得于聽獄哉者蓋知民有是惪則于皇人以哀矜之聽獄以詳者審察故為得也

哲人惟刑

無疆之辭屬于五極咸中有慶屬之欲反又如欲反

注疆竟也五極五常之中即所謂民之中也慶善也哲人惟于刑周詳反覆為無竟之辭謂與監視民惪屬于五常之中皆中有善者也一說五極五刑得中也哲人惟詳刑無竟之辭以屬于五刑之中故皆中而有善

覆芳目反

疏疆竟也詩七月傳及鄭注義禮士冠篇皆有是訓也云五極五常之中即所謂民之中也者上

文言非德于民之中中以民之性民性則爲仁誼禮知信五常之德此言五極＝之言中＝以五常則是謂五常之性故云五常之中蒙善之辭皇矣傳誼也云哲人維于刑周詳反覆爲天竟之辭者睪尚以聽之＝言而備哲人以程式則天畫之辭自是謂哲人詳審獄獄之辭矣故下文云監于茲詳刑以謂監于此哲人之詳刑也儒以民以辭學爲名學之辭非也云繇其監視民德屬于五常之中皆中爲善者也者上言監德于民之中庶幾以于聽獄茲睪之以哲人云＝以是謂哲人之詳于聽獄繇其監德于民屬于五常之中皆中爲善故也云一說五極刑得中也者猶肯文所謂惟良折獄罔非在中也此說以屬于五極咸中爲蒙就哲人之用刑言與下文監于茲詳刑相應肯說以屬于五極咸中爲蒙就民德言與上文非德于民之中文意一貫二說皆可通經誼難以先儒之說又無間然並兩說以推求經誼以俟來哲采擇焉

受王嘉師監于茲詳刑（注）嘉善師眾也受王之善眾而治之當監于此哲人之詳刑也（疏）嘉善師眾皆釋詁文

文侯之命弟九十九

周書弎十九　尚書弎十八

王若曰父義咊〔注〕義讀曰儀文侯名仇故字曰儀〻仇皆匹也古者書儀但作義偁父而字之蓋寵之也咊語餘聲也〔疏〕正義云鄭讀義爲儀〻仇皆訓匹也故名仇字儀茲用鄭誼以爲說史記晉世家注引馬融曰王順曰父能以義咊諸侯案經文三言父義咊如馬解何必亟言之乎且說解義爲誼馬說大謬足以詒誤後學不可不辯桓二年左傳云晉穆侯之夫人姜氏以條之役生太子命之曰仇晉世家云穆侯太子仇率其徒襲殤叔而立是爲文侯是文侯名仇也古人之字輒依名取誼說文㫃部云㫃旌旗之游㫃蹇之皃古人名㫃字子游又云施旗皃齊欒施字子旗知施者旗也又石部云碬厲石也春秋傳曰鄭公孫碬字子石又黑部云黸雖皙而黑也古人名黸字子皙是古人名字輒相配也據爾雅釋詁仇儀同訓匹也

故云義讀曰儀文侯名仇故字曰儀〻仇匹也云古者書儀之作義者鄭君注周禮肆師職云故書儀爲義鄭司農云義讀爲儀古者書儀但爲義今時所謂義爲誼誼是則義乃古之儀字是證此經當讀義爲儀矣云仇文而字之褒寵也者天子于同姓諸侯稱伯父尗父異姓則曰伯舅尗舅稱某者皆稱某則呼名如左傳襄十四年王使劉定公賜齊侯命曰今余命女環是也若稱之誼名不若字稱字爲褒之今命文侯不曰仇而曰義是乎王以其從立己嘉美其功而褒寵之故字之也云和語餘聲也者詩柏舟篇儀與河它叶菁〻者莪篇儀與莪阿叶凡詩用儀字不可偏舉其不與歌戈麻韻之字叶者則儀之古音爲俄矣而義則古之儀字故言義則餘聲爲和矣鄭君此以一義字爲文侯之字則和字不爲誼故以爲義之語餘聲也

丕顯

文武克慎明德昭升于上敷聞在下

【注】大明哉文武能慎明其德昭升于上天布聞于下土

馬融曰昭明也上謂天下謂墬【疏】馬注見史記晉世家注雖告

上帝集厥命于文王 **注** 惟是上天集其命于文王，不言武王，省文也。省，所景反。 **疏** 云不言武王省文也者，上兼言文武，此言集命于文王，不兼言武王，據詩大明敘云文王有明德，故天復命武王也，則武王未受天命，茲乃言集命，亦不及武王，是省文爾。

亦惟先正克左右昭事厥辟，粵小大謀猷罔不率从，肆先祖褱在位。辟，必益反，下同。 **注** 鄭康成曰：先正，先臣，謂公卿大夫也。督謂左右助也。猷，道。肆，故。褱，安也。亦惟是先世之臣爲輔助昭事其君，于小大謀猷無不率循以順，故我累世先祖皆安在位。 **疏** 鄭注見三國魏志僭號武帝紀注。說文左部云：左，手相左助也。又部云：右，手口相助也。故云左右助也。禮記緇衣引君陳曰：爾有嘉謀嘉猷。鄭君注云：猷，道也。此謀猷茲言，如君陳逸文則詮訓當同之。故云猶繇。繇，釋詁云：繇，道也。古猶、繇字通也。肆、故，釋詁文。案：經典相承作懷，釋詁：懷、安，同訓止也。鄭君箋揚之水詩云：懷，安也。故云褱，安也。云故我秝世先祖皆守社稷者，上偁文武，下言閔予小子，則予王自謂，則此言先祖，自是謙成辭，已下諸王言之，故云秝世。

於戲！閔予小子嗣，造天丕愆，殄資澤于下民，侵戎我國家純。

【注】閔，悼傷之言也。造，遭。戎，兵。純，大也。馬曰：遭天之大愆，謂幽王為犬戎所殺，殄絕其先祖之澤于下民。侵於兵寇，傷我國家甚大，謂犬戎也。

【疏】云閔悼傷之言者，鄭君箋詩頌閔予小子云：然也。此言閔予小子，與詩文同，故用詩箋訓也。大誥云弗造哲，王莽作誥擬之，曰予未遭其明悊。史記周本紀云兩誥具備，徐廣音詮云：誥一作遭。是誥與遭詮，故云誥，遭。據馬注夫以誥為遭也。戎，兵，說文戈部文。純，大，釋詁文。馬注見正義云：幽王為犬戎所殺者，案：周本紀：幽王廢申后及太子，以褒姒為后，伯服為

文侯之命

太子申侯怨與繒西夷犬戎攻幽王殺幽王驪山下是其事也。即我御事罔或耆壽俊在厥服漢書成帝紀鴻嘉元年詔引書如此文顏注云此文侯之命篇中詞也【注】即我治事之臣无有耆老宿德之人已張禍難今以俊在其身矣厥服乎王自謂當身也隸古定書曰因或耆壽畯在厥服其傳曰无有耆宿老俊德在其服位難奴旦反因古文网所古文服【疏】云厥服乎王自謂當身也皆乎王於時當國亡君所之禍則言俊在厥服是謂及身當其以俊也厥服猶下文言厥服也隸古定書及其傳皆僞孔氏之書也然以漢成帝詔所引作咎在厥服矣得知僞孔本畯在厥服皆漢時傳尚書者今文三家與古文或異凡其異者茲輒擇善而從其或兩可則亦兩存之博異聞此言畯在厥服謂賢俾在其位服職誼亦通也故姑存之傳言在其服位以今語病繇用其誼不采之改矣予則罔克曰惟祖惟父其

伊恤朕躬　注　亯辭也朕我也伊維也言謂以命我則无辭朕之窮冀念自維我祖作父作之諸侯其維故恤我身乎恤之言故也　朕直稔反恤辛聿反　疏　釋言云亯朕也釋詁云朕我也此經朕字兼此二訓乃合也伊維釋詁文云其維故恤我身乎者說文心部云恤憂也故也恤為此兩訓乎王當為之乎畀之時无所倚賴惟冀諸侯從己則云恤朕躬自謂故恤故訓故辭且云恤之言故也

嗚績予一人永綏在位　注　績功也有功于我一人我一人其居安在位矣　疏　績功釋詁文

父義和女克昭乃顯祖女肇刑文武用會紹乃辟追孝于前文人女多修扞我于艱若女予嘉　扞侯旰反正義本作捍從說文所引　注　昭光也顯祖蓋

謂番未虞也嚴敷拜遷紹繼也了辟乎王自謂文人文

悳之人也戰功出多司馬遷出上多前虞修居敦止嘉

美也女爲炎昭女顯祖之業女敷于拜遷文考之伐鄭

用會諸侯㠯安王室㠯繼女君之王業是爲追于前文

悳之人女功甚居矣敦止我于囏難如女者我所美也

疏 昭炎釋詁文云顯祖蓋謂番未虞也者文侯之先林

世多矣不聞爲令辟番未虞是文侯之始祖于晉爲

賢君此言顯祖㠯意度之當是番未優孖氏亦㠯爲番

未數矣不爲質故云蓋㠯疑其詞也嚴敷拜遷紹繼亦

皆釋詁文云了辟乎王自謂番乎王爲天子于文侯君

也辟之言君故云乎王自謂江漢詩云告于文人文人

謂名穆公之先祖也傳云文人文悳之人也茲言前文

人是謂文侯之先世蓋即所謂顯祖與詩箋文人說同

故亦云文人文悳之人也云戰功曰多者周禮司勳職

文司馬遷者古之良書也司馬主兵故名司馬遷者景

公時司馬田穰苴修古之，今其書多亡逸，未見所上多前虜之文。鄭君注周禮司勳引之以爲戰功曰多之證，茲知從周禮注引取以證此。修居乇詩六月傳詁也。毀此說文攴部文。嘉，美也，釋詁文。云赤數彤漆文者之伐勞，皆經之言彤文者，未言所彤丹文者皆何事，必知是彤文者之伐勞，皆文侯于戎敵之難，是其伐勞之功。文王侵阮亭莒，伐密伐崇，者王誅紂滅國五十，皆伐勞之事于王者。是重文侯于戎敵之功，則彤文者之言，自是謂其彤漆文者之伐勞也。

王曰：父義和，其歸視爾師，寧爾邦。用賚爾秬鬯一卣，彤弓一，彤矢百，旅弓一，旅矢百，馬四匹。旅，雒于反。

注 遣令歸國，安衆寧邦，賜以秬鬯、弓矢、乘馬，報其功也。彤，赤色。旅讀爲盧，盧，黑色也。馬四匹，一乘也。禮說九錫，八曰弓矢，九曰秬鬯，内懷仁惪，執誼不傾，賜以弓矢，使得專征

慈孝文侯賜以秬鬯以歸祭祀令力因反樂魚孝反黸雒乎反頃起盈反

【疏】注不解秬鬯一卣者于洛誥篇既解矣說文丹部云彤丹飾也从丹彡丹者巴越之赤石故云彤赤色也詩彤弓傳云彤弓絑弓也絑則赤色之淺者也云旅讀爲黸〻黑色也者周禮司義職云旅擯鄭康成云旅讀爲鴻臚之臚此臚所之證字从肉盧聲則旅固爲盧音矣僖二十八年左傳云旅弓矢千杜預注云旅黑弓旅黑聲是黸黸黑色也左傳旅弓矢之旅後世或譌其偏旁陸氏釋文反以爲正且云本或作旅非也異哉斯言陸德明直不識字矣云馬四匹一乘也者周禮夏官敘官云圉師乘一人圉人良馬匹一人康成注云四馬爲乘校人職云乘馬一師四圉仲師注云四匹爲乘引禮說者禮緯含文嘉文及宋均注也禮記曲禮正義引含文嘉云九賜一曰車馬二曰衣服三曰樂則四曰絑戶五曰納陛六曰虎賁七曰斧鉞八曰弓矢九曰秬鬯宋均注云維得爲卪行步爲度賜以車馬以代其勞言成文章行成法則賜以衣服以表其德動作爲禮賜以納陛以安其體居于教誨內奉至仁賜以樂則以化其民居

外修理房内不泄賜以朱戶以居其小勇猛勁疾執誼堅彊賜之虎賁以備非常抗揚威武志在宿衛賜以矢成使得專殺內懷仁德執誼不傾賜以弓矢使得專征慈孝父母賜以秬鬯以歸祭祀是其文也案九賜者車馬經言馬四匹而注不引一者車馬皆並九賜之車馬者之傳僖二十八年襄王賜晉文公大路之服戎路之服乃是也茲但言馬四匹而無車則是常賜非九賜之車馬也**父往哉柔遠能邇惠康小民無荒寧簡恤爾都用成爾顯德**能奴代反注父往歸哉其柔安遠乃而順適其近者寬惠以安小民無荒怠苟安當簡閱撫恤爾都以成爾之明德鄭康成曰都國都也鄙邊邑也言都不言鄙舉近以及遠也疏鄭注見正義案先言都而後言鄙乃爲舉近以及遠茲言都不言鄙當云舉近以該遠

秦誓弟百 籀文秦

周書三十　尚書弟三十九

公曰嗟我士聽無譁 注 鄭康成曰誓與羣臣下及萬民獨云士者舉中言之 疏 注見正義 予誓告女羣言之首 注 首本也傳曰眾言之本與 與乙爟反 疏 禮記曾子問篇云今之祭者不首其誼鄭君注云首本也茲用其誼僞孔傳云眾言之本與正合此誼故采用之

古人有言曰民訖自若是多般責人斯無難惟受責俾如流是惟艱哉 般步干反 注 訖止若順般樂也民之自順是多樂者責人則無難惟受責于人使如流水之從順是則難哉 樂郎各反 疏 訖止釋詁

文若順釋言文殷樂大釋詁文我心之憂日月逾邁若弗員來員于蕘反正義本作云衛包所改也隸古定本作員茲从之注邁往員旋也我心之所憂者前日之事既往今雖悔而无及若日月之過往弗得旋來也得多則反疏釋言云邁行也行則必有所往故云邁往詩商頌曰景員維河鄭箋云員古文作云然則員云同字正月詩云昏姻孔云毛傳曰云旋也詩釋文云孔云本又作員茲故云員旋也惟古之謀人則曰來就惎惎惟今之謀人姑將以爲親惎渠記反來就惎惎正義本作未就予忌隸古定本作未就予忌案隸古定書凡其字皆作亓則忌即惎也說文心部引周書曰來就惎惎詳覈文誼于此正合然未敢決質之段氏玉裁段曰固是此篇文也何疑焉遂定从之注古从十口識前言者也惎惎毒也識古事以爲謀者則謂來就惎惎毒敗我

事也惟就今日之近私以爲謀者且將以爲親我而聽

之慚旨曰韋蹇叔而从杞子 識中云古从十曰識肯 試反 言者也者說文古

部文說文心部云惎毒也从心其聲周書曰來就惎惎

故云惎惎毒也云慚旨曰韋蹇叔而从杞子者左傳僖

公三十年晉侯秦伯圍鄭以與鄭盟使杞子逢孫

楊孫戍之而還三十二年杞子自鄭使告于秦曰鄭人

使我掌其北門之管若潛師以來國可得也穆公訪諸

蹇叔蹇叔以爲勞師襲遠不可公辭焉召孟明西乞白

乙使出師蹇叔哭之曰孟子吾見師之出而不見其入

也公使謂之曰尒何知中壽尒墓之木拱矣蹇叔之子

與師哭而送之曰晉人禦師必于殽殽有二陵焉其南

陵夏后皋之墓也其北陵文王之所辟風雨也必死是

閒余收尒骨焉秦師遂東三十三年晉乃興之殽而擊

之俘其三帥以歸晉襄公之母文嬴秦穆公之女也請

于襄公而釋三帥三帥歸秦伯素服郊迎哭曰孤韋蹇

叔以辱二三子孤之辜也是其事也但左傳无作秦誓

之文史記秦本紀則謂穆公封殽尸申思不用蹇叔

百里奚之言而作此誓蓋史記據公羊傳百里子與蹇

叔同諫穆公，故兼言百里奚。茲據左傳不言百里奚，故止言專蹇叔。蓋蹇叔稱殽之二陵，是識古事以爲謀，則古之謀人謂蹇叔。杞子言潛師以來，鄭國可得，是就今日之從杞以爲謀，則今之謀人謂杞子。

雖則云然，尚繇詢茲黃髮，則罔所愆。繇，正義本作猶。茲，从隸古定本。詢，須旬反。【注】繇猶詢謀也。黃髮者，人髮白復黃也。愆，過也。言雖則謂然，庶幾以猶謀于此者，成人則无所過。復，房富反。【疏】繇猶詢謀，茲釋詁文。云黃髮者，人髮白復黃也者，釋詁舍人注云然也。愆，過，釋言文。

番番良士，旅力既愆，我尚有之。番，白禾反。【注】番番讀當爲皤皤，老人頭白皃也。旅讀爲呂，呂，脊骨也，字或作膂，故者亦爲旅。膂彊則力壯，故以膂力皤皤然之善士膂力既過矣，言衰老也。我庶幾有此人，亦用之賢與智

識有也　皤白禾反　脊品益反　眚色景反　晳中番反　疏　史記秦本紀節錄此篇，隱括其文云「古之人謀黃髮番番，則無所過」，以番番屬于黃髮，則番番爲老人狀皃。說文白部云「皤，老人白皃也，从白番聲」，故云番番讀當爲皤皤，老人頭白皃也。僞孔氏據崇高詩「申伯番番」，毛傳以番番爲勇武皃，箋云勇武皃，番番然士衆。云旅力既愆，我尚有之，則不以勇武爲尚矣，當偁美其勇武乎？此之番番與詩之番番同字而異讀，夫各有所當也。僞孔說非也。漢書律麻志云「大呂，旅也，言陰大旅助黃鍾宣气而牙物也」，是呂旅音誼同，則字通矣，故讀旅爲呂。云呂，脊骨也者，說文呂部文云「呂，字或作膂」者，說文呂字篆文作膂，云篆文从肉旅聲。云脊彊則力壯，故曰膂力者，脊骨爲人身之幹，所以統會諸骨，故脊彊則身健，身健則力壯，是故謂力爲膂力也。

仡仡勇夫，射御不違，我尚不欲。

仡魚訖反　又牛汔反　注　仡仡，勇壯皃。違，失也。射御不失灋度，言多技也。我庶幾不欲用之，惡與輕脫寡謀以取敗也。惡烏路反　輕去正反　疏　說文人部云仡勇壯也从人乞聲周書曰仡仡勇夫故云仡仡勇壯皃釋文云仡仡馬本作訖訖无所省錄之皃案說文所引尚書皆孔氏古文說吾从之可也馬本異字異解皆不足取左傳昭五年公如晉自郊勞至于贈賄无失禮晉侯善之曰自郊勞至于贈賄禮无違者是違為失故云違失也云惡其輕脫寡謀以取敗也者左傳僖公三十三年春秦師過周北門左右免冑而下超乘者三百乘王孫滿尚幼觀之言于王曰秦師輕而无禮必敗輕則寡謀无禮則脫入險而脫又不能謀能无敗乎此誓是追悔伐鄭之事則此言勇夫當即謂彼超乘者故云輕脫寡謀以取敗也

惟截截善諞言俾君子易怠我皇多有之截才竊反諞役六反易羊枝反公羊傳乃錄此文作俾君子易怠自是此誓元文故从之偽孔本改怠為辭非也〔注〕馬融曰截截辭語截削省要也聲謂諞言便巧言也論語曰友諞佞易怠猶輕惰也皇況也便巧之言使君子輕易怠惰忽于禍敗我況乎多有

與乃乎㦰〻善諞言或爲諓〻善竫言或云戔〻巧言

肖名杏反與一爟反便殷內反諓才淺反馬注見釋又子淺反又子宋反竫在井反戔子宋反【疏】文釋文又

云諞馬本作偏云少也詞約指同大辯佞之人然則馬云詞語截肖與所謂詞約指同也云諞言便巧言

也論語曰友諞佞者說文言部云諞便巧言也引此文及論語友諞佞㠯證茲用其誼因亦引論語㠯證也所

引論語季氏篇文也云易怠猶輕惰也者公羊文十二年傳偁此誓之詞云惟諓〻善竫言俾君子易怠而況

乎我多有之何劭公注云易怠猶輕惰也茲用其誼皇之爲況鄭君注書大傳角弁傳有足訓也此經據公羊

傳而況乎我多有之則皇當訓況也云或爲諓〻善竫言者據公羊傳文云或云戔〻巧言者說文戈部所引

也說文言部戈部兩引此文不同者蓋古文今文之異也

昧〻我思之【注】昧〻深

思之意【疏】僞孔氏㠯此文屬上爲說云我肯多有之㠯我昧〻思之不同故也詳繹經文語意實不

然也公羊傳而況乎我多有之〻下即云惟一介斷〻焉无它技惟之言思惟一介謂思一介臣也且秦本紀

云以用思不用蹇叔百里奚之謀故作此誓則昧昧我思云者是穆公自謂思此一介臣非謂昔日之昧昧云思也則此文當爲下文緣起故不从僞孔說而以昧昧爲深思之意也蓋穆公追思而無及則中心鬱結昏昏昧不可發故言昧昧也

如有一介臣斷斷猗无它技其心休休焉其如有容焉人之有技若己有之人之彥聖其心好之不啻若自其口出是能容之以保我子孫黎民尚亦有利哉

斷多亂反說文云斷古文斷从叀叀古文叀字周書曰斷斷猗无它技隸古定本亦作斷正義本作斷衛包所改也猗於宜反它土河反技求綺反好火報反啻式豉反爲容焉之焉以能保之能僞孔本皆无之據禮記大學篇引增尚亦僞孔本作亦職據大學篇引改

注 斷古文斷馬融曰一介耿介一心端慤者鄭康成曰斷斷誠

一之皃它技異焉之技也休休寬容皃有技才藝之技
也若己有之不啻若自其口出皆樂入有善之甚也美
士爲彥聖謂通寔是也寔大或作是黎眾也言是能
容眾善以故能保安我子孫也眾民庶幾大有利益哉
斷多亂反懿去角反焉多官反藝倪祭反樂書翯反【疏】云𢇍古文斷者說文斤部文馬注見釋文禮記太學
篇具引此經以此說下文太旨腊哉此條鄭注惟休休寬容皃一句是此經之注見禮記釋文其餘皆太學之注
以均是鄭注故取彼入此合爲一介云𢇍𢇍誠一之皃皆何劭公注公羊文十二年傳云斷斷猶專一也誼大
略同然專一之訓安不若誠一之精切也云它技異焉之技也者技是技爲言它則非本務所當爲之事故以
爲異焉之技劭公注公羊大云它技奇巧異焉也云休休寬容皃者經言其如有容焉學休休長之下則如有
容正是形頌其休休故以休休爲寬容皃劭公注公羊云休休美大皃蓋惟美大所以爲容誼大不與然安不

如寬容之說丞安帖也云多技才藝之技也者謂才藝
技藝非也技之所也美士爲彥釋訓文聲謂聖通者毛
詩小旻傳云人多通聖者鄭注周禮大司徒云聖通而
先識是聖爲通也寔是釋詁文云寔亦或作是者僞孔
氏本作是也能 人之有技媢疾以惡之人
民大釋詁文
之彥聖而違之俾不通寔不能容以
不能保我子孫黎民亦曰殆哉 僞孔本媢作
冒疾通作諱茲據禮記大學引改正媢莫報反 注 媢
嫉秦七反从人疾聲亦作嫉从女同也惡烏路反
嫉妒也鄭康成曰違猶戾也俾使也佛戾賢人所爲使
功不通于君也殆危也聲謂寔亦或作是者嫉賢害
能之人不能容善己故不能保我子孫則民亦危矣
哉 妒多路反 佛符弗反 疏 說文女部云媢夫妒婦也人部云嫉 也又女部云嫉妒也然則嫉亦妒也故

云媢嫉妒也鄭君止云媢妒也未解嫉字誼不葡故先解媢嫉而後錄鄭注且乃省其媢妒一句而錄之也此鄭注大礼記大學注也說文韋部云韋相背也从舛口聲獸皮之韋可以束枉戾相韋背故借以爲皮韋違則韋背猶很戾故云韋猶戾也俾使殆危並釋詁文云違亦或作違者此經違字僞孔本亦作違字與上文同也

邦之阢隉曰繇弌人邦之榮褱亦尚弌人之慶阢吾骨反隉埧結反

注阢隉不安也褱安慶善也國之不安繇亏一人國之光榮而安亦庶幾一人之善云則用人可不詳者哉此穆公懲前毖後之深意也

疏阢隉不安也者說文𨸏部云班固說隉不安也周書曰邦之阢隉是則不安之言正說此文阢隉之誼也褱安詩王風揚之水鄭箋誼也慶善毛詩皇矣傳誼也

秦誓文錄誓標題凡六十三名辯字百八言

秦誓經文百七十九名冣文一千百八十言注四
百一十四字釋音辭字三百一十七言疏二千二
十三字

呂刑經文九百五十一名冣文六千九百五十七
言注三千三百六十四字釋音辭字千五百三十
一言疏萬二千六百一十五字

文侯之命經文二百一十二名注五百七十四字
釋音辭字九十六言疏二千一百五十七字

粊誓經文二百四十三名冣文七千二百五十言
注六百四字釋音辭字四百四十二言疏二千三

尚書今注音疏

十二字

尚書今注音疏卷十六

尚書敘

注 敘抒也緒也言也抒渫作者之意見其系緒且言其篇第故曰敘馬融鄭康成皆以爲孔子所作抒神与反渫私列反見夷寫反系多欒反

疏 釋名言語篇云敘抒也抒渫其實宣見之也釋詁云敘緒也說文攴部云敘次弟也此敘當兼此三詁故云敘抒也緒也言也書不空作皆有所由敘則録其作書之由使其意指宣著故云抒渫作者之意見其系緒此申抒與緒之詁也合此諸篇而敘其先後之次第故云言其篇第此申言詁也馬鄭說見正義正義且兼偁王肅同爲此言茲不及肅者以肅之言无足重輕據馬鄭二公足矣知此敘是孔子所作者正義以爲依緯文而知之今緯書亡无從取證然史記之文可攷也史記孔子世家云敘書傳上紀唐虞之際下至秦繆編次其事是可證矣且孔子編書欲以示世大教不申乎指得學者所取衷則孔子自不容不作敘馬鄭之言信而有徵者也案書凡百篇其閒或二篇或三篇共敘且有十一篇共敘如汨作九共稾飫者計其敘止六十有七僞孔氏以此敘散入經中各冠諸篇之首其亡篇之敘各以其次廁見敘

序皆亡闕據釋文云汩作等篇其文皆亡而敘與百篇之敘同編故序又云馬鄭之徒百篇之敘總爲一卷又正義云此敘皆不敢廁于正經故謙而聚于下視則古尚書百篇之敘本別爲一卷總附于後故此亦總錄于經後从古也

尚書今注音疏弟十一　江聲學

昔在帝堯 注 鄭康成曰書以堯爲始獨云昔在使若无先之典教也 疏 注見正義引顧彪申其誼云詩云自古在昔言在昔者自下本上之詞言昔在者自上目下爲稱故云使若无先之者據伏羲先之而書无所先故云昔也聲案此說猶未得鄭意鄭君蓋謂孔子編書以堯爲始特言昔在以箸同錄書之所自始故云使若无先之典教也 聰明

彣思光宅天下將孫于位攘于虞舜 彣无分反今經作文 孫色寸反 攘如恙反 注 鄭康成曰堯尊如故舜攝其事

【疏】注見正義敘。言將遜于位，讓堯得舜，以遜位不爲天子，故釋之云堯爲如故，舜攝其事。孟子萬章篇云：堯老而舜攝也。又云：堯崩，三年之喪畢，舜避堯之子于南河之南。是則堯在時，舜未嘗爲天子，則堯爲天子如故也。故云堯爲如故。

作堯典

虞舜仄𢼸　𢼸，正義本作微，玉篇引作㣲，非也。說文人部止爲𢼸字，从人攴，豈省聲，不當更加人偏。隸古定本作𢼸，茲从之。【注】𢼸猶賤也。【疏】云𢼸猶賤也者，公羊定八年傳云：季氏之宰則𢼸者也。又哀十四年傳云：薪采者則𢼸者也。是𢼸之詁猶賤也。

堯聞之聰明，將使嗣位，秝試諸難。【注】秝，試以難事，書缺有閒，不能指實其事矣。【疏】堯典慎徽五典云云，乃堯試舜之事，茲不采用以說此諸難者，以是堯典之文，茲則舜典之敘，或舜典所多試舜之事，不止如堯典所云也。今舜典亾，不可攷矣，故云書缺有閒，不能指實其事矣。堯典正義引鄭注云：入麓伐木。蓋鄭君及見孔氏逸書之舜典，此必據之爲說。據鄭注，則可見堯試敘

舜之事不僅如咎繇五典云云也皆正義引鄭注本略不得其言之本紿置不錄

作舜典

帝釐下土方釋文云下土絕句一讀至方字絕句聲謂當于方字絕句詩商頌曰禹敷下土方正同此句法

注 帝謂舜也舜理下土四方馬融曰釐理也

疏 云帝謂舜也者以篇在舜典後故知帝謂舜也釋文云釐力之反馬云賜也理也案釐雖多賜訓于此文不合故鄭取其一訓也云釐理也

設居方𠔁生分類𠔁彼列反俗通用別

注 居方居民于其方所也𠔁生𠔁其方之所生分類分其種類設此居方𠔁生分類之法皆周禮職方氏辨九州之國各志其利其民其畜其穀之屬也易曰君子以辨物居方種之勇反畜許柚反

疏 馬注商書曰居敘云曰居民之法禮記王制云司空執度度地居民山川沮澤時四時量地遠近興事任力又云凡居民材必因天地寒煖燥溼廣谷大川異制民生其

閒者異俗剛柔輕重遲速異齊五味異和器械異制衣服異宜脩其教不易其俗齊其政不易其宜中國戎夷五方之民皆有性也不可推移又云凡居民量地以制邑度地以居民地邑民居必參相得也无曠土无游民食節事時民咸安其居樂事勸功尊君親上然後興學然則王者之治居民最爲要務而居民之法則必使民各安其故土不易其方此文遂云釐下土方而言設居方云云則設居方云云即是釐下土方之事故解居方爲居民于其方所也云小生小其方之所生者周禮攷工記云燕之角荊之幹妢胡之笴吳粵之金錫此材之美者也又史記貨殖列傳云山西饒材竹穀纑旄玉石山東多魚鹽漆絲聲色江南出柟梓薑桂金錫連丹沙犀瑇瑁珠璣齒革龍門碣石北多馬牛羊旃裘筋角銅鐵則千里往往山出棊置此其大較也是四方各有所生之物此言小生是小四方之所生也周禮土訓辨地物而原其生鄭注云辨其物者別其所有所无原其生生有時也是小四方所生也薛季宣書古文訓云伏生解九共以諸侯來朝各錄其土地所生美惡人民好惡爲之貢賦政教略象記其語曰孚辭下土使民系系使民无散據此則可見居方謂居民于其方所小生分類敘

謂分別其所生之種類故云設此凥匚別生分類之藩而引周禮職匚氏㠯況也職匚氏皆政官之屬職主也主四匚之職貢者故其文云乃辨九州之國使同貫利下遂秝言九州之山澤川浸與夫其利其民其畜其穀云〻彼言其民男女之數則是閱其戶口而安宅之即此所謂凥匚也彼言其利金錫竹箭之等是別其匚之所生彼言其畜其穀之所宜即是分其種類皆與此敘所言同故云若周禮職匚氏辨九州之國各志其利其民其畜其穀之屬也云之屬者㠯彼文備言九州故㠯之屬該之也引易者未濟大象文案易卦既濟六爻皆正爲大同之世天墬位萬物育至治之極也未濟則六爻皆不正未成既濟也聖乃爲之贊化育㠯埶亏既濟定昚辨物凥匚贊化育之事也故孔子演易亏未濟象發此誼焉當洚水初平民猶鮮食天墬則位矣萬物猶未盡育也猶是未濟之世也此言凥匚與易文同言別生分類正所謂昚辨物也兩文誼正相合故引㠯爲證

作汩作九共九篇槀飫　汩爰筆反僞孔本作汩乃汩羅淵之汩从水冥省聲音證皆非矣共居容反槀可秏反僞孔本作槀其訓勞也依勞訓則是槀師之槀其字當同枯槀从

木不加水飫乙庶反【注】汩治也共讀當爲龔龔給也槀飫之說未聞【疏】說文水部云汩治水也故云汩治也據言釐下土方設居方云云則篇名汩作取汩治作爲之說也僞孔書字作汩而訓爲治說則是而字非矣云共讀當爲龔龔給也者書古文訓云伏生偁九共以諸侯來朝各錄其土疆所生美惡人民好惡爲之貢賦政教則九共所言大率九州職貢之事貢者下所以龔給上者則九共名篇以龔給爲說故共讀當爲龔龔字古今通省作共周禾夕傳靡不龔矣龔給說文共部文馬王皆云共法也恐未然故不用槀飫篇亡孔氏逸書亦未見其名篇之說漢儒傳亦不得聞僞孔傳云槀勞也飫賜也何所據而云然吾不敢信闕疑可也故云槀飫之說未聞

咎繇矢厥謨禹成厥功帝舜申之【注】矢陳也申重也重直容反【疏】矢陳申重並釋詁文作大禹咎繇謨棄稷【疏】據正義謂馬鄭王所據書敘此篇名爲棄稷然則尚書本無益稷篇目僞孔氏分咎繇謨下半

篇序去名爲益稷則經之辠大矣 注 棄爲稷官故曰棄稷 疏 堯典曰帝曰棄黎民阻飢汝后稷播時百穀是棄爲稷官也

禹別九州隨山濬川任土作貢 濬息俊反 注 鄭康成曰任土謂定其肥磽之所生發謂不言作禹貢益驗也 磽口交反 疏 鄭注見正義云任土謂定其肥磽之所生者謂土肥則所生豐土磽則所生儉視其所生以定賦準其賦以制貢然鄭注此篇經文所云觀壤肥瘠定貢賦上下是也又鄭注周禮載師云任土者任其力勢所宜生育且以制貢賦大謂定其肥磽之所生也發謂不言作禹貢益驗也者諸書序每篇之敘必言作某篇此言任土作貢謂任其土之所出以作貢物非謂作禹貢書篇也下當別有作禹貢之文茲未有云亡自是驗逸矣

啓與有扈戰于甘之野作甘誓 注 馬融

曰軍旅曰誓會同曰誥【疏】注見正義云軍旅曰誓者如此篇及商書湯誓周書泰誓牧誓費誓之屬皆是軍旅之事也云會同曰誥者經中如湯誥言告諸侯羣后大誥言大誥繇爾多邦皆是會同之事也如康誥酒誥召誥洛誥則皆非會同易云號皆據周禮士師之職以五戒先後刑罰一曰誓用之于軍旅二曰誥用之于會同鄭緣援以說此篇偏誓之證因聯言會同曰誥云

太康失邦昆弟五人須于雒汭作五子之歌 罤古魂反今讀作昆 須心俞反今讀作須【注】太康啟之子也太康仲康更立兄弟五人皆多昏德不堪帝事降須雒汭是謂五觀逸周書曰其在夏之五子忘伯禹之命假國无正用胥興作亂遂凶厥國離騷曰夏康娛以自縱不顧難以圖後兮五子用失乎家巷馬融曰須止也鄭康成

自避亂于雒汭　更革衡反觀古奐反假吉下反縱子用反難乃旦反臺胡[illegible]反【疏】史記夏本紀云夏后帝启崩子帝太康立故云太康启之子也云太康仲康更立並是謂五觀王符潛夫論五德志篇文也五觀者國語楚語士亹曰启有五觀韋昭注云五觀启子太康羣弟也引逸周書嘗麥解文云其在夏之五子忘伯禹之命今逸周書作殷之五子案言忘伯禹之命則自是夏之五子殷乃誤字茲以意改正之據二夏之五子忘伯禹之命則偽古文言五子述大禹之戒以作歌謬矣斯足以證偽孔書之誣也云遂凶厥國即此敘所云失邦也但經文亡逸失邦之事无聞諸傳記亦未有見唯偽孔書言后羿距之于河案左傳言羿因夏民以代夏政未見其為太康時事偽孔書不可信始闕疑焉離騷者楚大夫屈原所作也夏康云云者王逸注云夏康启子太康也言夏太康不遵禹启之樂而更作淫聲放縱情欲以自娛樂不顧患難不謀後業卒以失國兄弟五人家居閭巷失尊位也易注見釋文釋詁類也偶訓待故云類也鄭注見正義

羲和湎淫廢時亂日◯胤諱往征之　湎民沔反【注】

羲氏和氏世爲日官，當仲康之世沈湎淫泆，廢其舊職，胤于是往征討之。鄭康成曰：胤，臣名。【疏】云羲氏和氏世爲日官者，桓十七年《左傳》云：天子有日官，諸侯有日御。服虔注云：日官、日御，典厤數者也。堯典云：乃命羲和，欽若昊天，厤象日月星辰。此敘言羲和廢時亂日，是羲和歷唐虞夏世爲日官者也。云當仲康之世者，《史記·夏本紀》錄此敘以爲帝仲康時。案孔氏古文爲此篇，司馬子長當從安國問古文，則《史記》所云蓋據經文爲說，則以爲仲康時是可信矣。鄭注見《夏本紀》注。云胤，臣名者，案《周書·顧命》胤之舞衣、兌之戈、和之弓、垂之竹矢，皆以造此器者之人名目其器，故鄭注彼文云：胤也、兌也、和也、垂也，皆古人造此物者之名也。兌、和雖不可攷，垂則舜時共工之名，則胤亦是人名，即此敘所稱是矣，故鄭君以爲臣名。偽孔氏故與鄭違異，以胤爲國名，且造偽經稱胤侯，又以堯典胤子、顧命胤之舞衣亦皆爲國，謬甚矣。

胤（廟諱）征

自契至于成湯八遷。【注】鄭康成曰：契本封商國在太華之陽。聲謂自契至湯凡十四世，八遷者，契始居商，一遷也；昭明居砥石，再遷也；相土居商丘，三遷也；與湯遷亳而四，其餘四遷則未聞焉。契，戶詰反。相，息羊反。鄭注見正義。云「契本封商」者，詩商頌云「天命玄鳥，降而生商」，毛傳云「玄鳥，乙也」。鄭君箋云「天使乙下而生商者，謂乙遺卵，娀氏之女簡狄吞之而生契，爲堯司徒，有功，封商」。詩正義申箋說，引中候契握云「玄鳥翔水遺卵流，娀簡吞之生契，封商」。史記殷本紀云「帝舜命契曰：女爲司徒，敬敷五教在寬。封于商」，是契封商也。云「國在太華之陽」者，山南曰陽，謂在華山之南也，于九州則在豫州之域矣。聲謂自契至湯凡十四世，凡者，凡括契與湯總十四世也。案殷本紀，契卒，子昭明立。契爲一世，昭明二世也。昭明卒，子相土立，三世也。相土卒，子昌若立，四世也。昌若卒，子曹圉立，五世也。曹圉卒，子冥立，六世也。冥卒，子振立，七世也。振卒，子微立，八世也。微卒，子報丁立，九世也。報丁卒，子報乙立，十世也。報乙卒，子報丙立，十一世也。報丙卒，子主壬立，十二世也。主壬卒，子主癸立，十三世也主癸放乎天乙是爲成湯十四世也故國語周語曰玄王勤商十有四世而興韋昭注云玄王契也自契至湯十四世而有天下也八遷已下云〻者據正義云商頌曰帝立子生商是契居商也世本云昭明居砥石左傳偁相土居商丘及今湯居亳事見經傳者有此四遷其餘四遷未詳聞也茲依用其說而潤改之焉世本者紀古諸侯卿大夫之世系之書也今亡不可攷矣所偁左傳則襄九年傳云陶唐氏之火正閼伯居商丘祀大火而火紀時焉相土因之是其文也

湯始居亳從先王居注

鄭康成曰亳今河南偃師縣有湯亭聲謂亳從商隧商故契所封也故曰從先王居先王謂契也匽於蹇反從其靳反疏鄭注見正義云亳今河南偃師縣有湯亭者漢書地理志云河南郡偃師尸鄉殷湯所都劉昭注續漢書郡國志亦云河南尹偃師下引皇覽曰有湯亭據此兩書則偃師信是湯所都之亳矣聲謂亳從商隧者鄭云商在太華之陽亳則河南偃師也案華山在豫州而禹貢云華陽黑水惟梁州則華陽隧梁州實豫州之西垂矣河

敍

南亦豫州陲也鄭注立政三亳云湯舊都之民分爲三邑蓋東成皋南轘轅西降谷也然則偃師在成皋之西降谷之東是爲湯所都之亳而降谷即函谷在雒州之界亳在降谷之東則亦爲豫州西垂當雒陽之外矣故以亳從商陲且據湯始居亳之言則湯之先未有居亳者則從先王居不得謂就先王之故居也是從之而已詳繹文意似謂偰得子孫數徭遷偰之故居湯始居亳乃爲從之故云亳從商陲商故偰所封也故以從先王居先王謂偰也偰實未爲王而云先王謂偰也者猶殷詩云玄王桓撥毛傳云玄王偰也蓋子孫爲天下頌其先祖稱之爲王猶國語周語祭公謀父言我先王世后稷又言我先王不窋是亦稱其先公爲先王也僞孔傳乃云偰父帝嚳都亳湯自商丘遷焉故曰從先王居案帝嚳都亳經傳無文其以帝嚳爲偰父又據大戴禮帝系篇帝嚳次妃簡狄產偰史文則謂簡狄雖爲帝嚳之妃而其生偰實繇吞乙卵而孕孕而生也乃天帝所感非繇帝嚳而生詩頌可證辯詳下延

作帝告釐沃

注　帝嚳帝也偰之所自出也從先王居故告先王并告先王所自出

之帝故篇名帝告。告或爲誥，古今字也。釐理也。沃肥美也。治理亳之土，隨使之肥美，故以釐沃名篇。〔疏〕詩商頌云天命玄鳥降而生商。鄭君箋云：天使鳦下而生商者，謂鳦遺卵，娀氏之女簡狄吞之而生偰，爲堯司徒，有功封商。堯發。詩云有娀方將，帝立子生商。箋云：帝黑帝也。然則簡狄之生偰，乃黑帝之所感生，故云帝黑帝也。偰之所自出也。黑帝者，北方水帝叶光紀也。從先王居，當告先王，而篇名帝告，偰則未有帝偁，故以爲告先王，辭告先王所自出之帝。嫌於傳以上文先王爲帝嚳，云此雖不辭帝字，推其意蓋本以爲帝嚳矣。案簡狄吞乙卵而生偰，猶姜嫄履大人迹而生后稷，稷偰皆非帝嚳所生也。詩生民正義引張融之言曰：詩之正頌姜嫄履迹而生稷，爲周始祖，有娀以玄鳥生商，而偰爲玄王，卽如毛傳史記之說，嚳爲稷偰之父，帝嚳聖夫，姜嫄正妃，配合生子，人之常道，則詩何故但歎其母，不美其父，而云赫赫姜嫄，其德不回，上帝是依，是生后稷，周公何特大姜嫄之廟乎？予以融之言善矣，雖然猶未盡也。若稷偰果爲帝嚳之子，則稷之始生，何爲棄之隘巷，棄之平林，棄之寒冰亦乎正以配帝者而孚來矣乃繼而生子事出非常故也不然周禮大司樂何以言先妣之樂商頌何云有娀方將是商周之子孫皆知有母而不知有父乎且閟宮之詩美姜嫄之德直云上帝是依无菑无害彌月不遲是生后稷已言上帝依之而惠姙安乃繼十月而生稷則依謂依姜嫄之身不得如毛傳依其子孫之說矣生民閟宮之詩皆子孫繼其先祖之事是不知之審而言之信乎維之而爲生商事類正同則偰非帝嚳所生已矣故此篇名帝告不得以帝爲帝嚳也難者曰稷偰既非帝嚳所生皆爲商周皆禘嚳乎雝之曰以姜嫄簡狄皆帝嚳之妃故商周皆推嚳爲遠祖因之以配天于圜丘之禘祭嚳猶漢之劉媼感赤龍而生高帝及高帝爲天下尊太公爲太上皇居則太廟而祭之情事適同禘嚳之禮不足以爲難也云告或爲誥古今字也者緣史記殷本紀云作帝誥鄭注禮記緇衣云告古文誥然則告爲古字誥爲今字故云古今字也治佁敘云帝釐下土方馬注云釐理也國語魯語曰沃土之民不材韋昭注云沃肥美也茲始居亳當爲治理田土之事則篇名釐沃其文蓋言治理亳土之事故訓釐爲理沃爲肥美也史記无釐沃篇目

湯征諸侯葛伯不祀湯始征之作湯

征 注 孟子曰湯居亳與葛為鄰葛伯放而不祀湯使

人問曰何為不祀曰無以供犧牲湯使遺之牛羊葛伯

食之又不以祀湯又使人問之曰無以供粢盛湯使亳眾

往為之耕老弱饋食葛伯率其民要其有酒食黍稻者

奪之不授者殺之有僮子以黍肉餉殺而奪之為其殺

是僮子而征之是其事也雖然竊疑焉豈葛之君民

肯此皆不粒食乎且饑饉而耕猶往其反餉者曰再難

有不為毋乃不祭之說乎孟子質言無疑姑存其說云

亦 供居容反饋唯季反粢子夷反盛氏征反為之 疏 引孟

為其于睡反饋食酒食似吏反餉式尚反

殺

子者滕文公下篇文也晉時有皇甫謐者據此文以駁鄭君亳卽偃師之說以墬理志梁國寧陵之葛鄉爲葛伯之國去偃師八百里不宜使民往耕因以梁國之穀熟爲亳爲湯所都之亳檢漢書墬理志梁國无寧陵亦无穀熟謐蓋據晉世之志矣姑不置辯卽如其說亳以證葛可往耕然矣是兩國湯墬亡七十里葛之鄰伯也其國當不亞于湯耕者朝往其反且又日必弃餉唯于兩國境壤之如二三里之間乃可介不然孰必發民居于其國無乃彼此驛騷乎韋乎人情於乎事宜湯豈其然孟子之言未可深信謐安得據之以駁鄭君乎茲猶引其文者以是備說所由伐葛之故姑備錄之而附志所疑以論焉

伊尹去亳適夏既醜有夏復歸于亳

注 醜惡也湯貢伊尹于桀桀既而伊尹惡夏天猶得歸于湯惡烏路反 疏 說文鬼部云醜可惡也故云醜惡也昭二十八年左傳云惡直醜正實蕃有徒是醜惡同詁也云湯貢伊尹于桀者孟子告子篇云五就湯五就桀者伊尹也趙岐注云伊尹爲湯見貢于桀不用而歸

湯故知伊尹之適夏是湯貢之于桀也案禮記射義古者諸侯歲貢士于天子之制湯爲夏之諸侯故貢伊尹于桀

人自北門乃遇女鳩女房房正義本作方茲从史記

注 乃迺字也不期而會曰遇女鳩女房湯二臣名 疏 云乃迺字也者史記錄此无乃字據文亦无庸爲此乃字且覺无爲无安帖不敢擅刪姑存之而目爲迺字可也云不期而會曰遇者穀梁隱八年傳文云女鳩女房湯二臣名者伊尹既入亳之北門而遇之則自是湯之臣矣

作女鳩女房

湯既勝夏欲遷其社不可遷七然反隸古定本如此 注 鄭康成曰義牲既成粢盛既絜祭以其時而旱暵水溢則變置社稷當湯伐桀之時大旱既致其禮祀明德以薦而猶旱至七年故湯遷柱而以周棄代之欲遷句龍

故

以无可繼之者，于是故止。黎，令皋反。嘆，墨哭棄反。句，果庚反。

疏　注見周禮大宗伯疏，又略見正義，茲合而緝之。犧牲既成云云至變置社稷，孟子盡心篇文也。云當湯伐桀之時大旱者，呂氏春秋順民篇云：昔者湯克夏而正天下，天大旱，五年不收，湯乃以身禱于桑林。據言五年不收，而鄭君云旱至七年者，依書大傳云湯大旱七年，禱于桑林之社而雨大旦。漢書鼂錯傳亦云湯有七年之旱，然則言五年者誤也。云故湯遷柱而以周棄代之，欲遷句龍，以无可繼之者，于是故止者，昭二十九年左傳云：共工氏有子曰句龍，爲后土。后土爲社，稷，田正也。有烈山氏之子曰柱爲稷，自夏以上祀之；周棄亦爲稷，自商以來祀之。禮記祭法云：厲山氏之有天下也，其子曰農，能殖百穀；夏之衰也，周棄繼之，故祀以爲稷。共工氏之霸九州也，其子曰后土，能平九州，故祀以爲社。攷之國語，則厲山氏之子曰農者，即烈山氏之子柱是也。湯時大旱七年，據左傳言自商以來，祭法言夏之衰，正當湯時，蓋以久旱故遷柱也。此言欲遷其社，不可，左傳、祭法皆不言變社，蓋柱則遷之，社則以无可代句龍者，故不可遷，于是止也。

作夏社、疑至、臣扈。注

亳社者蓋讙賁社神之詞疑至未聞其臣扈人名也馬
融說聖人不可自專得用二臣自明然則疑至亦人名
與三篇皆亡不可攷矣先後之次湯誓宜先典寶次之
此三篇又次之乃得次以仲虺之誥及湯誥今如此弟
未聞與說復房柚反與云如反疏云亳社者蓋讙賁社神之詞者周禮太祝掌六祈以同鬼神示五曰攻六曰說鄭注云祈嘷也謂爲有災變號呼告于神以求福攻說則以詞責之攻如其鳴鼓然案言鳴鼓則如昭十七年傳云日有食之天子伐鼓于社是也然則爲災變則爲讙賁社神之事茲以大旱故欲遷社神以无可伐者而止自以爲詞說以責之書以亳社名篇自是讙賁社神之詞矣弟書亡无攷疑事與質故云蓋也疑至名篇之證則不可曉故云未聞其臣扈則是湯之臣名扈者故云人名也君奭篇言太戊時有臣扈未審即是其人否馬融說見正義云得用二臣自明則似以疑至臣扈爲二人矣故云然則疑至亦人名與云敍

與者不必深信馬說而爲疑詞也僞孔本此敘在湯誓之後正義言鄭君等注此敘在湯誓之上今从鄭本故先列此敘然其次事實爲未安故辯之云先後之次湯誓宜先典寶次之此三篇又次之乃後次以仲虺之誥湯誥知當然者湯誓敘言伐桀遂與桀戰典寶敘言夏師敗績則是既戰而敗故湯誓宜先典寶次之此敘言既勝夏則是既敗夏師之後故此三篇宜次典寶仲虺之誥敘云湯歸自夏是既勝夏而歸也湯誥敘云復歸于亳則歸而至國矣故此三篇之後當次以仲虺之誥及湯誥也故殷本紀錄此諸篇之敘先湯誓次典寶又次夏社而無疑至臣扈篇目次則仲虺之誥次湯誥是順敘文而爲之次也今以此敘列湯誓之前典寶次咸有一德之後失先後之宜不審何以知此故云今如此事未聞其說或曰然則何不變其事而必从鄭本乎曰鄭本篇次是古文之次也知皆以鄭注成王政敘云此伐淮夷與踐奄是攝政三年伐管蔡時事編篇于此未聞是可知鄭君悉遵古文篇事雖疑其先後失次不敢變也予何敢擅變之乎

伊尹相湯伐桀升自陑遂與桀戰于

鳴條之野 相息羔反　栭乃之反　栭僞孔本作陑亦 說文所無不可書也案六書段借之說

曰本無其字依聲託事康成多言曰倉卒無字或以音

類比方段借為之趣于近之而已雖則同聲之字宜可

段借栭本而聲也且說文云栭屋枅上欂也爾疋曰

栭謂之楶則栭又高峰之處與升詮合結段借栭字〔注〕

栭蓋氏阪之名未聞所在蓋自昆吾之夏所經之路也

鄭康成曰鳴條南夷地名 阪甫遠反 〔經〕 言升自栭則栭是高 隥然所故以為氏阪

之名以無定證不敢質言故云蓋也僞孔傳云栭在河

曲之南茲云未聞所在者蓋僞孔氏欲言湯升道從栭

出其不意故指實以為在河曲之南見非伐桀所經之

正路夫王者之師豈掩人不備哉僞孔說不可信也

則云栭在河曲之南又惡足據且栭之為隥名傳記無

文故云栭未聞所在云蓋自昆吾之夏所經之路也者長

發詩云韋顧既伐昆吾夏桀鄭君箋云三國擾于桀惡

湯先伐韋顧克之昆吾夏桀則同時伐也殷本紀云伊

尹從湯湯自把戉以伐昆吾遂伐桀僞孔氏解此升自

栭謂為出其不意之處說或者栭非自亳適夏之路故

鉞

尚書集注音疏十一　十三

推己所自以吾所來所經之路也己无正據故云蓋以疑之鄭注見正義孟子離婁下云舜生于諸馮遷于負夏卒于鳴條東夷之人也則鳴條似東夷之地鄭云鳴條南夷地名者蓋孟子下文言文王生于岐周卒于畢郢西夷之人也然則以舜為東夷之人乃對西夷而言東夷非謂東方九夷也安得據此而緣以鳴條為東夷之地乎且孟子下文又言地之相去也千有餘里據岐周畢郢而東千餘里其太東夷正不止千餘里則鳴條安得在東夷乎史記言舜三十九年南巡守崩于蒼梧之野禮記檀弓篇亦言舜葬于蒼梧之野蒼梧固南夷地也孟子言舜卒于鳴條則鳴條當在蒼梧是南夷地矣

作湯誓

〔疏〕堯典正義言鄭以湯誓在臣扈後于百篇第二十九茲仍鄭本篇次故附于此

湯歸自夏至于大坰仲虺作誥 坰居熒反正義本作坰同

〔注〕大坰或為泰卷仲虺湯左相也虺字或作蘬 卷居轉反又渠員反相息亮反

〔疏〕云大坰或為泰卷者據殷本紀云湯歸至于泰卷陶中𤳹作誥徐廣音義云一

无此陷字，則此敍大凡與彼文蔡叠大讀當爲蔡凡聲轉爲叠也。疊字說文所无，其或疊字之譌與？時疊字之譌與？不知其字，不敢據以改經字也。定元秊左傳云仲虺居薛以爲湯左相，故云仲虺湯左相也。云仲虺字或作蘬者，郇子堯問篇云其在仲蘬之言也，云云楊倞注云仲蘬即仲虺湯左相也。

湯旣黜夏命黜丑律反【注】黜，貶下也。黜或作絀。貶方斂反下谷嫁反絀丑律反【疏】云黜貶下也者，說文黑部文也。云黜或作絀者，殷本紀云絀夏命，絀黜古字通也。

復歸于亳，作湯誥。

伊尹作咸有一德。【疏】堯典正義云鄭云咸有一德爲在湯誥後，于百篇爲弟三十二。案殷本紀于湯誥之下即云伊尹作咸有一德，蓋鄭傳賈馬之學，乃孔氏古文也，而司馬遷當從孔安國問故，其以此篇次湯誥後，則是孔氏古文之次也。此且據所記紬次，兩引此篇之文，三得其文，則可知是成湯時書矣。其次固應在湯誥後，僞孔氏別誥一篇，作伊尹告太甲語，而以次太甲後，舛甚。

敍

夏師敗績湯遂伐三朡僞孔本遂伐上多遂從之三字茲據史記刪之朡子公反〔注〕大崩曰敗績傳說三朡國名今定陶也蓋是也鄭康成說以伊訓曰征是三朡〔疏〕云大崩曰敗績者莊十一年左傳文言功績大崩壞也云傳說三朡國名今定陶也蓋是也者以言伐三朡則三朡自是國矣續漢書郡國志濟陰郡定陶縣有三朡亭三朡即三朡也則以定陶當三朡所在不爲無據故云蓋是也以是僞孔氏之說姑云蓋以疑之偁鄭君說者堯典正義謂鄭注典寶引伊訓云載孚在亳又曰征是三朡案孔氏古文有伊訓篇鄭君猶及見之故得引其文今則亡矣征即伐也鄭必云此引征是三朡以證伐三朡而亏下注乃引載孚在亳以證俘字寶玉也

俘氒寶玉〔注〕鄭康成說以伊訓曰載孚在亳聲謂孚俘同字古文省人俘取也省所景反〔疏〕鄭注所出以詳上經聲謂孚俘同字古文省人者鄭君引伊訓載孚在亳以注此文可知載孚之孚即此俘字寶玉之孚古文

肖夻俘之乃懷亦爲孚尒故云孚俘同字俘取釋詁文

義伯仲伯作典寶

義牛奇反偽孔本作誼釋文云本或作義茲據史記定作義

注 義讀如威義之義〻伯仲伯湯之二臣

疏 說文我部云義己之威義也从我从羊然則義本是威義字亦必云義讀如威義之義者蓋今乃書威義字皆作儀亦㠯義爲仁誼之誼不得識義爲威義字矣此敘義字偽孔本作誼恐乃據偽孔本亦讀義爲誼故必正其讀也堯典正義偁鄭注書敘中逸書二十四篇之目咸有一悳十七典寶十八伊訓十九故知篇弟當在此

咎單作明居

咎果戾反單上廛反徐咎單同

注 馬融曰咎單湯司空也明居民之法也

疏 注見史記殷本紀注云咎單湯司空也者案礼記王制鄭君㠯爲殷制其文云司空執度〻墬居民山川沮澤時四時則居民是司空之事此㠯明居名篇是明居民之法咎單作之則咎單爲司空官矣王制又云凡居民量墬㠯制邑度墬㠯居民墬邑民居必參相得

敘

也无曠土无游民食足事時民咸安其居此居民之灋以居謂以是灋也

成湯旣沒太甲元年伊尹作伊訓肆命徂后

注　成湯之沒久矣云此言成湯旣沒者葢三篇皆備錄成湯故推本之尒鄭康成曰肆命者陳政教所當爲也徂后者言湯之灋度也

疏　云成湯之沒久矣者孟子萬章篇云湯崩太丁未立外丙二年仲壬四年太甲顛覆湯之典刑則成湯之沒距太甲元年中隔兩君積多年所此言成湯旣沒太甲元年者特推本成湯之沒爲言非謂湯沒之後即爲太甲元年也僞孔氏乃云湯沒而太甲立偁元年誣背王而紹僞學誕妄甚矣兹故云成湯之沒久矣所以詰僞孔氏之妄也若然則此言太甲元年可矣乃必言成湯旣沒故又申言其意云葢三篇皆備錄成湯故推本之尒知三篇皆備錄成湯者伊訓是訓戒嗣王必偁成湯之訓肆命是陳政教所當爲自是湯之政教徂后則是述往之君固是謂湯也三篇必皆備錄

成湯也。已經亡，无攷，不敢質言，故云蓋也。鄭注見殷本紀注，云：肆命者，陳政教所當爲也者，肆之言陳，命卽政教也。云徂后者言湯之法度也者，徂，往也；后，君也。已往之君則是湯也。已是名篇，故知言湯之法度。

太甲既立，不明，伊尹放諸桐。〔注〕鄭康成曰：桐，墬名也，有王離宮焉。〔疏〕注見殷本紀注。者有王離宮焉者，殷本紀言伊尹放之于桐宮，文言帝太甲居桐宮三年，是桐有離宮也。

三年復歸于亳，〔注〕孟子曰：太甲悔過，自怨自艾，於桐處仁遷義，三年，以聽伊尹之訓己也，復歸于亳。乂，牛吠反。孟子作艾，叚借字也。說文云：艾，冰臺也；乂，芟也。據是則當作乂。〔疏〕引孟子者，萬章篇文。

思庸。〔注〕傳曰：念常道。〔疏〕釋詁云：念，思也；庸，常也。經言思庸，僞傳解云念常道，故用其詮。

伊尹作太甲三篇。

沃丁既葬伊尹于亳。〔注〕沃丁，太甲子。〔疏〕殷本紀云

殷帝太甲偁太宗太宗崩子沃丁立故云沃丁太甲子漢書古今人表云沃丁爲太甲子

咎單遂訓伊尹事〔注〕訓之言順也謂順序伊尹之事〔疏〕廣疋云訓順也故云訓之言順也敫文詩云四方其訓鄭君箋云天下諸侯順其所爲是亦解訓爲順也

作沃丁

伊陟相太戊相息亮反〔注〕馬融曰太戊太甲子〔疏〕案殷本紀云沃丁崩弟太庚立帝太庚崩子帝小甲立帝小甲崩弟雍己立帝雍己崩弟太戊立然則太戊是沃丁弟本庚之子故漢書古今人表云太庚沃丁弟小甲太庚子雍己小甲弟太戊雍己弟馬云太戊太甲子與史記漢書異皆蓋史記敘商家世系本紀與世表敘爲不同三代世表云帝太庚沃丁弟帝小甲太庚弟帝雍己小甲弟帝太戊雍己弟是則沃丁至太戊皆太甲之子也世表本紀同出一人之手而互相違異今未得攷定其孰是馬則據世表爲說也

亳有祥桑穀共生于朝朝直佋反〔注〕

祥凶祥也桑穀二木名傳旨俱生于朝七日而大廾伊陟戒己修德而木枯廾君勇反俗輒作拱

疏云祥凶祥也者祥爲吉爲凶禮記中庸曰國家將興必有禎祥是吉祥也周易豐上六象曰天降祥也孟喜注云天降下惡祥也是凶祥也此桑穀共生劉向以爲艸妖故以爲凶祥也說文桑蠶所食葉木从叒木穀木名云穀楮也从木㱿聲故云桑穀二木名傳旨云云出漢書五行志五行志先引此敍繼引此傳則此傳其或孔安國之尚書傳與抑或五行傳與不可知矣云七日而大廾皆兩手搤之曰廾生七日而大盈兩手也殷本紀言一暮大廾此不同未知孰是云伊陟戒己修德而木枯皆殷本紀云太戊問伊陟伊陟曰臣聞祆不勝德帝之政其有闕與帝其修德太戊从之而祥桑枯死是其事也案伏生大傳高宗之訓傳云湯之後武丁之前王道不振桑穀俱生于朝七日而大廾武丁召其相而問焉其相曰吾雖知之吾不能言也問諸祖己曰桑穀野艸也野艸生于朝亡乎武丁側身修行思先王之政興滅國繼絕世舉逸民明養老之禮諸侯重譯來朝者六國又劉向五行傳以爲高宗息于敍

政事故繁數之異見皆以繁數若生爲高宗時事與此敘不合是高宗時又分此異與別說與

伊陟贊于巫咸

注 贊說也國語曰古者民之精爽不攜貳者而又能齊肅中正其知能上下比義其聖能光遠宣朗其明能光照之其聰能聽徹之如是則明神降之在男曰覡在女曰巫是使制神之處位次主而爲之牲器時服然則古之巫靈矣咸爲巫官故伊陟爲說繁數之祥使禳除之齊夕摩反或讀側皆反知中枝反覡夷益反爲說爰睡反

疏 漢書郊祀志引此敘文孟康注云贊說也謂伊陟說其意也案敘意是伊陟爲巫咸說康言謂伊陟說其意似與此敘韋反故但節取其訓誼而已引國語者楚語文也云其明能光照之其聰能聽徹之者言其能見鬼神之形聞鬼神之聲也成十年左傳云晉侯夢大厲被髮及墬搏膺而踊曰殺余孫不義余得請于帝矣壞大門及寢門而入公

愳入于室又壞戶公覺召桑田巫〻言如夢是足證巫亦見鬼神且聞其言也云在男曰覡在女曰巫者蓋謂對文則異其名散文則男女皆可偁巫也周禮春官司巫掌羣巫之政令其屬有男巫女巫是巫爲男女之通偁其官名亦偁巫不言覡是故咸偁巫咸也如國語之言則古之巫覡備著神靈故云然則古之巫靈矣說文王部云靈〻巫以玉事神从玉霝聲或作𩆜从巫是巫亦靈也屈大夫離騷云巫咸將夕降兮懷椒糈而要之是則咸之爲巫靈可知矣

作咸𤕤三篇𤕤偽孔本作乂史記作艾皆通借字也依本字則當作𤕤

注 𤕤治也史記曰巫咸治王家有成作咸艾作太戊然則此當有太戊篇目也蓋古文重字不再書止于字下加二畫而已下云太戊贊于伊陟序此敘上下太戊字下蓋皆有二畫作重文以兩屬俗儒疏忽誤作單文以專屬下敘則此遂闕太戊篇目矣重直容反

疏 𤕤治說文

辟部文引史記者殷本紀文也云巫咸治王家有成作咸艾者釋篇名咸艾之意也周書君奭云巫咸乂王家是史記所本也云作太戊則太戊亦書篇名故云然則此當有太戊篇目也今此敘无太戊故又推詳其所繇隱太戊之故焉云蓋古文重字不再書止于字下加二畫而已者王俅嘯堂集古錄載齊侯鐘銘其文有再言都俞而不重出都俞字止于都字俞字下各加二畫是其證也云下云太戊贊于伊陟承此敘之下太戊字下蓋皆有二畫作重文以兩屬者古書敘目皆合于一其分異之處聯文承續不提行別起今讀周書敘猶然是可證也則此書之敘亦如是矣據史記之文則此敘當云作咸乂四篇太戊如虞夏書敘作汨作九共九篇槀飫之徵而下又有太戊之文依古文篆籀之徵則必不重出太戊字止于太字戊字下各加二畫而已如是則容有不察而仍作單文之誤故云俗儒疏忽誤作單文以專屬下敘則此遂隱太戊篇目矣

太戊贊于伊陟作伊陟原命（注）史記曰帝太戊贊伊陟于廟言弗臣伊陟讓作原命然則不應有

伊陟篇目也蓋俗儒誤讀太戊一篇因而曾伊陟之目以足百篇之數尒贊伊陟者命伊陟也伊陟謙讓不敢受命因再命之故曰原命原之言再也馬融以爲原臣名也命原以寵褒之猶我所修也豈異然乎

【疏】引史記者亦殷本紀文云然則不應名伊陟篇目也者據史記言伊陟讓作原命則伊陟非書篇名此特原命一篇之敘尒案孔氏古文多原命篇據漢書司馬子長嘗從安國問故史記所載尚書多古文說然則子長必親見原命篇文矣此云太戊贊伊陟于廟言弗臣伊陟讓作原命必依此篇經文爲說據是則可知无伊陟篇目矣云蓋俗儒誤讀太戊一篇因而增伊陟之目以足百篇之數者儒孔氏又儒作連叢子記爲孔臧與安國書多云世儒皆謂尚書二十八篇應二十八宿安知乃爲百篇既是儒孔氏亦謂尚書多百篇也于上敘誤讀太戊一篇則不滿百篇之數因于此增伊陟以足其數尒云贊伊陟者命伊陟也者凡君冊命其臣必于廟中史記言太戊贊

敘

伊陟于庿言弗臣則是命伊陟也云原之言再也者釋言云原再也命伊陟而伊陟讓乃作原命以是知原命爲再命也馬注見殷本紀注案孔氏逸書多原命篇而馬融書敘云逸十六篇絕无師說蓋逸書至東漢時頗多散佚馬君或未之見其以原爲臣名謂命原以君湯之道我所修也者蓋以原命名目與說命畢命臩命等相似說命〻傳說畢命〻畢公臩命〻伯臩因以之而爲言此以意說書與史記大相違異必非名篇之意故直斥其非也豈其然乎

仲丁遷于囂作仲丁 囂五蒿反 注 仲丁太戊子囂地名也讀若詩云搏狩于敖之敖 疏 云仲丁太戊子者殷本紀言太戊偁中宗中宗崩子帝仲丁立是仲丁爲太戊之子也云囂地名也讀若詩云搏狩于敖之敖者搏狩于敖小疋車攻文也毛公傳云敖地名鄭君箋云狩田獵搏獸也敖鄭地今近滎陽水經七卷濟水注云泲水又東逕敖山北詩所謂搏狩于敖者也其山上有城即殷帝仲丁之所遷也敖即此敘之囂即車攻詩之敖故引詩以正其

讀于以箸向其初所也案水經注所引及張平子東京賦皆作薄狩于敖今詩則作搏獸于敖此引云搏狩于敖者從徐堅初學記二十二卷所引也惠先生曰狩本古獸字何休公羊桓四年注云狩猶獸也淮南覽冥訓曰狩獵於高誘注云獵狩也蓋毛詩作狩故鄭氏箋云田獵搏獸也蓋詩作搏獸則鄭君之箋不以贊乎聲案張衡賦云張釋之建忠弼之慕帝游上林問禽獸所為據史記張釋之傳帝實問禽獸漢書亦然是傳亦以狩為獸也然則今詩作搏獸者俗儒所改古本實作搏狩吾從古可也

河亶甲居相作河亶甲 注 河亶甲仲丁弟相地名 疏 云河亶甲仲丁弟者史記三代世表云帝外壬仲丁弟帝河亶甲外壬弟又殷本紀云帝仲丁崩弟外壬立帝外壬崩弟河亶甲立據外壬為仲丁弟而河亶甲為外壬弟則亦仲丁之弟矣注不云外壬弟而直云仲丁弟者以外壬于此文仲丁則上篇已具承上篇而為言也云相地名者漢書地理志沛郡有相縣蓋其地也

祖乙圮于耿，作祖乙。注　祖乙，河亶甲子。馬融曰：圮，毀也。鄭康成曰：祖乙又去相居耿，而國爲水所毀，於是修德以禦之，不得徙也。錄此篇者，善其國圮毀改政而不徙。復房富反　善十戰反　疏　殷本紀云：河亶甲崩，子帝祖乙立。故云祖乙，河亶甲子。馬注見釋文。圮，毀，釋詁文。鄭注見正義，云祖乙又去相居耿，而國爲水所毀者，文承居相之下，而言圮于耿，知居耿而相居耿而國圮也。云於是修德以禦之，不得徙也者，上稱遷居相，敍歷言之，此圮于耿之下，無稱文，故知不得徙也。僞孔傳言圮于相，稱于耿，以爲敍文所無，說非也。

般庚五遷，將治亳殷。注　五遷者，湯遷亳，仲丁遷囂，河亶甲遷相，祖乙遷耿，及般庚遷殷而五也。鄭康成曰：祖乙居耿，後奢侈踰禮，土地迫近山川，嘗圮焉，至

陽甲立盤庚為之臣乃謀徙居湯舊都治于亳之殷地

商家自此徙而改號曰殷【疏】云湯遷亳仲丁遷囂河亶甲遷相祖乙遷耿者據以上諸篇之敘也鄭注見正義及殷本紀注云祖乙居耿後奢侈踰禮者謂後世奢侈非謂祖乙奢侈也知者殷本紀云帝祖乙立殷復興然則祖乙賢君奢侈必不謂祖乙也云至陽甲立盤庚為之臣乃謀徙居湯舊都治于亳之殷地者殷本紀云帝陽甲崩弟盤庚立則陽甲乃盤庚之兄當陽甲之時盤庚為之臣也經言王命衆悉至于庭是盤庚傳王命故鄭君以此上篇為盤庚為臣時事則此治亳殷是陽甲之世盤庚為臣時事也云商家自此徙而改號曰殷者湯有天下之號曰商而此中篇經云殷降大虐又西伯伐黎云天既訖我殷命又詩商頌云殷受命咸宜皆謂商為殷可是繇遷于殷而改偁殷也正義引束晳之言云將治亳殷孔子壁中尚書云將始宅殷案鄭氏尚書乃孔氏古文本鄭言治于亳之殷地則孔壁古文必不作將始宅殷束晳妄人作為詭說以亂經不可不辯

民咨胥怨【注】鄭康成曰民所耿之奢

敘

經成俗故不樂從樂勒各反疏注見正義作般庚三篇注馬融曰不言般庚誥何非但録其誥也取其徒而立功故以般庚名篇疏注見釋文此三篇或告臣或告民皆誥體也故哀十一年左傳伍員引此中篇文稱般庚之誥茲不以誥名篇故馬君說其不稱誥之意云取其徒而立功皆殷本紀言般庚告諭諸侯大臣以遂涉河南治亳行湯之政然後百姓由寧殷道復興諸侯來朝是其徒而立功也

高宗夢得說使百工夐求得之傅巖經孔本夐作營之作諸求下多諸野二字茲加說文所引說于苦反注及下皆同夐虛正反注夐營求也說爲胥靡築于傅巖孟子曰傅說舉于版築之閒尸子曰傅巖在北海之洲鄭康成曰得之傅巖高宗因以傅命說爲氏疏云夐營求也皆說文旻部文云說爲胥靡築于傅巖者殷本紀云得說于

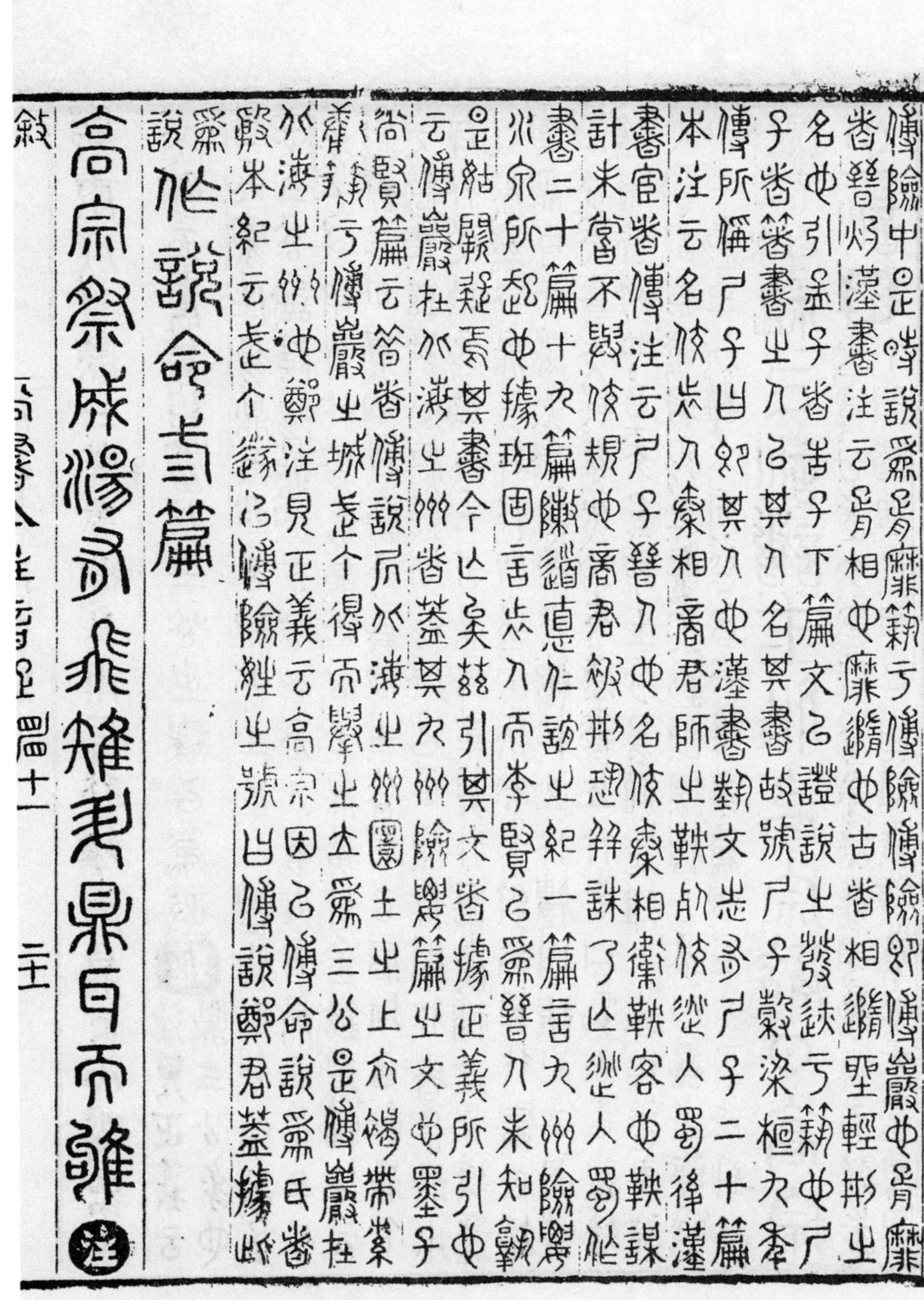

傅險中是時說爲胥靡築于傅險傅險即傅巖也胥靡者晉灼漢書注云胥相也靡隨也古者相隨坐輕刑之名也引孟子者告子下篇文以證說之發迹于築也尸子者箸書之人以名其人名其書故號尸子數梁柜九本傅所偁尸子曰即其人也漢書藝文志尸子二十篇本注云名佼魯人秦相商君師之鞅死佼逃入蜀後漢書宦者傳注云尸子晉人也名佼秦相衛鞅客也鞅謀計未嘗不與佼規也商君被刑佼恐并誅乃亡逃入蜀自書二十篇十九篇陳道德仁誼之紀一篇言九州險阻水泉所起也據班固言魯人而李賢以爲晉人未知孰是姑闕疑焉其書今亡矣茲引其文者據正義所引也云傅巖在北海之州者蓋其九州險阻篇之文也墨子尚賢篇云昔者傅說居北海之洲圜土之上衣褐帶索庸築于傅巖之城武丁得而舉之立爲三公是傅巖在北海之州也鄭注見正義云高宗因以傅命說爲氏者殷本紀云武丁得說以傅險姓之號曰傅說鄭君蓋據此爲說

佚說命上三篇

高宗祭成湯有飛雉升鼎耳而雊（注）

敘　尚書集注音疏卷十一　三十

鄭康成曰鼎三公象也又用耳行雉升鼎耳而鳴象視不明天意若曰當任三公之謀以爲政 疏 注見正義云鼎三公象也者九家注易鼎九四云鼎者三足一體猶三公承天子也三公謂陰陽鼎謂五味鄭君注易亦云鼎三足三公象云又用耳行者易鼎六五云鼎黃耳金鉉虞翻注云鉉謂三毌鼎兩耳鄭注義禮士昏禮云扃所以扛鼎今文扃作鉉然扃鉉同物所以毌鼎耳舉行者是鼎用耳行也故易鼎九三云鼎耳革其行塞虞翻注云坎爲耳震爲行鼎以耳行伏坎震折而入乾故其行塞云雉升鼎耳而鳴象視不明者鴻範五行傳曰視之不明時則有赤眚赤祥維水沴火漢書五行志曰劉向以爲雉雊鳴者雉也以赤色爲主于易離爲雉雉南方近赤祥也劉歆以爲羽蟲之孽案劉歆視傳云有羽蟲之孽[illegible]則二劉之說雖不同皆以此雉雊爲視之不明所致故鄭云象視不明

祖己訓諸王作高宗融日高宗之訓 疏 大傳云武丁祭成湯有雉飛升鼎耳而雊武丁問諸祖己祖己曰雉者野鳥也不當升鼎

今考鼎者欲爲用也无則識亡將以來朝者乎故志个內反諸己以思先王之道三年編髮重譯來朝者六國孔子曰吾於高宗彤日見德之有報之疾也案敘言訓諸王謂經中有訓于王曰以下之言非如大傳此文所云也然大傳引孔子贊美此書之言則自有據蓋當時實有是言史未錄于篇今依之采以爲傳以補其遺今姑附錄于此

殷始咎周【注】鄭康成曰咎惡也紂聞文王斷虞芮之訟又三伐皆勝而始畏惡之拘于羑里　惡烏路反　斷多亂反【疏】注見詩文王正義又見左傳襄三十一年正義咎惡是畏忌惡大忌也韓非子難二云昔者文王侵孟克莒舉酆三事舉而紂惡之此敘咎周之謂故鄭云咎惡也云紂聞文王斷虞芮之訟者大疋緜詩云虞芮質厥成毛傳云質成也成平也虞芮之君相與爭田久而不平乃相謂曰西伯仁人也盍往質焉乃相與朝周入其竟則耕者讓畔行者讓路入其邑男女異路頒白不提挈入其朝士讓爲大夫大夫讓爲卿二國之君感而相謂曰

敘

尚書集注音疏卷十一　二十三

我等小人不可以履君子之廷乃相讓以其所爭田為閒田而退天下聞之而歸者四十餘國是其事也云又三伐皆勝而始畏惡之者據韓非子則三伐謂侵盂克莒舉酆也又伏生大傳云文王受命一年斷虞芮之訟二年伐邘三年伐密須四年伐犬夷五年伐耆案大傳以伐黎為伐耆則伐耆卽伐黎也伐黎之前多伐邘伐密須伐犬夷三事與韓子所言侵盂克莒舉酆文雖異而事則同何以言之盂之與邘音同字通則伐邘卽侵盂也皇矣之詩說文王伐密之事云爰整其旅以按徂旅孟子梁惠王篇引作爰整其旅以遏徂莒則伐密須卽克莒也然則舉酆蓋因伐犬夷而舉其隧大為一事可知矣故知大傳所云伐邘伐密須伐犬夷卽韓子所云三事也是皆在伐黎之前故鄭云此云三伐皆勝云拘于羑里者案戰國策魯仲連言紂醢鬼侯脯鄂侯文王聞之歎紂乃拘之于羑里史記殷本紀亦云然：則紂囚文王不為欲周之故而鄭以為畏惡之拘于羑里者史記周本紀云崇侯虎譖西伯于殷紂曰西伯積善纍德諸侯皆向之將不利于帝：紂乃囚西伯于羑里據此則紂囚文王不无畏惡之：意蓋史記二文不同者互相備亦非異也據殷本紀言知文王之歎而告紂

者崇侯虎也周本紀言譖西伯者崇侯虎則告與譖是一時之言矣安知醢鬼侯脯鄂侯不適當文王三伐皆勝之後乎則鄭君說與戰國策不亦悟也又韓非云文王侵盂克莒舉酆三舉而紂惡之文王乃懼入洛西之地請解炮烙之刑天下皆說又云紂以其大得人心而惡之己又輕地以收人心是重見疑也固其所以桎梏囚于羑里也是則文王之被囚實在三伐皆勝之後鄭君說是也

周人乘黎

注

鄭康成曰乘勝也紂得散宜生等所獻寶而釋文王文王釋而伐黎明年伐崇

疏

注大見詩文王正義及左傳襄三十一年正義周易夬彖傳云揚于王庭柔乘五剛也謂上六乘五陽也則乘者加勝于其上之言是乘有勝意故云乘勝也云紂得散宜生等所獻寶而釋文王者伏生大傳云西伯既戡耆紂囚之牖里散宜生閎夭南宮括三子皆相與學訟于太公太公見三子知三子之為賢人遂酌酒切脯除為師學之禮約為朋友望曰西伯賢君也遂與三子見文王于牖里散宜生遂之犬戎氏取美馬駮身朱鬣雞目者取九六長之西海之濱取白狐青翰之於陵氏取怪獸

紋

大不辟虎狼閒尾倍其身名曰虞之有參氏取美馬之江淮之浦取大貝大如大車之渠獻于紂之庭紂出見之還而觀之曰此何人也散宜生遂趨而進曰吾西藩之臣昌之使者紂曰非子罪也崇侯也遂遣西伯伐崇是其事也案大傳言西伯既戡耆而紂囚之鄭于此云文王釋而伐黎相率畏者蓋今之大傳乃後人所合錄者非完書容或有誤詩文王正義引殷傳云西伯得四友獻寶免于虎口而克耆殷傳即大傳也又引大傳云得三子獻寶紂釋文王而出伐黎均是大傳而此兩文皆以文王伐黎在既出羑里之後當得其實此鄭君所據也云明年伐崇者大傳言文王受命五年伐耆六年伐崇據是而知伐崇在伐黎之明年也

祖伊恐奔告于受作西伯戡黎

注 馬融曰受讀曰紂鄭康成曰紂帝乙之少子名辛帝乙愛而欲立焉號曰受德時人傳聲轉作紂亦史掌書知其本故曰受少式詔反

疏 馬注見釋文鄭注見正義云紂帝乙之少子名辛帝乙愛而欲立焉號曰受德者殷本紀云帝

乙幼子辛立是為帝辛天下謂之紂紂是紂名辛也逸周書克殷解云殷末孫受德呂氏春秋當務篇云紂之同母三人其長曰微子啟其次曰中衍其次曰受德受德乃紂也甚少矣紂母之生微子啟與中衍也尚為妾已而為妻而生紂紂之父紂之母欲置微子啟以為太子太史據灋而爭之曰有妻之子不可置妾之子紂故為後是紂號曰受德也惟言帝乙㤅而欲立之則與呂氏說不合鄭蓋別有所據引或以紂宜得立而遂謂帝乙欲立之爾云時乃傳聲轉作紂爾者受紂聲相從偁受德者或單言受因而聲轉為紂殷本紀故曰天下謂之紂也云史掌書知其本故曰受者凡世子生號命名必書其生年月日與名而藏之其或為之美號大杜所必書史掌文書長有不知則受德之號史必知之矣也鄭君此言則以此敘為舊史之文而鄭又謂百篇之敘孔子所作也乃自相矛盾矣曰否蓋史官錄書或略敘其作書之繇容當為敘但未必篇篇皆有孔子編書必有仍舊敘者亦必有特作者可采云孔子所作猶春秋本此之舊史孔子修之遂為孔子作春秋矣

殷既錯天命（錯七各反）注馬融曰錯廢也聲謂天實廢

敘

殷命亦欲見紂之淫虐自絕于天故已廢天命爲文見七寡反【疏】馬注見釋文論語爲政篇云舉直錯諸枉錯讀舉言是爲廢訖故云錯廢也西伯戡黎云天既訖我殷命是天廢殷命也又云惟王淫虐用自絕則天之廢殷命謂紂之淫虐自絕于天故亦欲見此意故言錯天命也

微子作誥父師少師少式邵反

惟十有一年武王伐殷【注】鄭康成曰十有一年本文王受命而數之是年入戊午蔀四十歲矣聲謂數則是年太歲在曆維大荒落也數色主反【疏】鄭注見詩文王正義云十有一年本文王受命而數之者受命謂受天命康誥云天乃大命文王詩文王敘云文王受命作周鄭箋云受天命是也多方云天惟五年須暇之子孫鄭注云五年者文王受命八年至十三年也數則武王自即位至伐紂時才而五年亦則此言十有一年自是本文王受命之年數也云是年入戊午蔀四十歲矣者易緯乾鑿度

云今入天元二百七十五萬九千二百八十歲昌以西伯受命入戊午蔀二十九年又云亡殷者紂黑期火戊倉精授汝正昌鄭注云火戊：午蔀也午為火以言火戊者木精將王火為之將相戊土也又當為火子又火使其子為已霞水是以倉精絕殷之象也說文王則受命在戊午蔀之意也案二十九年受命至四十歲則十二年矣緯言十一年而鄭云入戊午蔀四十歲者蓋據中候我應文王受命在季秋之月以踰年為元年故十一年當戊午蔀四十歲也鄭必知然者以武王伐紂在十三年國語泠州鳩曰昔武王伐殷歲在鶉火鶉火午次也當周分之時歲星在午則太歲在未然則十三年太歲在未也卻而推之此十一年太歲在巳矣詩文王正義引三統術云七十六歲為一蔀二十蔀為一紀積一千五百二十歲凡紀首者皆歲甲寅日甲子紀以甲子之日為分蔀名甲子蔀一也滿七十六歲其後年分日次癸卯即以癸卯為蔀首二也次以壬午為蔀三也辛酉蔀四也庚子蔀五也己卯蔀六也戊午蔀七也丁酉蔀八也丙子蔀九也乙卯蔀十也甲午蔀十一也癸酉蔀十二也壬子蔀十三也辛卯蔀十四也庚午蔀十五也己酉蔀十六也戊子蔀十七也丁卯蔀十八也

丙午蔀十九也乙酉蔀二十也是一紀之數矣而得始復紀還數準此以推則戊午蔀之首凡六蔀爲歲四百五十六以六十歲除之凡七矣而餘三十六初歲甲寅則三十六歲己五歲則戊午蔀之初年庚寅歲也其二十九年歲在戊午文王受命以三十年己未歲爲一年則十三年武王伐殷歲在辛未乃與國語所言歲星在鶉火皆合則此十一年歲在己巳當戊午蔀之四十歲也云數則是年太歲在屠維大荒落也皆釋天云太歲在己曰屠維在巳曰大荒落於鄭君說此十一年爲戊午蔀之四十歲則己巳歲故云數也案三統術云凡紀首皆[illegible]歲甲寅日甲子[illegible]竊爲計之一蔀七十六歲爲日二萬七千七百五十九以六十除之凡而四百六十二甲子爲二萬七千七百二十日更從甲子數至壬寅又得三十九日乃滿二萬七千七百五十九日譒符一蔀七十六歲之日數故復年初日得癸卯爲癸卯蔀準此灋以數之以復壬午辛酉等各蔀之初日皆如三統術之所推至其末乙酉蔀之終日正直癸亥故復紀之初日仍得甲子是紀首日次甲子信不爽矣惟言首歲甲寅則未數試推之一紀之歲千五百二十以六甲除之凡二十五而亦餘二十歲更從甲寅數至癸酉乃矣

一紀則初紀之首歲在寅後紀當首在戌又後紀首在午又後紀乃首在寅凡三紀乃得在寅也惟是文王受命之戊午都昔已在戊紀在午紀維之則十三年武王伐紂皆不與國語歲在鶉火之言相應則此敘十有一年固是在寅紀之戊午都四十歲也

一月戊午師渡孟津作大誓三篇

【注】經言四月敘言一月未聞其說諸家以爲十三年之一月蓋是與與云虛反【疏】云經言四月皆經云維四月太子發上祭于畢下至于孟津之上是其文也然四月至孟津安得一月戊午渡邪敘言一月戊午師渡孟津必非一年內事鄭君于此當自有說今不得聞故云未聞其說云諸家以爲十三年之一月蓋是與國語周語皆武王伐殷歲在鶉火月在天駟◎日在析木之津辰在斗柄星在天黿此謂十三年誅紂時也劉歆三統曆云戊午度于孟津◎己未冬至辰星與婺女伏曆建星及牽牛至于婺女天黿之首故傳曰星在天黿周書武成篇惟一月壬辰旁死霸◎若翌日癸巳武王乃朝步自周于征伐紂敘曰一月戊午師度于孟津是以此敘與國敘

語武成所言皆一時事則是十三年事矣韋昭注國語云星辰星也天黿次名一曰元枵從須女八度至危十五度爲天黿謂周正月辛卯朔二日壬辰辰星始見三日癸巳武王發行二十八日戊午度孟津二十九日己未晦冬至辰星在須女伏天黿之首是說本諸劉歆亦以此爲十三年事僞孔氏依此爲說亦以戊午爲十三年正月二十八日雖史記周本紀言十一年十二月戊午師畢渡孟津蓋周本紀以武王初次至孟津爲九年事故以一月戊午爲十一年且以商正以一月爲十二月實則初時是十一年之四月此一月戊午則十三年矣經文三篇上篇是十一年事中下二篇則十三年事敘兼總兩時于十一年不月皆以經言四月文自明矣不言十三年皆以一月戊午繫小異于四月明非一年內事可知故省也且經文殘缺安知中篇不具有年月而敘因此略其年乎則一月戊午信是十三年矣史以敘無月文結典質言故云蓋且云疑也

武王戎車三百兩虎賁三百人

賁百門反

（注）虎賁言猛怒如虎之奔赴也三百人當爲三千人孟子

以武王之伐殷也革車三百兩虎賁三千人司馬遷以革車一乘士十人徒二十人樂記曰虎賁之士說劍則虎賁士也一乘十人三百兩則三千人矣乘食證反說土捋反

疏云虎賁言猛怒如虎之奔赴也者應劭風俗通誼也賁奔音同字通也云三百人當爲三千人且引孟子文者孟子盡心篇稱武王之伐殷云云實據此敘之文據云虎賁三千人足證此言三百人誤當爲三千人矣故引其文也又呂氏春秋簡選及貴因二篇皆稱武王簡車三百虎賁三千人以要甲子之事而紂爲禽正與孟子文合是又一證矣引司馬遷及樂記者欲見車一乘有士十人虎賁是士當十倍于車之數故云然則虎賁士也一乘十人三百兩則三千人矣案周禮虎賁氏下大夫官樂記言虎賁之士者蓋周公制禮用二人爲虎賁之官爵爲下大夫大夫屬之司馬其後中士十有二人當文王時則是宿衞之士非必大夫也樂記所言是武王伐紂時事虎賁故是士也又案周禮虎賁氏之屬有虎士八百人此虎賁得有三千人者蓋周禮所設據夲敘

時給役使者八百人足矣若出軍必須徵發士衆此虎賁即士衆也三千人不爲多也且此時未有周禮不得據之爲說

與受戰于坶野作坶誓

武王伐殷往伐歸嘼 嘼許救反正義本作獸隸古定本作嘼案嘼即六畜之畜當作嘼

注 嘼犍也謂馬牛之屬樂記曰馬散之華山之陽而弗復乘牛散之桃林之野而弗復犕此之謂歸嘼

疏 嘼犍所簡反復房富反嘼犕房六反今通作服 嘼犍也說文嘼犍也案說文牛部云犍畜牲也然則嘼即六畜之畜謂人家所常畜若馬牛羊豕犬雞留是云謂馬牛之屬者據樂記文也案樂記云賓牟賈侍坐于孔子孔子與之言及樂因說武王伐紂時事云濟河而西馬散之華山之陽而弗復乘牛散之桃林之野而弗復犕正此敘所云歸嘼之事故引其文以說

識其政事 識中試反注同

注 記識商之善政

疏 呂氏春秋慎大篇云武王于殷進殷之遺者問衆之所說民之所欲遺者對曰欲得

殷禮之政武王于是得殷禮之政故云記識商之善政善政卽謂殷禮之政也作武成【注】鄭康成曰箸武道至此而成箸中庶反【疏】注見正義

武王勝殷殺受立武庚【注】武庚字祿父紂子也立以爲殷後【疏】云武庚字祿父紂子也者鄭注伏生大傳云祿也云立以爲殷後者微子之命敘云殺武庚命微子啟代殷後是則初時爲殷後者本是武庚緣殺而命微子代之則此言立武庚是立以爲殷後矣

以箕子歸作洪範【注】箕子紂之諸父以箕子走之朝鮮以而聞武王立殷後遂來歸學武王問而懺洪範朝止佁反鮮相然反【疏】伏生大傳云武王勝殷繼公子祿父釋箕子之囚箕子不忍爲周之釋走之朝鮮武王聞之因以朝鮮封之箕子旣受周之封不得無臣禮故于十三祀來朝武王因其朝而問洪範然則此敘言以箕子歸不得謂武王以之歸當解爲以而箕子來歸也故云箕子走之朝鮮以而聞武王立殷後遂來歸蓋敘言箕子歸者敘

敘洪範所由作也言立武庚者推原箕子所由歸也則箕子之歸不但為受周之封實感武王為其君立後故也或曰武王以十三年克殷洪範言維十有三祀王訪于箕子是一年內也何言乎已而箕子來歸乎應之曰武王誅紂在二月初旬于時箕子走之朝鮮可即于是年冬來朝故洪範言十有三祀此不足以難也

武王既勝殷邦諸侯邦方容反注並同注邦古封字也詩云邦畿千里論語曰且在邦域之中或云弋反即域字注云邦古封字也者據周本紀言封諸侯班賜宗彝則此云邦諸侯邦實古之封字漢書嚴助傳淮南王安上書稱古者封內甸服封外侯服是即周語所謂先王之制邦內甸服邦外侯服也則國語以邦為封也故康誥敘云邦康叔從正義云古字邦封同故漢有上邦下邦縣邦字如封字是也引詩者商頌文引論語者季氏篇文也天子言封畿諸侯言封域皆謂封畫介詩及論語皆作邦字是足證邦之為古封字故引之也今人讀詩及論語皆讀邦為百卷反是緣不識古字故也

班宗彝作分器分房奮反注

鄭康成曰宗彝宗廟尊也作分器著王之命及所受物著中庚反〔疏〕注見史記周本紀注案周禮司尊彝掌六尊六彝之法號則尊彝異名此云宗彝宗廟尊也者蓋對文則異散文則通尊乃其統名也釋器云彝卣罍器也又云卣中尊也鄭注周禮鬯人云卣中尊尊者彝爲上罍爲下是則彝卣罍統名爲尊故鄭注周禮敘官云彝亦尊也鬱鬯曰彝彝法也言爲尊之法也

西旅獻獒〔注〕旅遠人之偁鄭康成曰獒讀曰豪西戎無君名彊大有政者爲酋豪國人遣其酋豪來獻見于周見長寡反〔疏〕云旅遠人之偁者旅古文旅字旅之言羈旅也戰國策范睢謂秦王曰今臣羈旅之臣也言異國之臣則是遠人也雖不必絕遠然絕遠亦爲旅故此旅獒及下旅巢命皆以旅名篇皆以遠爲詮也鄭注見正義云獒讀曰豪者釋文云獒馬云作豪酋豪也詮與鄭合蓋此篇孔氏古文有之馬鄭二公當皆及見必其經文雖作獒字而其詮實爲酋豪獒豪音同古假借字也故馬鄭皆讀獒爲豪僞孔氏執泥獒字以

敘

為尤高四尺之獒非也云西戎無君名彊大有政者為
酋豪者呂氏春秋恃君覽云氐羌呼唐離水之西僰人
野人篇笮之川舟人送龍突人之鄉多無君高誘注云
西方之戎無君者後漢書西羌傳云不立君臣無相長
一彊則分種為酋豪是西戎
無君名其長為酋豪之明證

太保作旅獒

疏 此云太保作旅獒下敘云芮伯作旅巢命二文證從正同
以巢況獒則獒之為酋豪益信鄭說崔不可易

巢伯來朝 朝直遙反

注 鄭康成曰巢伯南方之國世一見者也王即位來朝 見夷寔反

疏 注見正義及周禮大行人疏又見詩蓼蕭正義
鄭知巢伯南方之國者鄭注周禮敘官象胥云通夷狄
之言者以象此類之本名東方曰寄南方曰象西方曰
狄鞮北方曰譯今總名曰象者周之德先致南方也故
則鄭君以巢伯當先王初定天下最先來朝故以為南
方之國疑或鄭君更別有所據也云世一見者〻周
禮大行人職云九州之外謂之蕃國世一見鄭注云因
禮曰其在東夷北狄西戎南蠻雖大曰子萬民傳曰杞
伯也用夷禮故曰子然則九州之外其君皆子男也無

朝貢之歲父死子立及嗣王即位乃一來耳茲以巢伯爲世一見者則是以爲九州之外之國矣九州之外得爲伯者殷之諸侯與周異也鄭注禮記王制云殷爵三等公侯伯也畿內謂之子是殷制異于周也云以是王即位來朝者世一見之諸侯于中國繼世之王即位猶以來朝況是王易代新王至則巢伯之來正是率其舊職見新天子故鄭君云然

芮伯作旅巢命

武王有疾周公作金縢

武王崩三監及淮夷叛【注】鄭康成曰三監管叔蔡叔霍叔三人爲武庚監于殷國者也肯流言于國公將不利于成王周公還攝政懼誅因遂與惡開導淮夷與之俱叛此以爲攝二年之時繫之武王崩者與惡之初自崩始也三監吉銜反監于吉嚴反【疏】注見詩東山正義云三監管叔蔡叔霍叔三人

敘

爲武庚監于殷國者也者逸周書作雒解云武王克殷乃立王子祿父俾守商祀建管叔于東建蔡叔霍叔于殷俾監殷臣故知三監是管蔡霍三人也云此以居攝二年之時者詩邶衛譜正義引此鄭注云居攝一年之時案成王從周公歸已在秋時是年即爲居攝之一年三監畏誅而叛總在是年之冬或次年之莫同是誅正義所引鄭注亦或言一年或言二年未知孰是攸生大傳云周公攝政一年救亂二年克殷克殷即謂誅三監及武庚也是三監之叛在居攝一二年之時也其肯[illegible]周公居東二年則歫武王崩時而四年矣敘以追溯武王崩言之故又釋其意云繫之武王崩者其惡之初自崩始也金縢云武王既喪管叔及其羣弟乃流言于國是其叛心之萌自武王初崩時始

周公相成王相息亮反

注鄭康成曰誅之者周公意也亦言相成王者自從周公而來蔽以解矣解夷賈反

疏注文見詩東山正義云蔽以解者于以見成王感悟之後與周公心意合一周公所欲爲成王必从之故敘言相成王使若本成王之意

將黜殷

注鄭康成曰黜貶

遲也【疏】注見正義說文黑部云黜貶下也茲云貶遲詮同也

作大誥

成王既黜殷命殺武庚命微子啓代殷後【注】鄭康成曰黜殷命謂殺武庚也微子啓武王投之于宋因命之封爲宋公代殷後承湯祀【疏】注見詩有客正義據詩正義所引微子啓之上有微采墬名句下有紂同母庶兄也句已皆采入商書微子篇注故于此刪節之也云微子啓武王投之于宋者禮記樂記說武王投殷之後于宋鄭君注彼文云投舉徙之詞也時武王封紂子武庚于殷虛所徙者微子也是其同文也云因命之封爲宋公者初時武王投微子于宋特以繼常之諸侯今命之爲王者後因其在宋即封之于宋褒之爲宋公長云代殷後承湯祀者武王本以武庚爲殷後以奉湯祀今武庚已叛見殺成王命微子代之爲殷後即代之承湯祀矣

作微子之命

唐叔得禾異畝同穎穎余頃反【注】唐叔名虞成王

弟也封于唐穎采也鄭康成曰二苗同爲一采采徐祟反同穗

【疏】云唐叔名虞成王母弟也封于唐者昭元年左傳曰當武王邑姜方震大叔夢帝謂己余命而子曰虞將與之唐屬諸參而蕃育其子孫及生有文在其手曰虞遂以命之及成王滅唐而封大叔焉又昭十五年傳云叔父唐叔成王之母弟也案唐叔生偁以封于唐故也其得此禾張時則猶未封叙據後爲偁介說文禾部云穎禾末也毛詩生民傳云穎垂穎也禾末結實而下垂者則是采矣故云穎采也鄭注見周本紀注伏生大傳歸禾傳云成王之時有三苗貫桑葉而生同爲一采大幾盈車長幾充箱鄭云二苗同爲一采二苗三苗未知孰是

獻諸天子王命唐叔歸周公于東

【注】歸饋也孝經說曰德及于墬則嘉禾生成王欲以禾張歸美于周公故命唐叔以禾饋公于東征之所饋唯季反

【疏】論語陽貨篇云歸孔子豚孔安國注云欲使往謝故饋孔子豚則歸爲饋證故云歸饋也引孝經說者援

禘契文見禮記禮運正義云以禾遺公于東征之所者周本紀云唐叔得嘉穀獻之成王成王以歸周公于兵所所敘言于東而史記言于兵所是用兵于東時故以為東征之所作歸禾

周公既得命禾注鄭康成曰受王歸己禾之命毀與禾疏注見正義

旅天子之命作嘉禾注旅陳也疏旅古文旅字旅陳釋詁文

成王既伐管叔蔡叔以殷餘民封康叔作康誥酒誥梓材注鄭康成曰言伐管蔡者為因其國也不言霍叔者蓋赦之也康謚也聲謂封古封字也封康叔為衞侯為因爰睢反疏鄭注見詩邶鄘衞譜正義及正義云言伐管蔡者為因其國也者以殷餘民封康叔則康叔所封卽三監之墬以紂滅三監乃可以封康叔故敘欲敘

言封康叔必先言伐管蔡，爲封康叔因管蔡之國也。云不言霍叔者，蓋殺之也者，大誥敘言三監及淮夷叛，則霍叔亦叛，亦當誅伐，茲言伐管叔蔡叔而不及霍叔，故鄭君疑其殺之。蓋三監之中霍叔最幼，從毀兩兄同事，或迫於兩兄不得不從，其辠可原，容當殺之，以天正文，故云蓋以疑之也。云康諡也者，逸周書諡法解云：溫柔好樂曰康，安樂撫民曰康，令民安樂曰康。康康之爲[illegible]宜，此三諡皆與康叔之行相似，故鄭君以康爲諡。僞孔氏乃以康爲圻內國名，正義謂馬王亦云然。案史記管蔡世家言武王封叔鮮於管，封叔度於蔡，封叔旦於魯而相周爲周公，封叔振鐸於曹，封叔武於成，封叔處於霍，康叔封冄季載皆少未得封。是則當武王時，康叔實未有國。及武王崩後，有流言之事，周公出居東都，既反而居攝，又有東征之事，其時皆未皇封康叔也。逮三監既誅，而以其墜封康叔，則康叔始封爲衞國，何嘗有康國乎？康自是諡號，鄭說誠是，馬王僞孔皆非也。云邦，古封字也者，說詳分器敘。疑封康叔爲衞侯事見昭

晉注必言之者，以經及敘皆不見衞國名故也。

成王在豐。注：豐，文王所都。疏：文王有聲之詩言文王作邑于豐，是文王

鄗于酆也欲宅雒邑注成王之言曰惟余一人營居于成周惟余一人多善易得而見也多不善易得而誅也此成王欲宅雒邑之意也易以豉反疏成王之言曰云云者南宮括對志獨公曰君獨不聞成王之定成周之說乎其詞曰惟余一人營居于成周惟余一人多善易得而見也多不善易得而誅也是其文也但其文言定成周今引之說欲宅雒邑之意者成周與王城相去五十里皆在雒邑宅雒實兼王城成周言之也逸周書作雒解云乃作大邑成周于土中是則宅雒邑卽爲定成周也

使召公先相宅召上照反下召誥及注凡言召公皆同相息亮反下敘同注鄭康成曰欲擇土中建王國使召公往相所居者王與周公將自往也疏注見詩王城譜正義

作召誥

召公旣相宅周公往營成周注鄭康成曰

敘

而攝七年天下太平而此是成王名曰成周【疏】注見公羊傳宣十六年疏

使來告卜作雒誥使色吏反

成周既成遷殷頑民【注】鄭康成曰此皆士也周謂之頑民，民無知之偁【疏】注見詩王風譜正義云此皆士也者篇名多士篇中又輒呼多士故知皆是士云周謂之頑民者僖二十四年左傳云心不則德義之經爲頑以其不服于周言其不則德義故謂之頑且目之爲民也雖然其不服于周自不忘故主之故然則自周而言謂之頑民自商言之固不失爲義士桓二年左傳云武王克商遷九鼎于雒邑義士猶或非之義士然謂此頑民也云民無知之偁者孝經援神契云民者冥也是民之爲言冥冥無知之謂也

周公以王命誥

作多士

周公作無逸

召公爲保周公爲師【注】馬融曰師氏保氏皆大夫官鄭康成曰師氏保氏大夫之職聖賢兼此官聲謂文王世子曰師也者教之以事而諭諸德者也保也者慎其身以輔翼之而歸諸道者也【疏】馬注見釋文鄭注見正義案周禮地官敘官云師氏中大夫一人保氏下大夫一人故馬鄭皆說師保爲大夫但周公召公茲相成王實居三公之位非中下大夫之職故鄭又云聖賢兼此官實爲相而兼師保之職尒云聖賢者蓋以周公爲聖召公爲賢也竊意周公之德未必優于召公但周公多材多埶以通而號偁聖尒文王世子者禮記篇名也引其文者以其正說師保之職任故取以爲解相成王爲左右相息亮反【注】馬融曰分陝爲二伯東爲左西爲右陝式冉反【疏】注見釋文云分陝爲二伯者公羊隱五年傳云天子三公者何天子之相也天子之相則何以三自陝而東者周公主之自陝而西者召

敘

公主之一相處乎內是周公召公分陝爲二伯而相成王也但傳言一相處乎內則似分陝者治乎外矣馬以分陝解相成王爲左右者蓋處乎內者專治王朝不主外土諸侯故對分陝者而言處乎內其分陝者雖主外土諸侯但繇統之而已其治固亦在內得在王左右也禮記王制云分天下以爲左右曰二伯鄭注彼文引公羊傳周召分陝之文以說則分陝爲二伯卽是爲左右也故馬又申言之云東爲左西爲右然則周公左而召公右矣

召公不說說弋雪反注馬融曰召公以周公旣攝政致太平功配文武不宜復列在臣位故不說以爲周公苟貪寵也復房富反疏注見史記燕世家注云功配文武者周之王業文王基之武王定之周公攝政致太平乃始成之是周公之功堪配文武也云以爲周公苟貪寵也者以周公旣攝王政不宜復在臣位乃曰自家詘不得遜謂爲苟貪事權也經云我不以後人迷是周公求同己意不以子孫之故迷戀不捨則可知召公不說之意實疑周公貪寵也

周公作君奭

成王東伐淮夷遂踐奄。【注】鄭康成曰：凡此伐諸叛國，皆周公謀之，成王臨事乃往，事畢則歸，後至時復往。踐讀曰翦。翦，滅也。奄國在淮夷之北。聲謂踐或為殘。殘，亦滅也。王霸記曰：殘滅其為惡。復，房富反。翦，子淺反。【疏】鄭注見詩破斧正義及正義又略見周本紀注。云凡此伐諸叛國皆總括之，肯諸敍殺者兼伐管蔡及此伐淮夷踐奄也。云皆周公謀之者，破斧詩云周公東征，四國是皇。毛傳云四國，管、蔡、商、奄也。是伐此諸叛國皆周公謀之者也。但臣功皆統歸于君，凡周公所伐，縱使成王不親往，史文自必偁成王伐之。鄭必知此諸敍偁成王伐是成王臨事乃往者，以多方敍云成王歸自奄，在宗周，誥庶邦；周官敍云成王既黜殷命，滅淮夷，還歸在豐。是皆說成王親征而歸也，則殺者兼伐管蔡，王太親往可知矣。伐之，大傳云：遂踐奄。踐之者，籍之也；籍之，謂殺其身，執其家，豬其宮。鄭君不用其說而讀踐為翦，訓為滅者，下敍云成王既踐奄，將遷其君于蒲姑，是奄雖滅而其君未

敍

當見殺。大傳言殺其身，與敘意異，故鄭君不从也。成二年左傳云前滅此而朝食，是前之誼爲滅，踐前音相近，古叚借字也。成王實滅，鄭亦踐之爲滅誼不顯，故轉爲前也。云奄國在淮夷之北者，服虔注昭九年左傳云：蒲姑、商奄，頻東海者也。蒲姑，齊也；商奄，旅也。案齊在旅北，奄與蒲姑隣壤，則近齊，亦當旅之東北。采舊經云淮夷徐戎竝興，其敘云東郊不開，則淮夷直旅東，是則奄在淮夷之北矣。鄭謂踐或爲殘者，周本紀作東伐淮夷殘奄，是所據也。引王霸記者，證殘之誼亦爲滅也。王霸記者，古書之名，于今亡矣，茲得引之者，據鄭注周禮大司馬職所引也。

作成王政

【注】鄭康成曰：此伐淮夷與踐奄，是攝政三年伐管蔡時事，編篇于此，未聞。

【疏】注見正義。云此伐淮夷與踐奄，是攝政三年伐管蔡時事者，從之大傳云周公攝政二年克殷，三年踐奄，此鄭君所據也。據此則此篇當在康誥之前，且多士篇云昔朕來自奄，謂此踐奄歸也，則此篇當在前益審矣。今列于此次，故鄭云編篇于此未聞，謂未聞孔子編次之意也。案下三敘與此敘文相承次，則鄭君于下三篇當皆同此說。

成王既踐奄遷其君于蒲姑

注　蒲或爲薄馬融曰薄姑齊地鄭康成曰奄君驕縱矣其君使入不可得故欲徙之于齊地使服于大國

疏　云蒲或爲薄者據周本紀云遷其君薄姑又據釋文云蒲馬本作薄馬注見周本紀注云薄姑齊地者薄姑即蒲姑昭二十年左傳晏子對景公曰昔爽鳩氏始居此地季前因之有逢伯陵因之蒲姑氏因之而後太公因之蒲姑之地蓋以蒲姑氏居之而得名則是齊地矣故服虔注昭九年左傳亦謂蒲姑齊也鄭注見詩破斧正義云欲徙之于齊地者以馬說以蒲姑爲齊地也雖然竊疑焉昭九年左傳云蒲姑商奄吾東土也則奄與蒲姑接壤遷奄君于蒲姑則知无遷後之大傳云奄君蒲姑謂祿父曰周本紀云遷其君薄姑然則蒲姑奄君之名此敘當言將遷其君蒲姑于乃衍字也成王遷奄君其地遂爲齊焉故左傳云蒲姑氏因之而後太公因之蒲姑氏即奄君也蓋夫遷奄君之處所則經文不具无以云焉吾見如此不敢毀先儒爭衡故不具說于注聊識之于疏

周公

告召公作將蒲姑

成王歸自奄在宗周誥庶邦作多方

成王既黜殷命滅淮夷還歸在豐作

周官【疏】僞孔氏僞造此篇以亂立政後堯典正義云鄭以爲周官在立政前第八十六案此敘與上三敘文相承則事相聯屬當在周公攝政三年時也立政經云孺子王矣則是周公致政成王之後其先後之敘自當先周官而後立政宜從鄭本

周公作立政

成王既伐東夷息愼來賀 息正義本作肅史記作息愼釋文則馬本亦作息愼據鄭注則鄭本亦作息故從息【注】東夷蓋謂淮夷奄也馬融曰息愼北夷也鄭康成曰息愼或謂之肅愼東北夷【疏】

已上諸敘舉伐淮夷踐奄而兼言繼滅徐之餘事此言繼伐又舉上爲文則所伐即上敘所云也故云東夷蓋謂淮夷奄也淮夷及奄皆瀕東海東夷也不敢質言故云蓋也僞孔氏已東夷爲海東諸夷駒麗扶餘馯貊之屬無說無據吾無取焉馬注見釋文云息慎北夷也者昭九年左傳云肅慎燕亳吾北土也息慎即肅慎故已爲北夷鄭注見史記五帝本紀注云息慎或謂之肅慎者知左傳肅慎燕亳及國語魯語肅慎氏貢楛矢之文是也云東北夷者蓋在北而偏于東者也

王畀榮伯

僞孔氏隸古定本作俾字與畀字無異而其傳或解爲予或解爲使唐天寶中詔以時字改其文作其傳之解爲使者悉于正義本改爲俾矣此敘傳云王使之爲命書故此畀字正義本亦改作俾此則誤改也史記錄此敘作王賜榮伯據賜證則字當爲畀

【注】畀賜也書或爲辨辨古班字班亦賜也王已息慎所貢分賜榮伯也馬融曰榮伯周同姓畿內諸侯爲卿大夫也

【疏】畀賜釋詁文云書或爲辨者釋文原本云畀馬本作辨云辨古班字者鄭注義亦士虞記

云古文班或爲辨則古字或以辨爲班也云班布賜也者周禮太宰職云匪頒之式鄭仲師注云頒讀爲班布之班謂班賜也是班爲賜證茲舉畀賜之訓故云布賜云王以息慎所貢分賜榮伯也者國語魯語云古者分同姓以珍玉展親也分異姓以遠方之職貢使無忘服也故分陳以肅慎氏之貢案國語所言乃先王時事與此異時此以賜息慎名篇賜所以報其禮也則息慎所貢物富矣言與榮伯是以息慎所貢賜榮伯也云分賜者明非盡以所貢賜之夫或所賜不獨榮伯文不具尒馬注見周本紀注云榮伯周同姓者國語晉語云重之以周召畢榮榮謂榮公也與周召畢並言之則同姓可知矣榮伯蓋榮公之子故以爲周同姓云畿內諸侯爲卿大夫也者禮記王制云天子之縣內諸侯祿也是謂之采地如諸侯祿而不立國者則畿內諸侯卿王朝卿大夫也

作賄息慎之命【注】賄財也主國贈賓之禮也記曰賄在聘于賄聘依說文當作娉從女不從耳經典皆作聘蓋聲同則字可通結從耳作于讀作爲【疏】賄財釋言文引記曰者儀禮聘禮記之文也鄭注彼文云賄財也于讀曰爲言主國禮賓

當視賓之聘禮而爲之財也是賄爲主國贈賓之禮故引以證

周公在豐將沒欲葬成周【注】大傳曰三年之後周公老于豐心不敢遠成王而欲事文武之廟然後周公疾曰吾死必葬于成周示天下臣于成王【疏】此以上說周公欲葬成周之意故取以說此云三年之後者葢謂致政成王之三年後也云示天下臣于成王者葬于成周若爲成王守成周是以見臣于成王之意

公薨成王葬于畢

薨呼肱反【注】公侯𣨼曰薨大傳曰成王曰周公生欲事宗廟死欲聚骨于畢畢者文王之墓隴故周公死成王不葬于周而葬之于畢示天下不敢臣也所以明有功尊有惪𣨼子聿反經典通用卒【疏】禮記曲禮云天子死曰崩諸侯曰薨說文死部云薨公侯𣨼也从死瞢省

聲故云公疾旅曰蒙大傳云云伏生說成王所以葬周公于畢之意也故取以說此云畢者文王之墓隧者孟子離婁下篇言文王卒于畢郢故畢爲文王之墓趙岐注孟子亦云畢文王墓近于豐鎬之隧云不葬于周者謂不葬之于成周也云示天下不敢臣也所以明爲珍尊之意者文王墓在畢葬周公于畢言葬從文王以見非己所得而臣之者所以明周公之珍而尊周公之意

告周公作亳姑

周公既沒命君陳分正東郊成周作君陳注鄭康成曰君陳蓋周公之子伯禽弟也成周在近郊五十里天子之國五十里爲近郊今河南雒陽相去則然疏云君陳蓋周公之子伯禽弟也者禮記坊記篇之注也成周以下乃此敘之注成周自見周禮隸師疏天子之國云云見周禮載師疏敘言命君陳先言周公既沒猶蔡仲之命敘言命蔡仲先言蔡叔既沒兩文相似當同是父沒而命其子故推君陳爲周公之子以無正文故云蓋以疑之也伯禽者周公

之元子君陳夫周公之子則是伯禽弟矣鄭君注禮記云蓋與注此敘殊夫云蓋此注殘闕故取禮注以補之同是鄭君之注以辭合于此可也云成周在近郊五十里者謂成周在王城之近郊也鄭君注雒誥以瀍水西為王城以瀍水東為成周則成周在王城之東矣敘言東郊成周是據王城而自成周為東郊也云天子之國五十里為近郊者以王城為天子之國也杜子春注周禮載師職云五十里為近郊百里為遠郊云今河南雒陽相去則然者鄭注雒誥言成周今雒陽縣是王城今河南縣是鄭君於漢末曾往關中必親歷其墬知兩縣相去遠近之數雖知其墬名之沿革故據以驗成周去王城五十里為王城之近郊矣

成王將崩命召公畢公率諸侯相康王作顧命相息亮反

注 鄭康成曰回首曰顧臨死出命故謂之顧〻將去之意也

疏 注見正義及周本紀注云回首曰顧者說文頁部云顧還視也還視成回首也鄭注禮記緇衣云臨死遺書曰顧命臨死出命故謂之顧兩注意正同

敘

尚書集注音疏卷十一　三十九

成王將崩，康王為尸天子，遂誥諸侯，作

康王之誥。據孔本無成王將崩句，釋文謂馬本有此三字，寧从馬本。注 尸，主也。主天子之位，即經所謂王出在應門之內之位也。疏 尸，主，

釋詁文。云即經所謂王出在應門之內之位也者，所謂

顧命經文也。敘不言即位而言為尸天子，且必推本成

王將崩之言者，非踰年即位而誥諸侯，實即受顧命設

權主天子位以朝諸侯而報誥之，故引顧命文以說。

康王命作冊畢。注 當云作冊畢公，誤敓公字。敓，土

活反。疏 周本紀錄此敘作康王命作策畢公，今此畢下無

公字，作不詞，必為敓誤，故曰當云作冊畢公，誤敓

公字。分居里，成周郊，作畢命。注 鄭康成曰：今其

逸篇為冊命霍侯之事，不同，與此敘相應，非也。疏 注見正義。

云今其逸篇為冊命霍侯之事者，案劉歆三統曆引

畢命豐刑之文，蓋漢世別有畢命篇，鄭君未及見之故

據己爲言也云不同與此敘相應者此所引者是誤也當云不與此敘相應正義引之誤多同字或不同學冊命言謂冊命事不同下所言與此敘不相應引少一不字尒逸篇是冊命靃侯此敘言作冊畢公是不相應也云非也者經不相應則逸篇非此篇審矣

穆王命君牙爲周大司徒 注 穆王康王之孫大司徒地官卿也 疏 周本紀云康王卒子昭王瑕立昭王南巡守卒于江上立昭王子滿是爲穆王故云穆王康王之孫周禮敘官云乃立地官司徒又云大司徒卿一人故云大司徒地官卿也

作君牙

穆王命伯臩爲周太僕正 臩居永反正義本作囧史記及說文所引皆作臩隸古定本亦作臩香改作囧非也 注 僕侍御于尊者之名太僕正其長也周禮太僕下大夫二人政官之屬也 長中賞反 疏

敘

疏注周禮太僕敘官云僕侍御于尊者之名太僕其居也此太僕正則周禮太僕之官正之言長故依周禮注而云太僕正其長也引周禮者夏官敘官文云政官之屬也者周禮夏官司馬掌邦政司馬以下皆數官之屬太僕以在內長

作冏命

蔡叔既沒王命蔡仲踐諸侯位作蔡仲之命

注 王成王也蔡仲蔡叔之子也春秋傳曰蔡仲改行率德周公舉之以為己卿士見諸王而命之以蔡此其事也據此篇當在亳姑之前編之于此未聞

行下孟反 見大寡反

疏 上兩敘已言穆王此承其後嫌此王亦是穆王故辯之云王成王也云蔡仲蔡叔之子也者定四年左傳言蔡蔡叔以車七乘徒七十人其子蔡仲改行率德是仲為蔡叔子也引春秋傳者定四年左傳文云周公舉之以為己卿士者史記管蔡世家言舉為魯卿士也云據此篇當在亳姑之前者據

夕傳蔡仲受封在周公生存時亳姑作亏周公沒後則此篇當在前矣堯典正義云孔以蔡仲之命次君奭後弟八十三鄭以為在粊誓前弟九十六又云鄭依賈氏所奏別錄為次案賈氏傳孔氏古文則別錄之次是古文舊次也當从之但此篇是成王時書而廁之穆王時書之間不達其指故云編之于此未聞

旅侯伯禽宅曲阜 旅古文以為魯衛之魯阜房酉反 注 曲阜在旅城中委曲長七八里 疏 云曲阜在旅城中委曲長七八里者應劭風俗通山澤篇云𨸏𨸏則曲阜也者以形勢委曲而名也

徐夷竝興東郊不開

作粊誓 開正義本作開釋文云馬本作闢案馬氏傳古文古文闢作開馬本必作開釋文經宋開寶中陳鄂奉敕刪改非陸氏元本矣 注 徐夷徐戎淮夷闢開也粊或為肸或為鮮禮記曰三年之喪卒哭金革之事无辟也者昔者旅公伯禽有為為之也禮家說以為征徐戎作粊誓

敘

尚書集注音疏卷十一　四十一

然則此篇當次亳姑，編于此亦未閒。辟婢亦反　爲爲上于睡反下于靡反

疏　云徐夷徐戎淮夷者，據經文言淮夷徐戎也。說文門部云：闢，開也。壁文作闢，故云闢，開也。云粊或爲肸或爲鮮者，史記魯世家作肸誓，伏生大傳作鮮誓也。引禮記者，曾子問篇文。孔子荅子夏問，偁者，舉之言也。云禮家說以爲征徐戎作粊誓者，鄭注曾子問云：伯禽，周公子，封于魯，有徐戎作難，喪卒哭而征之，急王事也。征之作粊誓，是其說也。云然則此篇當次亳姑者，亳姑作于葬周公時，伯禽爲三年之喪，自是周公之喪，卒哭則終葬矣，故此篇當次亳姑。了所記正義以征徐戎時周公猶在，謂伯禽爲喪案義禮喪服文在爲喪變除禫文亥了爲喪三年，此周公之物也，伯禽金革之乎？然則伯禽三年之喪，縱是爲喪大在周公服後，禮正義言周公猶在，非也。案見禮記所云，非謂周公之喪乎？故此篇當次亳姑後。世家記此事，謂與管蔡反同時，是因此敘之淮夷，而誤以合于大誥敘之淮夷叛爲一事矣，非也。僞孔氏移此篇于文侯之命後，據堯典正義，謂鄭以粊誓在呂刑前，肯次十七，則是古文本在此也。但此及上篇蔡仲之命皆是成王時書，而皆處于穆王時書之閒

來諱其編次之意故云編于此
大未聞云大晉大蔡仲之命也

呂命穆王訓夏贖刑 注 呂侯受命于穆王訓

說夏后氏贖刑之灋 疏 敘言呂命穆王注云呂侯受命于穆王者蓋命書王出自上詔

下之言故解呂命為呂侯受命 作呂刑

平王錫晉文侯秬鬯圭瓚 注 平王幽王之子穆王八世孫也幽王娶申女已為后生太子宜臼又娶褒姒生伯服而黜申后廢宜臼宜臼奔申 一毀尤 咸攻宗周殺幽王于戲晉文侯鄭武公迎宜臼于申而立之是為平王故國語曰晉文侯于是乎定天子此之謂也平王嘉文侯之功故賜之以秬鬯圭瓚 褒百毛反 戲呼宜反

敘

疏 云平王幽王之子穆王八世孫也者案周本紀穆王滿子共王太繄穆王爲一世共王二世也共王滿子懿王太三世也滿共王弟孝王太滿太懿王太子是爲夷王四世也夷王子厲王五世也厲王子宣王六世也宣王子幽王七世也幽王子平王八世也云幽王娶申女以爲后者詩白華敘文云生太子宜臼者毛詩小弁傳云幽王娶申女生太子宜臼又得褒姒生伯服而黜申后廢宜臼者事詳周本紀宜臼奔申已下至是爲平王鄭氏詩譜王風譜文周本紀太子其事引國語者鄭語文

作文侯之命

秦穆公伐鄭晉襄公率師敗諸殽還歸作秦誓 敗必邁反　殽戶交反 注 殽在弘農澠池其語自東殽西殽黽池所高若秌傳僖公三十年秦穆公與晉文公圍鄭鄭使燭之武夜見秦伯秦伯與之盟而還使杞子逢孫楊孫戍鄭三十二年杞子自鄭使告于秦自

鄭人使我掌其北門之管潛師以來國可得也穆公訪諸蹇叔蹇叔曰不可公辭焉召孟明西乞白乙使出師三十三年晉文公卒未葬子襄公墨縗絰以從戎與秦師于殽而擊之俘其三帥孟明西乞白乙以歸襄公之母文嬴秦穆公之女也請于襄公而釋三帥三帥還歸穆公素服郊次哭而迎之是其事也還歸作秦誓蓋謂三帥還歸而穆公作此誓史記以為是後三年穆公伐晉取王官及郊遂自茅津渡河封殽尸而後作誓未知孰否池直惠反縗七回反與一呂反帥色類反

疏云殽在宏農黽池其語曰東殽西殽黽池所高者風俗通山澤篇文也其語者蓋黽池土俗語也續漢書郡國志宏農郡黽池縣有二殽所謂東殽西殽

尚書集注音疏卷十一　四三

殽也葢二殽于黽池最高如故自黽池所高引[illegible]深傳皆隱括左傳文云還歸在秦誓葢謂三師還歸而穆公作此誓皆敘于敗諸殽之下即云還歸作秦誓似謂三師還歸而誓于是乎作但與史記文不合左傳又无作誓之文故云葢以疑之引史記者秦本紀文也云取王官及郊繇自茅津渡河封殽尸者左傳文公三年之事也謂于此時作誓則无文以證焉如其說則是穆公還歸而作誓恐非敘之所云也故不敢據信而云未知審然否

敘文凡九十九名注三凡六百八十字釋音辯字凡三百一十七言疏二萬一凡六百九十一字標題三名注三十七字音十六言疏四百七字

尚書集注音疏卷十一　終

尚書逸文【經】尚書百篇亾者本半故諸傳記所引書文今尚書中无者頗多其閒言某篇名所偁伊訓曰太甲曰之等經各名其篇者㠯廁于見存者之閒矣其或止偁夏書皆商書周書亦不偁篇名或止偁書曰亦并无虞夏商周字者皆不知所附結總錄于此其先後之次則未專攷定約略次之亦㠯案尚書緯云孔子求書得黃帝玄孫帝魁之書訖于秦穆公凡三千二百四十篇斷遠取近定可以爲世法者百二十篇以百二篇爲尚書十八篇爲中候此言雖未知確否然可見古書不止百篇矣如定四年左傳所云命以伯禽命以康誥此二篇命書皆不在百篇之內然則傳記諸子所引書文容多在百篇之外者未可知今无從區別姑皆錄之亦以惟墨子引先王之書如所謂湯之官刑相年之道之等則顯然非此百篇之文茲不錄也

尚書集注音疏卷十二　江聲學

粵若稽古帝舜曰重華建皇授政改

朔重直容反

注

帝系曰瞽瞍產重華是爲帝舜建皇所謂建用皇極也授政爲政于天下也改朔改建丑朔爲建子也

疏

宋書禮志記魏時羣臣議改朔事高堂隆引書粵若稽古帝舜曰重華建皇授政改朔太平御覽八十一卷皇王部引尚書中候考河命曰粵若稽古帝舜曰重華欽翼皇象文選永明策秀才文注引皇甫謐帝王世紀曰舜始即眞改正朔以土承火色尚黃尚書中候所謂建黃授正改朔三國魏志明帝紀青龍五年山茌縣黃龍見于是改寅正爲丑正以青龍五年三月建辰之月爲景初元年夏四月服色尚黃犧牲用白從地正也案犧牲用白是也服色尚黃非也蓋正色通三正不從五行寅正尚黑丑正尚白子正尚赤无有尚黃者魏以黃龍見而尚黃非古制也皇甫謐因而誣舜尚黃妄改中候之建皇授政爲建黃授正以就其謬說蔑古毀經之辠大也據粵若稽古云云似舜典篇首之文而御覽及文選注皆引以爲中候高堂隆又止偁書未明言尚書故不敢附于舜典篇目之後而以錄于逸文之首蓋中候所云必出于尚書如攷靈燿曰放數

欽明文思晏晏是堯典之文以況此粵若稽古云云可知矣姑錄以爲逸文可也注引帝系者記五帝世系之書也篇在大戴禮記云建皇所謂建用皇極也者所謂周書洪範文洪範九疇次五曰建用皇極是也云改物改建丑物爲建子也者鄭注堯典云堯正建丑舜正建子茲依以爲說

祗載見瞽瞍夔夔齊栗瞽瞍亦允若見大𧄼反齊歷留反

注祗敬也尚書逸篇祗敬載事也夔夔齊栗敬愼戰懼皃瞀謂允誠若善也舜敬事瞽瞍見之亦敬愼戰栗瞽瞍化之亦誠實而善所謂夔夔艾不假威也艾偶蓋反

疏此經引見孟子萬章篇當是舜典之文以孟子止偁書以未言舜典疑事無質故不以入舜典篇目之下而附之于此注偁趙岐者字邠卿京兆長陵人也初名嘉字臺卿後避難故改名字示不忘本土所著孟子有章指三輔決錄事詳後漢書列傳祗敬釋詁文載事逸周書諡法解文齊者齋栗者戰栗夔夔與齊栗逸文

聯文則是齊慄之貌故云夔夔齊慄齊慄敬者戰慄貌案孟子既引此經緣言曰是爲父不得而子也趙氏讀此允字絕句若字屬下入孟子語中解之曰瞍大信知舜之大孝若是爲父不得而子也似不合孟子語意故聲裁節之而別爲之解允誠若善並釋詁文云所謂夔夔艾不假寐也者所謂堯典文也

堯子丹朱不肖舜使居丹淵爲諸侯

疏太平御覽七十卷隆部三十五引尚書逸篇云然諸侯御覽引作諸使徐生觀曰當爲諸侯蓋隸書侯字輒似人傍作故誤爲使也三統厤言堯帝讓天下于虞使子朱處于丹淵爲諸侯見漢書律厤志可檢閱也因據以改但三統厤言堯使朱處丹淵此言舜使居者案孟子萬章篇云堯崩三年之喪畢舜避堯之子于南河之南天下諸侯朝覲者不之堯之子而之舜訟獄者不之堯之子而之舜謳歌者不謳歌堯之子而謳歌舜夫然後之中國踐天子位焉是則堯崩之後舜猶欲讓朱爲天子因天下歸心不得已而即天子位于是使朱仍處丹淵爲諸侯順堯之命故言舜使居丹淵爲諸侯也惟是孔氏古文在宋之先亡之久矣太平興國時之羣

巨細得采取者多所因也。顧生廣圻曰：宋陳振孫書錄解題云：修文殿御覽三百六十卷，北齊尚書左僕射祖珽等纂。又云：太平御覽一千卷，翰林學士李昉扈蒙等纂，以前代修文御覽諸書參詳條次修纂。或言國初古書多未亡，以御覽所引用書名故也，其實不然，特因前代諸家類書之舊爾。據此則太平御覽太半本之於北齊之修文殿御覽，在北齊時杜氏古文蓋未亡，故得引之也。聲案：杜氏古文多舜典，此條疑亦是舜典之文，不敢意改，故不以入於舜典篇目之後，而錄之於此。

洚水警余洚下江反

【注】孟子曰：洚水者，洪水也。趙岐曰：尚書逸篇。水之逆行，洚洞無涯，故曰洚水。聲謂：警，戒。余，我也。

【疏】此經引見孟子滕文公篇。注引孟子曰者，孟子滕文公篇文也。云洚水者洪水也者，堯典曰湯湯洪水方割，孟子釋此經洚水即堯典所謂洪水也。孟子告子篇云：水逆行謂之洚水。說文水部云：洚，水不遵其道。故趙氏云水之逆行洚洞無涯，故曰洚水。警，戒，說文言部文。余，我，釋詁文。

洪水浩浩疏說文水部引此以爲虞書案孔氏逸書二十四篇未亡猶及見之凡說文所引尚書不在二十九篇中者蓋逸二十四篇之文二十四篇中有汩作篇汩作之言治水也汩作蓋記治洪水之事此文或是汩作之文疑事無質不敢意決以爲汩作故不以冠九共之首而錄之于此

怨匹曰逑注逑讀曰仇疏說文辵部引虞書曰旁逑孱功又曰怨匹曰逑則怨匹曰逑亦是虞書文矣故錄之于此案桓二年左傳云嘉耦曰妃怨耦曰仇古之命也偁古之命則古有是言審知非出于虞書矣則說文信是引虞書矣錄之可也注云逑讀曰仇者詩關雎云君子好逑毛傳云逑匹也鄭君箋云怨耦曰仇釋詁云仇匹也則古字逑仇通故讀逑爲仇也又說文金部引虞書曰罰百鍰虞字蓋周字之誤當作周書呂刑其罰百鍰之文非逸文也茲不錄又日部引虞書曰仁覆閔下則偁旻天絕不類尚書語正與介部引毛詩傳不酸而怨謂之旻偁詩曰一徵然則仁覆閔下云云自是尚書傳文意孔氏逸書爲號法于旻天之文而安國傳爲是言也非經文故亦不錄

禹抑洪水十三年過家不入門陸行乘車水行載舟泥行蹈毳山行即橋

抑於力反毳此芮反又子外反橋其喬反又起喬反

注 抑治也毳形如箕以版爲之擿行泥上毳讀如茅蕝之蕝橋爲鐵齒如錐頭數寸履下以行山不蹉跌也

蕝子外反又子絕反蹉七河反跌大結反

疏 史記河渠書引此偁夏書案此文言禹治水之事未似尚書之文司馬子長從安國問故見此篇故得引之但史記不偁篇名不敢意以然錄于此注云抑治也者孟子滕文公下篇云昔者禹抑洪水鄭氏注云抑治也茲用其說漢書溝洫志亦引此文作泥行乘毳山行則梮服虔孟康皆曰毳形如箕擿行泥上如淳曰毳音茅蕝之蕝謂以版置泥上以通行路今合此兩說爲注故云毳形如箕以版爲之擿行泥上毳讀如茅蕝之蕝茅蕝者說文艸部云蕝朝會束茅表位曰蕝从艸絕聲春秋國語曰致茅蕝表坐是也如淳又曰梮謂以鐵如錐頭長半寸施之履下

說文

以上山不蹉跌也案漢書之梮即史記之橋而說文无梮字梮蓋橋字之誤當从史記作橋然用如淳梮字之詮以解橋字故云橋為鐵齒如錐頭施于履下以行山不蹉跌也

咎繇邁種悳咎繇左傳引作皋陶蓋自晉以來改咎繇為皋陶今左傳唯存晉杜豫之本豫欲徇俗而不欲古故作皋陶古本左傳必不然吾从古可也種之用反

注杜豫曰逸書也偁咎繇能勉種悳邁勉也杜豫之名从頁傍予流俗譌字也為改正之

疏莊八年左傳引此篇夏書注偁杜豫者字元凱京兆杜陵人也王隱晉書云豫知謀深博明于治亂嘗偁悳者非所企及立言立功豫所庶幾也大觀羣書謂公羊穀梁詭辯之言又非先儒說左氏未究丘明之意橫以二傳亂之乃錯綜微言著春秋左氏經傳集解又參攷衆家為之釋例又作盟會圖春秋長厤備成一家之學至老乃成豫為大將名于晉室位至征南大將軍開府封當陽侯荊州刺史食邑八千戶世乃號為武庫案豫以立功立言自詡其所謂功非德也不過平吳亦蓋天實亡吳豫遂饕以為己功乎且古人所謂立功謂

功敗于氏，澤流後世，是滅入國之謂哉。豫所謂言謂乂傳集解亦本此，竊取賈逵服虔之注，掩為己有，擇己意說，不糾繆，曾何太言之足云。乃猶存自矜詡，无耻甚矣。然而猶取其注，皆以賈服之注皆亡，杜解獨存，賈服之注无聞，始用杜解。亦說文力部云：勱，勉也。勱邁皆萬聲，二同字通。豫讀邁為勱，故云邁勉也。

昏墨賊殺 注 叔向傳曰：己惡而掠美為昏，貪以敗官為墨，殺人不忌為賊。夏書曰：昏墨賊殺，咎繇之刑也。杜豫曰：逸書也。三者皆死刑。櫟力灼反，又力尚反。疏 此經引見昭十四年左傳，亦偁夏書。注所偁叔向傳約其文也。案傳云：晉邢侯與雍子爭鄐田，久而无成。士景伯如楚，叔魚攝理，韓宣子命斷舊獄，辠在雍子。雍子內其女于叔魚，叔魚蔽辠邢侯。邢侯怒，殺叔魚與雍子于朝。宣子問其辠于叔向，叔向曰：三人同辠，施生戮死可也。雍子自知其辠而賂以買直，鮒也鬻獄，邢侯專殺，其辠一也。己惡而櫟美為昏，貪以敗官為墨，殺人不忌為賊。夏書曰：昏墨賊殺，咎繇之刑也。請从之。乃施邢侯而尸雍子與叔魚于市。是其

事也

天子之德廣運乃神乃武乃文 注 高誘

以逸書也 疏 呂氏春秋論大篇引此文偁夏書注偁高誘者涿郡涿人也後漢書无傳其字未聞所著有呂氏春秋訓解淮南鴻烈解戰國策注皆傳于世惠先生敘戰國策偁誘嘗定孟子章句又有孝經解今皆不傳惜哉

墬平天成 注 杜預以逸書也墬平其匕天成其施

匕呼午反今通作化 疏 僖二十四年左傳引此文偁夏書

與其殺不辜寧失不經 注 杜預以逸書也聲

謂寧願詞也失讀曰佚經常也 疏 襄二十六年左傳引此文偁夏書注云寧願詞也者說文丂部文云失讀曰佚者古佚字輒省作失說詳般庚中篇疏杜解云不經不用常灋茲以經常

也猶是用杜解詮

念茲在茲，釋茲在茲，名言茲在茲，允出茲在茲，惟帝念功。【注】杜豫曰：逸書也。茲，此也。釋，除也。聲謂在，察也。念思此事，當察此事為由己執否；釋除此事，當察此事為由己除否；名讀當為命，謂命令也；命言此事，當察此事己可命于人否；允，誠也；誠出乎此，當察此事可由己施於否；功，事也，惟帝念思其事也。蓋然傳說之曰：將謂由己壹也，信由己壹而後功可念也。又曰：順事恕施也。【疏】襄二十一年左傳引此文偁夏書，杜解云：茲，此也。皆釋詁文也。釋是解釋，使去故，訓除也。杜解又名云：謂於此事當念使可施於此，則是於茲念茲，非念茲在茲矣。其解逸文下四句大皆不合逸書文誼故刪節之而別爲之解弟逸書上下文不可得聞无從推究其指意惟據馬傳引書之意以推求之庶幾當也案左傳襄公二十一年邾庶其以漆閭丘來奔季武子以公姑姊妻之皆有賜于其從者于是魯多盜季孫謂臧武仲曰子盍詰盜武仲曰不可詰也紇又不能季孫曰我有四封而詰其盜何故不可子爲司寇將盜是務去若之何不能武仲曰子召外盜而大禮焉何以止吾盜子爲正卿而來外盜使紇去之將何以能庶其竊邑于邾以來子以姬氏妻之而與之邑其從者皆有賜焉若大盜禮焉以君之姑姊與其大邑其次皁牧輿馬其小者衣裳劍帶是賞盜也賞而去之其或難焉紇也聞之在上位者洒濯其心壹以待人軌度其信可明徵也而後可以治人夫上之所爲民之歸也上所不爲而民或爲之是以加刑罰焉而莫敢不懲若上之所爲而民亦爲之乃其所也又可禁乎夏書曰念茲在茲釋茲在茲名言茲在茲允出茲在茲惟帝念功將謂由己壹也信由己壹而後功可念也又襄二十三年傳孔子謂臧武仲之知而不容于魯國作不順而施不恕也後引夏書曰念茲在茲而云順事恕施也據此二文以推求逸書之意則謂所念所釋所

名言所允出者當先己察之于己故云念思此事當察此事叀己在否反諸己而得求諸人也釋除此事當察此事叀己除否无諸己而得非諸人也又云命此事言此事當察此事己可命于人否誠出乎此當察此事可叀己施行否蓋下之事上也不从其所令而从其所行如其所行乃可命于人乃叀己施行也是所謂信叀己書所謂順事恕施故兼引乃傳二文之說也杜察釋詁文云名讀當爲命者呂刑乃命三后墨子尚賢篇引此乃名三后蓋古者名命字同也說詳呂刑經允誠亦釋詁文功事也詩七月傳詁也

成允成功 注 杜豫曰逸書也允信也言信成然後

有成功 疏 襄五年左傳引此亦偁夏書注云允信釋詁文

戒之用休董之用威勸之以九歌勿使壞 注 休息止也杜豫曰逸書有休則戒之以勿休董督也有皋則督之以威刑贊謂勸勉也楚詞曰居九

逸文

辯與九歌兮。又曰启棘賓商九辯九歌然則九歌启樂
也春秋傳曰九功之德皆可歌也謂之九歌六府三事
謂之九功水火金木土穀謂之六府正德利用厚生謂
之三事延文七年左傳引此大偁夏書注云休息止也
皆說文說文木部文釋詁云董督正也則董督同
詁故云董督也勸勉也說文力部文引楚詞者離騷文
曰云云天問文也皆楚大夫屈原之所作故皆以為楚
詞也王逸注離騷云启禹子也九辯九歌禹樂也言禹
平治水土以為天下启能承志續敘其業育養品類故
九州之物皆可辯數九功之德皆有次敘而可歌也逸
注天問云棘陳也賓列也九辯九歌启所作樂也言启
能修明禹業陳列宮商之音備其禮樂也兩注一言禹
樂一言启所作樂茲云然則九歌启樂也定以為启樂
者據楚詞兩文皆言启不言禹也惠先生曰尚書大傳
言廟中嘗為歌大化大訓六府九原而夏繇興鄭注云
四章皆歌禹之功獨無九歌則九歌乃启樂矣聲案離
騷注雖以九辯九歌為禹樂又言启能承志云云故九

州之物皆可辯數九功之德皆有次敘而可歌則說來
竟化启樂變則言害樂皆蓋字誤也當與天問注同乃
爲启樂文案山海經大荒西經云夏后開上三嬪于天
得九辯與九歌以下郭景純注云皆天帝樂名也開登
天而竊以下用之也宋洪興祖引以補注離騷謂屈大
夫引用此事乎以爲離騷天問所言誠本諸山海經以
如山海經說則八世之得有此樂自開而始開以后也
則以九歌爲启樂可也引蔡沈傳皆以左傳文七年文
晉郤缺告趙宣子之言也缺引此經緣推
究九歌之誼則是此經之正解故蔡引以說

官占惟先蔽志昆命于元龜 注 杜預曰逸
書也官占卜筮之官蔽斷也昆後也言當先斷意後命
龜也 斷多亂反 疏 哀十八年左傳引此文偁夏書注云官占
卜筮之官皆若周禮所云天官六太
之太卜也周禮士師職云以詔司寇
斷獄蔽訟故云蔽斷也昆後釋言文

眾非元后何戴后非眾罔與守邦 注 韋

昭曰逸書也元善也后君也戴奉也邦國也【疏】國語周語內史過引此大偽學書注偽韋昭已見逸說命篇疏周易文言曰元者善之長也故云元善也后君釋詁文戴者言荅加之于首然尊奉之意故云戴奉也邦國說文邑部文

一人三失怨豈在明不見是圖【注】韋昭曰三失三失人也明著也不見未形也聲謂圖謀也著中庶反【疏】國語晉語知伯國引此成十六年左傳單襄公引此怨豈二句皆偽學書國語豈作起寋怨起在明與不見是圖語意韋反蓋誤也據左傳引改正之注云三失三失人也者謂三後失是人之意也據逸書言一人三失則三失就一人言也禮記中庸云著則明故云明著也云不見未形也者人藏其心不可測度怨已著伏于意中未形于聲色不可得見也圖謀釋詁文

關石龢鈞王府則有【注】韋昭曰逸書也關門

關之征也而今之解也言征賦調均則王之府藏常有也一曰關衡也藏徂盜反疏國語周語單穆公引此亦偁夏書注云關門關之征也皆周禮司關職云國凶札則無關門之征是則平常時門關有征矣云而今之解也皆解量名也容十斗十斗則一石故解而爲斛也云一曰關衡也皆韋氏不專守一說備存異說故偁一曰蓋而有兩詮以量言則十斗爲石據稱言之則百二十斤爲石此關石聯文當以石爲百二十斤則關自是攷覈輕重之器故云衡也案禮記月令云鈞衡石鄭注以爲稱上曰衡是也石字依說文當作祏今經典通用石

遒人以木鐸徇于路遒才秋反或作逌同鐸大洛反徇夕浚反注杜預曰遒人行人之官也木鐸木舌金鈴徇于路求歌謠之言鈴力形反謠夷招反

官師相規注大夫亦相規正其君

工執藝事以諫藝魚祭反注同注杜預曰所謂

獻埶【疏】襄十四年左傳引此文，偁夏書，杜解云：遒人，行人之官也。者案周禮無遒人之官，惟官之屬亦大行人小行人，其職非如此。遒人以木鐸徇于路者，蓋夏周官制固宜亦異，不必據周禮為說。孫云徇于路則是行于道路，始如杜說以為行人之官。云介云木鐸，木舌金鈴者，鐸，大鈴也，以銅為之，縣木于中以為舌，振鐸則舌擊之而作聲也。金舌者為金鐸。鄭注周禮小宰職云：古者將有新令，必奮木鐸以警眾，使明聽也。木鐸，木舌也。文事奮木鐸，武事奮金鐸。云徇于路求歌謠之言者，國語晉語云：古之王者政德既成，又聽于民，于是乎使工誦諫于朝，在列者獻詩，使勿兜，風聽臚言于市，辨祅祥于謠，考百事于朝，問謗譽于路，有邪而正之，盡戒之術也。是先王必聽歌謠以考己政之得失。杜云求歌謠之言，意是也。其解官師相規，謂大夫自相規正，則非是。蓋左傳上文言自王以下各有父兄子弟以補察其政，史為書，瞽為詩，工誦箴諫，大夫規誨，士傳言，庶人謗，商旅于市，百工獻藝，乃得引此夏書云云，則官師相規即所謂大夫規誨也。杜解大夫規誨謂規正諫誨其君，是也。于此乃云大夫自相規正，則與傳引書意不合，故聲不用而別為解，云大夫交相規正其君，乃與傳意合。

也云所謂獻埶者所謂左傳百工獻埶之文也

辰不亼于房 注 日月合宿爲辰乃會辰ニ 大聲杜預曰逸書也亼安也房舍也日月不安其舍則食聲謂亼讀若集

瞽奏鼓 注 杜預曰瞽樂師

嗇夫馳庶人走 注 嗇夫蓋司空之屬杜預曰車馬曰馳步曰走爲救日食備也 爲于睡反 疏 昭十七年左傳引此大偁夏書注云日月合宿爲辰乃會辰ニ大聲者說文會部文亼者安集故杜解爲安也房謂日日所舍之処故云舍也案二十八宿分房星爲堂日令季秋之月日在房是也杜不以房爲星者夏小正云八月辰則伏辰謂房星也蓋夏初之秋建酉之月日浚于房而房伏矣此文據左傳太史說云當夏四月是謂孟夏則是建巳之月日不在房宿則房非謂房星了是日月浚舍之処故解爲舍也云亼讀若集者說文亼部文云瞽樂師者周禮瞽官敘官云大師下大夫二人小師

逸文

上士四人瞽矇上瞽四十人中瞽百人下瞽百六十人鄭注云凡樂之歌必使瞽矇為焉命其賢知者以為太師小師是樂師習瞽者矣又傳上文云樂奏鼓謂樂官也下乃引此文則瞽奏鼓瞽謂樂師矣云嗇夫蓋司空之屬者義禮覲禮云嗇夫承命告于天子鄭注云嗇夫蓋司空之屬也若然傳以嗇夫驟鄭君引此以注覲禮司其職同故聲即依覲禮注以說此案周禮六官司空官屬亡而五官之屬無嗇夫故鄭君推以為司空之屬以無正文故云蓋以疑之聲亦不敢質言也周禮大司馬職云車驟徒走故杜云車馬曰驟步曰走驟走皆是疾行為敄○倉故皇遽急疾故云為敄○倉備也

維戲古者予皇考方未予禍之吉凶數貞寤乃及非經莫不以分犬乃入圖胡敢畏也山川鬼神亦莫敢不寧若矧其乃雀天下之合下土之族雀以詛反其居

容反

注　墨子引此隹皆作佳，佳字非古，且不詞，蓋變隸而誤也。當作隹，隹讀當皆為惟，古叚借字也。共讀為恭，恭，憲也。允，誠也。

疏　墨子明鬼下篇引此偁商書，其兩隹字皆作佳，故注云墨子引此隹皆作佳。云佳字非古且不詞者，說文无佳字，而立部䜌字說云讀若佳，然則佳字古作䜌，佳乃漢時之俗字，未審但云解說中偶一用之，而不以列於九千三百五十三之數。說文大部云大佳也，是知非元本作䜌，後人改作佳者，故已為非古，且佳為亭止之詮，致之於此，昧不可解，故已為不詞。云蓋變隸而誤也者，周時之書皆古文篆籀，亞秦而為隸書，漢時隸書盛行，寫書者習用時字，肯從之書，漸泯皆變為隸，隸書隹字輒譌為佳，佳者少一畫即為佳，此其致誤之由，實因變隸之後，展轉傳寫之故，非墨子之誤也。云當作隹，隹讀當皆為惟，古叚借字也者，據文詮當為惟，而古人輒叚借隹字為惟字，宣咊博古圖所載商周鐘鼎之文皆然，可據驗也，此文夫是已。隹為惟，故讀當為惟也。云共讀為恭者，古恭字或通用共，如譬之申生，禮記檀弓已為恭世子，左傳偁共太子，又昭七

左氏傳云三命茲益共又云其共也如是是皆以共爲恭此文共字讀共爲恭恭也釋詁憲恭同訓敬也故云恭憲也見爾雅釋詁文

刑三百辠莫重于不孝注高誘曰商湯所制灋也疏呂氏萅秌孝行覽引此文偁商書注云商湯所制灋也皆以是商書之文故以爲湯所制灋案墨子非樂篇所謂先王之書湯之官刑蓋卽湯所制灋矣

五世之廟可以觀怪注高誘曰逸書廟者鬼神之所在五世久遠故于其所觀魅物之怪異也聲謂若萅秌傳曰或訆于宋太廟曰誒誒出出是之謂怪乎魅名異反誒呼其反

萬夫之長可以生謀長中賞反注同注高誘曰長大也大故可以成奇謀也疏呂氏萅秌論大篇引此文偁商書注

云五世久遠者五世則出親廟四之上而爲始祖之廟父子相傳世次遞遠專以身而上溯始祖總不出五六世禮記大傳曰六世親屬竭矣其庶姓別於上而戚單於下故言久遠也引春秋傳者襄三十年左傳文案宋祖帝乙太廟蓋帝乙之廟于時久遠矣故引以證久遠之廟可以觀怪但是周時之事引以證商書故云若春秋傳言若此之類也文案商書敘云高宗祭成湯有飛雉升鼎耳而雊斯亦怪異之事也案知此文非指雊雉雊鼎耳之事以无雀據不敢援以爲說

以相陵懱懱民結反【注】懱輕易也易亦枚反【疏】說文心部引此亦偁商書注云懱輕易也者卽說文心部文

天降下民作之君作之師惟曰其助上帝寵之四方有辠無辠惟我在天下曷敢有越厥志【注】趙岐曰尚書逸篇也聲謂

寵綏安也言天降生下民爲作之君爲作之師者惟曰其助天牧民故寵綏之使安君師之任我〻君師也在察也四方有罪無罪惟我君師司察焉天下何敢有踰越其志者乎司色字反

疏孟子梁惠王篇引此文而申之曰一人衡行於天下武王恥之此武王之勇也然則此是武王伐紂時之言其或爲太誓之文與孟子未稱太誓疑事毋質故不敢定爲太誓之文中而已於此商書逸文之下自此已下諸文引者或稱周書或止稱書曰容或爲夏商書未可知无從區小紀略詮於而已注用趙氏章指之節取其一句章指實不止此文爲云言天生下民爲作君爲作師以助天光寵之也四方善惡皆在己所謂在予一人天下何敢有越其志者也衆以助天光寵之者謂以其能助天故光寵之作兩句解詮了了可合趙氏聯言助天光寵意皆不可又惟我在之言非在我之謂而了引在予一人以況殊不合故聲不取而自爲解焉云寵綏安也者說文宀部文云惟曰其助天牧民者襄十四年左傳云天生

民而立之君使司牧之勿使失性是作君師為牧民也云故惠竇之使而君師之任皆以趙氏讀竇之絕句也

杜察釋詁文

雖有周親不如仁人【注】孔安國曰親而不賢不忠則誅之管蔡是也仁人謂箕子微子來則用之

百姓有過在予一人【疏】此文見論語堯曰篇不偁書曰據說苑君道篇引書曰百姓有過在予一人又據墨子兼愛篇云昔者武王將事泰山隧傳曰泰山有道曾孫周王有事大事既獲仁人尚作己祗商夏蠻夷醜貉雖有周親不若仁人萬方有罪維予一人其雖有周親云云四句文與論語文大同小異百姓二句引見說苑皆統偁書曰則四句皆尚書文矣故錄之注孔安國曰云云論語注也偽作者采此文己人太誓而己天視自我民視天聽自我民聽二句采于其間誕妄甚矣且為之傳詁諸孔氏其傳云言紂至親雖多不如周家之少仁人大與此注章異其非孔氏傳明矣非孔氏傳則其所謂古文非孔氏壁

逸文

中之古文矣乃唐宋諸人莫知其僞何哉

大國畏其力小國懷其德 注 言文王之德諸侯皆畏而愛之大國言畏小國言懷互文 疏 襄三十一年左傳云周書數文王之德曰大國畏其力小國懷其德言畏而愛之也故注云言文王之德諸侯皆畏而愛之云大國言畏小國言懷互文者據左傳總言畏而愛之是畏者亦愛=者亦畏愛則必懷則大國亦懷矣茲大國言畏小國言懷各言其一是互文見義也

皇天無親惟德是輔 疏 僖五年左傳引此僞周書

黍稷非馨明德惟馨 注 馨香之遠聞者 聞房論反 疏 僖五年左傳既引上條周書孚之乙文曰而引此條則此條亦周書矣注云馨香之遠聞者=說文香部文也左傳杜解亦云[illegible]孚則采自說文

民不易物，惟惪繄物。繄，烏奚反。注：服虔曰：繄，發聲也。言黍稷牲玉不易，无惪薦之則不見饗，有惪則見饗，言物爲有惪用也。疏：僖五年左傳引此經上二條之下，而云又曰，則此條亦周書矣。其杜周書此三條不必在一篇之內，今无由知其篇目，則无從定其先後，姑就引者聯比而引，則亦聯比錄之而已。後漢書儒林傳云：服虔字子昚，初名重，又名祇，後改爲虔，河南滎陽人也。少以清苦建志，入太學受業，有美才，善箸文論，作春秋左氏傳解，行之至今。案服氏左傳解誼，不單偁解，又服氏有漢書注，傳未言及，范蔚宗之疏失也。服氏左傳解誼甚[illegible]，見杜自序，穎達纂正義，舍服而取杜，服注遂[illegible]，而漸以亍亾矣。此條注見詩泂酌正義云：有惪則見饗。詩正義引作有惪則言饗，言字蓋誤也，以意改之。杜預注此云：黍稷牲玉，无惪則不見饗，有惪則見饗，言物一而異用。蓋服氏誼而略改之尒。

粵三日丁亥。注：粵，亏也，審昚之詞。疏：說文亏部引此，偁周書注。

云粵亏也審者出詞者卽說文亏部文也粵亏釋詁文粵从亏从宷宷卽審字故云審者出詞粵三日丁亦者宷者其日辰亏了酉殘弟三日也

宮中之窔食 窔入易反 注 窔㪔也 疏 說文穴部引此亦偁周書注云窔㪔也者卽說文穴部文

我乃𢧐亏西 𢧐古文幾从戈幾省聲 疏 說文幾部引此亦偁周書

竹前如櫱 櫱子賤反 注 櫱木也 疏 說文木部引此偁書曰說文又一本引此竹箭如櫱未知孰是注云櫱木也者卽說文木部文

聖有謨勳明徵定保 注 杜預曰逸書謨謀也勳功也言聖哲有謀功者當明定安之 疏 襄二十一年左傳引此偁書曰注謨謀勳功並釋詁文

聖作則【注】杜預曰逸書則法也【疏】昭六年左傳引此偁書曰注云則法釋詁文也

欲敗度縱敗禮敗必邁反【疏】昭十年左傳引此亦偁書曰

孝于惟孝友于兄弟克施有政孝于今本論語作孝乎據蔡邕石經論語改正石經殘碑見洪适隸釋論語釋文云孝于如字一本作孝乎歟則陸德明所釋之本猶作孝于也【注】包咸曰孝于惟孝美大孝之詞友于兄弟善于兄弟施行也所行有政道【疏】論語為政篇引此偁書云注包咸曰皆論語注也見何晏論語集解詳斷孝于惟孝之言有讚美之意見于言外故云美大孝之詞釋訓云善兄弟為友故云友于兄弟善于兄弟施皆書此施之于敍故訓施為行也包氏此注下尚有與為政同句茲節去之蓋論語緣引此經其下承之云是亦為政奚其為為政二句乃孔子之言非書文也包云與為政同是解釋是亦

逸文

爲政自于書文無涉故刪節之。

厥辟不辟忝厥祖忝他點反〔注〕鄭康成曰厥其也辟君也忝辱也爲君不君致臣子相竊則辱先祖矣君父之謂至尊嚴〔疏〕禮記坊記篇引此偁書云注云厥其釋言文辟君釋詁文忝辱亦釋言文

丕顯哉文王謨丕承哉武王烈啟我後人咸以正無缺〔注〕趙岐曰尚書逸篇也聲謂丕猶不也不顯哉文王之謨乎言顯也不承哉武王之功烈乎言與承文王也啟教也後人謂成王以下啟教我後人以正道無虧缺〔疏〕孟子滕文公篇引此偁書曰趙岐章指曰尚書逸篇也案章指又云言文王大顯明王道武王大纘承天光烈啟開後人謂成康皆以正道無虧缺也聲

以爲未合書意故不用亓自爲注焉云丕猶不也皆古丕不字通說以見般庚經云不顯哉文王之𩆰乎言顯也不承哉武王之烈乎言其承文王也皆清廟詩云不顯不承與君奭云是不光以文王之惪與言其光以之也是不承順文王志意與言其承順之也是不顯言顯不承言承此經丕顯丕承謂大如是也啟教說文攴部文後人不專指一二世故云謂成王以下云各教我後人以正道無虧缺皆言文王武王各教後人以正道不从趙氏以正道屬後人說也

必有忍也若能有濟也（注）韋昭曰逸書也（疏）國語周語富辰若猶乃也濟成也言能有所忍乃能有成功引此偁書有之曰注云濟成也釋言文

民可近也而不可上也近其靳反上時賞反（注）韋昭曰逸書民可近可以恩意近也不可上不可高上〻奉也

逸文

夌力膺反 疏 國語周語單襄公引此偁書曰上者夌駕其上故注云上夌也夌今國語注作陵案說文陵大阜也从阜夌聲夌越也从夊兴兴高大也二字音同誼與此當作夌

厥辟去厥祇 辟丙去反 疏 董仲舒春秋繁露玉杯篇引此偁書曰

大社唯松東社唯柏南社唯梓西社唯栗北社唯槐 唯叚借以爲維字 注 凡大社必樹其土所宜木以名其社 疏 白虎通社稷篇引此偁尚書曰注云凡大社必樹其土所宜木以名其社者周禮大司徒職云設其社稷之壝而樹之田主各以其野之所宜木遂以名其社與其野鄭注云所宜木謂若松柏栗也若以松爲社者則名松社之野以別方面

三年之攷少黜以墬 疏 白虎通攷黜篇引此文偁尚書

咨尒伯 疏 白虎通王者不臣篇引此文偁尚書

黼黻衣黃朱紱紱分勿反 注 黼黻衣謂黹衣也黃朱赤色也紱當爲市聲之誤也市韋韠以蔽厀也字亦作韍〻者天子純朱諸侯黃朱黹中里反市分勿反厀心七反韍分勿反 疏 白虎通紱冕篇引此僞書曰注云黼黻衣謂黹衣也皆采朱詩云玄衮及黼鄭君箋云黼〻黻謂黹衣也案黹字或通作絺鄭注周禮司服職云絺刺粉米无畫也其衣一章裳二章凡三也卽所謂黹衣也以其衣裳皆繡故以黹爲名但其衣一章止粉米而以黼黻則皆在裳玆云黼黻衣謂黹衣者衣是總名言衣可該裳也云黃朱赤色也者說文市部云天子朱市諸侯赤市鄭君箋斯干詩云市者天子純朱諸侯黃朱則黃朱卽赤色又鄭注周易乾鑿度云朱赤雖同而有淺深之差然則赤淺于朱赤是黃朱矣云紱當爲市聲之誤也者紱與市同音而乃或段借用之而其誼則異說文紱訓冕系市訓韠是是誼不同也此文承衣下而言紱又取黃朱之色自是身所服之市專市聲同紱而誤作紱尒云市韋韠以蔽厀也者說文云市韠也上古衣蔽前而已市以象之說文

鄭君箋采芑詩云巿太古蔽厀之象也冕服謂之巿其它服謂之韠以韋爲之是巿與韠二名而同一物也云字亦作韍者說文巿字重文作韍云篆文巿从韋从犮云韍者天子純朱諸侯黃朱者斯干詩箋云然也案白虎通號篇引尚書曰不施予一人蓋即般庚上篇不惕予一人之文也古文惕作悐从心狄聲狄與㫃近似心與也亦相似是故悐譌爲施非逸文也茲不錄

往者不可及來者不可待賢明其世謂之天子

[疏] 呂氏春秋聽言篇引此偁周書

民善之則畜也不善則讎也

[注] 高誘曰畜好聲謂畜順也般庚曰女共作我畜民 好火告反

[疏] 呂氏春秋適威篇引此亦偁周書孟子梁惠王篇曰畜君者好君也故高氏注云畜好是矣聲必云畜順也者禮記祭統云順于道不逆于倫是之謂畜是畜有順證此文訓畜爲好不若訓爲順證之允帖也引般庚文者以畜民之言正

與此文所謂圖同而其誼亦爲順也

若臨深淵若履薄仌仌必陵反世俗相承作冰別也冰卽凝字注言者事也疏呂氏春秋大篇引此亦偁周書辭說其誼云以言者事也注卽用其誼

惪幾无小疏呂氏春秋報更篇載趙宣孟食餓桑下之餓人後卒獲其報之事下卽曰此書之所謂惪幾无小者也說苑復恩篇亦載宣孟事亦曰此書之所謂惪无小者也二書所引唯幾字一多一无爲異殆非二文茲从其多一字者錄之不兩收

樹惪莫如滋除害莫如盡疏戰國策五卷引此偁書云

去衺無疑任賢勿貳去丘與反衺夕牙反俗作邪音誼皆別疏戰國策十九卷引此亦偁書云

先時者殺無赦不逮時者殺無赦疏卿子

君道篇引此夫偁書曰

从命而不拂敚諫而不倦爲上則明爲下則遜遜古愻字注遜當爲愻聲之誤也愻順也疏荀子臣道篇引此夫偁書曰注云遜當爲愻聲之誤也者遜與愻同音古今變易字輒混并凡書傳愻字悉改作遜不得云愻矣肇遜之詮循也愻則訓順也據荀子引此文之下即云事人而不順者不疾者也疾而不順者不敬者也云云則爲下則遜謂愻順也愻順字當爲愻愻與遜聲同遜而誤爲遜亦愻順説文心部文

克明明惪疏荀子正論篇引此夫偁書曰重言明字當非康誥克明惪之文容或尚書逸篇別有此文姑錄之

農不出則乏其食工不出則乏其事商不出則三寶絕虞不出則財匱少

乏房法反从反正春秋傳曰反正爲乏賣式羊反从貝商省聲俗輒作商音同誼別（注）三寶金也木也玉石也絕謂不流通也（疏）史記貨殖列傳引此偁周書注云三寶金也木也玉石也者天地生閒萬物雖多總不外乎五行五行惟水火无販則賣所販者不外金木土生類石是土生剛者玉是石中堅者皆土類也故曰三寶爲金木玉石也云絕謂不流通也者賣買遷有无流通貨物三寶斷賣不出亦絕則絕謂不流通矣

臣不作福不作威靡有後羞（疏）漢書武五子傳武帝賜廣陵王冊引此偁書云

乃左道事君者誅（注）左道若巫蠱及俗禁（疏）漢書王商傳張匡譖商引此偁周書注云左道若巫蠱及俗禁者禮記王制曰執左道以亂政殺鄭注云左道若巫蠱及俗禁茲用其誼案巫蠱者若漢書武帝時江充薶桐人于太子宮誣太子行蠱以陷太子是也俗禁者王

逸文

叔正義云苔肯漢張棟行辭反交後漢書郭躬傳爲陳伯子者出辭往亾人辭歸忌是也

恃悳者昌恃力者亾注史記商君列傳趙良說商君引此偁書曰索隱以爲孔子所刪之餘案尚書逸篇多矣寧見此非百篇之文而云孔子所刪乎索隱說不足據

天子見怪則脩悳諸侯見怪則脩政

卿大夫見怪則脩職士庶人見怪則脩身注後漢書楊震傳震孫賜對虹蜺災異問引此偁周書

已上尚書逸文采自傳記子史者凡六十二條惟是書籍之文爲極似尚書文而不偁書曰者太爲偁書曰若周書曰而不似尚書文者不敢濫采又不忍棄遺姑別錄于此以識疑焉

父母使舜完㐭捐階瞽叟焚㐭使浚井出從而揜之象曰莫蓋都君咸我

績牛羊父母倉㐭父母干戈朕琴朕弴朕二嫂使治朕西象往入舜宮舜在牀琴象曰鬱陶思君尒忸怩舜曰維茲臣庶女其于予治㐭力錦反樊天分反弴今本孟子作弤趙岐以弤爲彫弓說文无弤字行葦詩云敦弓既堅毛傳云敦弓畫弓也釋文云敦音彫徐又都雷反然則敦雖以𦎫爲聲亦多𠂤音說文云弴畫弓也从弓𦎫聲然則敦弓當爲弴弓弴音如𠂤轉亦如[illegible]謂爲弤非矣茲定作弴還从其朔

疏 文出孟子萬章篇絕不類孟子之文極似尚書雖不偁書曰竊疑是尚書之文據孟子下章偁舜流共工于幽州云云實是堯典之文亦不言書曰以相例況可知也故附錄于此

舜往于田號泣于旻天于父母號河刀反

古文家說仁覆閔下謂之旻天 疏 文亦出孟子萬章篇亦以尚書文而

不偁書曰姑附錄于此注偁古文家說者說文日部引虞書曰仁覆閔下則偁旻天絕不類尚書之文據

許君說文敘言書偁孔氏古文又據許君五經異誼引古尚書說仁覆閔下則偁旻天則日部所引虞書

乃古尚書說也蓋以是攷君之書傳不敢意以此偁古文家說尒

堯曰咨尒舜天之御名數在尒躬允執其中四海困窮天祿永終 疏 文出論語堯曰篇案此堯將禪位而命舜之詞當在尚書舜典而論語不偁書曰疑事毋質姑附錄于此

不及貢以政接于有庳 疏 孟子萬章篇孟子荅萬章或曰放者何謂也曰象不得有爲于其國天子使吏治其國而內其貢稅焉故謂之放豈得暴彼民哉雖然欲常常而見之故源源而來不及貢以政接于有庳此之謂也趙氏章指云此常常以下蓋尚書逸篇之

詞聲案據云此之謂也則多序之上自是古書成文當是尚書文矣其欲常常之句舉雖殘之下雖殘云皆舉上轉下之詞則欲常常二句乃孟子之言非古書成文矣故斷自不及貢賂之爲尚書逸文庶幾近之但孟子不偁書曰宜是疑詞故附錄于此

惟彼陶唐帥彼天常有此冀方今失其行亂其紀綱乃滅而亡疏哀六年左傳引此偁夏書杜預注云滅亡謂夏桀也正義云賈服孫杜皆以爲夏桀之時案夏書宜此云乃征當仲康之世此文既是夏桀時書則非尚書百篇之文矣不應采取因僞作者改竄之爲五子之歌故附錄而辯之

伊尹曰予不狎于不順疏文出孟子盡心篇自是尚書文而不偁書曰故附錄于此

王曰無畏寧爾也非敵百姓也若崩

厥角稽首【疏】文亦出孟子盡心篇亦似尚書文而不偁書曰故附錄于此

有攸不爲臣東征綏厥士女匪厥■黃紹我周王見休惟臣附于大邑周

【疏】文出孟子滕文公篇絕不類孟子之文而大類尚書雖不偁書曰自是尚書文也據孟子本文承大邑周之下云其君子實玄黃于匪以迎其君子其小人簞食壺漿以迎其小人救民于水火之中取其殘而已矣趙氏章指于而已矣下乃云從有攸以下道周武王伐紂時也道尚書逸篇之文也是則統其君子以下云云道爲逸書文矣詳繹其文則其君子以下乃孟子申說書意非尚書文茲錄取逸書斷自大邑周止不餘濫采也

將欲敗之必姑輔之將欲取之必姑與之【疏】戰國策二十二卷及韓非子說林皆言知伯索地于魏魏臣任章勸其君與之地引

周書曰將欲敗之云云案此言非仁人君子之言雖偁周書不足信以錄尚書姑附于此

欲起無先【疏】文出史記楚世家楚欲與齊韓連和伐秦因欲圖周周王赧使武公往說楚相昭子武公引此偁周書附錄于此

必參而伍之【疏】文出史記蒙恬傳秦二世使使者之陽周令恬自殺恬謂使者欲說自明引此偁周書附錄于此

成功之下不可久處【疏】文出史記蔡澤列傳澤入秦說秦相應侯引此偁書曰姑附錄于此

撿雉不得更順其居【注】高誘曰言撿雉雖不得當更從其上居順其道理也【疏】淮南覽冥訓引此偁周書案此文多佀逸周書而逸周書未多見姑附錄于此

上言者下用也下言者上用也【注】高誘曰用可否相濟也【補】淮南氾論訓引此文偁周書姑附錄之于此注云用可否相濟也者若昭二十年左傳晏子所謂君所謂可而有否焉臣獻其否以成其可君所謂否而有可焉臣獻其可以去其否是之謂可否相濟

下言而上用者惑也【補】韓子說林引此文偁周書與上條淮南子所引周書意正相反姑連以而附錄之

紳之束之

既彫既琢還歸其樸【補】以上二條竝韓子外儲說左上所引皆偁書曰姑附錄之于此

記人之功忘人之過宜爲君者也【補】

漢書陳湯傳谷永爲湯訟冤上書引此亦周書案其文不是似尚書佚辭于此

戎狄荒服　疏　漢書蕭望之傳丞相霸御史大夫定國議單于朝儀引此稱書曰某書者經傳通稱國語周語云戎翟荒服所即引國語之文與此尚書逸篇別爲此文與疑不爲後據師古注云爲逸書佚辭錄于此

前車覆後車戒　疏　說苑善說篇引此稱周書亦大戴禮保傅篇引此已爲鄙語何同是文而所稱說異與豈鄙語之出于周書者乎與其謂周書逸之典寧謂周書採之故錄

已上所錄逸文二十條並舊傳記所引周書而出逸周書者皆不采錄也如晉灼注漢書王尊傳謂歐陽尚書有詁樹事而不引其文則無從采錄外此諸子百家之書稱所未見者正多容或引尚書而稱未采者諒亦不少于已見稱之說見寡聞使後之學者不謬謂稱爲博學矣

經文標題四名疏二百八十四字

經文六十二條計七百一十五名彙文三千七百一十八言注千三百四十七字釋音辯字四百二十八言疏八千六百五十一字附錄經文二十條計二百九十九名注四十一字釋音辯字百一十一言疏千二百一十二字外別百七十八字

尚書今注音疏凡十二卷

乾隆五十四年歲在屠維作噩涂月二十日辛未書竟

是夕大寒時年六十有九江聲識

尚書補誼

余箸尚書今注音疏既成將印過半諸同人閱之輒或相況以講言足以匡余之不逮余不忍追改既將之版爰緝為補誼若干條繫于篇後云上章閹茂之歲則涂之月十三日己未江聲識時年七十

甘誓　左不攻于左女不龔命　史記夏本紀錄甘誓文左不攻于左下无女不共命自之右不攻于右下乃為之墨子明鬼篇引禹誓大言大戰于甘大為伐有扈而誓眾文所引曰誓多三四語而具為曰誓之文大于右不攻于右下乃云若不共命左不攻于左下則无文蓋隸車左車右而總錄為之故省此一句于文未始不順今偽孔氏書左不攻于左下別為女不龔命之言是故欲去與而增之乎疑事毋質不敢意必故經中仍其本文而識疑于此

胤征逸文　徐生讀曰堯典篇首正義云鄭注禹貢引胤征曰匪厥玄黃昭我周王先生蒲采逸文而胤征篇目之下不采此條是以[illegible]書不應為周王而疑其誤與予曰非也周王乃君王之誤古文君作[illegible]

延作周字故讀爲周以或偽作者取以人名成故改
君爲周與以須肆反據之以駁鄭若錄此條不容不
辯辯之則兒字元字以數見而兒字元字皆非正用
因爲當避而皆以作用者今使作用之字克溢乎行
間恐觀者不曉
故彙置不錄

酒誥　弗惟悳馨香祀　徐李廣學說文云悳外得于人內得于己也从直从心德

升也从彳悳聲然則悳與德聲同而誼異魏晉以來
相沿以德爲悳而悳字遂不見于經傳德升之訓大
米爲閒長大篆般庚用降我凶德及呂刑网爲馨香
德皆訓德爲升發前人所未發誼實精確酒誥弗惟
悳馨香祀皆意作與呂刑同悳大當爲德訓大當爲
升謂不思升馨香之祀登聞于天斯爲允當了云不
思以悳之馨香薦祀此了與呂刑之注相[illegible][illegible]聲
應之旨君言誠是也乎于酒誥不用德升之訓皆以
登大訓升升馨香之祀升聞于天兼升誼彙據也
傳引周書爲明悳惟馨之言則辭爲悳之馨香大可
不欲輕說一說故與呂刑異解望文爲誼也然君言
實精當字雖不用以改酒誥之注而其誼不可沒也

錄於

之

無逸　厥亦天子喪　顧生廣圻曰白虎通喪服篇引書無逸篇曰厥亦天子喪先生以爲闕

文而以附錄于無逸篇後廣圻案經曰厥亦惟我周太與亦相似故誤作太實當爲亦天子喪三字蓋誤攷介當云厥亦天子喪惟我周太王〻季克自抑畏言其亦起天子之喪者惟我周先世太王〻季身抑畏故也從今肅乃私白虎通改無逸爲亡逸以爲世所不傳之書篇舊本白虎通則皆作無逸之無不作亡字偏攷古書字作亡而讀爲無者頗爲從來爲字作無而讀爲亡者白虎通乃偁無逸安得改爲亡逸今且亡之與逸漢人以區小言之如何氏二十四篇則自爲逸書若豪鐵帝告釐沃之等何氏未采爲皆了爲亡篇然則亡皆不言逸〻皆不言亡蓋亡逸林言古人之文不著是之屬壞而無分曉也恐後學爲其所惑故以辯之

無逸經三宗字　徐生頲曰商之三宗太宗太甲也中宗太戊也高宗武丁也僞孔氏解無逸以

祖甲爲太甲，先生所辯其非，而用馬融注，以祖甲爲武丁子，非太甲矣，則不得云三宗。乃生則從之，疑及亭旨引高宗之疑爲三宗，字當改乎？旨俞，吾將改之。

君奭　甘般

聲注君奭疑甘般即傳說，疑謂不得據漢書古今人表傳說甘般分異，然而緣謂甘般非傳說，顧未爲以證，而班氏分異一人爲二之誤也。程氏世詮曰：據哀二年左傳，則郵無正即王良；據國語晉語，則郵無正即伯樂，一人也，乃古今人表分而爲三人。又晉士會即范武子，齊賓媚人即國佐，而古今人表皆分而爲二人，則傳說甘般安得據班氏分而爲二，緣謂非一人邪？

顧命　左孰　右孰

正義本孰字下爲土，文隸古定本本作塾，此俗字也，說文所無，聲吾其土作。聲訊事段昭，孰字爲之。錢少詹大昕曰：後漢書與者王傳云：王莽使居中官署及天下鄉亭皆畫伯者像于孰。是其孰字太著土文，章懷太子注云：東觀記、續漢書皆作塾，且引說文云：塾，門側堂也；又引廣雅云：塾，門也，音之亦反。據此則顧命左孰右孰當作塾。某門側之堂，習孰之地，故爲塾名，凡經傳爲是名則字必當作埻說文埻从土𦎫聲讀若準執从丮大𦎫聲𦎫本同而讀皆與其音縣遂从土从丮之變易且或誤埻之土文于下而加執于其上矣聲案此說是善惜顧命疏引不知加增辯說紀不得改執爲埻故記于此

湯征敘疏徐之頤曰湯征敘云湯地以七十里葛之伯也其國當不亞于湯是謂葛國大以七十里矣頤案禮記王制公侯田二百里伯七十里子男五十里鄭注云此地殷所因夏爵三等之制也又云殷爵三等者公侯伯也又云周武王初定天下更立五等之爵增以子男而猶因殷之地以九州之畍尚陝也詳鄭君之意謂殷所因于夏者因此百里七十里五十里三等之地以封三等之爵王制所言乃周初之制夏殷天子男也故王制疏云殷爵三等公侯伯皆公百里侯七十里伯五十里然則夏殷之伯曾以五十里葛伯夏之諸侯其國殆未必七十里子旨子讀書精細了不可謂善讀書矣但侯七十里伯五十里之言出于孔疏止是揣度鄭意言之雖似爲當存疑可也

說命敘注　尸子　徐生頲曰漢書藝文志以尸子爲魯人後漢書宦者傳注以爲晉人先生說命敘疏兩持其說頲案史記孟子荀卿列傳云楚有尸子楚滅魯也楚楚滅魯而後尸子其初則尸子故是魯人班固之言是也章懷太子蓋以尸子爲商鞅客推度以爲晉人非實之言也

附識寫尚書誤字　余寫尚書所用說文乃徐鉉本多仍徐鉉而誤者段君若膺校而始知不免沿改恐詒誤後學故附識于此

鼓　鉉本說文作鼓壴偏旁攴段氏玉裁曰當作壴偏支弓部鼓字解說云从弓支支亦與毄鼓同意則鼓从支可知聲譜據此則鼖字鼛字皆可類推皆不从攴矣文經典鼓鐘毄鐘鼓之鼓无與文實一字也說文支部鼓字解說云擊鼓也从支壴〻亦聲讀若屬是毄鼓字與文異音乃物爲一字徐鉉删去讀若屬三字而如公戶切聲緣誤以鼓爲鼓故本擊鼓删字書作鼓删賴段氏以徐鍇繫傳見示而知其誤

尚書補誼　完

尚書續補誼

余尚書告成後頗多滲漏乃纂補誼數條傳于後知
綜物印矣茲又獲聞所未正者得為續補長于已知
學問無竟功安知不得多續誼耶昭陽赤奮若之
歲室相之月六日今西江聲又識時年七十有三

堯典　也尺釋顧生廣圻曰延見宋本尚也傳棄母姜源傳云帝曰棄黎民阻飢也尺釋播時
百穀此用尚書文也鄭注尚書云也尺釋官種蒔五
穀正相印合可見古文實作也尺釋今尚書作也后
釋者安乃所改也正義引王肅注云稷是五穀之長
太官主此釋事后訓君也帝言也君此釋官名種是
百穀則改尺為后實始于肅肯此當未多作后者
僞孔書本于肅故亦作后史記之后釋以是淺人依
僞孔書已改之非太史公原文也據周本紀云帝舜
曰棄黎民始飢介后稷播時百穀封棄于郃號曰后
釋言封于郃而號后釋則其上文帝之命辭以云介
尺釋以不偁后釋矣是可推而知也正義綜引王肅
注而又移舉此經擾于釋傲臬釋播釋隋播種諸文
及國語釋為天官而云單名為釋與而君之稱為后

釋故詩傳孝經皆以后釋爲君非官稱后也顏籀因意阿順僞孔書而于此不以后字爲是蓋必曾見漢儒舊本實作也所釋而知后字之非矣

禹貢　雲土夢作乂　余本作雲夢土作乂顧生廣圻以裴駰注史記用僞孔傳則裴本史記作雲夢土也司馬貞索隱云雲土夢二澤名蓋人以二澤相近或合稱雲夢且引韋昭曰雲土今爲縣屬江夏則貞本史記作雲土夢矣所引韋昭說乃漢書注也則韋本漢書亦作雲土夢矣皆移土字箸作乂上禹貢无此句漢當定从雲土夢爲是余肆其言从而補正經文并補足注疏誼〔補注〕土讀若杜雲土夢澤名大稱雲夢〔補誼〕云土讀若杜皆據韋昭云雲土今爲縣屬江夏而漢書地理志江夏郡有雲杜縣則土字音讀當如杜也又毛詩鴟鴞云徹彼桑土韓詩作桑杜是古字或以土爲杜也云大稱雲夢者周禮職方氏云正南曰荊州其澤藪曰雲夢是也肯經之注自地理志以下及其說皆仍之不改易于此不重出云

无逸　祖甲　洪适隸釋載漢石經殘碑无逸篇隸高宗之饗國百年下即接自時厥後适跋其下云以氏敘商三宗以年多少爲先後此碑獨闕祖甲計其字蓋在中宗之上以傳序爲次也聲案石經无逸闕文每行闕六十餘字不則俠厥之下中宗之上皆无祖甲之文止闕二十一字爲之則六十三字祖甲信在中宗上矣然則經文必皆在殷王祖甲云于三十有三年之下則皆其在中宗後文亦必皆自殷王祖甲及中宗文雖闕可推而知也然以祖甲凥中宗上則必以爲太甲亦可知矣此今文也古文則以祖甲後高宗後故馬鄭皆以爲高宗子帝甲據國語史記帝甲實淫亂之君必非周公所偁美儀以於古文之次而欲以祖甲爲太甲則先後不倫了詉云以惪優劣太年多少爲先後所說非也聲謂當从今文祖甲在中宗上實爲太甲不誼維王皆言其爲王不誼孟子所謂顛覆湯之典刑也舊爲小人皆舊之言久謂三年于桐也如此辭說則四緯而无闕鄉皆用馬鄭注爲說實未見協所爲此說

呂刑　湎〻紛〻　余于經文從序錢少詹事據漢書敘傳作湎〻紛〻以改正僞孔本之譌

矣顧生廣圻告余曰從文得一證王充論衡寒溫篇云古之用刑者蚩尤亡秦甚矣蚩尤之民湎湎紛紛序言蚩尤之民是實據呂刑之文也以此爲證竹漢書敘傳尤可確矣當補入之余緣續補于此

大誥敘

將黜殷命　袁氏廷檮曰今尚書諸本皆无命字詩譜正義引此則有命字案微子之命敘及周官敘皆云旣黜殷命則此亦云將黜殷命與彼二敘相應且此敘正義云黜退殷君者朿之命文云獨言黜殷命者故特言黜殷命也據此則正義本實有命字又云且顧微子之命敘從見錢少詹事石經考異云將黜殷下本有命字後磨改因取舊藏之石經檢視之此字之旁猶留命字之偏之[illegible]櫟諸字統移東二行之末矣東三行之首猶有磨未盡之誥字具於此磨改石經之可驗也聲于是特詣袁君家索石經觀之乃歸而書以識之

尚書今注音疏錄【疏】錄鄭叙也不名叙者正義謂鄭康成書贊避孔子百篇之叙名而曰贊贊則鄭君且不叙僞叙譽安叙僞叙邪故曰錄：者錄尚書興廢之由并自錄今注之大意

六藝定于孔子藝半見反俗加艸頭非也或又于下加云益非【疏】六藝易詩書禮樂春秋也史記孔子世家云孔子之時周室微而禮樂廢詩書缺追迹三代之禮叙書傳上紀唐虞之際下至秦繆編次其事又云書傳禮記自孔氏又云古詩三千餘篇及至孔子去其重取可施于禮誼上采契后稷中述殷周之盛至幽厲之缺三百五篇孔子皆弦歌之以求合韶武雅頌之音禮樂自此可得而述以備王道成六藝孔子晚而喜易叙彖繫象說卦文言讀易韋編三絕論語子罕篇子曰吾自衛反魯然後樂正雅頌各得其所公羊哀十四年傳云君子曷爲：春秋撥亂世反諸正莫近于春秋孟子滕文公篇云孔子成春秋是六經皆孔子所定

皆阨而後興阨安革反【疏】阨于秦于漢也　興而尚書之阨爲甚【疏】興而復亡故曰尤甚

秦時燔書伏生壁藏之漢興生求其書獨

得二十八篇㠯教亏齊魯之閒張生歐陽生傳其學臧

鄭反俗加艸頭于上非也魯古文魯

疏　張晏注漢書據伏氏碑云伏生名勝史記儒林列傳云伏生者泲南人也故爲秦博士秦時焚書伏生壁臧之其後兵大起流亾漢定伏生求其書亾數十篇獨得二十九篇卽㠯敎于齊魯之閒學者由是頗能言尚書諸山東大師无不涉尚書㠯敎矣伏生敎泲南張生及歐陽生案伏生尚書實二十八篇而史記言二十九篇者說者謂當時㠯二十八篇增太誓一篇共爲博士之業史家不復識別故統言二十九篇一說史遷據古文家分顧命王若曰㠯下爲康王之誥實二十九篇遂言伏生得二十九篇二說未知孰是或又謂百篇之敘總列于後別爲一篇故二十九此說非也何見乎其非也王充論衡正說篇云或說尚書二十九篇者法曰斗七宿也四七二十八篇其一曰斗矣故二十九叚使伏生尚書有敘則百篇之名目具見雖妄人亦不造此法斗七宿之說矣是可知伏生書无敘也張生名字未聞漢書儒林傳云歐陽生字和伯千乘人也

張生授夏侯都尉遞傳至勝孫大夏侯建

爲小夏侯甹是有大小夏侯之學【疏】漢書儒林傳云夏侯勝其先夏侯都尉從泲南張生受尚書以傳族子始昌始昌傳勝勝又事同郡蕑卿勝傳從兄子建建又事歐陽高勝至長信少府建太子太傅由是尚書有大小夏侯之學歐陽生授兒寬寬又授歐陽生之子歐陽氏世其業至曾孫高爲博士甹是有歐陽氏學【疏】漢書儒林傳云歐陽生事伏生授兒寬又云寬授歐陽生子世世相傳至曾孫高子陽爲博士高孫地餘長賓以太子中庶子授太子後爲博士論石渠元帝即位地餘侍中貴幸至少府地餘少子政爲王莽講學大夫由是尚書世有歐陽氏學夏侯尚書依伏生篇數歐陽氏則分般庚爲三爲三十篇是爲今文尚書【疏】其始止稱尚書尒蓋以別有古文故目此爲今文尚書也今文者即漢時之隸書也于孔子所定才什三尒【疏】孔子所定尚書百篇今止三十故曰什三今武帝時民有得太誓于壁內者獻之

以合于伏生之書其為博士之業【疏】劉向別錄云武帝末民有得太誓書于壁內者獻之與博士使讀說之數月皆起傳以教人劉歆七略云孝武皇帝末有人得太誓書于壁中者獻之與博士使讀說之因傳以教今太誓篇是也鄭康成書論亦云民間得太誓案太誓初出屋壁當是古文既入于學官博士遂用隸書寫之以合于伏生之書故亦為今文後東晉時又別有偽古文太誓故顏師古漢書注司馬貞史記索隱皆稱此為今文太誓也故夏侯尚書二十九篇歐陽尚書三十一篇【疏】漢書藝文志云歐陽章句三十一卷大小夏侯章句各二十九卷又云大小夏侯解故二十九篇案卷猶篇也帛謂之卷竹謂之篇而魯共王壞孔子宅得禮記尚書舊材論語孝經皆古字也共居容反與恭通用壞古外反【疏】漢書景十三王傳云孝景皇帝十四男程姬生魯共王餘藝文志云武帝末魯共王壞孔子宅欲以廣其宮而得古文尚書及禮記論語孝經凡數十篇皆古字也共王往入其宅聞鼓琴瑟鐘磬之音于是懼乃止不壞說文解字敘

云魯恭王壞孔子宅而得禮記尚書萅秋論語孝經其尚書多于今文一十六篇孔安國己今文字讀之皆起疏漢書儒林傳云孔氏有古文尚書孔安國己今文字讀之因己起其家逸書得十餘篇蓋尚書茲多于是矣史記索隱云起者謂起發己出也埶文志云孔安國者孔子後也悉得其書己攷二十九篇得多十六篇荀說漢紀云得古文尚書多十六篇案十六篇者鄭注書敘逸篇也目舜典一汩作二九共三大禹謨四棄稷五五子之歌六胤征七湯誥八咸有一德九典寶十伊訓十一肆命十二原命十三武成十四旅獒十五冏命十六是也內九共分爲九則出八篇爲二十四篇是爲古文尚書于孔子所定爲過半矣共居勇反過于臥反疏于百篇之數般庚太誓皆爲三顧命不分出康王之誥同于今文者計三十三篇九共分爲九多于今文者二十四篇凡五十七篇故埶文志云尚書古文經四十六卷爲五十七篇百篇而有五十七故曰過半案四十六卷者般庚太誓皆同卷則今文所有者二十九卷九共合爲一則多于今文者

十六卷合爲四十五卷加敘一卷當時亡于學官博士則四十六五十七篇則不數敘也所課皆惟今文尒古文則雖入于祕府未亡學官博士不欲習之〔疏〕劉歆移太常書言逸禮有三十九篇書十六篇天漢之後孔安國獻之遭巫蠱倉卒之難未及施行藏于祕府伏而未發埶文志亦言安國獻之遭巫蠱事未列于學官云博士不欲習之者劉歆欲立古文博士不可故知其不欲習歆移書所謂挾恐見破之私意是也詳見下疏

故稱逸書〔疏〕史記漢書儒林傳並云逸書得十餘篇正義言劉歆賈逵馬融之等並云十六篇逸鄭于汨作典寶之等皆云已逸是當時皆已爲逸書也

亦稱中古文〔疏〕埶文志云劉向以中古文校歐陽大小夏侯三家經文

其傳之皆都尉朝兒寬始受學于安國朝授膠東庸生庸生授胡常〻授徐敖〻授王璜涂惲〻授桑欽〔疏〕漢書兒寬傳云兒寬千乘人也治尚書事歐陽生以郡國選詣博士受業孔安國儒林傳云安國授都尉

朝都尉朝授膠東庸生庸生授清河胡常少子常授虢徐敖〻授王璜平陵涂惲子真子真授河南桑欽君長案後漢書儒林列傳庸生名譚成哀時劉向劉歆相繼校理祕書咸得見之【疏】漢書楚元王傳云向字子政少子歆最知名歆字子駿河平中受詔與父向領校祕書埶文志云成帝時詔光祿大夫劉向校經傳諸子詩賦步兵校尉任宏校兵書太史令尹咸校數術侍醫李柱國校方技每一書已向輒條其篇目撮其恉意錄而奏之會向卒哀帝復使向子侍中奉車都尉歆卒父業歆于是總羣書而奏其七略故有輯略有六埶略有諸子略有詩賦略有兵書略有術數略有方技略歆欲立古文之學博士不可歆迻書太常切責之卒不果立迻今通作移【疏】漢書歆傳云歆親近欲建立左氏萅秋及毛詩逸禮古文尚書皆列于學官哀帝令歆與五經博士講論其誼諸博士或不肎置對歆因移書太常博士責讓之其言甚切諸儒皆怨恨是時名儒光祿大夫龔勝以歆移書上疏深自辠責願乞骸骨及儒者師丹爲大司空亦大怒奏歆改亂舊章非毀先帝所立上曰

歆欲廣道術亦何以爲非毁哉歆由是忤執政大臣爲衆儒所訕懼誅求出補吏移書載歆傳文多故不錄

後漢傳古文者賈徽受學于塗惲以傳子逵 疏 後漢書賈逵列傳云逵字景伯扶風平陵人父徽從劉歆受左氏春秋兼通國語周官又受古文尚書于塗惲學毛詩于謝曼卿逵悉傳父業又云逵數爲章帝言古文尚書與經傳爾雅詁訓相應詔令撰歐陽大小夏侯尚書古文同異逵集爲三卷帝善之

孔僖者安國後也能傳其家數世之學 疏 後漢書儒林列傳云孔僖字仲和魯國魯人也自安國以下世傳古文尚書毛詩

尹敏周防周磐楊倫張楷孫期亦皆習古文 疏 後漢書儒林列傳云尹敏字幼季南陽堵陽人少爲諸生初習歐陽尚書後受古文兼善毛詩穀梁左氏春秋又云周防字偉公汝南汝陽人師事徐州刺史蓋豫受古文尚書經明舉孝廉拜郎中撰尚書雜記三十二篇四十萬言又周磐列傳云磐字堅伯汝南安成人少遊京師學古文尚書鴻範五行左氏傳好禮有行又儒林列傳云楊倫字仲理陳留東昏人少爲諸生師

事司徒丁鴻習古文尚書又張楷傳云楷字公超通嚴氏春秋古文尚書門徒常百人又儒林列傳云孫期字仲彧泲陰成武人少為諸生習京氏易古文尚書

杜林又得函州泰書互相攷證㠯授衛宏徐巡

疏　後漢書杜林列傳云林字伯山扶風茂陵人少從外氏張竦受學博洽多聞時稱通儒又云衛宏見林闇然而服泲南徐巡始師事宏後皆更受林學林前于西州得泰書古文尚書一卷常寶愛之雖遭艱困握持不離身出㠯示宏等曰林流離兵亂常恐斯經將絕何意東海衛子泲南徐生復能傳之是道竟不隊于地也古文雖不合時務而然願諸生毋悔所學宏巡益重之于是古文遂行

馬融大傳其學

疏　後漢書儒林列傳云扶風杜林傳古文尚書林同郡賈逵為之作訓馬融作傳鄭玄注解由是古文尚書遂顯于世然則賈馬鄭諸君雖皆別有師承又兼傳杜氏泰書者也

鄭君兼成始光受古文于張惹祖既又繇馬融之門助固淵厵于孔氏而又津逮夫杜氏泰書皆也繇今作遊厵古文原津即新反

俗省作津失其聲矣夫房孚反【疏】後漢書鄭玄列傳云玄字兼成北海高密人從東郡張恭祖受周官禮記𠂇氏䈥秌韓詩古文尚書己山東无足問者乃西入關因涿郡盧植事扶風彖融其伭注沓則肴張楷【疏】張楷列傳云桓帝時裴優行霧作賊事覺被攷引楷言從學術楷坐繫廷詔獄積二年恆諷誦經籍作尚書注後己事无驗見原還家伭訓沓肴衛賈逵伭傳沓肴務融【疏】後漢書儒林列傳云衛宏字敬仲東海人也從九江謝曼卿受毛詩後從大司空杜林受古文尚書作訓旨其賈逵作訓彖融作傳並己見上疏故兼成書贊云我先師棘下生子安國亦好此學自世祖興後漢衛賈務二三君子之業則足材好博綜宣之矣好火報反足不賈反俗作雅乃別字【疏】書贊見正義云棘下生者棘下地名也水經注二十六𢧵引鄭志曰張逸問贊云我先師棘下生何時人鄭荅云齊田氏時善學者所會處也齊人號之棘下生無常人也云子安國者尊之爲師故子之也公羊隱十一年傳引子沈子曰

何休注云子沈子己師明說此意者沈子稱子冠氏上者著其爲師也乃馬融書敘云逸
十六篇絕无師說豈都尉朝庸生等所傳但習其句讀
而不解其文誼與歸豈先有其說而後亡也與假張楷
也注衛賈也訓詁止解二十九篇而不解十六篇與讀徒
候反與爰諸歸俗作抑【疏】書敘亦見正義都尉朝庸生等既傳古文則十六篇自當有解張楷衛宏賈逵
既皆習古文則其作注作訓亦不獨舍逸篇然則十六篇不容无說乃馬云絕无師說其故不可曉故設此
三疑己推也也學後康成作注可謂今諸儒也大成矣其書分
般華太誓皆爲三篇分顧命王若曰己下爲康王之誥
計三十四篇合逸篇二十四凡五十有八篇早俗通作厥今令通
作集【疏】正義云鄭玄伏生二十九篇之內分出般華二篇康王之誥又太誓三篇爲三十四篇更增益僞書

二十四篇爲五十八案僞書乃百兩篇非二十四篇也孔穎達誤仞僞孔書爲其先祖之書而力爲回護故反序二十四篇爲僞是其妄也說詳下疏康王之誥正義云馬鄭王本此篇自高祖寡命以上內于顧命之篇王若曰以下始爲康王之誥然所注皆三十四篇而以合二十四篇也詮未有聞于師而不敢以己意說與歸旹殘缺不可讀與與爰諸反兂俗譌作失【疏】陸氏釋文旹幾云馬鄭所注竝伏生所誦非古文也案陸氏不知有汩作等二十四篇也古文其所謂古文卽謂梅賾也二十五篇尒然陸氏既及見馬鄭之注若鄭君有二十四篇也注不繼盡亾當有流傳于後陸氏不得爲此言矣以此知鄭君所注唯三十四篇也又堯典正義云鄭注尚書篇數竝與三家同是鄭未注二十四篇也乃有王肅皆後鄭君而起嫉鄭君之名而欲奪之輒爲異說以詆毀多見其不知量尒于鄭君肅何傷哉【疏】王肅魏人當時鄭君名重海內肅生稍後心忌其名而欲與爭

衡因亦廣注羣經，力求與鄭乖異，雖離經叛道所不顧也。又作聖證論以極詆康成，而如其學實不及康成遠，是終不足以爭勝也。于是又造家語、孔叢子二書，託諸孔子之言以與鄭抵梧，意謂鄭不合于孔子，則其非見矣。然而後世卒知二書之出于僞造，而不以此短鄭，是于鄭君无損，而肅適成爲小人也。論語子張篇云：叔孫武叔毁仲尼，子贛曰：仲尼日月也，人雖欲自絕，其何傷于日月乎，多見其不知量也。逮東晉元帝時，梅賾奏上古文尚書孔氏傳。奏俗譌作奏

疏 釋文云：江左中興元帝時，豫章內史梅賾奏上孔傳古文尚書。正義引晉書云：晉太保公鄭沖以古文尚書授扶風蘇愉，愉字休預，休預授天水梁柳，字洪季，洪季授城陽臧曹，字彥始，彥始授郡守子汝南梅賾，字仲眞，又爲豫章內史，遂于肯晉奏上其書而施行焉。案今所傳唐太宗晉書无此文，則正義所引其或臧榮緒之書，抑或王隱之書也。據唐太宗晉書鄭沖傳言沖仕魏爲司空，高貴鄉公講尚書，沖執經親授，而三國志三少帝紀言高貴鄉公幸太學，命講尚書，稱鄭注以稽古爲同天，出詮以難博士，然則沖所授高貴鄉公者是鄭氏尚書，沖當未見僞孔氏書也。蓋沖位尊

望重傳僞書者欲俗之己重其書故推本于沖尒是當爲沖辯其誣也析二十八篇爲三十三增益二十五篇己傳合于劉向別錄五十八篇之目傳古通附疏劉向別錄言尚書五十八篇㪚百篇之敘引冠篇系其亾篇之敘鼎㳄其閒㪚俗作散系多安反疏釋文云豙鄭之徒百篇之敘總爲一羨孔己各冠其篇首而亾篇之敘卽隨其次弟居見存者之閒僞孔敘云書敘〻所己爲作者之意空相附近故引之各冠其篇首是分敘始自僞孔氏非古也雖未㝵知竊之皆爲誰而其說輒與王肅合竊己爲當佀偁于肅也疏欲僞託于古必匿其名故无由知誰之所爲也王肅注雖不傳而其閒見于釋文正義中同于僞孔傳者什之八九故釋文云時己王肅注頗類孔氏正義亦云王肅之注尚書其言多同孔傳又肅注𠂇傳今失其行亂其紀綱己爲夏太康時亦與僞孔書注合蓋肅既與鄭韋異恐後人不己从也因私造僞書及傳而祕之使遲久而後出〻則己之說无不與先儒合

可因㠯見鄭氏之非矣此其狡猾之計郎造家語孔叢之意也且家語孔叢悉與僞孔傳合則皆肅之所爲可知矣亏時師資遺喪哲人云亡學皆賤无异識且喜新異遂翕然信奉㠯爲孔氏古文亏今乃出自是而㢠漢之古文寖㠯衰廢矣【疏】師資遺喪語本松崖先生哲人若兩漢傳古文諸儒皆是哲人亡故无帛識師資遺喪則學无家法故喜新異若皇甫謐是正義引晉書皇甫謐傳云從姑子外弟梁柳邊得古文尚書故作帝王世紀往往載孔氏五十八篇之書案謐欺世盜名傾動海內其作帝王世紀輒取怪僻不經之說㠯衒燿于世時僞古文初出大異先儒之說謐喜聞所未聞采入帝王世紀流俗遂因而咸尊信之矣閻若璩謂少帝三都得謐之一敘猶競相贊述況得孔書載于世紀有不因之而重者乎是使此書皆信于世者皇甫謐之辜誠哉是言然猶未絶也迄乎兩朝之時鄭所注皆毀後出之孔傳遂爲盛衰朝直搖反【疏】隋書經籍志云東晉豫章内史梅賾始得安國之傳

奏之時又闕舜典一篇齊建武中吳姚方興于大桁市
得其書奏上以馬鄭所注多二十八字于是始列國學
梁陳所講有孔鄭二家齊代唯傳鄭誼至隋孔鄭竝行
而鄭氏甚微案齊代唯傳鄭誼謂北齊也梅賾上僞古
文時晉徧安江左故自晉迄陳僞孔書止行于南朝至
隋滅陳混一區夏乃始傳于北朝故孔穎達書正義敘
云近至隋初　至唐貞觀詔儒臣纂五經正義纂與鐉同
始流河朔也　俗作手傍
巽非是義半寄反依古字當作誼但【疏】貞觀太宗年號
名是書者既用義字則亦姑从作義也唐書儒林列
傳云穎達與顏師古司馬才章王恭王琰受詔孔穎達
鐉五經義訓凡百餘篇號義贊詔改爲正義云
輩誤㠯梅賾所上之書爲壁中古文而爲之正義反序
鄭氏所錄也二十四篇爲張霸僞誥序昌石反俗謂爲斥【疏】正義云壁
內所得孔爲傳者凡五十八篇爲四十六卷三十三篇
與鄭注同二十五篇增多鄭注也其二十五篇者大禹
謨一五子之歌二胤征三仲虺之誥四湯誥五伊訓六
太甲三篇九咸有一德十說命三篇十三太誓三篇十六

六武成十七旅獒十八微子之命十九蔡仲之命二十
周官二十一君陳二十二畢命二十三君牙二十四冏
命二十五是穎達以梅氏書爲壁中古文也又云肯
諸儒知孔本有五十八篇不見孔傳遂有張霸之徒于
鄭注之外僞造尚書凡二十四篇以足鄭注三十四篇
爲五十八篇又云鄭于伏生二十九篇之內分出盤庚
二篇康王之誥又太誓三篇爲三十四篇更增益僞書
二十四篇爲五十八所增益二十四篇者則鄭注書敘
舜典一汨作二九共九篇十一大禹謨十二益稷十三
五子之歌十四胤征十五湯誥十六咸有一德十七典
寶十八伊訓十九肆命二十原命二十一武成二十二
旅獒二十三冏命二十四是穎達以二十四篇爲張霸
僞書也案漢書儒林傳云世所傳百兩篇者出東萊張
霸分析合二十九篇以爲數十又采左氏傳書敘爲作
首尾凡百二篇〻或數簡文意淺陋成帝時求其古文
者霸以能爲百兩徵以中書校之非是然則霸所僞造
乃百二篇非二十四篇也二十四篇者合今文爲五十
七幷敍爲五十八與藝文志劉向別錄皆符合九共爲十
一則十六篇又與藝文志相應是實出于安國自都尉
朝以下遞有師承信而有徵者也乃正義又云藝文志

云孔安國者孔子後也悉得其書己古文又多十六篇郢是僞書二十四篇也是直厤其先祖之書爲僞矣夫梅氏之書不知誰何妄入僞作己誣安國爲安國子孫者當力辯其非乃穎達竟信姦己爲先祖之書而固爲回護反厤其先祖之十六篇爲僞是不祖其祖而祖它入安國何不季而肓此不肖之孽孫哉且穎達旣知肓張霸豈不見儒林傳言霸爲百二篇而必欲誣二十四篇爲霸所造遂使聖經滅亡而梅氏之僞書反得冒聖經己傳是尚肓入心者斡棄周鼎而寶康瓠斡古滿反疏賈誼弔屈原文曰斡棄周鼎寶康瓠兮叀是孔氏之古文亡而鄦氏三十四篇之注亦毀之俗亡矣然戲尚書之脈一坐此哉聲竊慁漢學之淪亡傷聖經之晦蝕于是幡閱羣書搜拾漢儒之注惟馬鄭王三家廑有存焉外此則鄦眘之五經異誼載有今文古文家說幾其書己亡所存廑見它如

伏生㞢尚書大傳則體殊訓注閒有解詁而㠯爰取馬鄭注及大傳異誼參酌而絹㞢雩傷采它書㞢有嵜亏尚書皆㠯益㞢紿古文烏戲古通呼鄦本國名後因㠯爲氏讀若許俗竟作許則別字矣沓古文幘見夷旬反它土加反俗作人傷也非是閒吉晏反【疏】謂諸子百家㞢流本非解尚書㞢書或有引及尚書而略解㞢者則亦采㞢若假于上下用說文誼叶和萬邦采論衡文是也與王肅注與晚出㞢孔傳本欲多用不得㠯姑謹擇其不謬亏經皆閒夫取焉閒吉晏反【疏】王肅注及僞孔傳多劉經㞢說㒸亦閒有是者馬鄭注不免葥不得不擇用其一二皆㠯己意爲㞢疏㠯申其誼㒸猶麈得什㞢三四㞢自重光大荒落㞢妹㠯迄亓弋斁牂㞢癸重直容反斁都魂反又都困反牂子郎反【疏】釋天云太歲扗辛曰重光扗壬曰亓弋扗巳曰大荒落扗午曰斁牂成堯典

咎繇謨禹貢甘誓湯誓諸篇凡百篇也敘至殷亦則己
漢注絶少而中輟者久也繇念一匱也覆匱求利反俗通作暨輟俗
譌為輟匱俗作簣說文所无據漢書王莽傳云成扗一匱知當作匱疏論語子罕篇云譬如平地雖覆一匱
一匱言功少也緫不足己發古誼存絶學乃復己己見探討經
誼精擘詁訓又自柔兆閹茂也復逮彊圉大淵獻也復
復孚又反閹衣檢反疏釋天歲扗丙曰柔兆扗丁曰彊圉曰閹茂扗亥曰大淵獻旬一歲
而成殷亦己後二十餘篇也注并肯所緝者大重加釐
正其亾篇也遺文有㪔見它書者則并其原注采也旬知
流反今通作周重直容反見夷甸反疏謂若伊訓太甲說命諸篇其采諸孟子則并采趙岐注采諸礼記則
并采鄭注若所采書本无注則但采其遺文而己各讚其篇耑而傳廁其閒傳古

通若五子之歌次曰誓之後
附疏帝告居商書也皆是也　其无篇名皆總附乎後
若論語爲政篇孝于惟孝云云止俻書云吕氏舊炑
疏論大篇五世之廟可以觀怪云云止俻商書曰皆未
舉其篇名不知其次舊書十卷幷百篇之敘一卷逸文
總附百篇之後而已
一卷凡十二卷而疏則猶未皇也將更須三執庶幾卒
業矣乎若夫幽莠亂苗武夫類王必區小而序之顯相俞反
待也俗通作須蘱則代反俗通作載幾今衣反疏孟子盡心
若夫房乎反王元欲反小辨列反俗通作別
篇云孔子曰惡似而非者惡莠恐其亂苗也戰國策魏
文侯曰幽莠之幼也似禾又曰武夫類王張揖注漢書
司馬相如子虛賦云武夫石之次
王者赤地白采蔥龍白黑不分　蓋林與帝闢哀說夕
牙反俗作邪
音詮皆非疏與帝哀說謂僞託孔氏書者所以尊聖經也紹肯哲
闢來學莫大乎是聲雖不敏敢不勿旨是爲録

乾隆卅有二秊歲在彊圉大淵獻相月乙丑朏粵五日

己巳江聲撰錄竟生霸粵六日癸未疏訖

述字四百四十一字

釋音辯字三百八十六言

疏五千三百三十五字

尚書集注音疏述

尚書集注音疏後述

古人之文，古人之常言也，猶之于口，聞者靡不知；筆之于書，讀者靡不解（解夷買反），無庸傳述爲也。乃音以匚俗而昧，言以古今而異，或一字而解多途，或數名而同一實，（【疏】名字也鄭注儀禮聘禮記云名書文也今謂之字又注周禮小行人云古曰名今曰字）聖賢懼後學之河漢其言也，（【疏】莊子逍遙遊云驚怖其言猶河漢而無極）于是爾疋各作，而故訓興焉。兩漢諸儒咸據之以解羣經，繇是傳注說興，而經誼賴以明矣。于時屬气醇古，語雖肆而未詳，意雖攄而未悉，後之學者欲爲引曼其說，（曼失仁反今通作伸）故自南北朝以逮唐初，誼疏說出，而傳注又賴以證明。

矣凡此皆得入疏者入之書未為之注而即已疏之出于一人手者為之自唐明皇帝之道德經注疏始吾師惠松崖先生周易述融會漢儒之說以為注而復為之疏其體例固為自來矣聲不揆檮昧【疏】（檮昧言頑愚昏闇郭景純爾疋敘云不揆檮昧）櫼綜毄經傳之訓故采摭諸子百家之說與夫漢儒之解以注尚書言必當理不為衒奇詮必有徵不為熒世務為惡心云介顧自唐宋以來漢學微甚【疏】（漢學之行于唐者唯詩禮公羊介易用王弼書用僞孔安國氏傳用杜預皆非漢學是唐時漢學已微矣）不旁證而引曼之說不以為孟浪之言（旁鋪光反溥也）【疏】（莊子齊物論云夫子以為孟浪之言孟墨啖反浪力向反向秀云孟浪音漫瀾无所趣舍之謂司馬彪云孟浪鄙野之語）矣

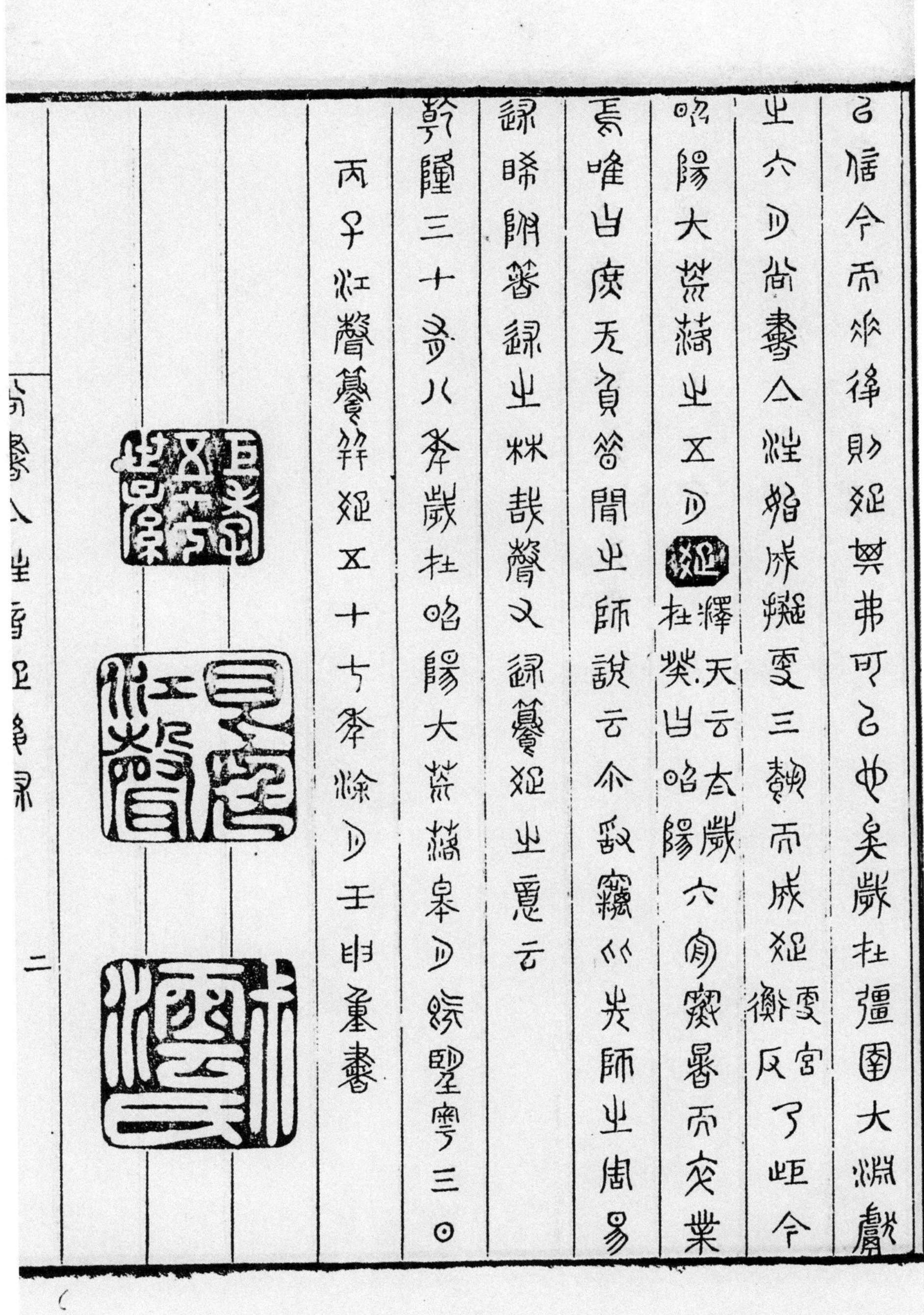

㠯信今而永傳則經典弗可㠯也矣歲在彊圉大淵獻
之六月尚書今注始成擬更三歲而成經更宮衡反了疋今
昭陽大荒落之五月經釋天云太歲在癸曰昭陽六月寫畢而交業
焉唯白虎夫負笞問之師說云尒斁竊以先師之周易
錄睎朋著錄之林哉聲又錄纂經之意云
乾隆三十有八年歲在昭陽大荒落皋月既望粤三日
丙子江聲纂辭經五十有七年除月壬申重書

尚書今注音疏後述　二

待錄三百九十九字

釋音二十二字

疑百六十五字

尚書人姓音疑待錄

尚書經師系表

今文家

史記儒林列傳云伏生者濟南人也故爲秦博士秦時焚書伏生壁藏之其後兵大起流亡漢定伏生求其書亡數十篇獨得二十九篇以敎于齊魯之閒學者由是頗能言尚書諸山東大師亡不涉尚書以敎矣伏生敎濟南張生及歐陽生

漢書儒林傳云夏侯勝其先夏侯都尉從濟南張生受尚書以傳族子始昌始昌傳勝勝又事同郡簡卿簡卿者倪寬門人勝傳從兄子建建又事歐陽高勝至長信

少府建太子太傅粤是尚書家大小夏侯之學始昌傳云始昌魯人也勝傳云勝字長公初魯共王分魯西寧鄉以封子節侯別屬大河大河後更名東平故勝爲東平人勝從始昌受尚書及洪範五行傳後事蕳卿又從歐陽高問爲學精熟所問非一師也勝從父子建字長卿自師事勝及歐陽高左右采獲又從五經諸儒問與尚書相出入者牽引以次章句具文飾說勝非之曰建所謂章句小儒破碎大道建亦非勝爲學疏略難以應敵建卒自顓門名經儒林傳云周堪字少卿齊人也與孔霸俱事大夏侯勝堪爲光祿大夫與蕭望之並領尚

書事（尚書官名也。尚，時羊反）堪授牟卿及長安許商長伯牟卿爲博士霸以帝師賜爵號褒成君傳子光亦事牟卿至丞相商善爲算著五行論林四至九卿號其門人沛唐林子高爲德行平陵吳章偉君爲言語重泉王吉少音爲政事齊炔欽幼卿爲文學孔光傳云霸字次孺霸生光光字子夏孔子十四世孫也儒林傳云張山拊字長賓平陵人也事小夏侯建爲博士論石渠至少府授同縣李尋鄭寬中少君山陽張無故子孺信都秦恭延君陳留假倉子驕無故善脩章句爲廣陵太傅守小夏侯說文恭增師法至百萬言爲城陽內史倉以謁者論石渠

至膠東相尋善說災異爲騎都尉寬中有雋材以博士
授太子成帝即位賜爵關內侯寬中授東郡趙玄無故
授沛唐尊恭授魯馮賓賓爲博士尊王莽太傅玄哀帝
御史大夫李尋傳云尋字子長平陵人也治尚書與張
孺鄭寬中同師
儒林傳云歐陽生字和伯千乘人也事伏生授倪寬寬
又受業孔安國至御史大夫歐陽大小夏侯氏學皆出
于寬寬授歐陽生子世世相傳至曾孫高子陽爲博士
高孫地餘長賓以太子中庶子授太子後爲博士論石
渠地餘少子政爲王莽講學大夫由是尚書世有歐陽

氏學林尊字長賓濟南人也事歐陽高爲博士論石渠後至少府太子太傅授平陵平當梁陳翁生當至丞相翁生信都太傅家世傳業翁生授琅邪殷崇楚國龔勝崇爲博士勝右扶風平當授九江朱普公文上黨鮑宣普爲博士宣司隸校尉兒寬傳云寬千乘人也治尚書事歐陽生以郡國選詣博士受業孔安國平當傳云當字子思龔勝傳云勝字君賓鮑宣傳云宣字子都渤海高城人也終被刑乃徙之上黨遂家于長子後漢書儒林傳云歐陽歙字正思樂安千乘人也自歐陽生傳伏生尚書至歙八世皆爲博士王莽時爲社宰更始太

爲原武令世祖平河北到原武見歙在縣修政遷河南都尉後行太守事世祖即位始爲河南尹封被陽侯建武五年坐事免官明年拜揚州牧遷汝南太守九年更封夜侯歙在郡視事九歲徵爲大司徒坐在汝南臧辠發覺下獄平原禮震年十七馳之京師上書求代歙死自伏見臣師大司徒歐陽歙云云書奏而歙已死獄中帝乃賜棺木贈印綬者章懷太子賢注引謝承後漢書曰震字仲威光武嘉其仁誼拜震郎中後以公事免還淮陽王廄長又云濟陰曹曾字伯山從歙受尚書位至諫議大夫子祉河南尹傳父業教授鮑永傳云永字君長上黨屯留人也父宣哀帝時任司隸校尉爲

王莽所殺永少有志操習歐陽尚書桓榮此傳云榮字春卿沛郡龍亢人也少學長安習歐陽尚書事博士九江朱普建武十九年年六十餘始辟大司徒府時顯宗始立爲皇太子選求明經乃擢榮弟子何湯爲虎賁中郎將以尚書授太子世祖從容問湯本師爲誰湯對曰事沛國桓榮帝即召榮令說尚書甚善之章懷注引謝承書曰何湯字仲弓豫章南昌人也榮門徒常四百餘人湯爲高第湯以此以經當授太子稱薦榮榮拜五更封關內侯榮嘗曰此皆何仲弓之力也張宏此傳云宏字伯達鉅鹿國人也性竺厚乃倫章懷注引東觀漢記曰宏少學習歐陽尚書事太常桓榮丁鴻此傳云鴻字孝公潁川定陵人也年十三從

桓榮受歐陽尚書三年而明章句郁于十年詔徵鴻至卯名見說文侯之命篇賜御衣及綬稟食公車與博士同禮儒林傳云陳留陳弇字叔明受歐陽尚書于司徒丁鴻仕爲蘄長章懷注引司馬彪續漢書曰弇以尚書教授鄉自耕種常有黄雀飛來[illegible]食翔翔桓榮子郁傳云郁字仲恩少以父任爲郎傳父業以尚書教授帝以郁先師子甚見親厚帝自制五家要說章句令郁校定于宣明殿郁于十五年入授皇太子經郁元四年代丁鴻爲太常明年病卒恩寵甚篤賞賜前後數百千萬門人楊震朱寵皆至三公章懷注引登[illegible]傳曰朱寵字仲威京兆人也嘗從[illegible]學從桓榮受尚書檢登[illegible]傳唯言寵字仲威京兆人不言受書于桓榮章懷誤

亦據此傳則朱寵實桓郁門人也　初榮受朱普學章句四十萬言浮詞
繁長及榮入授顯宗減爲二十三萬言郁復刪省定成十
二萬言由是有桓君大小太常章句郁中子焉能世傳
其家學焉字叔元少以父任爲郎永初元年入授安帝
焉孫典字公雅復傳其家業以尚書教授潁川門徒數
百人張奐列傳云奐字然明敦煌酒泉人也少游三輔
師事太尉朱寵學歐陽尚書初牟氏章句浮詞繁多有
四十五萬餘言奐減爲九萬言楊震列傳云震字伯起
弘農華陰人也父寶習歐陽尚書哀平之世隱居教授
震少好學受歐陽尚書于太常桓郁年五十乃始仕州

郡延光二年代劉愷爲太尉震仲子秉字叔節少傳父業兼明京氏易年四十餘乃應司空辟拜侍御史延熹五年代劉矩爲太尉秉子賜字伯獻少傳家學建寧初靈帝當受學詔太傅三公選通尚書桓君章句宿有重名者三公舉賜乃侍講于華光殿中

凡此諸儒皆授受有師承可考者今各志其姓字里居詳其淵源所自或略敍其行事或著其官位詮次之以爲經師系表如韋融韋厚之輩所從受書者何人欒子威茶盧敖之徒所傳尚書爲誰氏史傳無文不敢繫之以系亦各志其姓字里居而附錄于後庶幾是

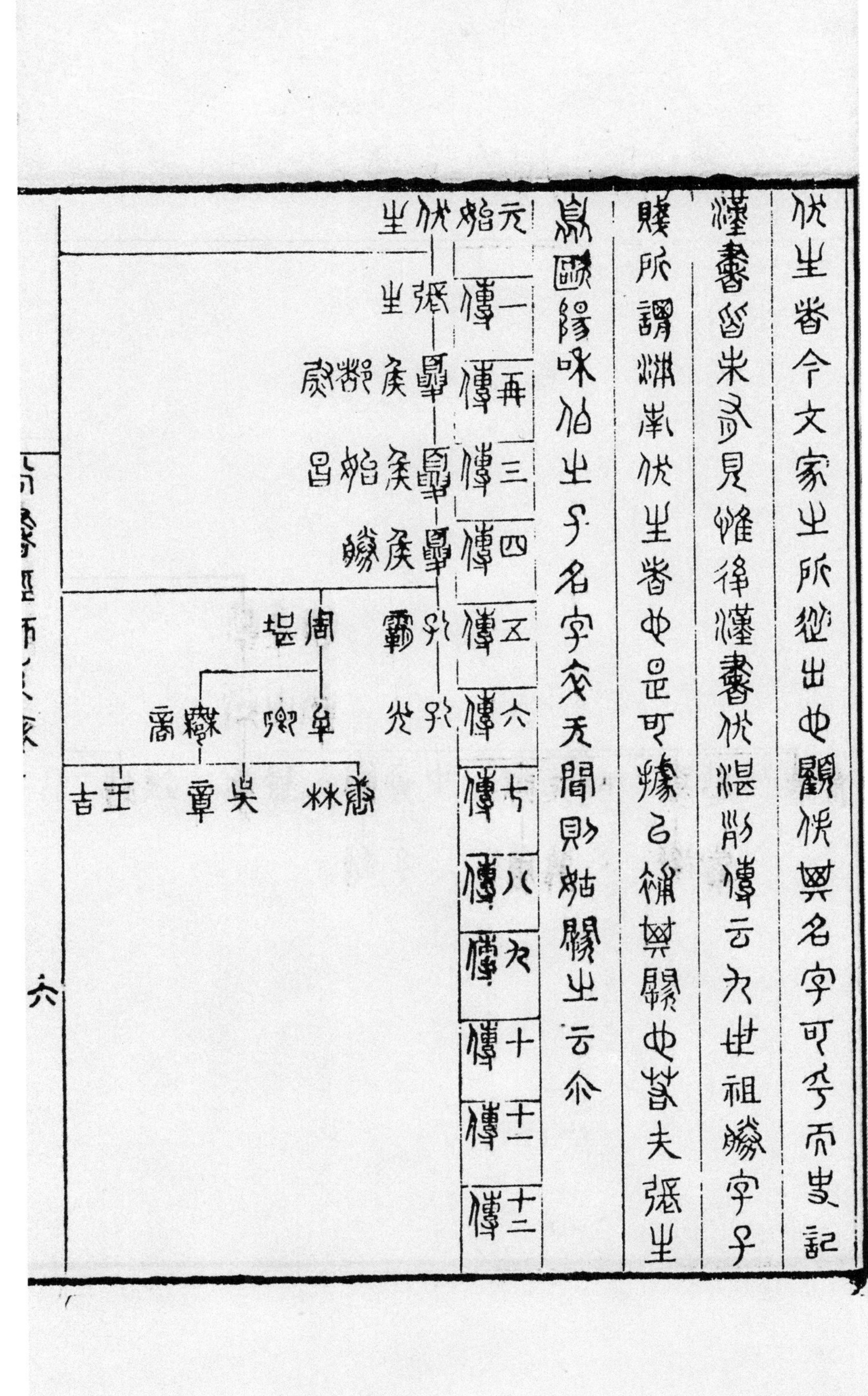

伏生者今文家之所從出也顧伏生名字可考而史記漢書皆未之見惟後漢書伏湛傳云九世祖勝字子賤所謂濟南伏生者也是可據以補史闕也若夫張生與歐陽和伯之子名字亦無聞則姑闕之云爾

世次	經師
元始	伏生
一傳	張生
再傳	夏侯都尉
三傳	夏侯始昌
四傳	夏侯勝
五傳	孔霸　周堪
六傳	孔光　牟卿　許商
七傳	唐林　吳章　王吉
八傳	
九傳	
十傳	
十一傳	
十二傳	

尚書經師系表　六

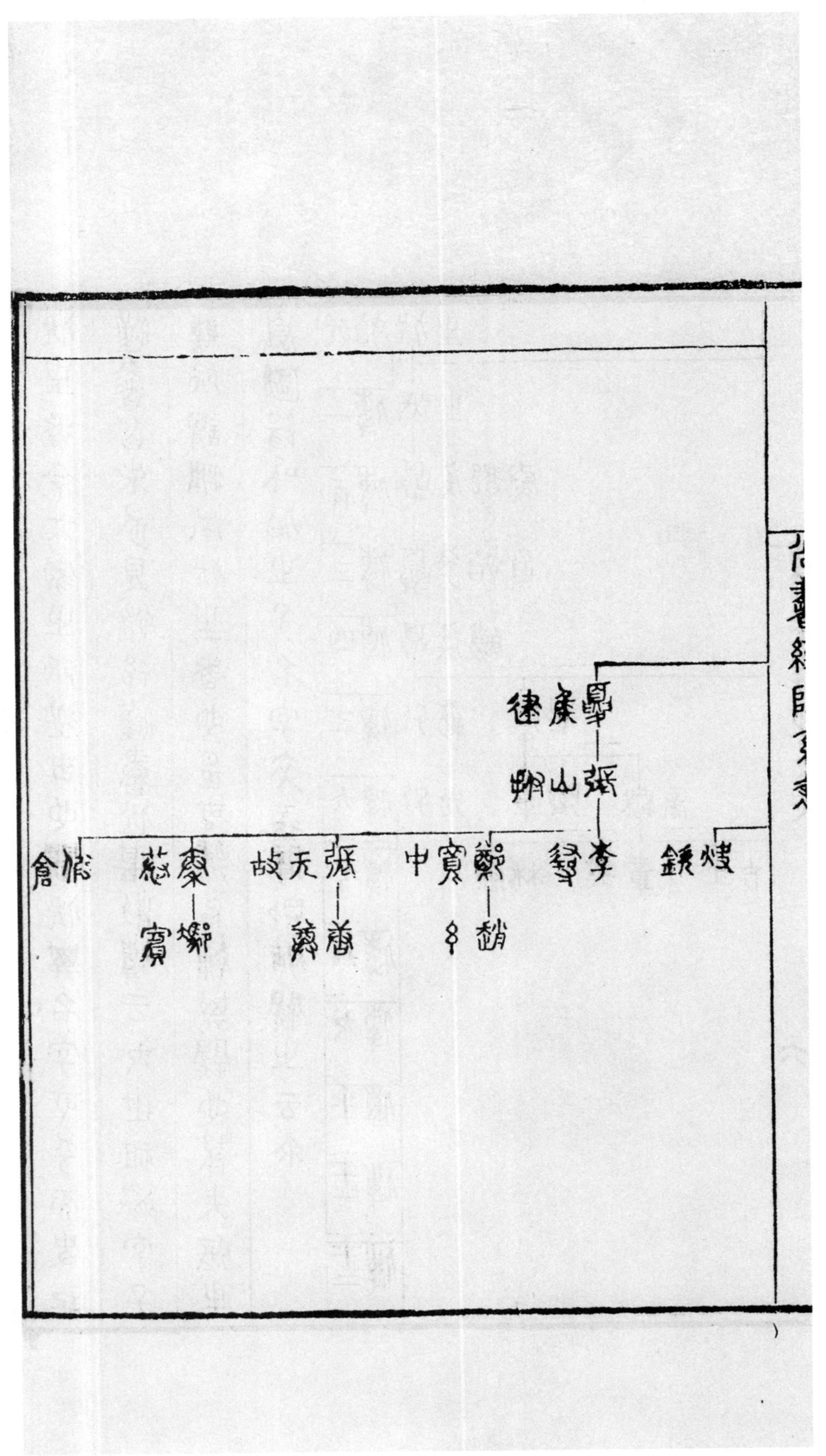

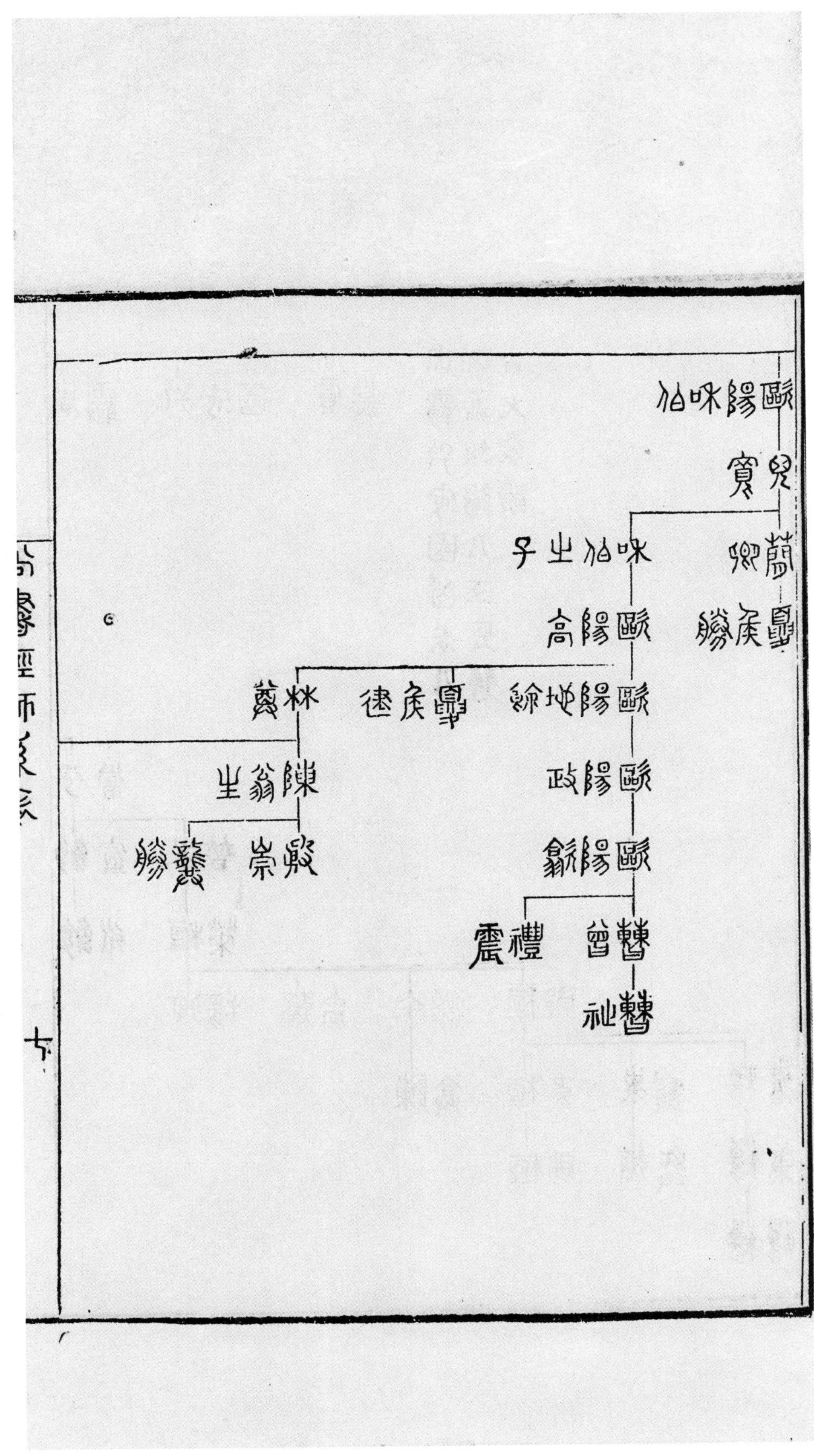

歐陽和伯
兒寬
簡卿
夏侯勝
和伯之子
歐陽高
歐陽地餘
夏侯建
林尊
歐陽政
陳翁生
歐陽歙
殷崇
龔勝
曹曾
禮震
曹祉
尚書經師系表
七

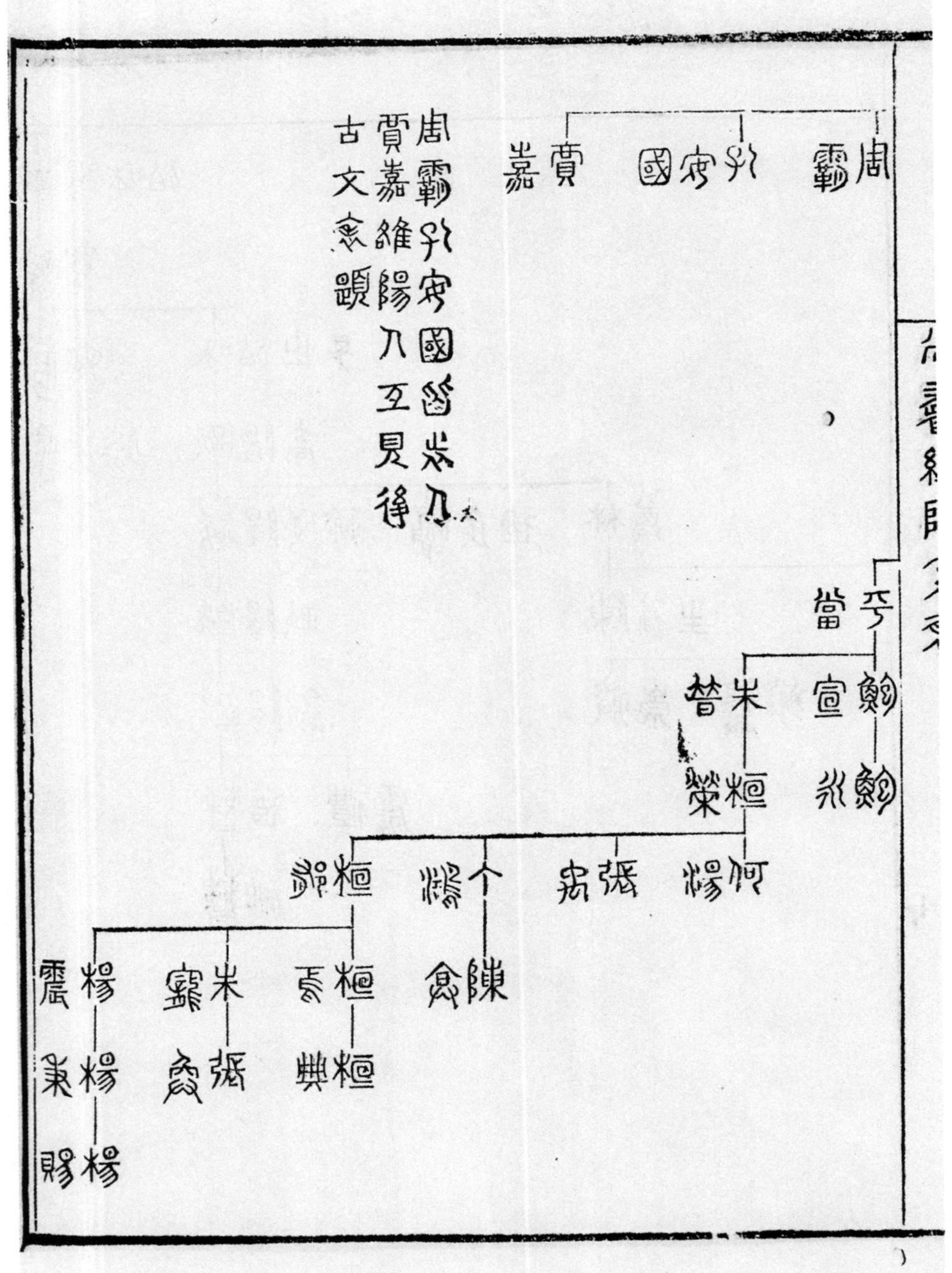

宋京子宋意　後漢書宋均傳云均南陽安衆人也族子意字伯志父京以大夏侯尚書教授意少傳父業

牟融　後漢書牟融傳云融字子優北海安丘人也少博學以大夏侯尚書教授門徒數百人

張馴　後漢書儒林傳云張馴字子儁濟陰定陶人也以大夏侯尚書教授辟公府舉高第拜議郎與蔡邕共奏定六經文字

又大夏侯氏學

王良　後漢書王良傳云良字仲子東海蘭陵人也

少孫學習小學夏侯尚書

又小學夏侯氏學

牟長 後漢書儒林列傳云牟長字君高樂安臨濟人也少習歐陽尚書不仕王莽建武二年大司空宋弘特辟舉博士著尚書章句皆本之歐陽氏俗號爲牟氏章句

楊寶 楊震之父已見本表敘

尹敏 後漢書儒林列傳云尹敏字幼季南陽堵陽人也少爲諸生初習歐陽尚書後受古文

鄧宏 鄧禹之孫也後漢書鄧騭傳騭弟宏字叔紀少治歐陽

尚書授帝禁中

廖扶　後漢書方術傳云廖扶字文起汝南平輿人

也習韓詩歐陽尚書教授常數百人

宋登　後漢書儒林傳云宋登字叔陽京兆長安人

也少傳歐陽尚書教授數千人

又歐陽氏學

古文家

漢書藝文志云武帝末魯共王壞孔子宅欲以廣其宮

而得古文尚書及禮記論語孝經孔安國者孔子後也

悉得其書以考二十九篇得多十六篇儒林傳云孔氏

孔古文尚書孔安國以今文字讀之因以起其家逸書得十餘篇蓋尚書茲多於是矣安國為諫大夫授都尉朝而司馬遷亦從安國問朝授膠東庸生庸生授清河胡常少子常授虢徐敖敖授王璜平陵塗惲子真子真授河南桑欽君長史記儒林傳云歐陽生教千乘兒寬兒寬既通尚書以文學應郡舉詣博士受業受業孔安國後漢書賈逵傳云逵字景伯扶風平陵人也父徽從劉歆受左氏春秋兼習國語周官又受古文尚書於塗惲學毛詩於謝曼卿逵悉傳父業

今據此諸文而詮次之以為古文經師承表與今師承

无攷皆夫習聞所于得云案史記儒林傳敘伏生今文而與東得言自此之後魯周霸孔安國雒陽賈嘉頗能言尚書事然則孔安國先誦今文者也且漢時博士課弟子惟用今文而史記孔子世家云安國爲今皇帝博士則安國誦今文益可知弟以古文出自安國而今文二十九篇以讀篇與中故所安國于古文之當而于今文亦所之又案兒寬之受業安國也詣博士受之當止受今文亦而史記先言寬綜誦尚書乃所言受業於安國則又似始誦今文得更受古文者始于今文古文兩所之焉惟是膠東庸生漢書作與名據得漢書則庸

生名譚足以補班史之不備附識于此

元始　一傳　再傳　三傳　四傳　五傳　六傳　七傳

孔安國—都尉朝—庸生—胡常—徐敖—王璜

孔安國—兒寬

徐敖—涂惲—桑欽

涂惲—賈徽—賈逵

尹敏　以見今文家

杜林　衛宏　徐巡　後漢書杜林傳云林字伯山扶風茂陵人也少從外氏張竦受學博洽多聞時稱通儒衛宏見林闇然而服濟南徐巡始師事宏後皆更受林學林前于西州得漆書古文尚書一卷常寶

寶之雖遭艱困握持不離身出以示宏等曰林流離
兵亂常恐斯經將絕何意東海衛子濟南徐生復能
傳之是道竟不墜於地也古文雖不合時務然願諸
生無悔所學宏巽益重之於是古文遂行儒林傳
云衛宏字敬仲東海人也從九江謝曼卿受毛詩後
從大司空杜林更受古文尚書爲作訓旨

蓋豫　周防　後漢書儒林傳云周防字偉公汝南
汝陽人也師事徐州刺史蓋豫受古文尚書經明舉
孝廉拜郎中撰尚書雜記三十二篇四十萬言

孔僖　後漢書儒林傳云孔僖字仲和魯國魯人也

自安國以下世傳古文尚書毛詩

周磐　後漢書周磐列傳云磐字堅伯汝南安成人也少游京師學古文尚書洪範五行左氏傳好禮有行

丁鴻

楊倫　後漢書儒林列傳云楊倫字仲理陳留東昏人也少爲諸生師事司徒丁鴻習古文尚書案丁鴻從桓榮受歐陽尚書已見今文家說不聞其誦古文此傳言楊倫師事丁鴻習古文尚書則鴻亦誦古文者矣故得列丁鴻之楊倫之上云

張楷　後漢書張楷列傳云楷字公超通嚴氏春秋古文尚書桓帝時裴優行霧作賊事覺被考引楷言從學術楷坐繫廷尉詔獄積二年恆諷誦經籍作尚書

注後之事無驗見原還家

孫期　後漢書儒林傳云孫期字仲彧濟陰成武人也少為諸生習京氏易古文尚書

馬融　後漢書馬融傳云融字季長扶風茂陵人也儒林傳云扶風杜林傳古文尚書林同郡賈逵為之作訓馬融作傳鄭某注解由是古文尚書遂顯于世（不斥鄭君之名故以某字代之）

張恭祖　鄭氏　後漢書鄭某傳云鄭某字康成北海高密人也從東郡張恭祖受周官禮記左氏春秋韓詩古文尚書以山東無足問者乃西入關因涿郡

盧植事扶風馬融後漢書云張恭祖傳其事云攷據言鄭君從受古文尚書則恭祖誦古文尚書可知矣故出之于鄭君也上云

盧植後漢書盧植傳云植字子幹涿郡涿人也少與鄭康成俱事馬融能通古今學好尚書章句案馬鄭皆傳古文尚書植與鄭君同事馬融則亦傳古文者所作尚書章句傳雖未言是古文必盡是古文說故出之于此

又孔氏古文學外此變為王肅皆三國時東海蘭陵人也亦習古文尚書遂[illegible]爲譌說以注經其意主于攻鄭因之滑亂經說誤惑後學乃尚書之辠人也故特黜之不許濫出于此文

蘇子威　後漢書光武帝紀注引東觀記曰光武帝受尚書于中大夫廬江蘇子威

索盧放　後漢書獨行列傳云索盧放字君陽東郡人也以尚書教授千餘人

李生　賈復　後漢書賈復列傳云復字君文南陽冠軍人也少好學習尚書事舞陰李生

張充　孫張酺　後漢書張酺列傳云酺字孟侯汝南細陽人也少從祖父充受尚書能傳其業又事太常桓榮　章懷注引東觀記曰充與光武同門學光武即位求問充充已死

寒朗　後漢書寒朗列傳云朗字伯奇魯國薛人也好

經學博通書傳以尚書教授

馬續　馬援兄子嚴之子也後漢書馬援傳云嚴八子唯續最知名續字季則七歲能通論語十三明尚書十六治詩博通羣籍善九章算術

王渙　後漢書循吏傳云王渙字稚子廣漢郪人也少好俠尚氣力數通剽輕少年晚而改節敦儒學習尚書

以上諸儒所傳尚書未專攷其爲誰氏之學故別出于今文古文之後云

劉陶　後漢書劉陶傳云陶字子奇一名偉潁川潁

陰人也陶明尚書爲之訓詁推三家尚書及古文是
正文字七百餘事名曰中文尚書
劉陶兼綜今文古文而折衷故又小生使殿于
末以爲後勁云

後學江聲編輯

尚書經師系表終